U0930309

高速铁路基础研究与技术创新丛书

编　委　会

国家出版基金项目
“十四五”时期国家重点出版物出版专项规划项目

高速铁路基础研究与技术创新丛书

基础理论与基础技术系列

高速铁路沿线地面沉降研究与防治

本丛书编委会　总主编
李国和　黄大中　尚海敏　王少林　编　著
许再良　主　审

中国铁道出版社有限公司

2023年·北　京

内容简介

本书为“高速铁路基础研究与技术创新丛书”之分册。地面沉降是一种缓变型地质灾害，是国土资源、水利、市政、交通等多个部门共同关注的灾害防治难题。本书基于作者及其课题组10多年的研究成果和实践，对高速铁路沿线地面沉降进行了系统论述。本书采用离心模型试验方法，揭示了抽水引发的地面沉降机理和主控因素；采用数值分析方法，分析了地面沉降对高速铁路桥梁、路基及轨道平顺性的影响；基于反分析及水土耦合作用理论，实现了对沿线地面沉降更准确的预测；结合高速铁路沿线典型沉降段，模拟控制地下水开采量、回灌地下水等防控措施，提出了高速铁路线路线形等优化设计措施及桥梁、路基抬升等修复措施。

本书适合铁路、公路等领域勘察、设计、研究人员，以及工程技术人员参考，也可供高校相关专业师生参考。

图书在版编目(CIP)数据

高速铁路沿线地面沉降研究与防治/李国和等编著．—北京：中国铁道出版社有限公司，2023.5

(高速铁路基础研究与技术创新丛书．基础理论与基础技术系列)

“十四五”时期国家重点出版物出版专项规划项目

ISBN 978-7-113-30176-7

Ⅰ.①高…　Ⅱ.①李…　Ⅲ.①高速铁路-铁路沿线-地面沉降-研究　Ⅳ.①U238②P642.26

中国国家版本馆CIP数据核字(2023)第069410号

书　　名：高速铁路沿线地面沉降研究与防治

作　　者：李国和　黄大中　尚海敏　王少林

策　　划：刘　霞

责任编辑：李小军　　**编辑部电话：**(010)51873405　　**电子邮箱：**604105550@qq.com

封面设计：高博越　　**封面摄影：**王明柱　　**丛书标识设计：**崔丽芳

责任校对：安海燕

责任印制：高春晓

出版发行：中国铁道出版社有限公司(100054，北京市西城区右安门西街8号)

网　　址：http://www.tdpress.com

印　　刷：北京联兴盛业印刷股份有限公司

版　　次：2023年5月第1版　2023年5月第1次印刷

开　　本：787 mm×1 092 mm　1/16　**印张：**17　**字数：**334千

书　　号：ISBN 978-7-113-30176-7

定　　价：138.00元

高速铁路基础研究与技术创新丛书

编　辑　组

序

我国高速铁路起步晚、发展快、后劲足，经过几代人的不懈努力，通过原始创新、集成创新、引进消化吸收再创新，成功地走出了一条符合中国国情路情、具有中国特色的自主创新之路。我国已系统掌握各种复杂地质和气候条件下高速铁路建造成套技术；在工务工程、列车运行控制、牵引供电、动车组等高速铁路核心技术方面实现自主化；形成了复杂路网条件下处理跨线运行的运营管理成套技术，构建了人防、物防、技防三位一体的主动安全保障机制。我国已成为全球高速铁路运营里程最长、在建规模最大、运营速度最快、技术体系最全、运营和管理经验最丰富的国家。我国高速铁路技术已走在世界前列，成为推动世界高速铁路发展的重要力量。

为贯彻落实中共中央、国务院《交通强国建设纲要》，推进国铁集团《新时代交通强国铁路先行规划纲要》的落地，系统总结、梳理我国高速铁路各领域前沿理论和技术，向我国乃至世界高速铁路科研工作者和工程技术人员提供一套前沿性的参考书，中国国家铁路集团有限公司铁道出版社公司特组织编著出版“高速铁路基础研究与技术创新丛书”。

丛书以习近平新时代中国特色社会主义思想为指导，以国家自然科学基金课题、国家基金委-国铁集团高铁联合基金课题、国家“973”课题、国家重点研发计划课题等科研成果为支撑，从高速铁路前沿研究、补短板技术、核心技术、技术发展趋势等方向组织选题，涵盖动车组、供电、通信与信号、列控与检测、工程勘察与设计、智能建造、运营与管理、现代信息技术、安全和维护等领域，规模为100册，是全面系统论述我国高速铁路基础研究与技术创新成就的大型系列原创性科技著作。

丛书力求突出制高点、原创性、权威性、全覆盖特色。丛书各册内容以作者团队长期从事高速铁路科学研究的成果为依托，多数成果居于国内领先水平甚至世界先进水平，多种成果荣获国家科学技术奖一等奖、二等奖，国家技术发明奖一等奖、二等奖，茅以升科学技术奖，詹天佑铁道科学技术奖，铁道科技进步奖等奖项，丛书内容体现了我国当今最新、最前沿以及展现未来发展趋势的高速铁路相关研究成果和应用技术。从书包括动车组、供电、工程施工与组织等十个系列,基本实现高速铁路各领域全覆盖。

丛书由编委会总负责。编委会阵容强大,认真负责。编委会各成员都是长期从事我国高速铁路科研、技术、生产和管理的一流专家学者,是所从事领域的翘楚,其中包括高速铁路及其相关领域的四位院士。编委会多次开会商讨丛书的体系、内容特色、作者条件及质量保障机制;分工负责,精心审订和修改各册编写提纲;多次遴选选题,先从150多个选题意向中遴选出100个选题,后又剔除了内容特色不太鲜明的8个选题,还对10多个选题提出了较大的改进意见,补充了8个关键技术和弥补技术空白的选题;最后邀请专人对各册内容进行审定,从而保证了各册内容的正确性和先进性。

2021年年底,国家新闻出版署经过严格评审,“高速铁路基础研究与技术创新丛书”(100册)成功入选“‘十四五’时期国家重点出版物出版专项规划——重大出版工程”。这是对本丛书项目的认可,也是对编委会、作者和编辑等人员前期工作的认可,更是一种鞭策。我们相信,本丛书的出版,将助力于《交通强国建设纲要》的贯彻落实,推动我国乃至世界高速铁路事业的发展,也将为铁路领域的科研工作者、工程技术人员、管理人员,以及高校相关专业师生提供一套高水平、原创性、权威性、全覆盖的大型高铁科技精品著作。

中国工程院院士

“高速铁路基础研究与技术创新丛书”编委会主任

2022年2月

前　言

本书为“高速铁路基础研究与技术创新丛书”之分册。按丛书要求，力图体现高速铁路沿线地面沉降的最新研究成果，突出前沿性、原创性等特色。

随着社会和经济的发展，地面沉降现象越来越普遍，其所造成的危害也越来越严重，已成为一个全球性问题。目前世界上超过 150 个城市面临地面沉降的问题，如美国的休斯敦市、日本的东京市、墨西哥的墨西哥城、泰国的曼谷市、越南的胡志明市、印度尼西亚的雅加达市，中国的上海市、沧州市、无锡市等。自 20 世纪末以来，由于我国社会经济的快速发展，对地下水资源需求大幅增加，过量开采地下水导致了区域性的地面沉降灾害。地面沉降问题一直倍受社会各界的广泛关注，国内外学术界将其作为重要的研究领域。

地面沉降是一种缓变型地质灾害，具有持续时间长、影响范围广、成因机制复杂和防治难度大等特点，已经成为国土资源、水利、市政、交通等多个部门共同关注的灾害防治难题。地面沉降灾害首先表现为大范围的地面下沉和高程损失，并随着地下水位的持续下降而逐渐加剧；其次，受区域水文地质条件、水井分布、抽水层位、抽水季节等多种因素影响，地面沉降在其发展过程中存在阶段性和不均匀性，尤其在一些地下水集中开采区域和抽水井附近，由于局部水位快速下降引起地面不均匀下沉，造成建筑物的下沉及破坏、道路及铁路路基破坏，尤其对附近的高速铁路工程结构及轨道平顺性产生较大影响。

当前，国内外关于地面沉降预测评价及综合防控研究的著作较少，专门针对高速铁路沿线地面沉降预测、评估、综合防控及工程修复的著作几乎是空白。本书凝练了中国铁路设计集团有限公司（以下简称“中国铁设”）地面沉降研究课题组 10 多年的研究成果、实践和经验，对高速铁路沿线地面沉降研究与实践进行了系统论述。

本书采用离心模型试验方法，揭示了抽水引发地面沉降机理、地面沉降形成的地质环境条件、沉降机理和主控因素，分析了地面沉降与地下水开采的相关性；采用数值分析方法，分析了地面沉降对高速铁路桥梁、路基及轨道平顺性的影响；基于城际轨道交通车线耦合作用理论，提出了地面沉降区轮轨系统动力响应计算方法，揭示了地面沉降环境下车辆和轨道系统动力响应规律；基于水土耦合理论和监测数据反分析方法，建立了联合三维地层模型、竖向固结解析与地面沉降监测反分析的地面沉降预测模型与方法，实现了对工程沿线地面沉降更准确地预测；结合高速铁路工程沿线典型沉降段，模拟了控制地下水开采量、调整开采井位置、调整地下水开采层位、回灌地下水等地面沉降防控措施，提出了高速铁路线路线形、轨道、桥梁、路基和隧道等优化设计措施及桥梁、路基抬升等修复措施。

中国铁设地面沉降研究课题组是国内外最先开展地面沉降对高速铁路影响研究的团队，自 2003 年至今，先后开展了京沪高速铁路京徐段、京津城际、雅万高铁等十余项高速铁路项目地面沉降专项评价工作，近年来承担了“中国华北地区地面沉降对高速铁路工程的影响及对策研究”“局部集中降水对高铁工程沉降影响与治理对策成套技术研究”“高速铁路工程沿线地面沉降预测评估及防控关键技术研究”“京津冀地面沉降区轨道交通服役状态致灾机理及对策研究”等多项省部级和集团级科研课题研究。

本书在基于耦合固结变形理论和监测数据反分析的地面沉降预测、地面沉降对高速铁路动力响应影响计算、高速铁路沉降整治修复方案优化计算等方面填补了我国地面沉降研究领域的多项空白。

编著者

2023 年 2 月

目　　录

第1章 中国地面沉降现状及影响

地面沉降是指由于自然因素或人类活动引发的地下松散土层固结压缩并导致一定区域范围内地面高程降低的地质现象，是一种不可补偿的永久性环境和资源损失，是地质环境系统破坏所导致的恶果。国内外绝大多数地面沉降主要由于不合理开采地下水资源所致，是工业化、城市化的产物，其与人类的经济、工程活动密切相关。因此，地面沉降问题长期以来一直倍受社会各界关注，国内外学术界更是将其作为重要的研究领域。

1.1 中国地面沉降历史及现状

中国地面沉降最早发生于 20 世纪 20 年代的上海市和天津市。至 20 世纪 60 年代，上海和天津两市地面沉降灾害已相当严重。自 20 世纪 70 年代起，长江三角洲的苏州—无锡—常州、杭州—嘉兴—湖州等主要城市和河北平原东部地区也相继出现地面沉降。20 世纪 80 年代以来，地面沉降范围从城区开始向农村扩展，并伴生地裂缝，地面沉降危害进一步加重。2009 年调查与监测结果显示，全国累计地面沉降量超过 200 mm 的地区达到 7.9 万 km^2，发生地面沉降的城市超过 50 个。根据《中国地面沉降现状图》显示，至 2015 年底，全国已有 21 个省(直辖市)102 个地级以上城市发生地面沉降。2015 年，全国地面沉降严重区(地面沉降速率大于 50 mm/a)的面积达 1.24 万 km^2，全国累计地面沉降量大于 200 mm 的区域面积约 9.20 万 km^2，最大累计地面沉降量点位于天津市滨海新区中心区(原塘沽区)。2019 年，地面沉降严重区的面积约为 1.14 万 km^2，主要分布在华北平原、长江三角洲、汾渭盆地、淮北平原。地面汛降发展趋势相比 2015 年总体有所减缓。

中国地面沉降分布具有明显的地域特征，主要分布地区如下：(1)长江三角洲，包括上海、苏州、无锡、常州和嘉兴；(2)黄河—淮河—海河平原，包括天津、沧州、衡水和安阳；(3)松花江平原与辽河下游平原地区，包括大庆、哈尔滨、沈阳与营口；(4)河谷和山间盆地，如西安、太原、临汾、汾渭河谷及位于山间盆地的大同；(5)东南沿海平原，如宁波、泰州、海口、台北等。其中，华北平原、长江三角洲地区、汾渭盆地、珠江三角洲地区、江汉平原等是地面沉降的重灾区。

华北平原、长江三角洲及汾渭盆地地面累计沉降量特征见表 1-1。

表 1-1 华北平原、长江三角洲及汾渭盆地地面累计沉降量(截至 2015 年)

累计沉降量/mm		0～200	200～500	500～1 000	1 000～1 500	1 500～2 000	>2 000
沉降面积/km²	华北平原	2.38×10⁴	6.19×10⁴	3.71×10⁴	1.35×10⁴	0.47×10⁴	0.22×10⁴
	长江三角洲	4.11×10⁴	1.02×10⁴	0.17×10⁴	0.04×10⁴	—	—
	西安	—	335.9	202.6	106.0	61.6	—
	太原	—	552.1	342.0	170.8	49.8	—

InSAR 调查结果显示，至 2015 年底，我国中东部 75 万 km^2 调查范围内均有地面沉降发生，京津冀平原是我国地面沉降发展最迅速，影响面积最大的地区，其次为汾渭盆地、河南省、山东省西北部平原等。此外，发生地面沉降的地区还包括东北平原及江汉洞庭平原等地。我国区域地面沉降影响面积状况见表 1-2。

表 1-2 中国区域地面沉降影响面积状况(截至 2015 年)

沉降速率范围/(mm·a⁻¹)	0～10	10～30	30～50	>50
影响面积/km²	784 707	93 926	17 245	5 645

目前，我国长江中下游、黄河三角洲、珠江三角洲、松辽平原、环渤海地区及东南沿海平原的大多数城市，地面沉降正处在持续发生、发展之中，地面沉降范围在不断扩大，危害在进一步加剧。发生地面沉降的城市和地区有的孤立存在，有的则密集成群或断续相连，形成大面积的地面沉降区(带)，已形成长三角、华北平原和汾渭盆地等地面沉降灾害严重区。

1.1.1 华北平原地面沉降区

华北平原西北部临山，东部临海，从山前冲积、洪积倾斜平原，至中部冲积、湖积平原和东部冲积、海积滨海平原，含水层系统由单一含水层逐渐演变为多层，岩性颗粒由粗变细，可压缩黏土层厚度变厚。山前冲洪积扇地区容易接受山前地下水的侧向径流补给，大气降水补给条件也比较好；相反中东部平原地下水补给条件较差，可更新能力低，在相同地下水开采强度下，更容易产生地面沉降。

中国测绘科学研究院 2015 年公布了京津冀 9 万 km^2 平原地区 22 年的地面沉降卫星 InSAR 监测成果，通过近千景卫星 SAR 影像的处理，获取了京津冀重点地区 1992 年至 2014 年全域覆盖、时间连续、高精度的地面沉降数据，全面系统地展示了华北平原地区沉降中心分布、最大沉降速率及其动态变化、累计沉降量等信息。根据该项成果，北京、天津、河北及河南等省市地面沉降已经连成一片。地面沉降正逐步由中心城区向外围扩展。北京市的东部及东南部、天津西部西青至静海等地区地面沉降加剧十分明显，年均沉降量最大已经超过 150 mm。天津宁河至河北的曹妃甸之间、河北邯郸至安阳东部地区地面沉降加剧也较为明显，年均沉降量接近 100 mm，成为新的沉降中心。天津津南地区、河北保定东部至邢台一带、衡水至山东德州之间大片区域地面沉降也在逐步扩展，逐步连接成片，年均沉降量大部地区达 30～80 mm。

至 2017 年，华北平原地区地下水超采漏斗已有 20 余个，形成以天津、北京与沧州三个城市为大中心，保定、衡水与德州为次级中心的降落漏斗区，地面沉降超过 200 mm 的区域已超 6 万 km^2，年沉降速率大于 30 mm 的严重沉降区面积约 2.53 万 km^2，部分地区年最大沉降量达到 160 mm。不同区域的沉降中心仍在不断发展，并且有连成一片的趋势。

近年来，京津冀地区地面沉降范围在逐渐扩展，在中东部平原区已经连成一片。天津、北京及沧州等市区附近历史上沉降严重区域内的地面沉降虽然在持续减缓，但沉降严重区域已转移至城市外围郊县及郊区，在北京东部、天津西部及南部、沧州南部等地区形成新的沉降中心，地面沉降发展趋势依然十分严峻。

1.1.2　山东北部平原地面沉降

山东省地面沉降主要分布在鲁北和鲁西平原的德州、滨州、东营、聊城、济宁、菏泽等地区。鲁北平原在德州市德城区，东营市东营区、广饶县城，滨州市滨城区、博兴县城一带已形成地面沉降漏斗区。鲁西平原区地层结构松散，固结程度低，地下水超采现象在区内普遍存在。地下水超采形成区域性的地下水降落漏斗，地面沉降较为突出，目前已产生一定危害。

结合山东省地面沉降监测实际情况，将年沉降速率作为地面沉降发育程度的主要划分指标，近 5 年平均沉降速率大于等于 50 mm 为地面沉降强发育区；近 5 年平均沉降速率在 30～50 mm 为地面沉降中等发育区；近 5 年平均沉降速率在 10～30 mm 为地面沉降弱发育区。据统计，山东省发生地面沉降面积约 20 239 km^2。其中，地面沉降强发育区 6 个，主要分布在德州、聊城、滨州、东营、潍坊等 6 个市，面积约 1 216 km^2，占比 6%；地面沉降中等发育区 8 个，主要分布在德州、聊城、滨州、东营、淄博、济宁、菏泽等 7 个市，面积约 1 698 km^2，占比 8%；地面沉降弱发育区面积约 17 325 km^2，占比 86%。经初步估算，全省地面沉降下降总体量已达 2.97 亿 m^3。

1.1.3　长江三角洲地面沉降区

长江三角洲是我国地面沉降最为严重的地区之一，已形成了以上海、苏州、常州和无锡为中心的地面沉降区，沉降严重的城市包括上海、苏州、无锡、常州、嘉兴、湖州、张家港等城市，累计沉降量最大的是上海，超过了 3 m，苏州、无锡、常州、嘉兴等城市的沉降则超过了 1 m。沉降超过 200 mm 的面积近 10 000 km^2，占区域总面积的 1/3。

近年来，长江三角洲地区的地面沉降与北部平原有连成一片的趋势。

1.1.4　汾渭盆地地面沉降区

汾渭盆地主要由山西中部和西南部的汾河盆地与陕西中部的渭河盆地组成。汾渭盆地地面沉降区主要包括陕西的西安、咸阳、渭南市及山西的太原市。其中,西安市地面沉降最为严重。

1.1.5 中国各沉降区特征对比

中国地面沉降的地域分布具有明显的地带性,主要位于厚层松散堆积物分布的平原地区。

1. 大型河流三角洲及沿海平原区

主要为长江、黄河、海河、辽河下游平原和河口三角洲地区。

(1)第四纪沉积层厚度大、固结程度差、颗粒细、层次多,压缩性强;

(2)地下水含水层多,补给径流条件差,开采时间长,强度大;

(3)城镇密集,人口多,工农业生产发达;

(4)地面沉降首先从城市地下水开采中心形成沉降漏斗,进而向外围扩展,形成以城镇为中心的大面积沉降区。

2. 小型河流三角洲区

主要为东南沿海地区。

(1)第四纪沉积层厚度不大,以海陆交互相黏土和砂层为主,压缩性相对较小;

(2)地下水开采主要集中于局部富水地段。沉降范围一般比较小,主要集中于地下水降落漏斗中心附近。

3. 山前冲洪积扇及倾斜平原区

主要包括燕山和太行山山前倾斜平原区,围绕北京、保定、邯郸、郑州、安阳等大中城市分布。

(1)第四纪沉积层以冲积、洪积形成的砂层为主;

(2)城市人口众多、城镇密集、工农业生产集中;

(3)地下水开采强度大,水位下降幅度大;

(4)地面沉降主要发生在地下水集中开采区,沉降范围由开采范围和开采强度决定。

4. 山间盆地和河流谷地区

主要包括陕西渭河盆地、山西汾河谷地及一些小型山间盆地,围绕西安、咸阳、太原、运城等城市分布。

(1)第四纪沉积物沿河流两侧呈条带状分布,以冲积砂土、黏性土为主,厚度变化大;

(2)地下水补给、径流条件好;

(3)构造运动表现为强烈的持续断陷和沉陷;

(4)地面沉降范围主要发生在地下水降落漏斗区。

5. 地面沉降的地质环境模式

地面沉降的地质环境模式见表 1-3。

表 1-3　地面沉降的地质环境模式

模　　式	地层构成	地区举例
冲积平原	河床沉积土，以下粗上细的粗粒土为主； 泛洪平原沉积土，以细粒土为主的多层交互沉积结构； 土层的厚度一般与河床最大深度及各旋回中的沉积韵律有关	黄淮海平原、长江下游平原、松花江中下游平原
三角洲平原	海陆交互相沉积，具有多个含水系统，并为较厚的黏性土层所交错间隔	长江三角洲、黄河三角洲、海河三角洲
断陷盆地	冲积、洪积、湖积以及海相沉积物所组成的粗、细粒土交错沉积层，其厚度及粒度受构造沉降速度、沉积韵律等因素控制	近海式——台北盆地、宁波盆地； 内陆式——汾渭盆地

1.2　地面沉降危害和影响

地面沉降最根本的影响是导致地面高程损失，进而引发一系列的次生灾害。地面沉降可造成建筑物地基下沉、房屋开裂、地下管道破损、井管相对抬升、洪涝及风暴潮灾害加剧等一系列问题，给国民经济造成巨大的损失。地面沉降灾害具有形成时间长、影响范围广、防治难度大、难以恢复等特点，已成为阻碍城市建设和发展的一种"慢性病"和影响区域经济社会可持续发展的重要因素之一。地面沉降影响和危害主要体现在以下几个方面。

1. 区域地面沉降造成高程损失，城市排水系统损毁，城市内涝积水

区域地面沉降使地面标高降低，高程损失。根据华北平原、长江三角洲、汾渭盆地三个地区地面沉降调查和监测成果及其他相关文献资料，地面沉降发育的主要城市和地区的最大累计沉降量见表 1-4。地面沉降导致天津李七庄基岩标相对于地表上升，如图 1-1 所示。

表 1-4　我国主要城市最大累计沉降量统计表（截至 2015 年）

省(直辖市)	最大累计沉降量/mm	城市(区)
北京	1 749	朝阳区
天津	>3 000	滨海新区
河北	2 702	沧州
	1 617	衡水
	1 278	邢台
山东	1 335	德州

续上表

省(直辖市)	最大累计沉降量/mm	城市(区)
河南	337	安阳
	300	开封
	321	洛阳
安徽	1 500	阜阳
上海	2 980	上海
浙江	800	台州
	1 204	嘉兴
	800	温州
江苏	2 800	无锡
	1 682	苏州
	1 000	江阴
陕西	>3 000	西安
山西	>3 000	太原
	1 000	运城
辽宁	2 500	盘锦
	2 000	沈阳
云南	282	昆明
广东	253	湛江

图 1-1　天津李七庄基岩标上升

地面高程损失导致观测和测量标志等失效，使河流水位、海洋潮位、地形高程失真，给城市规划和建设造成困难。例如：上海市外轮停靠的码头，原标高 5.2 m，1964 年下沉到 3.0 m，高潮时被水淹没而无法装卸，耗资 900 多万元进行加高后方可使用。上海苏州河原来每天运输吞吐量 100 万～120 万 t，60 年代以后减少了一半。

随着地面沉降持续发展，地面高程损失造成城市防汛设施的防洪能力降低，沿海城市风暴潮加剧，江河桥梁净空减小，内河航运受阻，码头受淹，导致深水井井管抬升、倾斜，甚至脱裂报废，致使洪涝灾害加剧等。

(1)地面沉降长期发展，使沉降中心的地面高度明显降低，形成碟形洼地，改变了原始地表水径流条件，影响排涝和排水管网运行能力，若遇较大洪水，低洼地段积水难排。据统计，天津、上海、苏州、西安等许多城市的地面沉降中心由于严重的高程降低，导致该地区按原来报告设计的城市排水系统部分或全部失去作用。在雨季，许多城市雨水无法正常排除，形成大面积积水，许多城区变成汪洋一片，对人民的正常生活和出行造成了极大的影响。

(2)城市河道泄洪能力下降，致使市区遭受洪水威胁。发生地面沉降的城市一般地势低平，且大多沿河发展。地面沉降活动不仅使城市高程进一步降低，而且拦河堤坝等防洪设施因沉降而发生破坏。因此，一些城市御洪能力不断下降，出现严重的水患威胁。地面沉降直接导致河道堤岸、桥梁等的原本高程降低，同时区域性的地面不均匀沉降，使得许多内河入海口都有严重的淤泥淤积，这些因素都使得河道的泄洪能力严重降低。

例如，天津市海河干流两岸防洪堤，自 1959 年来普遍下沉 1.0～2.0 m，而且一些堤段因不均匀沉降出现许多裂缝，加上河道淤积影响，使海河泄洪能力由原来的 1 200 m^3/s 降到 400 m^3/s 以下。遇到一般较大汛情，全市即处于高度戒备状态。

上海市区在 20 世纪 20 年代地面一般高程为 4.0～5.0 m，60 年代后普遍降到 3.5 m 以下，部分地区只有 2.0 m 左右。伴随地面沉降活动，浦江、苏州河水位不断上升超过警戒水位的现象频繁发生，并多次出现黄浦江水倒灌，淹没市区的现象。为了确保城市安全，1956 年开始沿江修建防汛墙，此后伴随地面沉降的发展，先后多次进行改建和加固，投资达数亿元。

(3)内河河道的过水能力降低。引发河道过水能力降低的根本原因还是由于地面沉降引发的高程损失，地面沉降导致了河床的下沉，从而导致许多河道原先设计的过水能力严重降低，许多河道如流经沧州地区的南运河段过水能力已不及原设计指标的 1/2。

2. 不均匀沉降使建筑物基础下沉，市政工程设施毁坏

(1)地面沉降区内的不均匀沉降，在城市地区对地下管线的安全构成了严重的影响，它导致管线弯曲、错断、供水井井管上升、泵房报废等，造成自来水、家用煤气的泄露，在影响城区人民正常生活的同时也对当地的人民生命财产安全构成了威胁。

(2)地面沉降尤其是不均匀沉降及其引发的地裂缝，会造成市政道路的路基沉降、桥梁裂缝、沥青路面开裂等，引发铁路路基、桥梁基础工程不均匀下沉，影响车辆行驶安全。

(3)对高程要求严格的堤坝、水闸、桥梁、高架道路等基础设施，高程一旦降低，将使得安

全运营和维护成本增高。

(4)地面沉降对现有的基础设施,如输排水管道、高架道路、燃气管网、通信线路等也会造成严重的安全隐患,增大维护成本。

3. 地面沉降引发伴生地裂缝,损毁房屋等

地面不均匀沉降还会导致城市地区的地表建筑物地基下沉、倾斜,墙体开裂,严重的时候甚至还会发生坍塌现象。

据研究,地面沉降的局部不均匀性是造成地裂缝的主要诱因。地裂缝是地面沉降的伴生灾害,相比地面沉降,地裂缝带来的影响则更为直接和明显。在我国的多个沉降城市都发现了这一地质灾害现象,如西安、河北的沧州等。地裂缝会造成房屋损毁性开裂、路基路面变形,引发巨大的经济损失,同时也对地区的土地利用、发展规划等工作产生诸多不利影响。在大同至西安高速铁路勘测期间发现了多处地裂缝引发的房屋开裂及公路路面变形错位现象,如图 1-2 所示。

(a)地裂缝引发的房屋开裂

(b)地裂缝引发的公路路面变形

图 1-2　地裂缝引发的房屋开裂和路面变形

4. 损坏城际之间的重要交通干线

发生地面沉降的城市大多是经济较为发达的中心城市,很多都是地区的政治文化中心和交通枢纽,不仅城市内部有许多交通干线,更有许多较为重要的公路、铁路干线通过,因此地面沉降和不均匀沉降的发生会导致这些交通干线的路基受损、公路路面开裂,铁路轨面平顺性变差。如京沪铁路经过河北沧州地面沉降区,造成路基下沉,为了弥补地面沉降造成的高程损失,恢复轨道平顺性,不得不一再填筑道砟,如图 1-3 所示。

图 1-3　地面沉降使路基下沉

地面沉降引起高铁线路不均匀下沉,使轨道平顺性变差,影响高铁列车舒适性,甚至威

胁行车安全。

5. 导致地下水环境恶化

地面沉降所造成的地面高程降低和积水洼地的形成，严重影响着城市污水的排放，所造成的排污管道破坏也使污水溢出，这都会污染地下水。部分内陆地区在地面沉降过程中，劣质地下水和许多有毒、有害元素污染的地下水会随着含水层的压密释水向淡水扩散，造成地下水水质变差。

在沿海地区，地面沉降还会造成海水入侵或海水倒灌，使地下水矿化度增高，并引起土壤盐渍化。

6. 潮灾加剧，加大沿海城市风暴潮的频率和强度

沿海地区，由于濒临大海，经常受到风暴潮的侵袭并对人民的生命财产安全构成严重的威胁。地面沉降造成的地面高程的损失使得这些地区抗击风暴潮的能力下降，同时风暴潮发生频率也进一步上升。

在滨海地区，地面沉降活动使陆地地面高程降低，海平面相对上升，导致海水侵袭和风暴潮灾害加剧，也导致海岸侵蚀加重。

地面沉降使天津市部分地区已处于海平面以下，伴生的风暴潮灾害加剧。天津滨海新区中心区（原塘沽区），近几十年来相对海平面上升 50 cm，而地面高程普遍下降到 2.0 m 以下，局部降到平均海平面以下，最低处（河滨公园）为－3.3 m。与此同时，滨岸防洪堤不但大幅度沉降，且发生局部开裂；许多防洪闸（耳闸、二道闸、海河闸、金钟闸等）下沉 0.4～2.6 m。在这种情况下，天津沿海灾害性风暴潮日趋严重，其频度、强度和造成的损失均达到历史最高水平。如 1985 年 8 月 2 日和 19 日发生的风暴潮，使海水越过防潮堤闸涌入陆地，塘沽一些地区水深达 1.3～2.0 m，大量企业单位被淹，受灾居民 1 万多户，直接损失 1.3 亿元。

上海以及长江三角洲地区风暴潮灾害也日益严重，不但潮位越来越高，而且高潮频次也不断增加，风暴潮造成的损失愈来愈大。1962 年 8 月，7 号台风袭击上海，吴淞口潮位高 5.38 m，苏州河口水位高 4.76 m。在猛烈的潮水冲击下，防汛墙出现 46 处决口，半个市区进水，南京东路水深 0.5 m，直接损失达 5 亿元。

7. 地面沉降灾害的链式特征

地面沉降造成地面高程资源损失，引发城区内涝积水、建（构）筑物损坏、堤坝防洪能力降低，加剧地裂缝及沿海地区风暴潮灾害，地面沉降及其次生灾害的发生发展具有明显的链式特征，对高速铁路、水利工程、油气管线、机场的运营安全和环渤海、长三角地区多个重要经济区的规划建设产生严重影响。

(1)内陆盆地平原地面沉降——城市内涝、土地盐渍化灾害链

地面沉降主要由于地下水开采和大面积加载引起，决定了其在城市及周边地区相对严重，如天津、上海、北京、沧州等地，是发生地面沉降较早的地区，随着沉降逐渐累积，在城市

地区形成宽阔的沉降洼地。随着市区地面高程损失日渐严重，改变了原有排水系统的设计坡度，降低了排水效能，甚至会出现雨水倒灌的情况。天津西站、北站等地历史累积沉降已达 3 m 以上，造成区域低洼，20 世纪末至 21 世纪初的一段时期内，雨季积水经常发生。近年来随着市内控制沉降工作严格执行和管网河道多次改造，内涝积水现象才得以缓解。

随着近年来大、中城市加强了控制沉降工作，地面沉降重心逐渐向城市外围转移，大范围的农田和耕地处于地面沉降区内，由于河道下沉淤积引起排洪能力的降低，雨季大片农田长期受涝，致使土地发生盐渍化，如天津滨海新区中心区（原塘沽区）由于地面沉降导致大片区域地面高程低于海平面，内涝积水及咸水入侵使得土地盐渍化现象十分严重。

(2)滨海平原地面沉降——风暴潮、海水倒灌灾害链

天津、河北、山东、浙江、上海等沿海平原地带，海平面上升与地面沉降叠加将进一步恶化地质与生态系统，引发许多灾害问题。海平面上升与地面沉降叠加将引发严重的地质灾害链与生态环境问题：洪涝灾害更加频发和加剧，防洪排涝和城市排水工程的排水排污能力降低，咸水入侵、土地毁损、农田渍害和水体污染加剧。

沿海平原地区需要从地球系统科学角度分析海平面上升与沿海平原地面沉降叠加可能引发的地质灾害链与生态环境问题，建立陆海（包括入海河流）统筹的海岸带地质与生态环境监测评价系统，预测、预警、评估灾害的影响，提高沿海地区抵御灾害的能力。要将海平面上升的影响作为重要指标，纳入沿海地区社会、经济发展规划、地质灾害防治规划和土地利用规划。

(3)山前平原及基底活动构造区地面沉降——地裂缝灾害链

在汾渭盆地、华北平原西部和北部、杭嘉湖等地区，地下水长期超采产生了严重的地面沉降，在山前地带及基底构造活动区诱发和加剧了地裂缝灾害。这些地区地下水开采和地裂缝发育特征两者有很好的相关性。断裂的持续活动使断层两盘的地层岩性及厚度具有相当大的差异，过量开采地下水导致承压水位大幅度下降，两盘地层发生差异沉降。先存断裂作为土体中的宏观结构面，差异沉降沿此面集中发生，造成了上部地裂缝的出现与活动的加剧。

(4)不均匀沉降——建筑物变形及结构破坏灾害链

集中降水及基底地层变化区域会引发局部的不均匀沉降，对沉降范围内的建筑物产生影响，主要引起建筑物结构变形和损伤，如房屋倾斜、地面开裂、桥梁变形、管线断裂等。建筑物变形严重时，甚至导致结构破坏。图 1-4 为地面沉降灾害链与次生灾害影响。

8. 地面沉降灾害链对轨道交通工程的影响

地面沉降灾害链对轨道交通工程的影响与其他建筑物基本类似，与所处的区域及灾害链特征直接相关，而不同的轨道交通工程类型又有不同的关注焦点。

高速铁路首先关注地面沉降，尤其是不均匀沉降对轨道平顺性的影响。不均匀地面沉降会通过路基、桥梁反映到轨道上，改变原有设计坡度和曲线半径，使轨道平顺性变差，影响

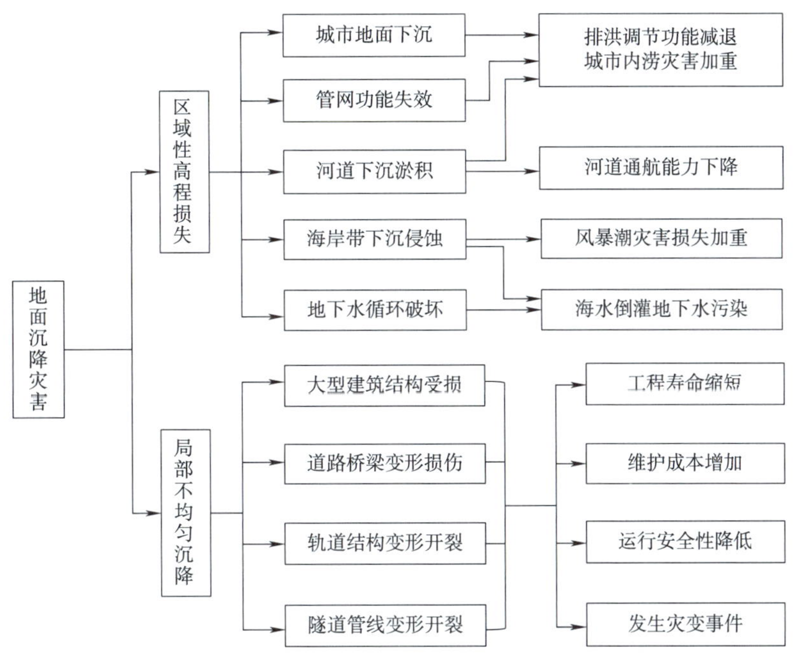

图 1-4　地面沉降灾害链与次生灾害影响

高速列车安全、平稳地运行，轻则影响列车舒适性，重则引起列车脱轨等灾难性事故。

地面沉降的地裂缝灾害链会对轨道交通工程结构产生破坏，当地裂缝与线路交叉时，会引起工程结构变形和开裂。

滨海地带的轨道交通工程除考虑地面沉降变形影响外，还要考虑风暴潮对路基及桥梁的影响。

城市轨道交通工程多为地下段，需重点考虑不均匀沉降对隧道衬砌结构的影响，地铁出入口考虑地面高程损失，要留有足够的安全高程，以防止沉降区城市内涝而导致洪水倒灌灾害的发生。

1.3　地面沉降对高速铁路工程的影响

地面沉降对高速铁路工程的影响程度与铁路技术标准和所穿越地面沉降区域的现状及发展趋势密切相关。首先，对于有砟轨道高速铁路，地面沉降的影响相对较小，但随着技术标准的提高，地面沉降的影响会越来越显著，特别对于采用无砟轨道的高速铁路和城际铁路，地面沉降的影响已经不可忽视。其次，对于处于地面沉降中心区域和不均匀沉降相对严重地区的高速铁路，受地面沉降的影响会更为突出。

根据近年来的监测资料，在京津冀平原、长江中下游平原及汾渭盆地等地面沉降区中，已有数十条高速铁路受到地面沉降的不同程度影响,包括京津冀平原区内的京津城际、京沪、津秦、京广、京沈、京雄等高速铁路。如某高铁建设之初,区域内尚未进行大规模建设,地面年均沉降量小于 20 mm。随着沿线附近工业园区建设的发展,工业深井数量大幅上升,超量抽取地下水现象日益严重,导致地面沉降日益加剧,从 2007 年 10 月至 2016 年 11 月累计沉降量达到 917.1 mm,最大年均沉降量达到 100.8 mm。地面沉降使原有纵断面产生很大的改变,原始坡度和轨道平顺性受到较严重的影响,如图 1-5 所示。近年来,随着京津冀平原及高铁沿线地面沉降防控工作日益加强,地面沉降趋势虽有所减缓,但地面沉降的影响依然存在。

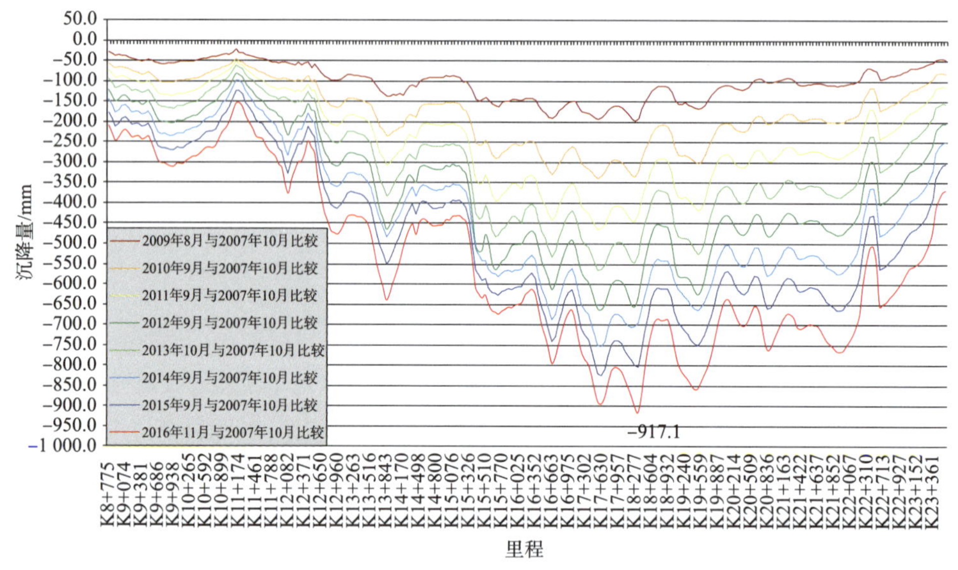

图 1-5　某高铁沿线地面沉降段落累积沉降量分布

地面沉降对高速铁路工程的影响主要体现在三个方面:一是地面高程损失及原始线路坡度改变;二是局部不均匀沉降导致结构变形甚至破坏;三是影响轨道平顺性及安全运营。

浅层地下水的开采引起浅部地层的局部不均匀沉降比深部地层更严重一些。浅层地下水的开采,引起地面沉降对高速铁路的影响更应引起关注。

地面沉降对高速铁路不同结构物产生的影响有:

(1)区域地面沉降造成高速铁路线路纵断面高程损失,不均匀地面沉降造成高铁线路纵断面发生变化,长大坡段会逐渐变得破碎,影响行车安全和舒适度。

(2)高速铁路路基工程地基加固深度一般不超过 30 m,而京津冀平原地面沉降的主要压缩层远远大于这个深度,因此,当地面沉降发生时,路基将相应发生沉降,其数值由于自重及列车荷载影响,一般会大于没有填筑路基时的地面沉降量。由于荷载特点及地基加固措施的差异,同时也会出现路桥过渡段差异沉降大于没有建筑物时的地面差异沉降。

(3)高速铁路桥梁受不均匀地面沉降影响,会引发高速铁路桥梁相邻墩台的沉降差异增加，一旦超限将影响轨道线路的平顺性，甚至影响轨道结构安全。

(4)区域地面沉降会导致位于不同埋深、不同地质条件下的隧道产生竖向沉降变形，严重的会导致隧道开裂、错台或大变形，影响高速铁路行车安全及舒适度。

(5)高速铁路轨道在地面不均匀沉降影响下，一方面，将引起轨道结构承受附加弯曲应力，可能导致轨道结构发生结构性开裂，影响轨道结构的耐久性，进而影响轨道结构承载能力，威胁高速铁路列车行驶安全。另一方面，将在轨面形成轨道不平顺，导致高速铁路列车通过时，轮轨动力冲击作用明显，不仅影响行车安全性和舒适性，而且会加速轨道结构的变形与破坏，严重时轨道发生结构性破坏失效，直接威胁行车安全。

参考文献

[1] 周毅，罗郧，郭高轩，等. 冲洪积平原地面沉降特征及主控因素：以北京平原为例[J]. 地质通报，2016，35(12)：2100-2109.

[2] 雷坤超，罗勇，陈蓓蓓，等. 北京平原区地面沉降分布特征及影响因素[J]. 中国地质，2016，43(6)：2216-2225.

[3] 张永红，吴宏安，康永辉. 京津冀地区1992—2014年三阶段地面沉降InSAR监测[J]. 测绘学报，2016，45(9)：1050-1058.

[4] 吴文坛，石建峰，覃业韬，等. 基于CORS网的河北省2013年—2018年区域沉降监测[J]. 城市勘测，2020(1)：105-108.

[5] 张永伟，邵明，肖敏. 山东省地面沉降监测与防治工作进展[J]. 山东国土资源，2018，34(8)：62-66.

[6] 范雪婷，王玮，李梦梦. 基于Sentinel-1A TOPS模式的南通市时序InSAR地表沉降监测[J]. 地理信息世界，2020，27(5)：129-133，139.

[7] 顾晟彦，姚维军，徐明钻，等. 江苏盐城地面沉降风险评价[J]. 中国地质灾害与防治学报，2020，31(1)：36-43.

[8] 乔建伟，彭建兵，郑建国，等. 中国地裂缝发育规律与运动特征研究[J]. 工程地质学报，2020，28(5)：1016-1027.

[9] 董英，张茂省，刘洁，等. 西安市地下水与地面沉降地裂缝耦合关系及风险防控技术[J]. 西北地质，2019，52(2)：95-102.

[10] 孙晓涵，彭建兵. 清徐县地裂缝活动与地下水开采定量关系[J]. 灾害学，2015，30(4)：107-112.

[11] 许再良，李国和，孟庆文. 区域地面沉降对京津城际轨道交通的影响及对策研究[J]. 工程地质学报，2006，14(增刊)：394-398.

[12] 李国和，孙树礼，许再良，等. 华北平原地面沉降对高速铁路的影响及对策[J]. 铁道工程学报，2007(8)：7-12.

第2章 地面沉降机理与模型试验

区域性地面沉降的成因分为自然因素和人为因素两大类。自然因素主要包括新构造运动、软弱土层的天然固结等。人为因素主要包括地下水过量开采、地下热水及油气资源、大规模工程建设、大面积堆载等。其中,地下水过量开采是我国中东部平原地区地面沉降发生的主要诱因。

2.1 地下水开采引发地面沉降的力学原理和微观机制

2.1.1 地下水开采引发地面沉降的基本原理

过量抽取地下水是造成地面沉降的主要原因。长期超采地下水,改变了含水层补给和排泄的自然状态,地下水侧向径流不能满足地下水过量开采的需求,最终导致含水层水位持续下降。在含水层水头降低的过程中,土层中总应力保持不变,孔隙水压力减小,故而土层中有效应力增加,致使土层压密变形而引发地面沉降。目前普遍采用 Terzaghi(太沙基)提出的有效应力原理进行解释。开采地下水前,含水层上覆荷载由含水层骨架及孔隙水共同承担,并达到平衡,即:$\sigma=\sigma'+u$(σ 为上覆土体荷载总应力;σ'为含水层骨架承担的应力,称为有效应力;u 为孔隙水体承受的应力,也称为孔隙水压力)。图 2-1 为饱和砂土中的应力状态。

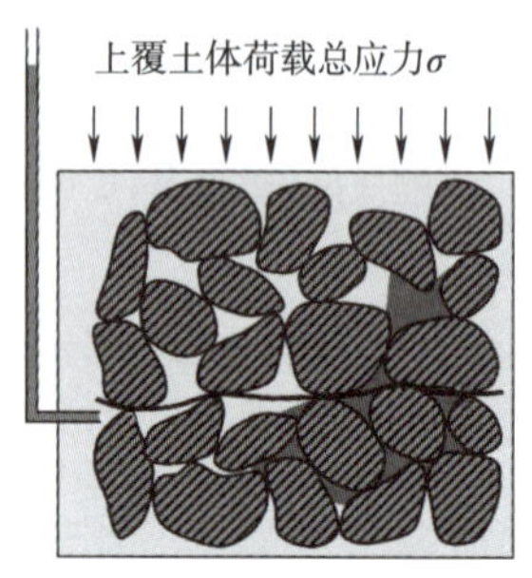

图 2-1 饱和砂土中的应力状态

由太沙基公式可以看出,抽水时,含水层水位下降,会使颗粒间的孔隙水压力变小,由于上覆地层自重不变,为保持平衡,有效应力必然会增大。如果有效应力的增量(附加应力)大于颗粒间的摩擦阻力时,颗粒就会位移、错动,形成更紧密的排列,含水层压密,体积变小,地面下沉,直至形成新的压力平衡。

上覆土体荷载总应力为

$$\sigma=\gamma h_1+\gamma_{sat}h_2' \tag{2-1}$$

孔隙水压力为

$$u=\gamma_w h_2' \tag{2-2}$$

有效应力为

$$\sigma'=\sigma-u \tag{2-3}$$

地下水位下降会引起 σ' 增大，土会产生压缩，这是地下水开采引起地面沉降的主要原因。图 2-2 为地下水位下降引起有效应力变化的示意图。

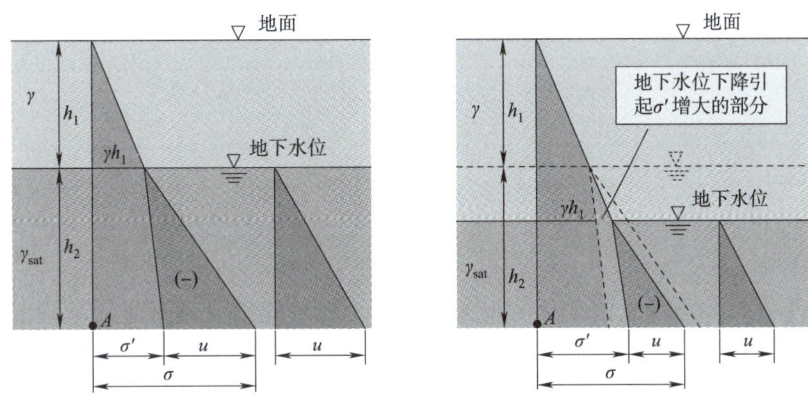

图 2-2　地下水位下降引起有效应力变化

γ—上覆土体容重；γ_{sat}—土体饱和容重；γ_w—水的密度

2.1.2　饱水砂层释水压密引发地面沉降

土体中流体的释出使孔隙水压力减小，有效应力增大，固体颗粒形成的孔隙压缩，在含水层上覆地层压力不变的情况下，地下水位波动引起的孔隙水压力变化由含水层颗粒骨架所承担的有效应力均衡。因此，当地下水开采引起地下水位下降，孔隙水压力降低而使有效应力增加时，就会导致含水层颗粒骨架在一定程度上压缩。

天然条件下，含水系统中各地层处于力平衡状态，开采承压水后，含水层的水位下降了 Δh，孔隙水压力相应减少了 $\Delta u=\gamma_w\Delta h$，原来由水所承担的一部分上覆地层自重压力转嫁到砂层的骨架上，有效应力相应增加了 $\Delta\sigma'$，此时新的平衡可用下式表示：

$$\sigma=(\sigma'+\Delta\sigma')+(u-\Delta u) \tag{2-4}$$

$$\Delta\sigma'=|\Delta u| \tag{2-5}$$

式中　$\Delta\sigma'$——有效应力的增量；

Δu——孔隙水压力的增量；

$|\Delta u|$——孔隙水压力增量的绝对值。

含水砂层是通过砂粒接触点承受应力的，有效应力增加使砂粒排列紧密，孔隙度变小，含水砂层压缩，地面相应沉降。停采后，水位恢复，则孔隙水压力增加，砂层承受的有效应力降低，砂层的颗粒排列恢复，地面出现回弹。开采引起水位下降，由于砂层压密产生地面沉降，当水位恢复后，砂层回弹，沉降消除，故含水砂层释水压密引起的地面沉降是暂时的，具有可恢复性。在水位反复升降的条件下，砂层中颗粒趋于最紧密排列，这部分压密产生的沉降是不可恢复的，但这部分压密量占可恢复量中的比例很小。总的来说，抽水引起的砂层释水压密大部分属于弹性变形，具有可恢复的特点。砂层水位下降引起的压缩变形模式如图 2-3 所示。

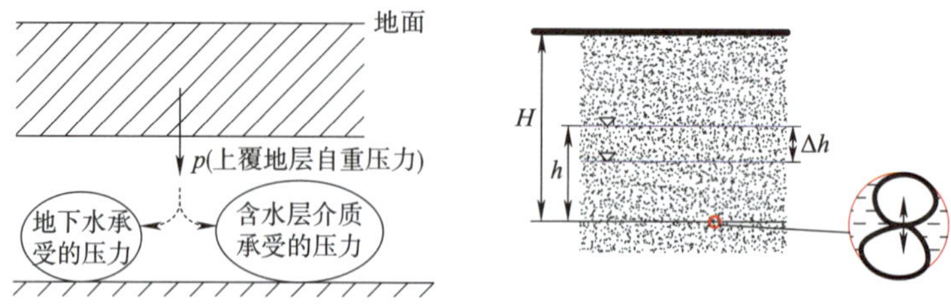

图 2-3　砂层水位下降引起的压缩变形模式

地面沉降发展与地下水位变化的相关性可采用有效应力原理来进行直观的解释，即当地下水开采引起地下水位下降，孔隙水压力降低而使有效应力增加时，就会导致含水层颗粒骨架在一定程度上压缩。在砂类土比例相对较大的地区这个原理是有效的，如北京地区，压缩层变形与地下水位线性相关明显，并反映出一定的弹性特征。此时，最终沉降量的计算表达式为

$$s_{\infty}=\frac{\Delta p \cdot H}{E} \tag{2-6}$$

式中　s_{∞}——土层最终沉降量，mm；

Δp——由于地下水位变化而施加于土层上的平均压力，MPa；

H——土层的厚度，m；

E——土层的压缩模量，MPa。

式(2-6)中地面沉降量与地下水位下降引起的附加应力变化线性相关，适用于含水层压缩变形及压缩层中砂类土比例相对较大的情况。同时，式(2-6)的土层最终沉降量与土层厚度(可压缩层厚度)成正比，与土层压缩模量成反比。

2.1.3　黏性土层固结变形引发地面沉降

1. 弱透水层中黏性土体的孔隙水类型

讨论弱透水层释水机理的前提是明确弱透水层中水的存在形式。弱透水层的主要组成物质是黏性土，黏性土主要由黏粒组成，黏粒具有胶体或准胶体的特性，它在沉积过程中和周围的溶液发生复杂的物理化学作用，并在其表面形成不同类型的结合水。按结合水与黏粒表面结合的牢固程度的不同，结合水可分成吸附结合水和渗透吸附水。除此之外，在黏性土形成的弱透水层的孔隙中还有其他类型的孔隙水，如毛细水、重力水。P. H. 兹洛切夫斯卡娅提出了直观、形象的结合水结构示意图，如图 2-4 所示。其中，深部弱透水层中孔隙水类型主要为结合水。

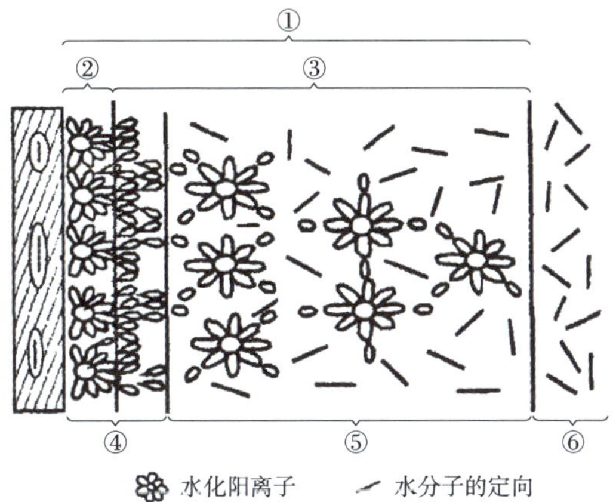

①—双电层；②—吸水层；③—扩散层；④—吸附结合水；⑤—渗透吸附水；⑥—自由水

图 2-4　黏土结合水组构示意图

随着弱透水层埋深的增加，成岩程度的增强，弱透水层中黏性土含水量减少，含水量变化趋势为：大于液限含水量→小于液限含水量但大于塑限含水量→小于塑限含水量。根据土质学原理可以得出与之相对应的孔隙水类型为：当含水量大于等于液限时，土粒扩散层外围出现自由水，黏土颗粒之间距离已超出相互引力范围，粒间连接力几乎消失，此时孔隙水以自由水为主，自由水起主要作用，土体难以维持一定形状，呈流动状态；当含水量小于液限含水量但大于塑限含水量时，土粒间距离减小，粒间靠重叠的扩散层连接，连接力得到增加，孔隙水主要为扩散层内渗透吸附结合水和少量的自由水，接近液限含水量时，土体呈塑性状态；当含水量小于塑限含水量时，土粒间距离进一步减小，粒间主要为吸附结合水，粒间连接以吸附结合水连接为主，连接力明显增强，土体处于半固态—固态状态。

2. 抽水作用下的黏性土层释水机理

在以黏性土为主的弱透水层中，孔隙水主要以扩散层中渗透吸附结合水为主，含少量自由水。在含水层抽水时，致使黏土边界水头压力降低，破坏了土体内孔隙水压力的平衡状态，这时土中产生了水力梯度，黏土层各点的水便向下排出，土体即固结压缩。在水力梯度作用下，首先是少量自由水释出，孔隙被压缩。当含水层的抽水量进一步加大，水力梯度进一步增加到足以克服扩散层内渗透吸附结合水抗剪强度时，扩散层内渗透吸附结合水转化为自由水释出，孔隙进一步压缩。在土颗粒相互接近，土体压缩过程中，由于同性双电层斥力的结合水抗剪作用的影响，在压密过程中黏土颗粒的相互接近受到阻碍。随着黏土密度的增加和渗透吸附结合水排出，这种阻碍作用也随之加大。因此，扩散层中结合水的排出比自由水要慢得多。由于黏土的弱透水性，固结变形将随时间的延续缓慢进行。

3. 黏性土的释水压缩变形特点

从上述黏性土释水压密基本过程可看出：

(1)黏性土孔隙虽小，但孔隙度大，远远超过砂(砾)质土，黏性土一旦失水压密，可压缩空间大，能够产生较大的地面下沉量。

(2)黏性土中的水主要是结合水，水压传递和应力消散慢，失压后需要相当长的时间才可建立新的压力平衡，所以抽水对沉降的影响来得慢，延迟效应也十分明显，这就是为什么在许多粗细颗粒相叠置的地下水分布区抽水时地面沉降不明显，水位恢复后，地面沉降仍会持续发展的原因。同时，含水层抽水时，相邻黏性土层释水压密在时间上是滞后的，由近抽水一侧向远侧滞后发生。

(3)黏性土层释水压密状况与两侧含水层水头下降形成的边界条件有关，在黏性土处于双面排水状态下，其释水压密量要比单面释水大。因此，黏性土与砂层频繁互层的条件下会引起较大的累计沉降。

(4)黏性土失水压密过程中失去的水主要是结合水，骨架的压密在微观上体现为黏性土内部结构体之间的相对位移及结构体内部黏土矿物定向排列、旋转、滑移而使孔隙度变小，这些变形大部分是不可逆的塑性变形，即使在水位恢复后，土层也不会回弹，所造成的地面沉降是永久性的。

在大多数情况下，地面沉降是由可压缩沉积物逐渐压实造成的。可压缩沉积物是指具有高孔隙率、高可压缩性或高有机物含量的黏土、淤泥、泥炭、松散砂等沉积物。可压缩沉积物一般分布在河口和沿海冲积扇及三角洲、湖泊沼泽及潟湖沉积区。由于含水层系统内的孔隙水压力下降会产生有效应力的增加，从而造成可压缩沉积物的压实。

2.2 水井抽水引起地基沉降变形

2.2.1 离心模型试验

离心模型试验具有试验模型和原型应力应变相等、变形相似等优点，可用于研究水井抽水引起地面沉降的机理和规律。

1. 试验设备

离心模型试验采用清华大学的 50g-ton 土工离心机(图 2-5)进行，其最大离心加速度为 250g。试验采用的模型箱内部尺寸为 60 cm×52 cm×20 cm，在一个侧面设置有机玻璃板，可以观察土体的变形等情况。

图 2-5　清华大学 50g-ton 土工离心机

为了在离心模型试验过程中模拟地下水开采导致的水位下降，研制了一套离心场排水系统(图 2-6)。该系统利用离心力将土样中的水从模型箱上的排水孔排出来，并可以控制排水量和时间。强离心场中的电磁阀需要尽量靠近离心机转轴以保证其正常工作。因此，该系统通过电磁阀的开关来控制气囊的鼓起与收缩来控制排水条件。具体步骤为：通气路排气，气囊收缩，排水通道打开，模型箱的土样排水；通气路进气，气囊鼓起将排水通道封闭，土样停止排水。

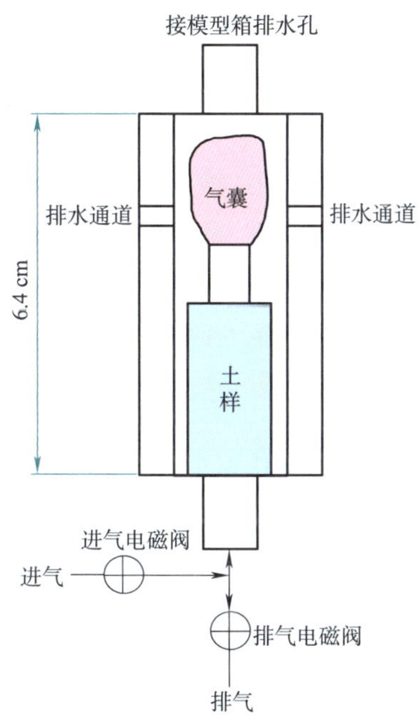

图2-6　离心模型试验排水系统示意图

2. 测量技术

在土体中埋置孔压传感器测量试验过程中相应位置的孔隙水压力。孔压传感器量程为0.3 MPa与0.7 MPa两种，精度为0.3 kPa。在土体顶部安置差动式位移传感器以测量土体的变形发展过程。试验采用的位移传感器量程为5 cm，测量精度为0.05 mm。在模拟桥梁结构物上粘贴应变片来测量当地基发生不均匀沉降时结构物的应变。试验中采用的应变片型号为BX120-5AA，灵敏系数2.08。

为了测量试验过程中土体内部的变形，采用清华大学新研制的离心场非接触位移测量系统测量土体的位移场。该系统通过模型箱侧面的摄像头进行拍摄，试验完成后对得到的图像进行相关分析，从而得出土体的位移场。

3. 试验土样及内容

(1)试验土样

试验所用土样为潮白河砂质粉土，该粉土的密度为2.69 g/cm^3，最优含水率为15%，最大干密度为1.77 g/cm^3，当干密度为1.6 g/cm^{3}时粉土的渗透系数为4.37×10^{-4} cm/s。试验中采用标准砂用来提供排水边界条件并控制排水量。

(2)试验内容

试验为二维地基排水试验，用于研究水井抽水引起的地面不均匀沉降变形发展规律。

4. 试验步骤

具体试验步骤如下：

(1)将地基分 9 层击实至给定干密度。

(2)在粉土地基侧面用大头针嵌入适量白色塑料桌布碎块，以便离心场非接触位移测量系统工作。

(3)在地基中埋设孔压传感器(和结构物)。

(4)将试样置于真空饱和箱中进行真空饱和。

(5)将饱和好的试样置于离心机吊篮中，对排水系统中的气囊充气，地基表面安装位移传感器。

(6)启动离心机并逐级加载直至 $50g$。

(7)基于位移传感器测量结果，等地面沉降逐渐稳定时，开始第 1 次排水。排水一定时间后停止排水，观察孔压传感器发展。等孔隙水压力稳定后，开始第 2 次排水，排水一定时间后停止排水。依此类推，直至将土样中的自由水大致排完，试验结束。试验过程中，通过数据采集系统可以获得每一时刻的传感器数据(位移传感器、孔压传感器、应变片)。

2.2.2 二维地基排水试验

1. 二维地基试样

图 2-7 为所制二维试样的示意图。

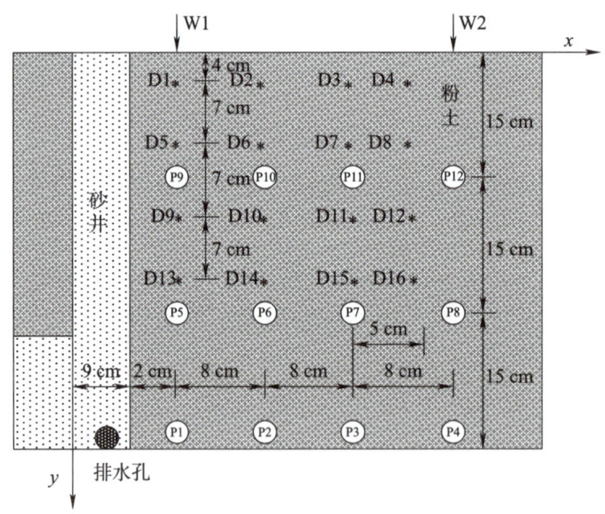

图 2-7 测量点分布示意图(二维地基)

图中粉土制样控制干密度为 1.46 g/cm³。标准砂形成的砂井用来提供排水边界条件并控制排水量。为了减小砂井对粉土地基沉降的约束，在砂井与粉土之间铺设了约 1 cm 厚的滤纸层。排水孔处与排水装置相连接。W1、W2 为位移传感器，P1～P12 为孔压传感器。

地基内部变形采用离心场非接触位移测量系统获得，D1～D16 为位移分析点。

2. 试验过程

试验共排水3次，可以分为6个阶段：第1次排水（阶段1）、第1次停止排水至第2次开始排水前（阶段2）、第2次排水（阶段3）、第2次停止排水至第3次开始排水前（阶段4）、第3次排水（阶段5）以及第3次停止排水后（阶段6）。

3. 试验结果

（1）孔压发展与沉降发展

图2-8给出了试验过程中地基孔压的变化曲线。

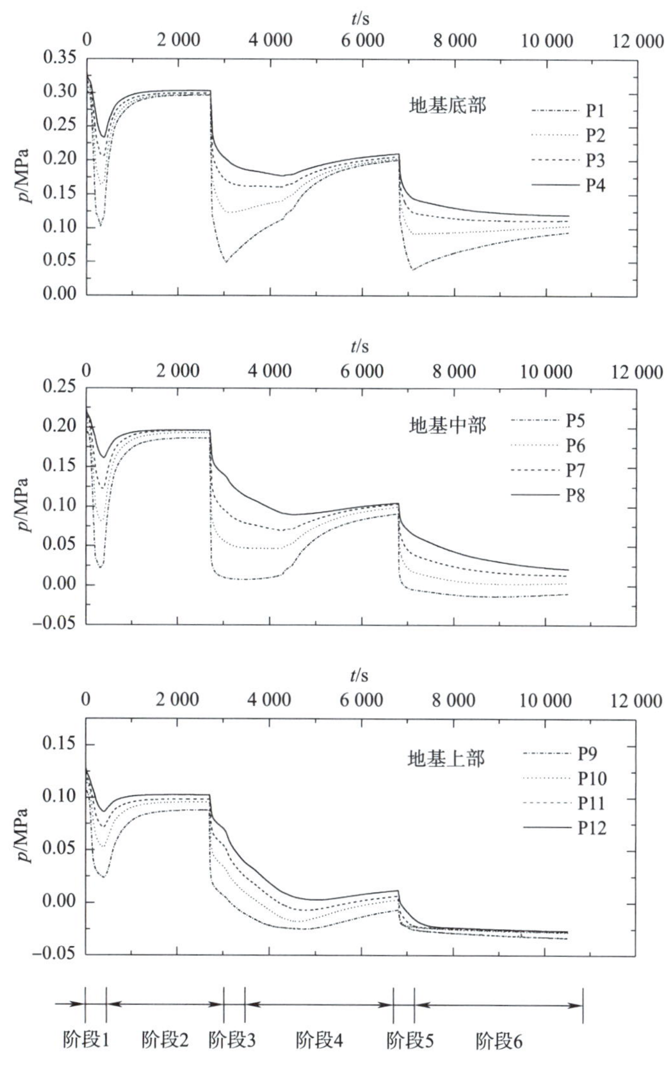

图2-8　二维地基的孔压变化过程

可以看出,每次排水过程中地基的孔压均降低。这一方面是由于地基中水位下降造成的;另一方面也是由于排水过程中,粉土地基中形成向砂土中的渗流场造成的。每次排水时地基同一高程各点的孔压出现差异;当停止排水后,这些点的孔压开始上升并逐渐接近最终达到某一相同值,反映了该次排水后地基中的静水压力。另外,测量结果也表明,第 2 次排水后地基上部的 4 个测量点的孔压在 0 左右,这说明此时水位已经降到了地基上部孔压传感器(P9～P12)之下。相同的,在第 3 次排水后,水位下降到地基中部孔压传感器(P5～P8)之下。

测量点的位移发展情况表明,每次排水过程中地基的沉降量均快速发展,而停止排水后,沉降则增长缓慢,并逐渐趋于稳定(图 2-9)。单次排水导致的沉降量随着排水次数的增加逐渐减小。同一高程的 4 个测量点的沉降量并不相同,其中靠近砂井的区域沉降量比远离砂井的区域沉降量大。这意味着排水引起粉土地基出现了较明显的不均匀沉降。

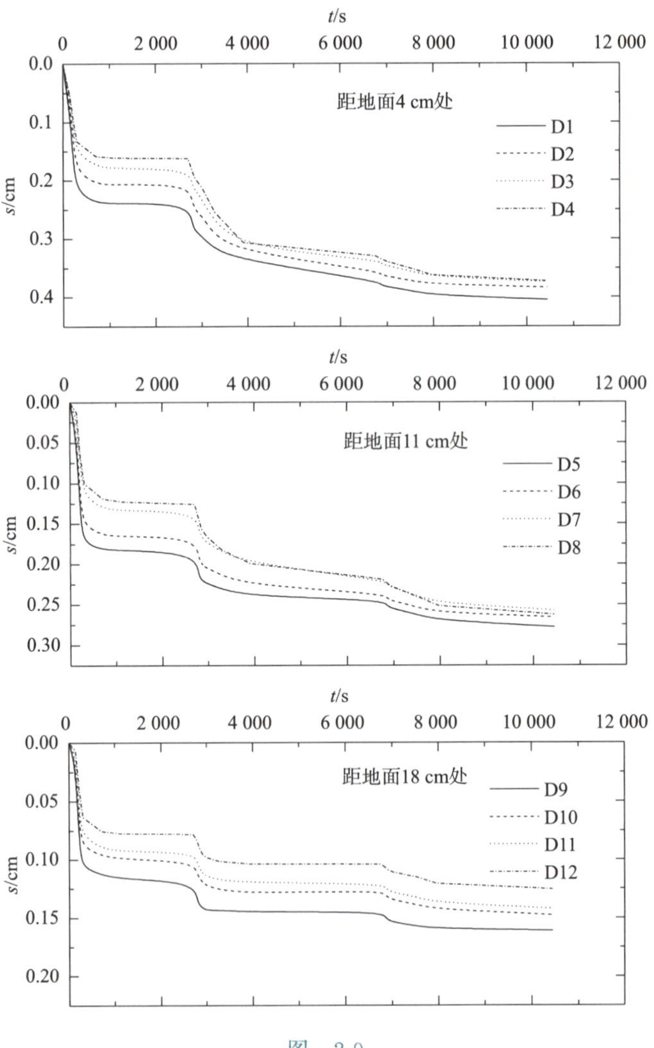

图 2-9

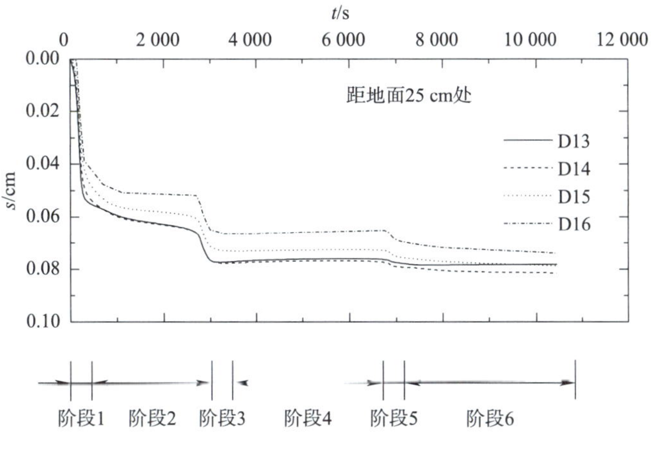

图 2-9 二维地基的沉降变化过程

(2)不同排水阶段的沉降规律对比

6 个阶段末粉土地基上部的沉降分布表明,第 1 次排水(阶段 1)末地基沉降的不均匀程度最大;随着排水次数的增加,地基沉降不均匀程度逐渐减小并趋于稳定(图 2-10)。

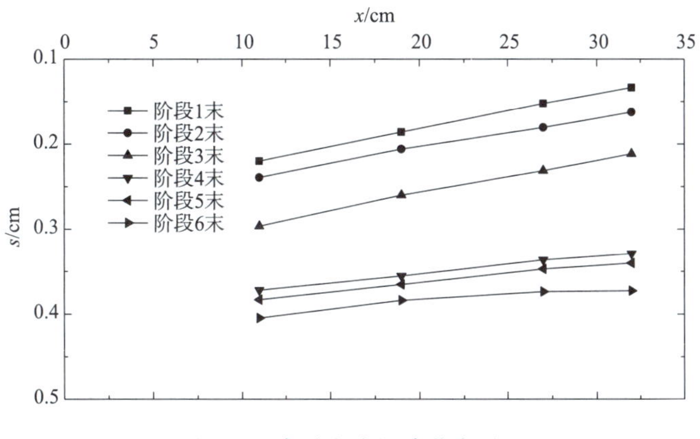

图 2-10 各阶段末沉降分布对比

图 2-11 给出了 3 次排水阶段中粉土地基上部沉降量的分布。可以看出,第 1 次排水(阶段 1)引起的沉降量远大于其后阶段的沉降量,而且其不均匀程度也比后两次排水过程(阶段 3、阶段 5)大。图 2-8 已经表明第 1 次排水引起的粉土地基中水位下降量(5 cm)小于另外两次排水导致水位的下降量(15 cm),这意味着第 1 次排水中静水位变化导致地基的最终有效应力增量小于其后的两次排水。但是,第 1 次排水引起的地基沉降要远大于其后两次排水(图 2-9)。与一维试验分析相似,这主要有以下三方面原因:

①地基压缩模量随着沉降增大而增大。

②地基发生一定的侧向变形并导致竖向变形增大。图 2-12 给出的排水过程中地基位移矢量图表明,地基沉降时还发生朝向砂井的水平位移。近似的分析比较结果表明,第 1 次

排水造成的地基侧向变形为 0.01 cm,大约是第 2 次排水的 10 倍,第 3 次排水的 30 倍。

③非稳定渗流的差异。图 2-13 给出了第 1 次排水期间地基孔压与沉降变化的过程。从图中可以看出,地基中的孔压在排水中期急剧下降然后逐渐趋于稳定,在孔压急剧下降的阶段地基中发生的是非稳定渗流,而当孔压逐渐稳定后,地基中发生的是稳定渗流,从图 2-13 可以看出,地基沉降发展的最迅速的阶段对应的正好是地基中发生非稳定渗流的阶段。将第 1 次排水与第 2 次排水地基中的孔压变化进行对比可发现(图 2-14),第 1 次排水地基中非稳定渗流阶段大概经历了 100 s,第 2 次排水地基中非稳定渗流阶段大概经历了 50 s,而两次排水由于地基中水位的差别不是很大(2 cm),因此排水的速度差别也不是很大,所以非稳定渗流阶段时长的差异也可能是造成两次排水沉降量差异的一个原因。

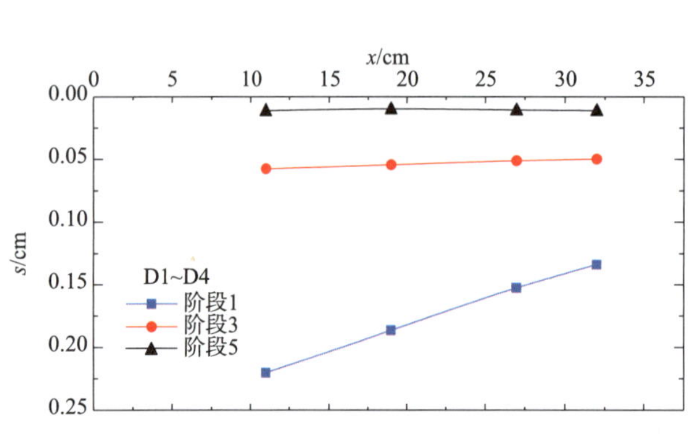

图 2-11　3 个排水阶段中发生的沉降分布对比

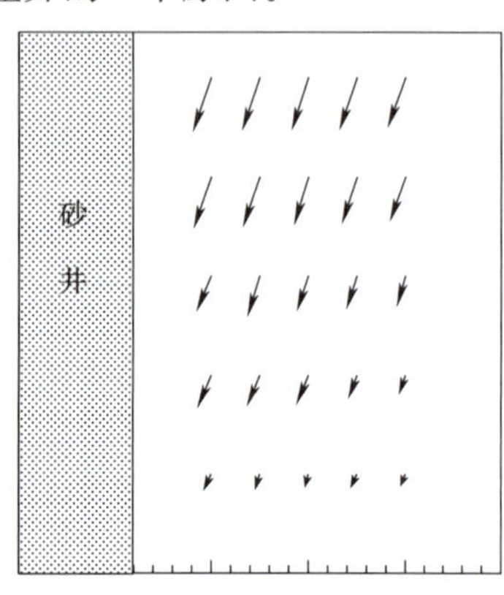

图 2-12　地基位移矢量示意图

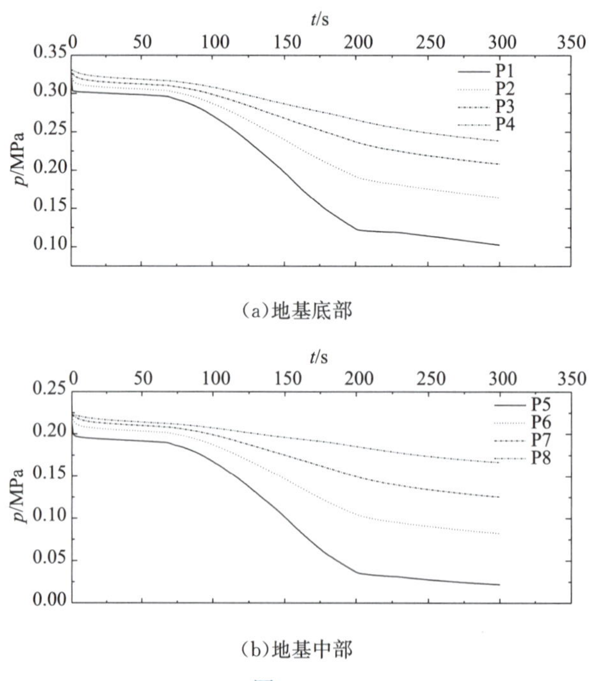

图　2-13

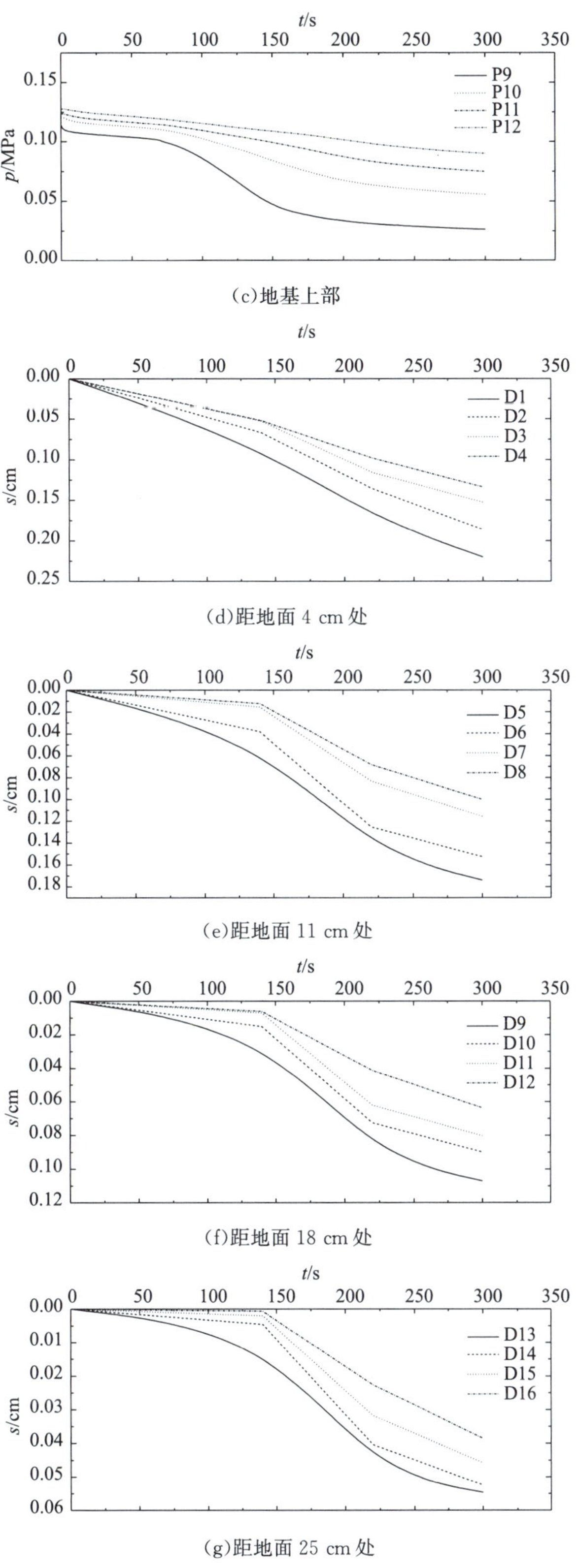

(c)地基上部

(d)距地面 4 cm 处

(e)距地面 11 cm 处

(f)距地面 18 cm 处

(g)距地面 25 cm 处

图 2-13　第 1 次排水过程中地基的孔压及沉降变化

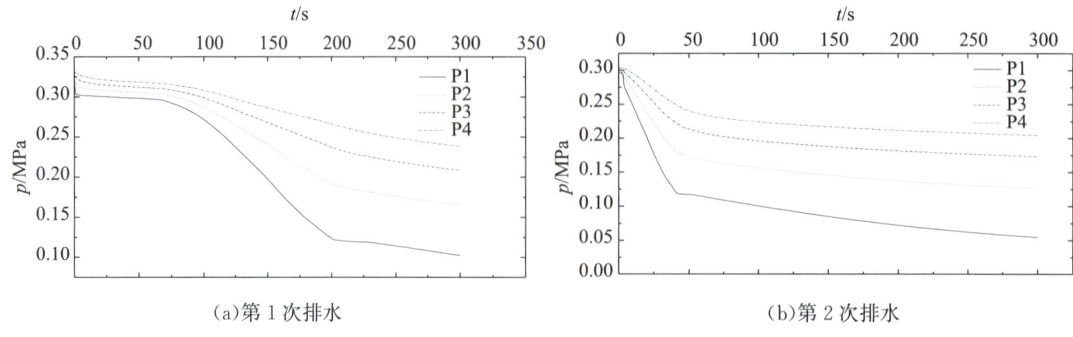

(a)第 1 次排水　　(b)第 2 次排水

图 2-14　两次排水孔压变化对比

(3)排水与停止排水后的孔压及沉降规律分析

①第 1 次排水

图 2-13 给出了第 1 次排水过程中地基下部的孔压和上部的沉降量随时间的变化曲线。可以看出,排水引起的地基孔压沉降变化过程可分为 3 个阶段。第 1 阶段为初始阶段,此时地基中的孔压降低量和沉降量的发展都较慢。这是由于地基表面覆盖了约 2 cm 厚的自由水,该阶段主要是放空这一部分水量,粉土地基中未出现强烈的渗流,有效应力变化也不明显。第 2 阶段为发展阶段,此时地基中的水向砂井中渗流,出现比较强烈的渗流场;同时地基中水位开始下降,有效应力增加,沉降发展较快。第 3 阶段为稳定阶段,此时地基中的渗流场逐渐稳定,沉降增长也逐渐变缓。以后的排水过程则只有第 2 和第 3 阶段。还需指出,在排水过程中,同一高程的各点的孔压出现差异,表明地基中在同一水平面出现了水力坡降;同一高程各点最终沉降量也并不相同,靠近砂井的地基沉降发展较快,远离砂井的沉降发展则较慢,说明地基出现了不均匀沉降。

第 1 次排水 300 s 后停止排水时,地基沉降的分布表明,此时地基中出现了明显的不均匀沉降,靠近砂井的区域沉降量大(图 2-15)。粉土地基的沉降量从上到下逐渐减小,其不均匀程度也逐渐减小。分析第 1 次排水过程中点沉降分布发展情况表明,在排水初期,地基中靠近砂井的地区出现了较明显的不均匀沉降,随后不均匀沉降区域逐渐向远离砂井方向扩大,而整体的不均匀沉降程度逐渐趋于稳定(图 2-16)。

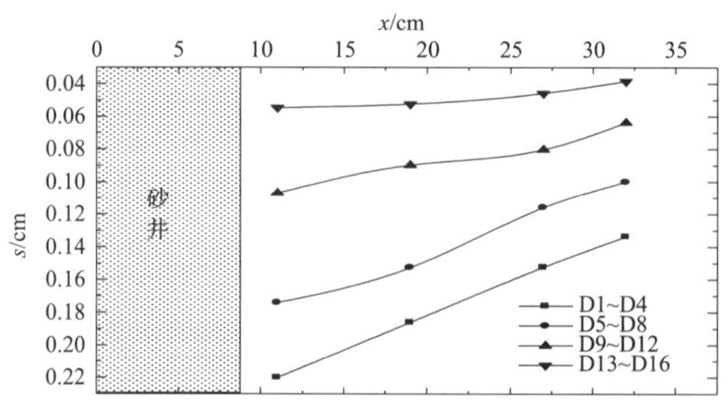

图 2-15　第 1 次排水后分析点沉降分布示意

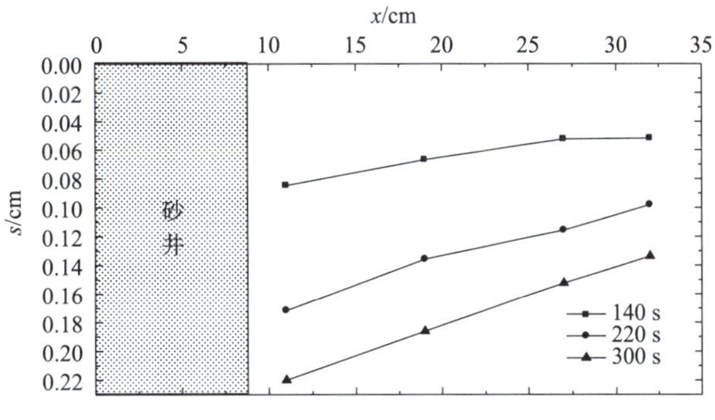

图 2-16　第 1 次排水分析点沉降分布发展

②第 1 次停止排水至第 2 次开始排水前

图 2-17 给出了该阶段地基的孔压及沉降变化过程。当停止排水后，地基中的孔压迅速上升，接着缓慢上升并最终趋于稳定，而地基沉降在此期间仍然在发展，并且也经历了一个从快到慢直至稳定的过程。从图 2-17 中可以看出，同一高程的 4 个分析点的沉降不尽相同，这说明地基中出现了不均匀沉降，但与排水过程不同的是，远离砂井的分析点沉降量要大于靠近砂井的分析点。图 2-18 给出了该阶段地基沉降量的分布规律。可以看出停止排水后，地基产生了不均匀沉降，但与排水过程中不同，远离砂井的区域沉降较大，而靠近砂井的区域沉降较小，并且粉土地基的沉降量从上到下逐渐减小，其不均匀程度也逐渐减小。图 2-19 给出的该阶段地基的沉降分布发展表明，停止排水后地基仍然继续发生沉降，并在经历一个很快发展的阶段后，逐渐缓慢最终趋于稳定，这与一维地基的回弹是不同的；并且，出现了远离砂井区域沉降大、靠近砂井区域沉降小的不均匀沉降。随着时间的推移，靠近砂井区域的沉降逐渐稳定，而远离砂井区域的沉降继续发展。停止排水后地基没有回弹可能是地基侧向变形的原因。由于在排水结束后，砂土的渗透性高造成砂井中的水位很低，而粉土渗透性低，地基中的水位很高，因此当停止排水后，地基就会产生朝向砂井的渗流，从而产生侧向变形并带来地基沉降。

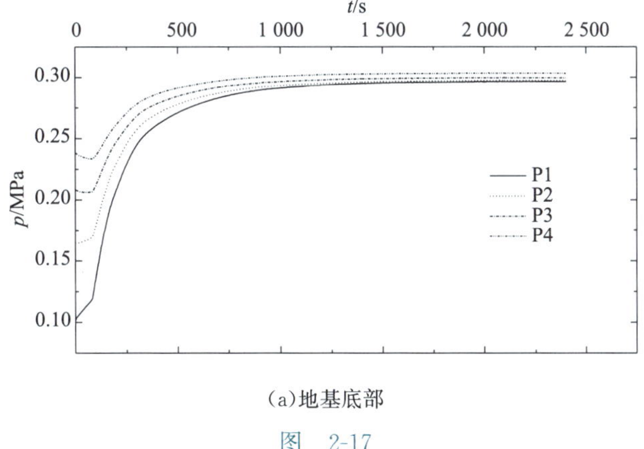

(a)地基底部

图　2-17

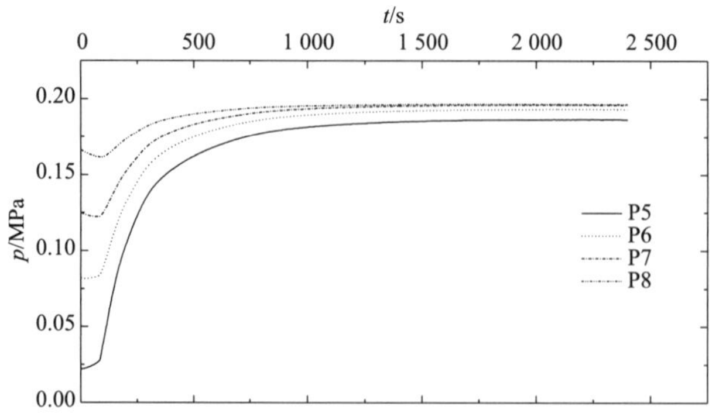

(b)地基中部

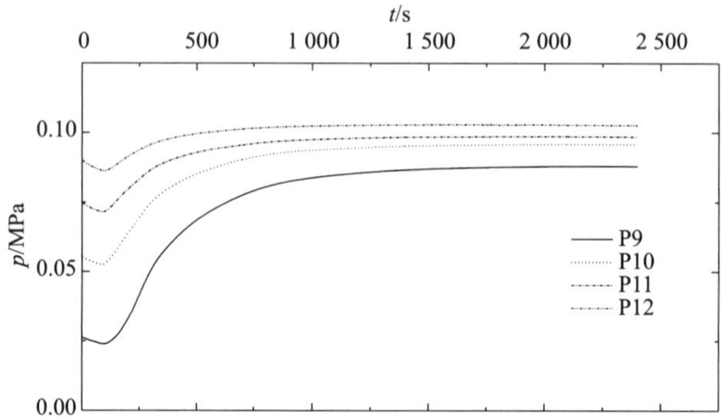

(c)地基上部

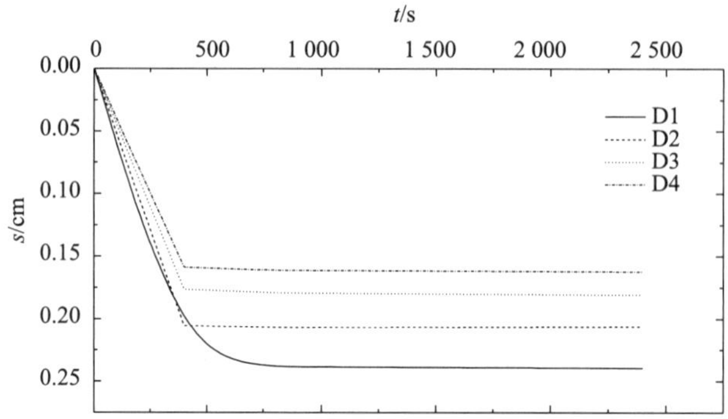

(d)距地面 4 cm 处

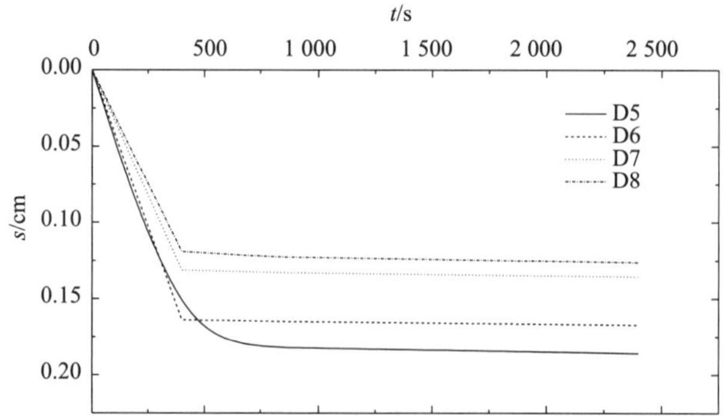

(e)距地面 11 cm 处

图 2-17

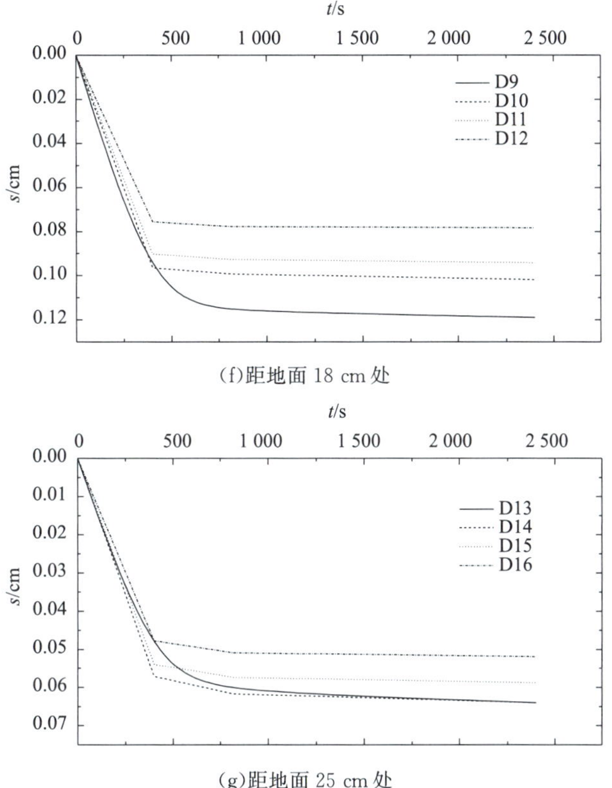

(f)距地面 18 cm 处

(g)距地面 25 cm 处

图 2-17　第 1 次停止排水至第 2 次开始排水前地基中的孔压及沉降变化

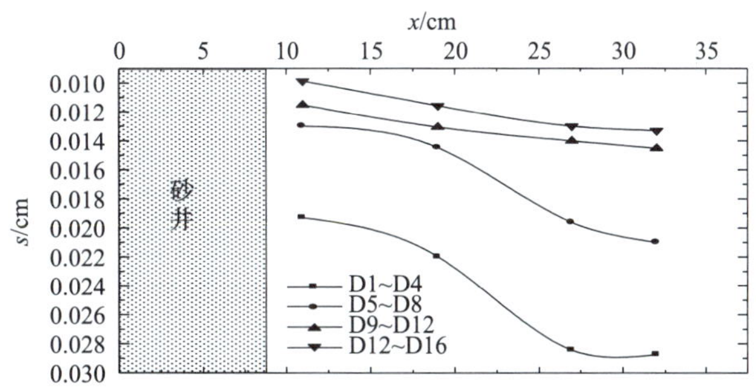

图 2-18　第 1 次停止排水至第 2 次开始排水前地基的沉降分布

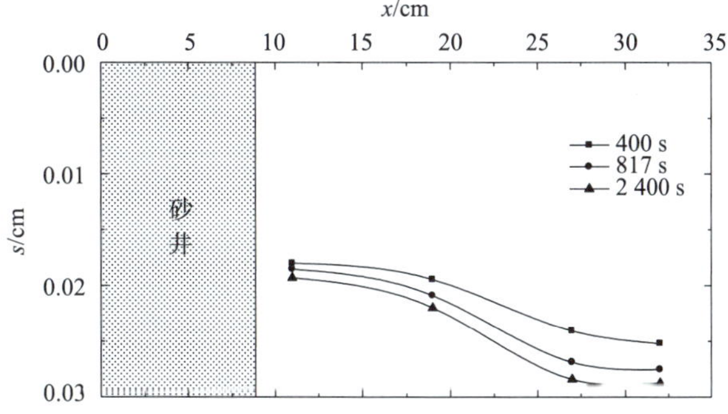

图 2-19　第 1 次停止排水至第 2 次开始排水前地基的沉降分布发展

2.3 基底构造及地层结构变化引发不均匀地面沉降

2.3.1 基底构造和地层结构变化引发不均匀沉降机制

1. 基底构造对地面沉降发育的影响

(1)基底区域构造对沉降地层及地面沉降的影响

在中国内陆,区域构造控制了盆地的形成和地层沉积,这在中东部地区表现十分明显,如华北平原、汾渭盆地等。盆地内的地层条件和水文地质条件也受到基底构造的影响,继而也影响到地面沉降的发育与分布特征。

京津冀平原地面沉降空间分布差异性明显,沉降主要分布在平原区第四纪沉积凹陷内,呈现东西分带、南北分段特点。受掀斜式断块差异运动的作用,在不同的断块构造区里,第四系底部埋深差异较大,形成多个北东向第四纪凹陷带,第四纪时期北西向断层活跃,也局部形成北西向第四纪沉积凹陷带。第四系沉积环境和沉积厚度分布与地面沉降空间分布有较好的一致性,廊固凹陷、武清凹陷和北京坳陷(顺义凹陷)内皆发育北东向沉降带,表明第四系沉积条件差异是影响地面沉降空间发展的一个重要因素。在沧县隆起区,地面沉降也呈带状沿构造轴部北东向分布,发育程度较高,由于沧县隆起区存在与断层走向近一致的三期古河道,水质及富水性条件较好,是地下水开采井群分布的主要地区,中深层地下水的开采导致了沧县隆起地区地面沉降比较发育。InSAR 分析结果表明,在河北泊头地区沧东断裂对地面沉降影响作用比较明显。可见,京津冀平原地面沉降空间发展受到基底构造控制。

(2)基底活动断裂对差异沉降变形的影响

造成活动断裂两侧沉降差异的原因主要有两方面:首先是由活动断裂上下盘之间蠕滑变形引起的构造性沉降,与断裂活动的方式和强弱直接相关;其次,受到区域基底构造的控制作用,在活动断裂两侧的上下盘处,第四系松散沉积物的厚度存在较大的差异性,在相同地下水开采过程中,造成断裂两侧地层出现不均匀沉降。根据区域监测资料,在京津冀平原的北部和西部山前冲洪积平原地区由活动断裂引起的不均匀沉降表现较为明显。

根据雷坤超等(2016)PS-InSAR 沉降监测结果,北京市平原区活动断裂和沉积凹陷对地面沉降的空间分布具有明显的控制特性,沉降区被南口—孙河断裂、黄庄—高丽营断裂等活动断裂分割,地面沉降多发生于活动断裂交接部位的沉积凹陷地区。主要沉降区的发展趋势与活动断裂的走向具有明显的对应关系,构造控制作用十分明显。

刘沛然等(2017)采用 PS-InSAR 对河北邢台地区进行了地面沉降监测分析,通过 InSAR 数据处理,获取了河北邢台地区 2007—2011 年间的年均形变速率图,河北平原的形变从整体上受到束鹿断凹东缘断裂、隆尧断裂等断裂带的控制,形变主要发生在断裂带附近。在隆尧地裂缝的南侧,主要分布着两个大片沉降中心,而两处漏斗区已经连通,这说明地下水过量开采是造成地面加速沉降的主因。

在 2007 年 2 月至 2011 年 2 月的时间里，巨鹿县、宁晋县沉降严重，累计沉降分别达到 230 mm 和 128 mm，平均年沉降速率分别约为 58 mm 和 32 mm，而隆尧县(隆尧地裂缝北侧)则累计抬升 126 mm。这说明在地层结构差别大的地区会产生地面的不均匀沉降，从而形成地裂缝。

2. 地层结构变化引发不均匀地面沉降机制

冲洪积平原由于河道的摆动，造成地层结构变化，砂层和黏土层横向产生变化，往往河道附近砂层厚度大，向两侧变薄，而黏性土厚度变大。这种规律在山前洪积扇及河口冲积扇表现十分明显，在扇区，砂层及砂砾石层厚度大，而扇间则黏性土层厚度大。地层结构和压缩层厚度的不同，使得地面沉降幅度产生变化，即引起不均匀地面沉降的发生。

古河道两侧，砂层逐渐变薄至尖灭，而黏性土层厚度则逐渐增大，此变化地带砂层与黏性土层频繁互层，当在此区域抽水时，更有利于黏性土层固结压缩而产生地面沉降，地面沉降幅度相对较大，即产生了不均匀地面沉降，如图 2-20 所示。

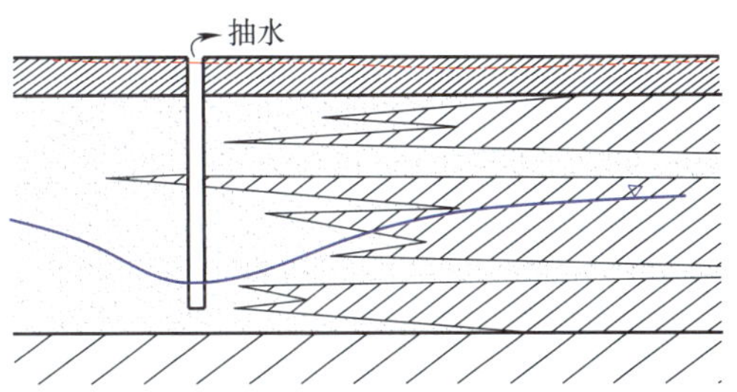

图 2-20　地层结构变化引起地下水漏斗区与地面沉降分布

含水层及弱透水层厚度横向变化在山前冲洪积平原及河口三角洲平原十分常见，尤其冲洪积平原，在地下水漏斗区不均匀地面沉降现象十分常见。在地面沉降不均匀较严重的区域，往往伴随有地裂缝的发生，破坏力更强。

现以河北省廊坊市安次区东沽港村地裂缝为例加以分析说明。该地裂缝最长段 200 m，近东西走向，破坏了大量民房，严重影响了村民正常生活。根据钻探资料(李辉等，2019)，研究区地层结构较简单，岩性以粉质黏土、粉砂和细砂为主。因古河道变迁导致地层沉积差异主要体现在 40 m 深以下，细砂层、粉质黏土层厚度变化较大。40 m 深以下裂缝南侧的细砂层厚度约 13 m，其上部的粉质黏土南侧厚度约 11 m 左右；北侧砂层厚约 0.5 m，其上部粉质黏土层厚约 18.5 m，细沙层两侧厚度差约 12.5 m，粉质黏土厚度差约 7.5 m。

2.3.2　地层结构变化引发不均匀沉降模型试验

离心模型试验采用清华大学的 50g-ton 土工离心机进行，其最大离心加速度为 250g。试验采用的模型箱内部尺寸为 60 cm×52 cm×20 cm，在一个侧面设置有机玻璃板，可以观察土体的变形等情况。

在离心模型试验过程中采用离心场排水系统模拟地下水开采导致的水位下降。该系统利用离心力将土样中的水从模型箱上的排水孔排出来，模型箱底部设置排水孔，排水孔用电磁阀控制，通过电磁阀的开合来控制排水和不排水。

在土体中埋置孔压传感器测量试验过程中相应位置的孔隙水压力。孔压传感器量程为0.3 MPa与0.7 MPa两种，精度为0.3 kPa。在土体顶部安置差动式位移传感器以测量土体的变形发展过程。试验采用的位移传感器量程为5 cm，测量精度为0.05 mm。

为了测量试验过程中土体内部的变形，采用清华大学新研制的离心场非接触位移测量系统测量土体的位移场。该系统通过模型箱侧面的摄像头进行拍摄，试验完成后对得到的图像进行相关分析，从而得出土体的位移场。

1. 试验材料和试验内容

模型包含两个土层，上部土层所用土样为粉质黏土，下部土层采用标准砂。

图2-21和图2-22分别为所制试验模型的剖面图和照片。其中粉质黏土制样时的含水率为17%，控制干密度为1.55 g/cm³；砂土制样时的含水率为5%，控制干密度为1.61 g/cm³。排水孔处与排水装置相连接。图中P1～P12为孔压传感器，在地基的表面安装了三个位移传感器(W1～W3)。地基内部变形采用离心场非接触位移测量系统获得。

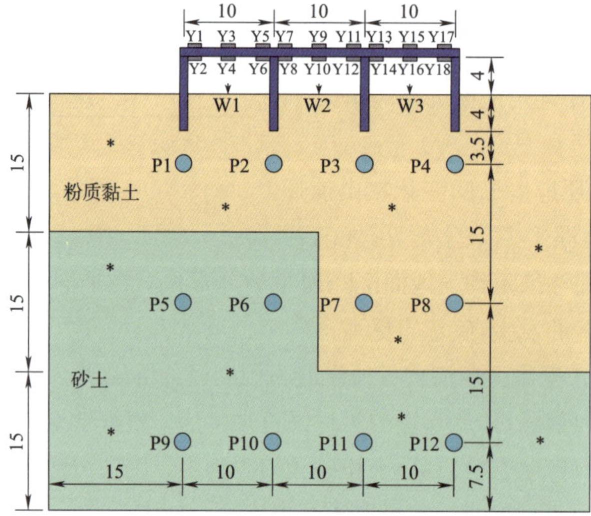

图2-21　模型剖面图(单位:cm)

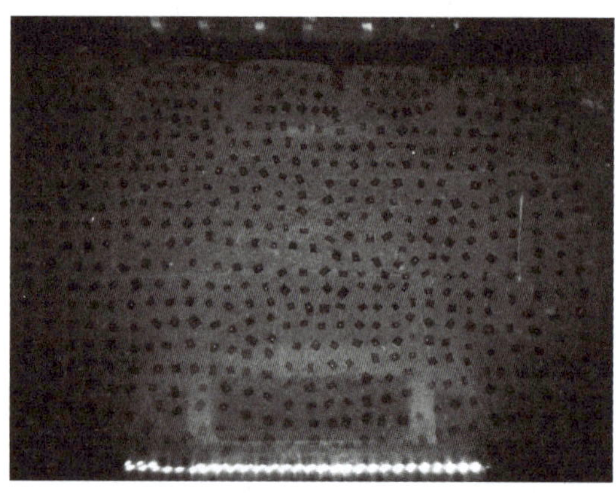

图2-22　试验模型照片

2. 试验过程

试验的具体步骤如下：

(1)为减小模型地基土与模型箱侧壁的摩擦力，在填筑地基土之前，在模型箱侧壁涂抹凡士林，然后将由设计含水率、密度为控制指标配制而成的土填筑各土层，土层厚度分布如图 2-21 所示，以模型中线为界，左侧砂土厚度为 30 cm、粉质黏土厚度为 15 cm，右侧砂土厚度为 15 cm、粉质黏土厚度为 30 cm。

(2)在地基侧面采用大头针嵌入适量白色泡沫碎块，以便离心场非接触位移测量系统工作，碎块随机布置。

(3)在地基中埋设孔压传感器和结构物，如图 2-21 所示，孔压传感器以 4×3 形式布置，水平间距为 10 cm，竖直间距为 15 cm，桥梁结构物为 4 个桥墩、3 跨，按刚性结构连接，桥墩埋入土中 4 cm。

(4)将试样置于真空饱和箱中进行真空饱和。

(5)将模型置于离心机吊篮中，安装两个排水控制电磁阀，在地基表面安装位移传感器，在桥梁表面安装应变片，如图 2-21 所示，在桥梁顶部及跨中分别布置应变片 Y1～Y18。

(6)启动离心机并逐级加载直至 50g。

(7)基于位移传感器测量结果，等地面沉降逐渐稳定时，开始第 1 次排水。排水 5 min 后停止排水，观察孔压传感器发展。等孔隙水压力稳定后，开始第 2 次排水，排水 5 min 后停止排水。依此类推，直至将土样中的自由水大致排完，试验结束。试验过程中，通过数据采集系统可以获得每一时刻的传感器数据(位移传感器、孔压传感器、应变片)，通过非接触位移测量系统可分析计算每一时刻土体内位移场的变化。

试验共排水 3 次，可以分为 6 个阶段：第 1 次排水(阶段 1，0～300 s)、第 1 次停止排水后至第 2 次开始排水前(阶段 2，300～3 000 s)、第 2 次排水(阶段 3，3 000～3 300 s)、第 2 次停止排水后至第 3 次开始排水前(阶段 4，3 300～5 100 s)、第 3 次排水(阶段 5，5 100～5 400 s)以及第 3 次停止排水后(阶段 6，5 400～8 000 s)。

3. 试验结果

(1)孔压发展与沉降发展

图 2-23 给出了试验过程中地基孔压的变化曲线。由于孔压传感器 P9 和 P12 没有正常工作，其测量结果不再给出。从图中可以看出，砂土地基和黏土地基中的孔压变化情况有明显的不同：砂土地基的孔压在每次排水开始后迅速下降，这主要是由于砂土的渗透性很强，排水后地基中的水位迅速下降。在排水结束后，砂土地基中的孔压逐渐开始上升，并最终稳定在某一个值附近直至下一次排水开始(或试验结束)，这主要是由于黏土地基中形成了向砂土地基中的渗流，使砂土地基中的水位逐渐上升，最终稳定的孔压值反映了一次排水后地基中的静水压力。其中第 3 次排水对于中部的砂土地基影响不大，推测此时的水位已经位

于地基中部以下，与试验观察到的现象相符。

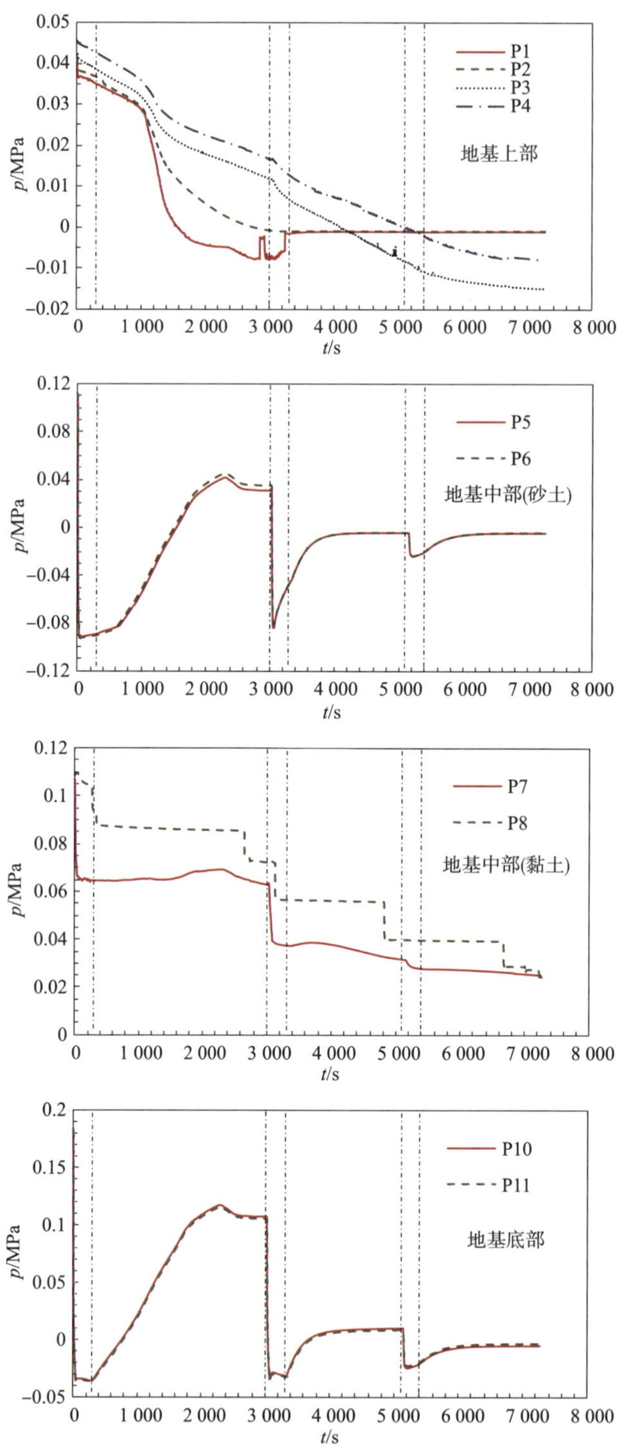

图 2-23 地基的孔压变化过程

黏土地基中的孔压在每次排水过程中均逐渐降低，这一方面是由于地基中水位下降造成的；另一方面也是由于排水过程中，黏土地基中形成向砂土中的渗流场造成的。当停止排水后，上部黏土地基的孔压仍继续下降，中部黏土地基中的孔压基本保持不变，这主要是由于黏土地基中形成了向砂土中的渗流场；其中第 3 次排水对于黏土地基中的孔压影响不大，说明此时的水位已在地基中部以下，第 2 次排水之后，左上方黏土地基中的孔压（P1、P2）稳定在 0 左右，而右侧黏土地基中的孔压（P3、P4、P7、P8）仍在逐渐下降，这可能是由于左侧黏土地基层比较薄，超静孔压消散比较快，而右侧黏土地基比较厚，仍在持续向砂土中渗流。对比同一高程处的孔压情况，同一高程处砂土地基孔压的变化情况基本完全相同，而同一高程的黏土地基中的孔压变化有所差异，这主要是由于黏土地基中的渗流场引起的。

图 2-24 给出了采用位移非接触测量系统测得的各测点的位移发展情况，其中 D1～D4、D5～D8、D9～D11、D12～D15 分别在距地基表面 10 cm、20 cm、25 cm、35 cm 的高程处，D1～D4、D7～D8、D10～D11 位于黏土地基中，其余测点位于砂土地基中。可以看出，砂土地基的沉降均很小，接近于 0，而黏土地基中则有明显的沉降。进一步分析黏土地基中的测点沉降，可以发现左侧黏土地基的沉降（D1、D2）明显小于同等高程处右侧黏土地基中的沉降（D3、D4），这主要是由于左侧黏土地基比较薄，下部的砂土地基限制了黏土地基的沉降。对于右侧黏土地基，地基的沉降随着高程的增加而明显增大，同一高程处的地基沉降差别不大。从各测点的位移发展情况来看，地基的沉降主要发生在排水过程中，而第 1 次排水产生的地基沉降远远超过了第 2 次和第 3 次排水过程中的沉降。这可能有以下三方面的原因：①地基随着沉降增大变得越来越密实。②渗流速度导致有效应力增量的差异。由于试验通过采用水的自重将水排出，而第 1 次排水时比后两次排水时水位高，所以渗流速度大，黏土地基中的渗透力也大。③底部砂土层的压缩。第一次排水中的地基沉降包括砂土层迅速释水导致的压缩量。对于右上部的黏土地基，在第 2 次和第 3 次的排水过程中仍有少量的沉降产生，对于其他的地基，在第 1 次排水过程结束之后地基略有回弹，并逐渐趋于稳定。

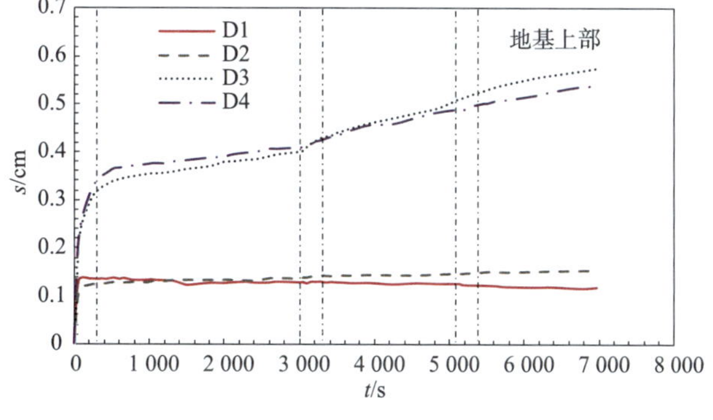

图　2-24

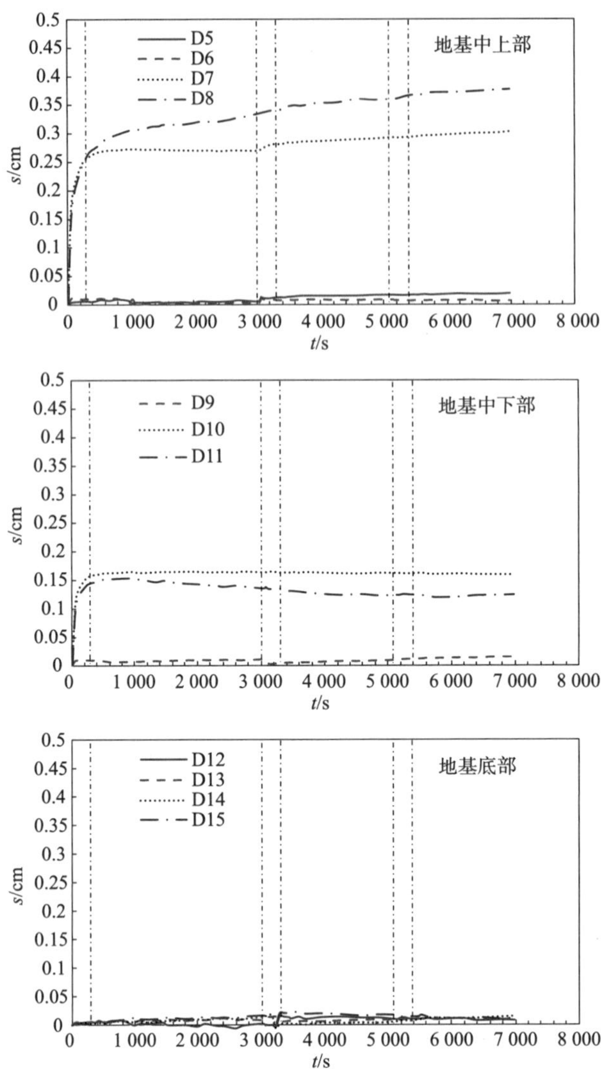

图 2-24 地基的沉降变化过程

6 个阶段末距离地基顶部 10 cm 位置处的沉降分布表明，多次排水条件下的地基不均匀沉降情况非常明显(图 2-25)。图中标明了不均匀地层的砂土地基和黏土地基的分界位置，测点均位于上部的黏土地基中，但分界线左侧的黏土地基比较薄，分界线右侧的黏土地基比较厚。从图 2-25 中可以看出分界线右侧的黏土地基沉降明显大于分界线左侧的黏土地基，分界线附近的地基沉降不均匀程度最大。虽然第一次排水引起的地基沉降最大，但随着排水次数的增加，地基沉降在不断累积，地基沉降的不均匀程度也在逐渐增大。

图 2-26 给出了第 6 阶段末地基中的位移矢量分布图，其中蓝色虚线标出了砂土地基和黏土地基的分界线。可以看出，地基的位移主要集中在黏土地基中，越靠近右上部的黏土地基中的位移越大；砂土地基的变形很小，几乎为零。黏土地基的位移以沉降为主，但仍有少

量的水平位移，尤其是靠近砂土地基的部分有比较明显的向砂土地基变形的趋势，因此表现出了向左的水平位移。

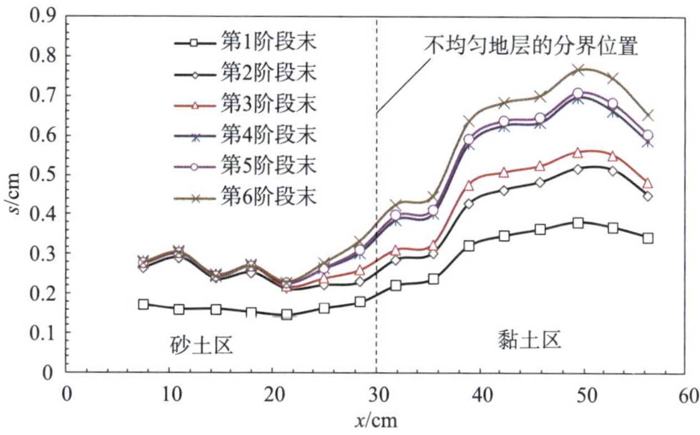

图 2-25　各阶段末地基上部沉降分布对比（x：测点距左侧模型箱壁的水平距离）

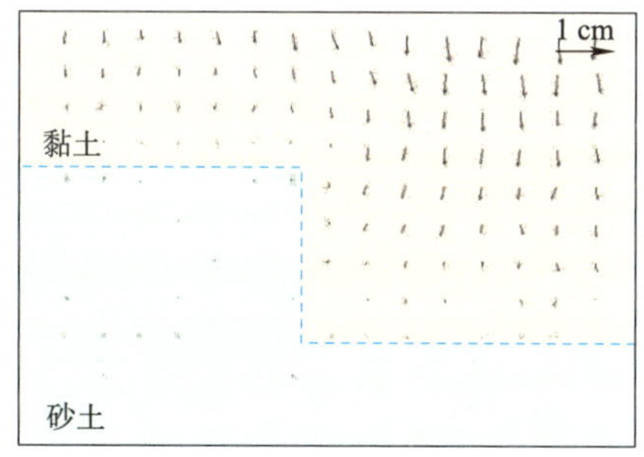

图 2-26　地基位移矢量分布示意图

(2)排水与停止排水后的孔压及沉降发展规律分析

本节着重分析了第 1 次排水(阶段 1)与第 1 次排水停止至第 2 次排水之间(阶段 2)两个阶段的试验结果。阶段 3、阶段 5 与阶段 1 的规律大致相同，阶段 4、阶段 6 与阶段 2 规律大致相同。

①第 1 次排水

图 2-27 和图 2-28 分别给出了第 1 次排水过程中地基的孔压及沉降变化曲线。可以看出，排水过程中地基中的孔压均表现出了先快速下降、然后逐渐趋于稳定的特点，其中砂土地基中的孔压急剧下降，由于黏土的渗透系数较小，黏土地基中的孔压降低相对缓慢一些。排水引起的地基孔压沉降变化过程可分为两个阶段。第一阶段为发展阶段，此时砂土地基中的水迅速排出，黏土地基中的水向砂土中渗流，出现比较强烈的非稳定渗流场；同时地基中水位开始下降，有效应力增加，黏土地基中的沉降发展较快。第二阶段为稳定阶段，此时黏土地基中的渗流场逐渐稳定，沉降增长也逐渐变缓并趋于稳定。需指出，在排水过程中，同一高程的各点的孔压出现明显差异，表明地基中在同一水平面出现了水力坡降；同一高程

各点最终沉降量也并不相同,说明地基出现了不均匀沉降的现象。

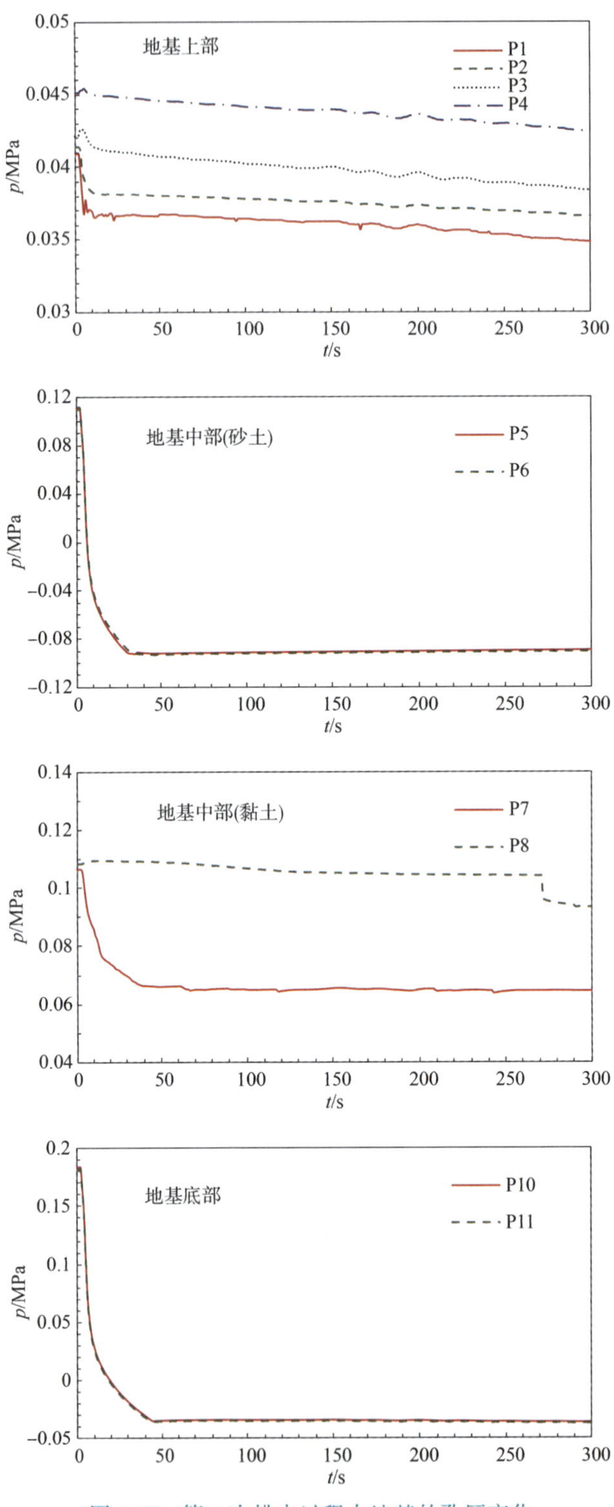

图 2-27　第 1 次排水过程中地基的孔压变化

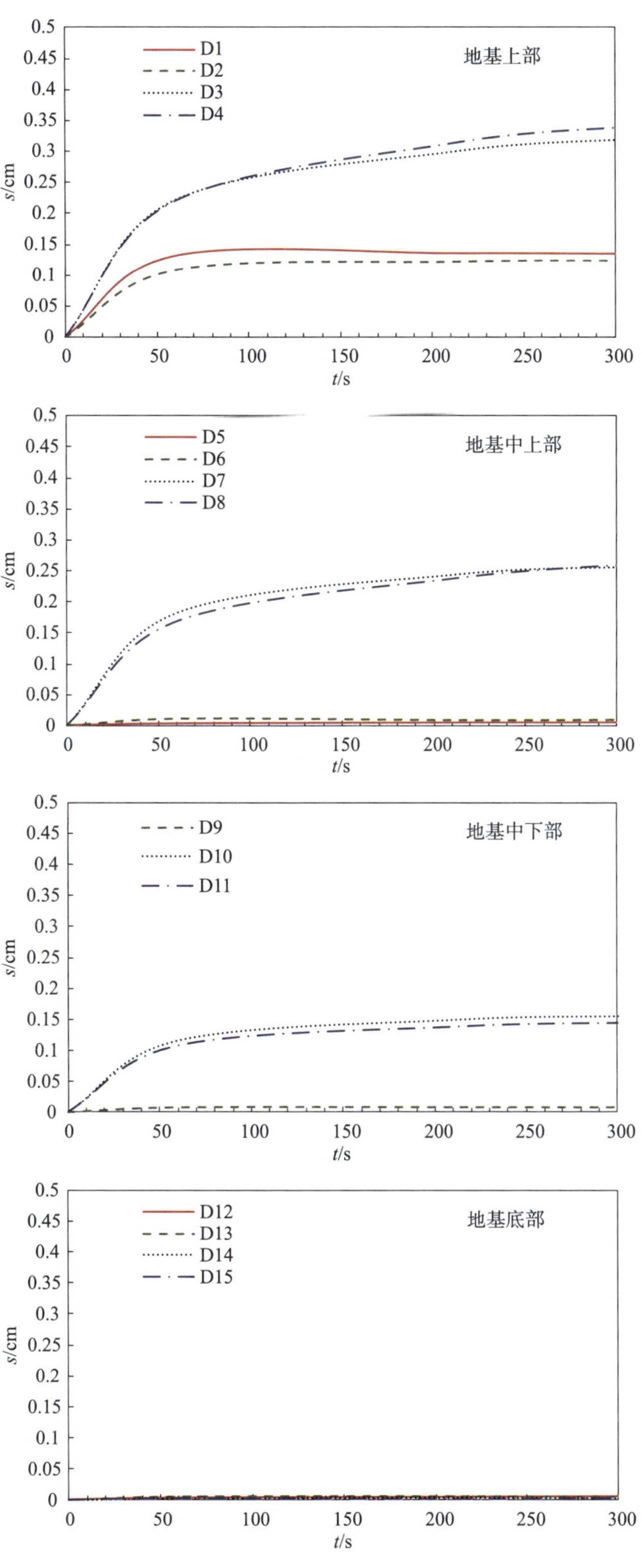

图 2-28　第 1 次排水过程中地基的沉降变化

②第 1 次排水停止至第 2 次排水开始

图 2-29 和图 2-30 分别给出了第 1 次排水停止直至第 2 次排水开始这一过程中地基的孔压及沉降变化曲线。当停止排水后，砂土地基中孔压逐渐上升，并最终趋于稳定，黏土地基中的孔压仍缓慢下降并最终逐渐稳定，而地基沉降在此期间仍然在缓慢发展，靠近砂土地基的黏土地基沉降变化不大，远离砂土地基的黏土地基沉降在不断增大并逐渐稳定。从图中可以看出，同一高程的四个分析点的位移沉降仍有较大差异，这说明地基中的不均匀沉降现象依然存在。

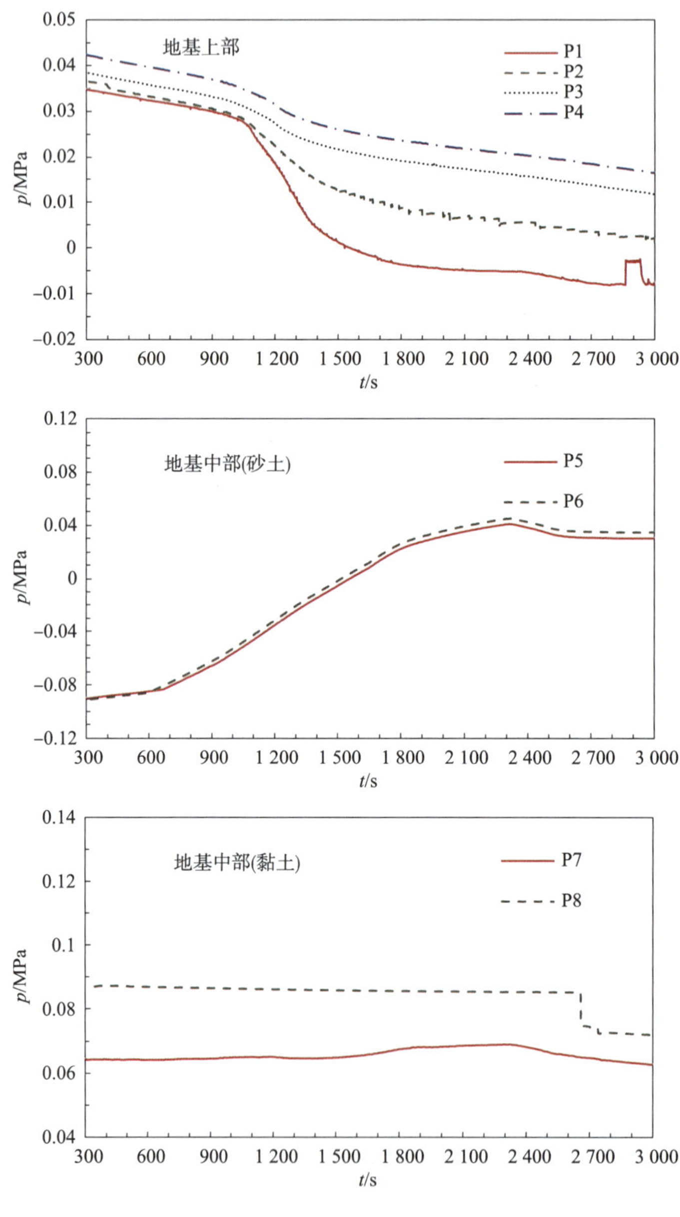

图　2-29

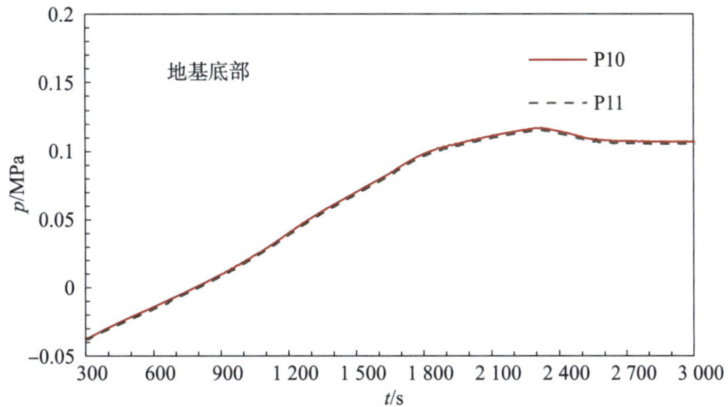

图 2-29　第 1 次排水停止直至第 2 次排水开始这一过程地基的孔压变化

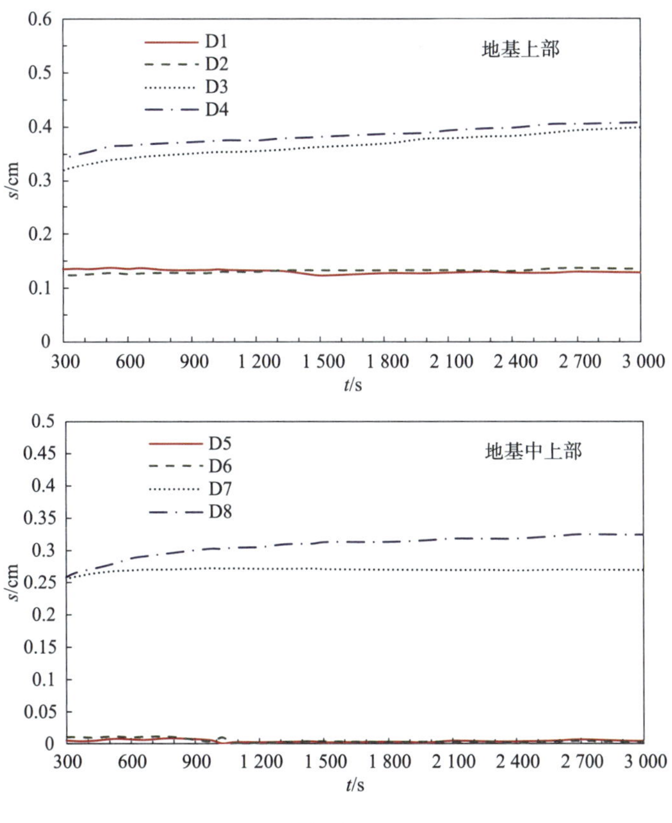

图　2-30

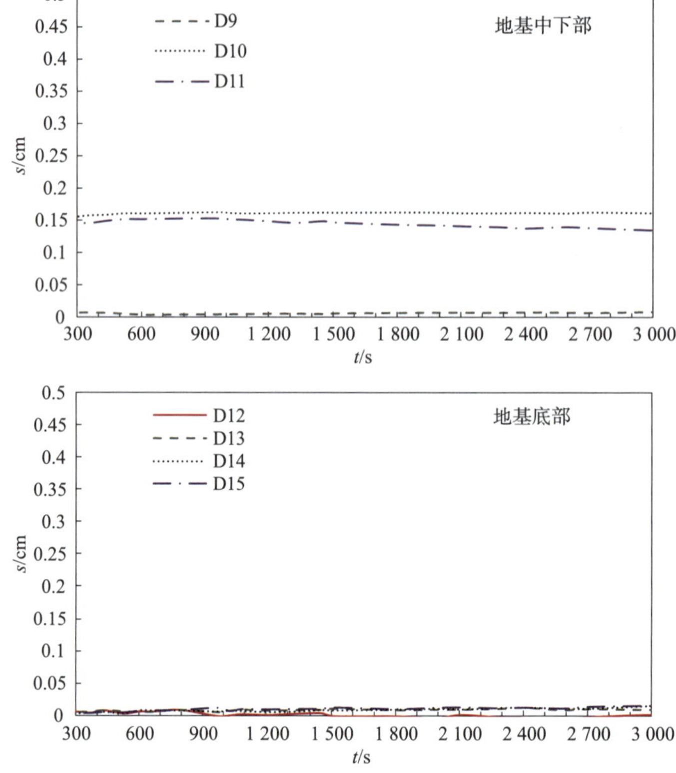

图 2-30 第 1 次排水停止直至第 2 次排水开始这一过程地基的沉降变化

参考文献

[1] 张世民. 汾渭地堑系盆地发育进程的差异及其控震作用[J]. 地质力学学报，2000，6(2)：30-37.

[2] 邓起东，徐锡伟. 山西断陷盆地带的活动断裂和分段性研究[C]//国家地震局地质研究所. 现代地壳运动研究(6). 北京：地震出版社，1995：225-242.

[3] 史双双，赵强，赵晋泉，等. 临汾盆地晚第四纪地层划分与新构造运动分析[J]. 地震工程学报，2016，38(4)：624-631.

[4] 杜兴信. 应用古文化层埋深确定汾渭盆地沉积速率的研究[J]. 西北地震学报，1999，21(1)：88-93.

[5] 周毅，罗郧，郭高轩，等. 冲洪积平原地面沉降特征及主控因素：以北京平原为例[J]. 地质通报，2016，35(12)：2100-2109.

[6] 郭海朋，白晋斌，张有全，等. 华北平原典型地段地面沉降演化特征与机理研究[J]. 中国地质，2017，44(6)：1115-1127.

[7] 王双，严学新，揭江，等. 珠三角平原区软土分布与地面沉降相关性分析[J]. 上海国土资源，2019，40(2)：75-79.

[8] 罗文林，韩煊，杜修力，等. 北京东部区域地下水位变化特征及其对地面沉降的影响研究[J]. 工业建筑，2016，46(11)：126-131.

[9] 邢忠信，李和学，张熟，等. 沧州市地面沉降研究及防治对策[J]. 地质调查与研究，2004，27(3)：157-163.

[10] 主灿，张云，何国峰，等. 天津滨海新区抽水引起地面沉降现场试验研究[J]. 水文地质工程地质，2018，45(2)：159-164.

[11] 向宏发，方仲景，徐杰，等. 三河—平谷 8 级地震区的构造背景与大震重复性研究[J]. 地震地质，1988，10(1)：15-28.

[12] 彭一民，李鼎容，谢振钊，等. 北京平原区同生断裂的某些特征及其研究意义[J]. 地震地质，1981，3(2)：57-64.

[13] 邓梅，沈军，李西，等. 夏垫断裂大胡庄探槽古地震事件分析[J]. 地震研究，2018，41(2)：293-301.

[14] 雷坤超，罗勇，陈蓓蓓，等. 北京平原区地面沉降分布特征及影响因素[J]. 中国地质，2016，43(6)：2216-2225.

[15] 吴玉涛，杨为民，周俊杰，等. 河北平原隆尧地裂缝成因机理与模式研究[J]. 水文地质工程地质，2020，47(5)：169-178.

[16] 刘沛然，杨成生，赵超英. 河北邢台隆尧地裂缝活动 PS-InSAR 监测与分析[J]. 上海国土资源，2017，38(3)：78-82.

[17] 赵文涛，李亮. 苏锡常地区地面沉降机理及防治措施[J]. 中国地质灾害与防治学报，2009，20(1)：88-93.

[18] 李辉，赵建青，王昕洲，等. 基于地层沉积差异的廊坊东沽港地裂缝成因机理分析[J]. 水文，2019，39(5)：61-66.

[19] 牛修俊. 地层的固结特性与地面沉降临界水位控沉[J]. 中国地质灾害与防治学报，1998，9(2)：68-74.

[20] 李国和，张建民，张嘎，等. 浅层地下水开采对高速铁路工程的影响及对策[J]. 铁道工程学报，2007(12)：23-27，35.

[21] 李国和，荆志东，许再良. 京沪高速铁路沿线地面沉降与地下水位变化关系探讨[J]. 水文地质工程地质，2008(6)：90-93，98.

第3章 基于耦合模型和反分析的地面沉降预测计算

地面沉降预测是对已经发生地面沉降的地区进行地面沉降趋势预测,并分析其对拟建工程的影响及其危害。对可能发生地面沉降的地区,主要是预测地面沉降的发展趋势,即预测地面沉降量和沉降过程。通过建立联合三维地层模型、竖向固结解析与地面沉降监测反分析的地面沉降预测模型与方法,可实现对工程沿线地面沉降快速准确的预测。

3.1 耦合固结理论框架

3.1.1 应力平衡方程

多孔介质单元的应力状态由 9 个应力分量表示,如图 3-1 所示。σ_{xx}、σ_{yy}、σ_{zz}为作用面上的法向应力,σ_{xy}、σ_{xz}、σ_{yx}、σ_{yz}、σ_{zx}、σ_{zy}为作用面上的剪应力,其中第一个下标表示作用面的法线方向,第二下标表示应力的方向,按照土力学习惯应力以压缩为正。

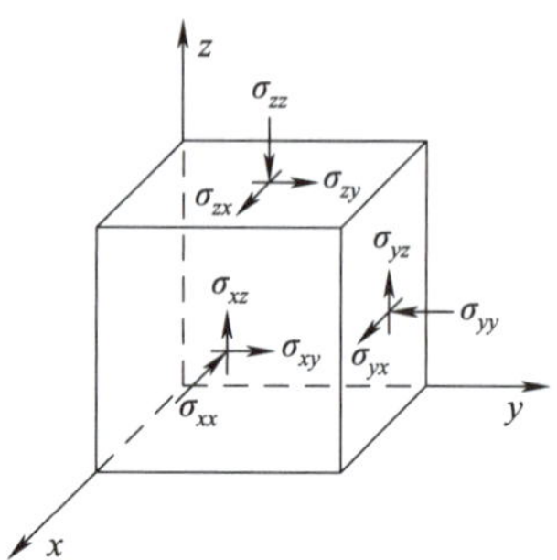

图 3-1 多孔介质单元应力分量示意图

考虑体积力的作用后,多孔介质的应力平衡关系可表示为

$$\frac{\partial \sigma_{xx}}{\partial x}+\frac{\partial \sigma_{yx}}{\partial y}+\frac{\partial \sigma_{zx}}{\partial z}-f_x=0 \tag{3-1}$$

$$\frac{\partial \sigma_{xy}}{\partial x}+\frac{\partial \sigma_{yy}}{\partial y}+\frac{\partial \sigma_{zy}}{\partial z}-f_y=0 \tag{3-2}$$

$$\frac{\partial \sigma_{xz}}{\partial x}+\frac{\partial \sigma_{yz}}{\partial y}+\frac{\partial \sigma_{zz}}{\partial z}-f_z=0 \tag{3-3}$$

式中 f_x, f_y, f_z——沿 x、y、z 方向的体积力。

根据力矩平衡关系可知剪应力间存在互等关系:$\sigma_{xy}=\sigma_{yx}$,$\sigma_{xz}=\sigma_{zx}$,$\sigma_{yz}=\sigma_{zy}$。

3.1.2 有效应力原理

根据太沙基有效应力原理,总应力分量可表示如下:

$$\sigma_{xx}=\sigma'_{xx}+\alpha_s p,\quad \sigma_{xy}=\sigma'_{xy},\quad \sigma_{xz}=\sigma'_{xz}$$

$$\sigma_{yy}=\sigma'_{yy}+\alpha_s p,\quad \sigma_{yx}=\sigma'_{yx},\quad \sigma_{yz}=\sigma'_{yz}$$
$$\sigma_{zz}=\sigma'_{zz}+\alpha_s p,\quad \sigma_{zx}=\sigma'_{zx},\quad \sigma_{zy}=\sigma'_{zy}$$

式中　p——孔隙流体压力；

α_s——Biot-Willis 系数，其值为

$$\alpha_s=1-\frac{K}{K_s}$$

其中　K——土骨架压缩模量，

K_s——土颗粒压缩模量。

3.1.3　应变与位移间的几何关系

在小变形条件下，多孔介质单元的应变分量可表示为

$$\varepsilon_{xx}=\frac{\partial u_x}{\partial x},\quad \varepsilon_{xy}=\frac{1}{2}\left(\frac{\partial u_x}{\partial y}+\frac{\partial u_y}{\partial x}\right),\quad \varepsilon_{xz}=\frac{1}{2}\left(\frac{\partial u_x}{\partial z}+\frac{\partial u_z}{\partial x}\right)$$
$$\varepsilon_{yy}=\frac{\partial u_y}{\partial y},\quad \varepsilon_{yx}=\frac{1}{2}\left(\frac{\partial u_y}{\partial x}+\frac{\partial u_x}{\partial y}\right),\quad \varepsilon_{yz}=\frac{1}{2}\left(\frac{\partial u_y}{\partial z}+\frac{\partial u_z}{\partial y}\right)$$
$$\varepsilon_{zz}=\frac{\partial u_z}{\partial z},\quad \varepsilon_{zx}=\frac{1}{2}\left(\frac{\partial u_z}{\partial x}+\frac{\partial u_x}{\partial z}\right),\quad \varepsilon_{zy}=\frac{1}{2}\left(\frac{\partial u_z}{\partial y}+\frac{\partial u_y}{\partial z}\right)$$

体积应变为　$$\varepsilon_v=\varepsilon_{xx}+\varepsilon_{yy}+\varepsilon_{zz}$$

3.1.4　应力应变关系

假定多孔介质的压缩符合线弹性关系，则应力应变关系可表示为

$$\sigma_{ij}=-2G\left(\varepsilon_{ij}+\frac{\nu}{1-2\nu}\varepsilon_v\delta_{ij}\right)+\alpha_s p\delta_{ij}\tag{3-4}$$

式中　G——剪切模量；

ν——泊松比；

δ_{ij}——Kronecker 函数（$i=j$ 时，$\delta_{ij}=1$；$i\neq j$ 时，$\delta_{ij}=0$）。

将应力应变关系和几何关系代入应力平衡方程中可得

$$G\nabla^2 u_x+\frac{G}{1-2\nu}\frac{\partial\varepsilon_v}{\partial x}-\alpha_s\frac{\partial p}{\partial x}+f_x=0\tag{3-5}$$

$$G\nabla^2 u_y+\frac{G}{1-2\nu}\frac{\partial\varepsilon_v}{\partial y}-\alpha_s\frac{\partial p}{\partial y}+f_y=0\tag{3-6}$$

$$G\nabla^2 u_z+\frac{G}{1-2\nu}\frac{\partial\varepsilon_v}{\partial z}-\alpha_s\frac{\partial p}{\partial z}+f_z=0\tag{3-7}$$

式中，$\nabla^2=\frac{\partial^2}{\partial x^2}+\frac{\partial^2}{\partial y^2}+\frac{\partial^2}{\partial z^2}$。

3.1.5 渗流平衡方程

假定多孔介质中的渗流符合达西定律，渗流性质为横观各向同性，则渗流平衡方程可表示为

$$\frac{k_x}{\gamma_w}\frac{\partial^2 p}{\partial x^2}+\frac{k_y}{\gamma_w}\frac{\partial^2 p}{\partial y^2}+\frac{k_z}{\gamma_w}\frac{\partial^2 p}{\partial z^2}=\frac{\partial}{\partial t}\left(\alpha_s\varepsilon_v+\frac{p}{M}\right) \tag{3-8}$$

式中　γ_w——流体的容重；

k_x,k_y,k_z——x、y、z 方向的渗透系数；

M——考虑孔隙度后的孔隙流体压缩模量，其值为

$$M=\frac{K_f}{n}$$

其中　K_f——流体压缩模量，

n——孔隙度。

式(3-5)～式(3-8)即为多孔介质耦合固结问题的控制方程，根据初始条件和边界条件可求解位移、孔压、应力等未知量。

3.2 地面沉降预测模型及求解

3.2.1 预测模型控制方程

图 3-2 为典型水文地质系统，包括潜水含水层和多个承压含水层，含水层之间被弱透水层分隔。在含水层中开采地下水后，孔隙水压力降低，有效应力提高，土层发生了压缩变形，进而产生了地面沉降。

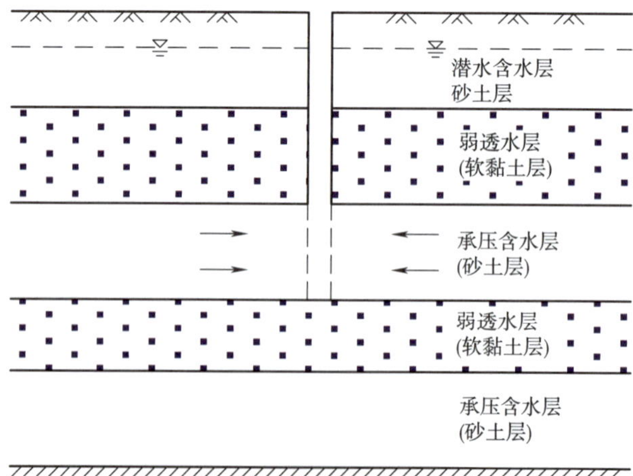

图 3-2　单井抽水引发地面沉降示意图

单个水井抽水引发的地面沉降为轴对称问题，可对 3.1 节中的三维多孔介质固结控制方程进行化简。采用圆柱坐标$(r,\theta,\ z)$，力的平衡方程在轴对称条件下可简化为

$$\frac{\partial\sigma_{rr}}{\partial r}+\frac{\partial\sigma_{rz}}{\partial z}+\frac{\sigma_{rr}-\sigma_{\theta\theta}}{r}=0 \tag{3-9}$$

$$\frac{\partial\sigma_{rz}}{\partial r}+\frac{\partial\sigma_{zz}}{\partial z}+\frac{\sigma_{rz}}{r}=0 \tag{3-10}$$

式中　$\sigma_{rr},\sigma_{zz},\sigma_{\theta\theta}$——正应力分量；

σ_{rz}——切应力分量。

应变分量简化为

$$\varepsilon_{rr}=\frac{\partial u_r}{\partial r},\qquad \varepsilon_{\theta\theta}=\frac{u_r}{r},\qquad \varepsilon_{zz}=\frac{\partial u_z}{\partial z},\qquad \varepsilon_{rz}=\frac{1}{2}\left(\frac{\partial u_r}{\partial z}+\frac{\partial u_z}{\partial r}\right)$$

$$\varepsilon_{\mathrm{v}}=\frac{\partial u_r}{\partial r}+\frac{u_r}{r}+\frac{\partial u_z}{\partial z}$$

在地面沉降过程中，土颗粒的压缩量远小于土骨架的压缩量，故可以忽略土颗粒的压缩量，即 $\alpha_{\mathrm{s}}=1$，应力应变关系可简化为

$$\sigma_{ij}=-2G\left(\varepsilon_{ij}+\frac{\nu}{1-2\nu}\varepsilon_{\mathrm{v}}\delta_{ij}\right)+p\delta_{ij} \tag{3-11}$$

将应力应变关系代入式(3-9)和式(3-10)中可得

$$\left(\nabla^2-\frac{1}{r^2}\right)u_r+\frac{1}{1-2\nu}\frac{\partial\varepsilon_{\mathrm{v}}}{\partial r}-\frac{1}{G}\frac{\partial p}{\partial r}=0 \tag{3-12}$$

$$\nabla^2 u_z+\frac{1}{1-2\nu}\frac{\partial\varepsilon_{\mathrm{v}}}{\partial z}-\frac{1}{G}\frac{\partial p}{\partial z}=0 \tag{3-13}$$

式中，$\nabla^2=\frac{\partial^2}{\partial r^2}+\frac{1}{r}\frac{\partial}{\partial r}+\frac{\partial^2}{\partial z^2}$。

渗流平衡方程转化为

$$\frac{k_r}{\gamma_{\mathrm{w}}}\left(\frac{\partial^2 p}{\partial r^2}+\frac{1}{r}\frac{\partial p}{\partial r}\right)+\frac{k_z}{\gamma_{\mathrm{w}}}\frac{\partial^2 p}{\partial z^2}=\frac{\partial}{\partial t}\left(\varepsilon_{\mathrm{v}}+\frac{p}{M}\right) \tag{3-14}$$

式中　k_r,k_z——径向和竖向渗透系数。

式(3-12)、式(3-13)和式(3-14)即为轴对称条件下 Biot 固结问题的控制方程。

3.2.2　控制方程求解

由式(3-12)和式(3-13)可得

$$\nabla^2 p=2\eta G\,\nabla^2\varepsilon_{\mathrm{v}} \tag{3-15}$$

式中，$\eta=\frac{1-\nu}{1-2\nu}$。

由式(3-14)和式(3-15)消去 ε_{v} 可得

$$\left[\frac{k_r}{\gamma_{\mathrm{w}}}\left(\frac{\partial^2}{\partial r^2}+\frac{1}{r}\frac{\partial}{\partial r}\right)+\frac{k_z}{\gamma_{\mathrm{w}}}\frac{\partial^2}{\partial z^2}\right]\nabla^2 p=\frac{M+2\eta G}{2\eta GM}\frac{\partial}{\partial t}\nabla^2 p \tag{3-16}$$

定义 $f(r,z,t)$的 n 阶 Laplace-Hankel 变换和逆变换如下：

$$\hat{f}_n(\xi,z,s)=\int_0^{\infty}\int_0^{\infty}f(r,z,t)rJ_n(\xi r)\mathrm{e}^{-st}\mathrm{d}r\mathrm{d}t \tag{3-17}$$

$$f(r,z,t)=\frac{1}{2\pi i}\int_{\gamma-\mathrm{i}\infty}^{\gamma+\mathrm{i}\infty}\int_0^{\infty}\hat{f}_n(\xi,z,s)\xi J_n(\xi r)\mathrm{e}^{st}\mathrm{d}\xi\mathrm{d}s \tag{3-18}$$

式中 ξ,s——Hankel 和 Laplace 变换参数；

$J_n(\cdot)$——第 n 阶第一类贝塞尔函数。

1. 无抽水源作用下土层固结问题的解答

图 3-3 所示为土层中不存在抽水源时土层轴对称固结示意图，此时土层的固结主要受上下表面边界条件的影响。

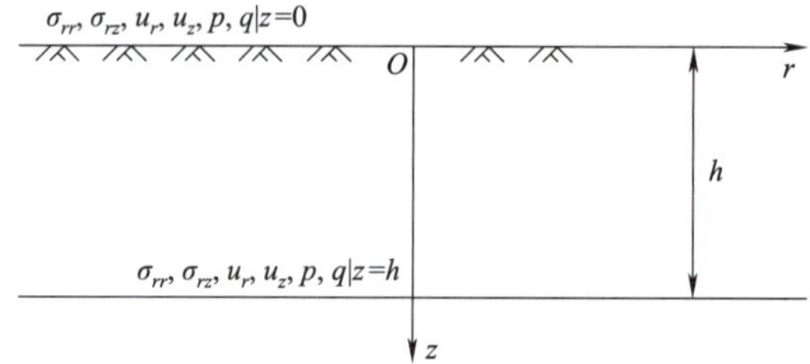

图 3-3 无抽水源作用下单层土轴对称固结示意图

对式(3-14)和式(3-16)进行第 0 阶 Laplace-Hankel 变换可得

$$\left(\frac{k_z}{\gamma_\mathrm{w}}\frac{\mathrm{d}^2}{\mathrm{d}z^2}-\frac{k_r}{\gamma_\mathrm{w}}\xi^2\right)\hat{p}_0=s\left(\hat{\varepsilon}_{\mathrm{v},0}+\frac{\hat{p}_0}{M}\right) \tag{3-19}$$

$$\left(c_z\frac{\mathrm{d}^2}{\mathrm{d}z^2}-c_r\xi^2-s\right)\left(\frac{\mathrm{d}^2}{\mathrm{d}z^2}-\xi^2\right)\hat{p}_0=0 \tag{3-20}$$

式中，$c_r=\dfrac{2\eta GMk_r}{\gamma_\mathrm{w}(M+2\eta G)}$；$c_z=\dfrac{2\eta GMk_z}{\gamma_\mathrm{w}(M+2\eta G)}$。

式(3-19)和式(3-20)的解为

$$\hat{p}_0=A_1\sinh(\xi z)+A_2\cosh(\xi z)+A_3\sinh(\zeta z)+A_4\cosh(\zeta z) \tag{3-21}$$

$$\hat{\varepsilon}_{\mathrm{v}0}=\psi[A_1\sinh(\xi z)+A_2\cosh(\xi z)]+\frac{1}{2\eta G}[A_3\sinh(\zeta z)+A_4\cosh(\zeta z)] \tag{3-22}$$

式中，$\zeta=\sqrt{\alpha\xi^2+\dfrac{s}{c_z}}$；$\alpha=\dfrac{k_r}{k_z}$；$\psi=\dfrac{k_z}{\gamma_\mathrm{w}}\dfrac{1-\alpha}{s}\xi^2-\dfrac{1}{M}$；$A_1$、$A_2$、$A_3$、$A_4$为待定系数。

对式(3-12)进行第 1 阶 Laplace-Hankel 变换可得

$$\left(\frac{\mathrm{d}^2}{\mathrm{d}z^2}-\xi^2\right)\hat{u}_{r,1}-(2\eta-1)\xi\hat{\varepsilon}_{\mathrm{v},0}+\frac{1}{G}\xi\hat{p}_0=0 \tag{3-23}$$

对式(3-13)进行第 0 阶 Laplace-Hankel 变换可得

$$\left(\frac{\mathrm{d}^2}{\mathrm{d}z^2}-\xi^2\right)\hat{u}_{z,0}+(2\eta-1)\frac{\mathrm{d}\hat{\varepsilon}_{\mathrm{v},0}}{\mathrm{d}z}-\frac{1}{G}\frac{\mathrm{d}\hat{p}_0}{\mathrm{d}z}=0 \tag{3-24}$$

将式(3-21)和式(3-22)代入式(3-23)和式(3-24)中，可解得

$$\hat{u}_{r,1}=\frac{z}{2}\left[(2\eta-1)\psi-\frac{1}{G}\right][A_1\cosh(\xi z)+A_2\sinh(\xi z)]-$$

$$\frac{\xi}{2\eta G(\zeta^2-\xi^2)}[A_3\sinh(\zeta z)+A_4\cosh(\zeta z)]+A_5\sinh(\xi z)+A_6\cosh(\xi z) \tag{3-25}$$

$$\hat{u}_{z,0}=-\frac{z}{2}\left[(2\eta-1)\psi-\frac{1}{G}\right][A_1\sinh(\xi z)+A_2\cosh(\xi z)]+$$

$$\frac{\zeta}{2\eta G(\zeta^2-\xi^2)}[A_4\sinh(\zeta z)+A_3\cosh(\zeta z)]+A_7\sinh(\xi z)+A_8\cosh(\xi z) \tag{3-26}$$

式中 A_5,A_6,A_7,A_8——待定系数。

由体积应变的表达式可知，体积应变的 Laplace-Hankel 变换为

$$\hat{\varepsilon}_{v,0}=\xi\hat{u}_{r,1}+\frac{d\hat{u}_{z,0}}{dz} \tag{3-27}$$

将式(3-22)、式(3-25)、式(3-26)代入式(3-27)中可得待定系数间存在以下关系式：

$$\frac{1}{2\xi}\left[(2\eta+1)\psi-\frac{1}{G}\right]A_1=A_5+A_8 \tag{3-28}$$

$$\frac{1}{2\xi}\left[(2\eta+1)\psi-\frac{1}{G}\right]A_2=A_6+A_7 \tag{3-29}$$

利用式(3-28)和式(3-29)可将式(3-26)化为

$$\hat{u}_{z,0}=-\frac{z}{2}\left[(2\eta-1)\psi-\frac{1}{G}\right][A_1\sinh(\xi z)+A_2\cosh(\xi z)]+$$

$$\frac{1}{2\xi}\left[(2\eta+1)\psi-\frac{1}{G}\right][A_1\cosh(\xi z)+A_2\sinh(\xi z)]+$$

$$\frac{\zeta}{2\eta G(\zeta^2-\xi^2)}[A_4\sinh(\zeta z)+A_3\cosh(\zeta z)]-A_6\sinh(\xi z)-A_5\cosh(\xi z) \tag{3-30}$$

对应力应变关系式(3-11)进行 Laplace-Hankel 变换可得

$$\frac{\hat{\sigma}_{rz,1}}{2G}=\hat{\varepsilon}_{rz,1}=\frac{1}{2}\left(\frac{d\hat{u}_{r,1}}{dz}-\xi\hat{u}_{z,0}\right) \tag{3-31}$$

$$\frac{\hat{\sigma}_{zz,0}}{2G}=\hat{\varepsilon}_{zz,0}+(\eta-1)\hat{\varepsilon}_{v,0}-\frac{\hat{p}_0}{2G}=\frac{d\hat{u}_{z,0}}{dz}+(\eta-1)\hat{\varepsilon}_{v,0}-\frac{\hat{p}_0}{2G} \tag{3-32}$$

将式(3-25)和式(3-26)代入式(3-31)中可得

$$\hat{\sigma}_{rz,1}=-G\psi[A_1\cosh(\xi z)+A_2\sinh(\xi z)]+[(2\eta-1)G\psi-1]\xi z[A_1\sinh(\xi z)+A_2\cosh(\xi z)]-$$

$$\frac{\zeta\xi}{\eta(\zeta^2-\xi^2)}[A_3\cosh(\zeta z)+A_4\sinh(\zeta z)]+2A_5G\xi\cosh(\xi z)+2A_6G\xi\sinh(\xi z) \tag{3-33}$$

将式(3-21)、式(3-26)和式(3-27)代入式(3-32)中可得

$$\hat{\sigma}_{zz,0}=(2\eta G\psi-1)[A_1\sinh(\xi z)+A_2\cosh(\xi z)]-[(2\eta-1)G\psi-1]\xi z[A_1\cosh(\xi z)+A_2\sinh(\xi z)]+$$

$$\frac{\xi^2}{\eta(\zeta^2-\xi^2)}[A_3\sinh(\zeta z)+A_4\cosh(\zeta z)]-2A_5G\xi\sinh(\xi z)-2A_6G\xi\cosh(\xi z) \tag{3-34}$$

式(3-21)、式(3-25)、式(3-30)、式(3-33)、式(3-34)即为孔压、位移分量、应力分量在积分变换域内的一般解。

土层竖向渗流速度为

$$\hat{q}_0=\frac{k_z}{\gamma_w}\frac{\mathrm{d}\hat{p}_0}{\mathrm{d}z}=\frac{k_z}{\gamma_w}[\xi A_1\cosh(\xi z)+\xi A_2\sinh(\xi z)+\zeta A_3\cosh(\zeta z)+\zeta A_4\sinh(\zeta z)] \tag{3-35}$$

变换域内的解答共有 A_1、A_2、A_3、A_4、A_5、A_6六个未知数，根据边界条件可求得未知量，进而通过积分逆变换可得出孔压、位移分量、应力分量在时域和空间域内的解答。

2. 抽水源作用下土层固结问题的解答

图 3-4 所示为抽水源作用下土层固结示意图，土层厚度为 h，在土层中存在完整井，以恒定流量速率 Q 抽水，井壁流量分布均布。抽水源边界条件可表示为

$$r\left.\frac{\partial p}{\partial r}\right|_{r\to 0}=\frac{Q\gamma_w}{2\pi hk_r} \tag{3-36}$$

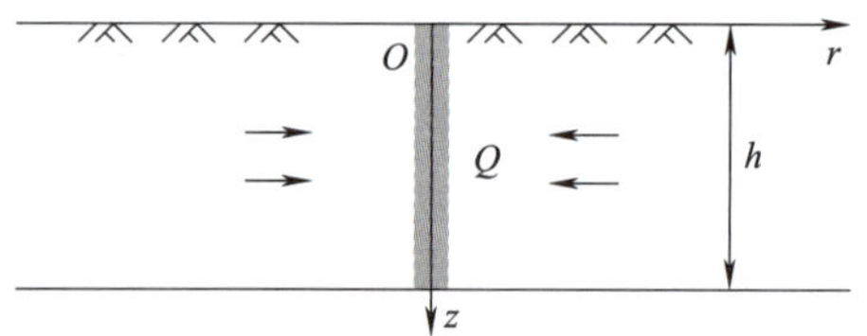

图 3-4 抽水源作用下单层土轴对称固结示意图

对边界条件关系式(3-36)进行 Laplace-Hankel 变换可得

$$\int_0^\infty\int_0^\infty\left(\frac{\partial^2 p}{\partial r^2}+\frac{1}{r}\frac{\partial p}{\partial r}\right)rJ_0(r\xi)\mathrm{e}^{st}\,\mathrm{d}r\mathrm{d}t=-\xi^2\hat{p}_0-\frac{\gamma_w Q}{2\pi hk_r s} \tag{3-37}$$

类似无抽水源工况下的求解过程，对式(3-14)和式(3-16)进行第 0 阶 Laplace-Hankel 变换可得

$$\frac{k_z}{\gamma_w}\frac{\mathrm{d}^2\hat{p}_0}{\mathrm{d}z^2}-\frac{k_r}{\gamma_w}\xi^2\hat{p}_0-\frac{Q}{2\pi hs}=s\left(\hat{\varepsilon}_{v,0}+\frac{\hat{p}_0}{M}\right) \tag{3-38}$$

$$\left(\frac{\mathrm{d}^2}{\mathrm{d}z^2}-\xi^2\right)\left(c_z\frac{\mathrm{d}^2\hat{p}_0}{\mathrm{d}z^2}-c_r\xi^2\hat{p}_0-s\hat{p}_0-\frac{c_r\gamma_w Q}{2\pi hk_r s}\right)=0 \tag{3-39}$$

式中，$c_r=\dfrac{2\eta GMk_r}{\gamma_w(M+2\eta G)}$；$c_z=\dfrac{2\eta GMk_z}{\gamma_w(M+2\eta G)}$。

式(3-38)和式(3-39)的解为

$$\hat{p}_0=A_1\sinh(\xi z)+A_2\cosh(\xi z)+A_3\sinh(\zeta z)+A_4\cosh(\zeta z)-\tilde{Q} \tag{3-40}$$

$$\hat{\varepsilon}_{v,0}=\psi[A_1\sinh(\xi z)+A_2\cosh(\xi z)]+\frac{1}{2\eta G}[A_3\sinh(\zeta z)+A_4\cosh(\zeta z)-\tilde{Q}] \tag{3-41}$$

式中，$\zeta=\sqrt{\alpha\xi^2+\dfrac{s}{c_z}}$；$\alpha=\dfrac{k_r}{k_z}$；$\psi=\dfrac{k_z}{\gamma_w}\dfrac{1-\alpha}{s}\xi^2-\dfrac{1}{M}$；$\tilde{Q}=\dfrac{c_r\gamma_w Q}{2\pi hk_r s(c_r\xi^2+s)}$；$A_1$、$A_2$、$A_3$、$A_4$为待定系数。

通过与上一节相似的求解过程，可以求得位移、应力分量的一般解在积分变换域内的表达式为

$$\hat{u}_{r,1}=\frac{z}{2}\left[(2\eta-1)\psi-\frac{1}{G}\right][A_1\cosh(\xi z)+A_2\sinh(\xi z)]-\frac{\xi}{2\eta G(\zeta^2-\xi^2)}[A_3\sinh(\zeta z)+A_4\cosh(\zeta z)]+A_5\sinh(\xi z)+A_6\cosh(\xi z)-\frac{1}{2\eta G\xi}\tilde{Q} \tag{3-42}$$

$$\hat{u}_{z,0}=-\frac{z}{2}\left[(2\eta-1)\psi-\frac{1}{G}\right][A_1\sinh(\xi z)+A_2\cosh(\xi z)]+\frac{1}{2\xi}\left[(2\eta+1)\psi-\frac{1}{G}\right][A_1\cosh(\xi z)+A_2\sinh(\xi z)]+\frac{\zeta}{2\eta G(\zeta^2-\xi^2)}[A_4\sinh(\zeta z)+A_3\cosh(\zeta z)]-A_6\sinh(\xi z)-A_5\cosh(\xi z) \tag{3-43}$$

$$\hat{\sigma}_{rz,1}=-G\psi[A_1\cosh(\xi z)+A_2\sinh(\xi z)]+[(2\eta-1)G\psi-1]\xi z[A_1\sinh(\xi z)+A_2\cosh(\xi z)]-\frac{\zeta\xi}{\eta(\zeta^2-\xi^2)}[A_3\cosh(\zeta z)+A_4\sinh(\zeta z)]+2A_5G\xi\cosh(\xi z)+2A_6G\xi\sinh(\xi z) \tag{3-44}$$

$$\hat{\sigma}_{zz,0}=(2\eta G\psi-1)[A_1\sinh(\xi z)+A_2\cosh(\xi z)]-[(2\eta-1)G\psi-1]\xi z[A_1\cosh(\xi z)+A_2\sinh(\xi z)]+\frac{\xi^2}{\eta(\zeta^2-\xi^2)}[A_3\sinh(\zeta z)+A_4\cosh(\zeta z)]-2A_5G\xi\sinh(\xi z)-2A_6G\xi\cosh(\xi z)+\frac{1}{\eta}\tilde{Q} \tag{3-45}$$

$$\hat{q}_0=\frac{k_z}{\gamma_w}\frac{\mathrm{d}\hat{p}_0}{\mathrm{d}z}=\frac{k_z}{\gamma_w}[\xi A_1\cosh(\xi z)+\xi A_2\sinh(\xi z)+\zeta A_3\cosh(\zeta z)+\zeta A_4\sinh(\zeta z)] \tag{3-46}$$

3.3　均匀成层地基条件下地面沉降预测

3.3.1　无抽水源作用下成层地基固结

如图 3-5 所示，土层系统包含 n 个土层，土层厚度分别为 h_1、h_2、…、h_n，土层下表面位置分别为 H_1、H_2、…、H_n，土层中不存在抽水源，由于边界处的孔压变化引发土层系统发生固结变形。

由于土层中没有抽水源，故各个土层的超静孔压、位移分量、应力分量在积分变换域内的一般解为式(3-21)、式(3-25)、式(3-30)、式(3-33)、式(3-34)和式(3-35)。每个土层有 6 个未知参数，整个系统有 $6n$ 个参数需要求解。

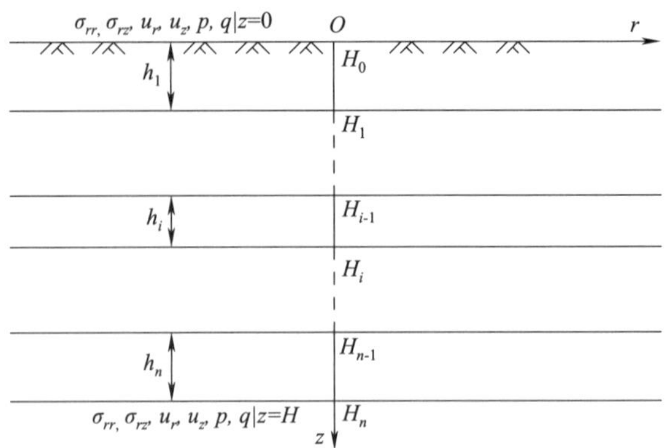

图 3-5　无抽水源时成层地基固结示意图

$$\hat{p}_0=A_1\sinh(\xi z)+A_2\cosh(\xi z)+A_3\sinh(\zeta z)+A_4\cosh(\zeta z)$$

$$\hat{u}_{r,1}=\frac{z}{2}\left[(2\eta-1)\psi-\frac{1}{G}\right][A_1\cosh(\xi z)+A_2\sinh(\xi z)]-$$

$$\frac{\xi}{2\eta G(\zeta^2-\xi^2)}[A_3\sinh(\zeta z)+A_4\cosh(\zeta z)]+A_5\sinh(\xi z)+A_6\cosh(\xi z)$$

$$\hat{u}_{z,0}=-\frac{z}{2}\left[(2\eta-1)\psi-\frac{1}{G}\right][A_1\sinh(\xi z)+A_2\cosh(\xi z)]+$$

$$\frac{1}{2\xi}\left[(2\eta+1)\psi-\frac{1}{G}\right][A_1\cosh(\xi z)+A_2\sinh(\xi z)]+$$

$$\frac{\zeta}{2\eta G(\zeta^2-\xi^2)}[A_4\sinh(\zeta z)+A_3\cosh(\zeta z)]-A_6\sinh(\xi z)-A_5\cosh(\xi z)$$

$$\hat{\sigma}_{rz,1}=-G\psi[A_1\cosh(\xi z)+A_2\sinh(\xi z)]+[(2\eta-1)G\psi-1]\xi z[A_1\sinh(\xi z)+A_2\cosh(\xi z)]-$$

$$\frac{\zeta\xi}{\eta(\zeta^2-\xi^2)}[A_3\cosh(\zeta z)+A_4\sinh(\zeta z)]+2A_5G\xi\cosh(\xi z)+2A_6G\xi\sinh(\xi z)$$

$$\hat{\sigma}_{zz,0}=(2\eta G\psi-1)[A_1\sinh(\xi z)+A_2\cosh(\xi z)]-[(2\eta-1)G\psi-1]\xi z[A_1\cosh(\xi z)+A_2\sinh(\xi z)]+$$

$$\frac{\xi^2}{\eta(\zeta^2-\xi^2)}[A_3\sinh(\zeta z)+A_4\cosh(\zeta z)]-2A_5G\xi\sinh(\xi z)-2A_6G\xi\cosh(\xi z)$$

$$\hat{q}_0=\frac{k_z}{\gamma_w}\frac{d\hat{p}_0}{dz}=\frac{k_z}{\gamma_w}[\xi A_1\cosh(\xi z)+\xi A_2\sinh(\xi z)+\zeta A_3\cosh(\zeta z)+\zeta A_4\sinh(\zeta z)]$$

土层系统在土层间满足渗流连续、应力连续和位移连续条件，第 1 层土上表面满足自由应力条件和透水条件，第 n 层土满足固定边界条件以及透水或不透水条件，根据连续条件可以得出 $6(n-1)$ 个方程，根据边界条件可以得出 6 个方程，共计 $6n$ 个方程，联立方程组可求解出 $6n$ 个待定的未知数，进而得出土层系统的固结解答。

除根据边界条件和连续条件联立方程组求解待定系数的方法外，还可以采用传递矩阵的方法求解土层系统的固结解。积分变换域内孔压、位移分量和应力分量可表示为矩阵关系式(3-47)。

$$\begin{pmatrix}\hat{p}_0(z)\\ \hat{u}_{r,1}(z)\\ \hat{u}_{z,0}(z)\\ \hat{\sigma}_{z,1}(z)\\ \hat{\sigma}_{z,0}(z)\\ \hat{q}_0(z)\end{pmatrix}=\begin{pmatrix}\sinh(\xi z) & \cosh(\xi z) & \sinh(\zeta z) & \cosh(\zeta z) & 0 & 0\\ za_1\cosh(\xi z) & za_1\sinh(\xi z) & -a_4\sinh(\zeta z) & -a_4\cosh(\zeta z) & \sinh(\xi z) & \cosh(\xi z)\\ -za_1\sinh(\xi z)+a_2\cosh(\xi z) & -za_1\cosh(\xi z)+a_2\sinh(\xi z) & a_3\cosh(\zeta z) & a_3\sinh(\zeta z) & -\cosh(\xi z) & -\sinh(\xi z)\\ -G\psi\cosh(\xi z)+2Ga_1\xi z\sinh(\xi z) & -G\psi\sinh(\xi z)+2Ga_1\xi z\cosh(\xi z) & -2G\xi a_3\cosh(\zeta z) & -2G\xi a_3\sinh(\zeta z) & 2G\xi\cosh(\xi z) & 2G\xi\sinh(\xi z)\\ 2Ga_5\sinh(\xi z)-2Ga_1\xi z\cosh(\xi z) & 2Ga_5\cosh(\xi z)-2Ga_1\xi z\sinh(\xi z) & 2G\xi a_4\sinh(\zeta z) & 2G\xi a_4\cosh(\zeta z) & -2G\xi\sinh(\xi z) & -2G\xi\cosh(\xi z)\\ \frac{k_z}{\gamma_w}\xi\cosh(\xi z) & \frac{k_z}{\gamma_w}\xi\sinh(\xi z) & \frac{k_z}{\gamma_w}\zeta\cosh(\zeta z) & \frac{k_z}{\gamma_w}\zeta\sinh(\zeta z) & 0 & 0\end{pmatrix}\begin{pmatrix}A_1\\ A_2\\ A_3\\ A_4\\ A_5\\ A_6\end{pmatrix} \tag{3-47}$$

式中，$a_1=\frac{1}{2}\left[(2\eta-1)\psi-\frac{1}{G}\right]$；$a_2=\frac{1}{2\xi}\left[(2\eta+1)\psi-\frac{1}{G}\right]$；$a_3=\frac{\zeta}{2\eta G(\zeta^2-\xi^2)}$；$a_4=\frac{\xi}{2\eta G(\zeta^2-\xi^2)}$；$a_5=\frac{1}{2}\left(2\eta\psi-\frac{1}{G}\right)$。

在土层上表面 $z=0$ 位置处：

$$\begin{pmatrix}\hat{p}_0(0)\\ \hat{u}_{r,1}(0)\\ \hat{u}_{z,0}(0)\\ \hat{\sigma}_{rz,1}(0)\\ \hat{\sigma}_{zz,0}(0)\\ \hat{q}_0(0)\end{pmatrix}=\begin{pmatrix}0 & 1 & 0 & 1 & 0 & 0\\ 0 & 0 & 0 & -a_4 & 0 & 1\\ a_2 & 0 & a_3 & 0 & -1 & 0\\ -G\psi & 0 & -2G\xi a_3 & 0 & 2G\xi & 0\\ 0 & 2Ga_5 & 0 & 2G\xi a_4 & 0 & -2G\xi\\ \frac{k_z}{\gamma_w}\xi & 0 & \frac{k_z}{\gamma_w}\zeta & 0 & 0 & 0\end{pmatrix}\begin{pmatrix}A_1\\ A_2\\ A_3\\ A_4\\ A_5\\ A_6\end{pmatrix} \tag{3-48}$$

联合式(3-47)和式(3-48)可以消去待定系数 A_1、A_2、A_3、A_4、A_5、A_6，得出土层表面与内部位置处孔压、位移分量和应力分量的传递关系式：

$$\hat{\boldsymbol{B}}(\xi,z,s)=\boldsymbol{\Phi}(\xi,z,s)\cdot\hat{\boldsymbol{B}}(\xi,0,s) \tag{3-49}$$

式中，$\hat{\boldsymbol{B}}(\xi,z,s)=(\hat{p}_0(z),\hat{u}_{r,1}(z),\hat{u}_{z,0}(z),\hat{\sigma}_{rz,1}(z),\hat{\sigma}_{zz,0}(z),\hat{q}_0(z))^{\mathrm{T}}$；$\boldsymbol{\Phi}$ 为 6×6 阶矩阵。

对成层土系统从上至下应用传递矩阵后可得：

$$\hat{\boldsymbol{B}}(\xi,H_n,s)=\boldsymbol{\Psi}(\xi,s)\cdot\hat{\boldsymbol{B}}(\xi,0,s) \tag{3-50}$$

式中，$\boldsymbol{\psi}(\xi,s)=\boldsymbol{\Phi}_n(\xi,h_n,s)\cdot\boldsymbol{\Phi}_{n-1}(\xi,h_{n-1},s)\cdot\cdots\cdot\boldsymbol{\Phi}_1(\xi,0,s)$，为 6×6 阶矩阵。

方程组中未知量为土层系统顶部和底部的孔压、竖向渗流速度、应力分量、位移分量，共有 12 个未知量，根据边界条件可以减少至 6 个未知量，故可通过求解方程组得出其余未知量。当顶部孔压、竖向渗流速度、应力分量、位移分量求解完成后，即可求得各个土层中的孔压、竖向渗流速度、应力分量、位移分量。

3.3.2 有抽水源作用下成层地基固结

如图 3-6 所示，土层系统包含 n 个土层，土层厚度分别为 $h_1,h_2,\cdots,h_n$，土层下表面位置分别为 $H_1,H_2,\cdots,H_n$，在第 i 层土层中存在抽水源，抽水速率为 Q，由于抽水源的作用引发土层系统发生固结变形。

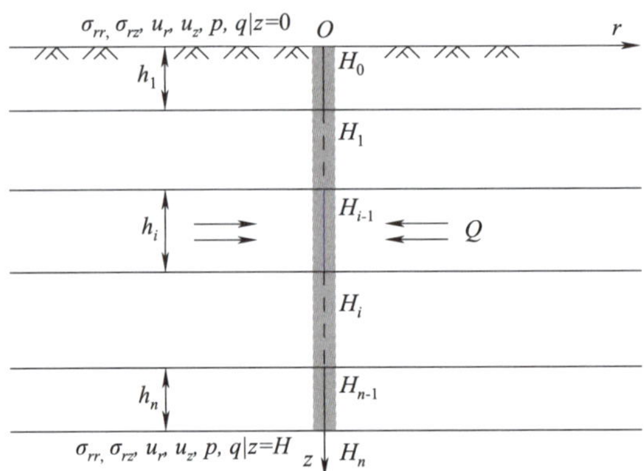

图 3-6　有抽水源时成层地基固结示意图

由于第 i 层中存在抽水源，因此第 i 层土层的超静孔压、位移分量、应力分量、竖向渗流速度在积分变换域内的一般解为式(3-40)、式(3-42)、式(3-43)、式(3-44)、式(3-45)和式(3-46)。

$$\hat{p}_0=A_1\sinh(\xi z)+A_2\cosh(\xi z)+A_3\sinh(\zeta z)+A_4\cosh(\zeta z)-\widetilde{Q}$$

$$\hat{u}_{r,1}=\frac{z}{2}\left[(2\eta-1)\psi-\frac{1}{G}\right][A_1\cosh(\xi z)+A_2\sinh(\xi z)]-$$

$$\frac{\xi}{2\eta G(\zeta^2-\xi^2)}[A_3\sinh(\zeta z)+A_4\cosh(\zeta z)]+A_5\sinh(\xi z)+A_6\cosh(\xi z)-\frac{1}{2\eta G\xi}\widetilde{Q}$$

$$\hat{u}_{z,0}=-\frac{z}{2}\left[(2\eta-1)\psi-\frac{1}{G}\right][A_1\sinh(\xi z)+A_2\cosh(\xi z)]+$$

$$\frac{1}{2\xi}\left[(2\eta+1)\psi-\frac{1}{G}\right][A_1\cosh(\xi z)+A_2\sinh(\xi z)]+$$

$$\frac{\zeta}{2\eta G(\zeta^2-\xi^2)}[A_4\sinh(\zeta z)+A_3\cosh(\zeta z)]-A_6\sinh(\xi z)-A_5\cosh(\xi z)$$

$$\hat{\sigma}_{rz,1}=-G\psi[A_1\cosh(\xi z)+A_2\sinh(\xi z)]+[(2\eta-1)G\psi-1]\xi z[A_1\sinh(\xi z)+A_2\cosh(\xi z)]-$$

$$\frac{\zeta\xi}{\eta(\zeta^2-\xi^2)}[A_3\cosh(\zeta z)+A_4\sinh(\zeta z)]+2A_5G\xi\cosh(\xi z)+2A_6G\xi\sinh(\xi z)$$

$$\hat{\sigma}_{zz,0}=(2\eta G\psi-1)[A_1\sinh(\xi z)+A_2\cosh(\xi z)]-[(2\eta-1)G\psi-1]\xi z[A_1\cosh(\xi z)+A_2\sinh(\xi z)]+$$

$$\frac{\xi^2}{\eta(\zeta^2-\xi^2)}[A_3\sinh(\zeta z)+A_4\cosh(\zeta z)]-2A_5G\xi\sinh(\xi z)-2A_6G\xi\cosh(\xi z)+\frac{1}{\eta}\widetilde{Q}$$

$$\hat{q}_0=\frac{k_z}{\gamma_w}\frac{\mathrm{d}\hat{p}_0}{\mathrm{d}z}=\frac{k_z}{\gamma_w}[\xi A_1\cosh(\xi z)+\xi A_2\sinh(\xi z)+\zeta A_3\cosh(\zeta z)+\zeta A_4\sinh(\zeta z)]$$

除第 i 层外其他土层中没有抽水源，故其余各个土层的超静孔压、位移分量、应力分量、竖向渗流速度在积分变换域内的一般解为式(3-21)、式(3-25)、式(3-30)、式(3-33)、式(3-34)和式(3-35)。每个土层有 6 个未知参数，整个系统有 $6n$ 个参数需要求解。

与上一节相似，土层系统在土层间满足渗流连续、应力连续和位移连续条件，即满足连续条件关系式以及边界条件关系式。根据连续条件可以得出 $6(n-1)$ 个方程，根据边界条件可以得出 6 个方程，共计 $6n$ 个方程，联立方程组可求解出 $6n$ 个待定的未知数，进而得出土层系统的固结解答。

除根据边界条件和连续条件联立方程组求解待定系数的方法外，还可以采用传递矩阵的方法求解土层系统的固结解，参见式(3-52)、式(3-53)。

联合式(3-52)和式(3-53)可以消去待定系数 A_1、A_2、A_3、A_4、A_5、A_6，得出抽水源作用下土层表面与内部位置处孔压、位移分量和应力分量的传递关系式：

$$\hat{\boldsymbol{b}}(\xi,z,s)=\boldsymbol{\Phi}(\xi,z,s)\cdot\hat{\boldsymbol{b}}(\xi,0,s)+\boldsymbol{\Gamma}(\xi,z,s) \tag{3-51}$$

式中，$\hat{\boldsymbol{b}}(\xi,z,s)=(\hat{p}_0(z),\hat{u}_{r,1}(z),\hat{u}_{z,0}(z),\hat{\sigma}_{rz,1}(z),\hat{\sigma}_{zz,0}(z),\hat{q}_0(z))^{\mathrm{T}}$；$\boldsymbol{\Phi}(\xi,z,s)$ 与无抽水源时表达式相同；$\boldsymbol{\Gamma}(\xi,z,s)=(\Gamma_1,\Gamma_2,\Gamma_3,\Gamma_4,\Gamma_5,\Gamma_6)^{\mathrm{T}}$，为 1×6 阶矩阵。

$$\Gamma_1=Q[\cosh(z\zeta)-1],\quad \Gamma_2=\frac{Q\sinh^2\left(\dfrac{z\xi}{2}\right)}{G\eta\xi}+Q[\cosh(z\xi)-\cosh(z\zeta)]a_4$$

$$\Gamma_3=Q\sinh(z\zeta)a_3-\frac{1}{2}Q\sinh(z\xi)\left(\frac{1}{G\eta\xi}+2a_4\right)$$

$$\Gamma_4=-2GQ\xi\sinh(z\zeta)a_3+\frac{Q\sinh(z\xi)(1+2G\eta\xi a_4)}{\eta}$$

$$\Gamma_5=\frac{Q\{1-\cosh(z\xi)+2G\eta\xi[\cosh(z\zeta)-\cosh(z\xi)]a_4\}}{\eta},\quad \Gamma_6=\frac{k_zQ\zeta\sinh(z\zeta)}{\gamma_w}$$

积分变换域内存在抽水源的土层中，其孔压、位移分量、应力分量、竖向渗流速度可由矩阵关系式为

$$\begin{pmatrix}\hat{p}_0(z)\\ \hat{u}_{r,1}(z)\\ \hat{u}_{z,0}(z)\\ \hat{\sigma}_{rz,1}(z)\\ \hat{\sigma}_{zz,0}(z)\\ \hat{q}_0(z)\end{pmatrix}=\begin{pmatrix}\sinh(\xi z) & \cosh(\xi z) & \sinh(\zeta z) & \cosh(\zeta z) & 0 & 0\\ za_1\cosh(\xi z) & za_1\sinh(\xi z) & -a_4\sinh(\zeta z) & -a_4\cosh(\zeta z) & \sinh(\xi z) & \cosh(\xi z)\\ -za_1\sinh(\xi z)+a_2\cosh(\xi z) & -za_1\cosh(\xi z)+a_2\sinh(\xi z) & a_3\cosh(\zeta z) & a_3\sinh(\zeta z) & -\cosh(\xi z) & -\sinh(\xi z)\\ -G\psi\cosh(\xi z)+2Ga_1\xi z\sinh(\xi z) & -G\psi\sinh(\xi z)+2Ga_1\xi z\cosh(\xi z) & -2G\xi a_3\cosh(\zeta z) & -2G\xi a_3\sinh(\zeta z) & 2G\xi\cosh(\xi z) & 2G\xi\sinh(\xi z)\\ 2Ga_5\sinh(\xi z)-2Ga_1\xi z\cosh(\xi z) & 2Ga_5\cosh(\xi z)-2Ga_1\xi z\sinh(\xi z) & 2G\xi a_4\sinh(\zeta z) & 2G\xi a_4\cosh(\zeta z) & -2G\xi\sinh(\xi z) & -2G\xi\cosh(\xi z)\\ \frac{k_z}{\gamma_w}\xi\cosh(\xi z) & \frac{k_z}{\gamma_w}\xi\sinh(\xi z) & \frac{k_z}{\gamma_w}\zeta\cosh(\zeta z) & \frac{k_z}{\gamma_w}\zeta\sinh(\zeta z) & 0 & 0\end{pmatrix}\begin{pmatrix}A_1\\ A_2\\ A_3\\ A_4\\ A_5\\ A_6\end{pmatrix}+\begin{pmatrix}-\tilde{Q}\\ -\frac{\tilde{Q}}{2\eta G\xi}\\ 0\\ 0\\ \frac{\tilde{Q}}{\eta}\\ 0\end{pmatrix} \tag{3-52}$$

在土层上表面 $z=0$ 位置处：

$$\begin{pmatrix}\hat{p}_0(0)\\ \hat{u}_{r,1}(0)\\ \hat{u}_{z,0}(0)\\ \hat{\sigma}_{rz,1}(0)\\ \hat{\sigma}_{zz,0}(0)\\ \hat{q}_0(0)\end{pmatrix}=\begin{pmatrix}0 & 1 & 0 & 1 & 0 & 0\\ 0 & 0 & 0 & -a_4 & 0 & 1\\ a_2 & 0 & a_3 & 0 & -1 & 0\\ -G\psi & 0 & -2G\xi a_3 & 0 & 2G\xi & 0\\ 0 & 2Ga_5 & 0 & 2G\xi a_4 & 0 & -2G\xi\\ \frac{k_z}{\gamma_w}\xi & 0 & \frac{k_z}{\gamma_w}\zeta & 0 & 0 & 0\end{pmatrix}\begin{pmatrix}A_1\\ A_2\\ A_3\\ A_4\\ A_5\\ A_6\end{pmatrix}+\begin{pmatrix}-\tilde{Q}\\ -\frac{\tilde{Q}}{2\eta G\xi}\\ 0\\ 0\\ \frac{\tilde{Q}}{\eta}\\ 0\end{pmatrix} \tag{3-53}$$

对成层土系统从上至下应用传递矩阵后可得：

$$\hat{\boldsymbol{b}}(\xi,H_n,s)=\boldsymbol{\Psi}(\xi,s)\cdot\hat{\boldsymbol{b}}(\xi,0,s)+\boldsymbol{\Psi}_{n\sim(i+1)}(\xi,s)\cdot\boldsymbol{\Gamma}(\xi,z,s) \tag{3-54}$$

式中，$\boldsymbol{\psi}(\xi,s)=\boldsymbol{\Phi}_n(\xi,h_n,s)\cdot\boldsymbol{\Phi}_{n-1}(\xi,h_{n-1},s)\cdot\cdots\cdot\boldsymbol{\Phi}_1(\xi,0,s)$，为 6×6 阶矩阵；$\boldsymbol{\psi}_{n\sim(i+1)}(\xi,s)=\boldsymbol{\Phi}_n(\xi,h_n,s)\cdot\boldsymbol{\Phi}_{n-1}(\xi,h_{n-1},s)\cdot\cdots\cdot\boldsymbol{\Phi}_{i+1}(\xi,h_{i+1},s)$。

式(3-54)中未知量为土层系统顶部和底部的孔压、竖向渗流速度、应力分量、位移分量，共有 12 个未知量，根据边界条件可以减少至 6 个未知量，故可通过求解式(3-54)得出其余未知量。当顶部孔压、竖向渗流速度、应力分量、位移分量求解完成后，即可根据传递矩阵求得各个土层中的孔压、竖向渗流速度、应力分量、位移分量。

当第 j 层土层位于抽水源上部时：

$$\hat{\boldsymbol{b}}(\xi,z,s)=\boldsymbol{\Psi}_{j\sim1}(\xi,z,s)\cdot\hat{\boldsymbol{b}}(\xi,0,s) \tag{3-55}$$

式中，$\boldsymbol{\Psi}_{j\sim1}(\xi,z,s)=\boldsymbol{\Phi}_j(\xi,z,s)\cdot\boldsymbol{\Phi}_{j-1}(\xi,h_{j-1},s)\cdot\cdots\cdot\boldsymbol{\Phi}_1(\xi,0,s)$。

当第 k 层土层位于抽水源下部时：

$$\hat{\boldsymbol{b}}(\xi,z,s)=\boldsymbol{\Psi}_{k\sim1}(\xi,z,s)\cdot\hat{\boldsymbol{b}}(\xi,0,s)+\boldsymbol{\Psi}_{k\sim(i+1)}(\xi,z,s)\cdot\boldsymbol{\Gamma}(\xi,z,s) \tag{3-56}$$

式中，$\boldsymbol{\Psi}_{k\sim1}(\xi,z,s)=\boldsymbol{\Phi}_k(\xi,z,s)\cdot\boldsymbol{\Phi}_{k-1}(\xi,h_{k-1},s)\cdot\cdots\cdot\boldsymbol{\Phi}_1(\xi,0,s)$；$\boldsymbol{\Psi}_{k\sim(i+1)}(\xi,z,s)=\boldsymbol{\Phi}_k(\xi,z,s)\cdot\boldsymbol{\Phi}_{k-1}(\xi,h_{k-1},s)\cdot\cdots\cdot\boldsymbol{\Phi}_{i+1}(\xi,h_{i+1},s)$。

3.4　复杂非均匀地层条件下地面沉降预测模型

3.4.1　基于钻孔数据的三维地层模型构建

三维地层模型的构建主要基于钻孔勘探得出的土层数据，由于高速铁路工程为线状工程，钻孔数据点十分有限，要得到高精度的三维地层分布，需要根据已有的离散钻探数据点进行插值。钻孔数据越丰富，插值得出的三维地层越接近地层的真实分布状况。目前常用的插值方法包括径向基函数法（RBF）、反距离加权法（Shepard）、克里格（Kriging）插值法等。

1. 径向基函数插值法（RBF）

径向基函数法用于散乱数据的插值和拟合，它利用一系列非均匀的采样点构造出连续的隐式函数，插值时对该函数重新采样即可，具有精确和稳定的优点，对数据不完整、存在噪声误差的散乱点集具有较好的效果。

根据 RBF 插值法，当已知点 $\boldsymbol{p}_i$ 处的值为 $f(\boldsymbol{p}_i)$时，未知点处的值可表示为

$$f(\boldsymbol{p})=\sum_{i=1}^{N}w_i\phi(r_i) \tag{3-57}$$

式中 r_i——未知点 $\boldsymbol{p}$ 至已知点$\boldsymbol{p}_i$ 的距离，$r_i=|\boldsymbol{p}-\boldsymbol{p}_i|$；

w_i——$\boldsymbol{p}_i$ 处的加权系数；

$\phi(\cdot)$——径向影响函数。

RBF 法能保证插值面经过各个已知点，因此加权系数 $\boldsymbol{w}=(w_1,w_2,\cdots,w_n)$可根据已知点值进行求解，即求解方程组

$$\begin{pmatrix} \phi(r_{11}) & \phi(r_{12}) & \cdots & \phi(r_{1n}) \\ \phi(r_{21}) & \phi(r_{22}) & \cdots & \phi(r_{2n}) \\ \vdots & \vdots & & \vdots \\ \phi(r_{n1}) & \phi(r_{n2}) & \cdots & \phi(r_{nn}) \end{pmatrix} \begin{pmatrix} w_1 \\ w_2 \\ \vdots \\ w_n \end{pmatrix} = \begin{pmatrix} f(\boldsymbol{p}_1) \\ f(\boldsymbol{p}_2) \\ \vdots \\ f(\boldsymbol{p}_n) \end{pmatrix} \tag{3-58}$$

式中，$r_{ij}=|\boldsymbol{p}_i-\boldsymbol{p}_j|$，为第 i 个已知点至第 j 个已知点的距离。常用的径向影响函数主要包括多重二次曲面函数、反多重二次曲面函数、薄板曲线函数和高斯函数。

2. 反距离加权插值法(Shepard)

反距离加权插值法采用影响函数为距离倒数的幂函数，此时径向影响函数在 $r=0$ 处为无穷大，而在其他位置为有限值，因此加权系数等于已知点处的值，插值公式可表示为

$$f(\boldsymbol{p})=\frac{\sum_{i=1}^{N} f_i\phi(r_i)}{\sum_{i=1}^{N}\phi(r_i)} \tag{3-59}$$

式中，径向影响函数 $\phi(r)=r^{-a}$。

反距离加权插值法主要依赖于距离倒数的幂值，幂参数可基于距输出点的距离控制已知点对内插值的影响。幂值越大，邻近点受到的影响越大，表面会更不平滑；幂值越小，距离较远的点受到的影响越大，得出的曲面更加光滑。一般幂参数取值为 1～3。

3. 克里格(Kriging)插值法

克里格插值方法是从建立在变差函数或协方差函数空间分析基础上，对有限区域内的区域化变量取值进行无偏最优估计的一种方法。在地质统计学中，根据应用目标的区别，发展了多种克里格方法，如简单克里格方法、普通克里格方法、泛克里格方法、协同克里格方法等。当区域变量 $Z(x)$的数学期望为未知常数 m 时，可以采用普通克里格方法。普通克里格方法要求区域变量满足二阶平稳假设、无偏条件和最小估计方差条件。

按照克里格法插值时，插值公式可表示为：

$$f(\boldsymbol{p})=\sum_{i=1}^{N} w_i f(\boldsymbol{p}_i) \tag{3-60}$$

式中 w_i——加权系数。

加权系数可通过解以下方程组求得：

$$\begin{pmatrix} 0 & v_{12} & v_{13} & \cdots & v_{1n} & 1 \\ v_{21} & 0 & v_{23} & \cdots & v_{2n} & 1 \\ \vdots & \vdots & \vdots & & \vdots & \vdots \\ v_{n1} & v_{n2} & v_{n3} & \cdots & 0 & 1 \\ 1 & 1 & 1 & \cdots & 1 & 0 \end{pmatrix} \begin{pmatrix} w_1 \\ w_2 \\ \vdots \\ w_n \\ \mu \end{pmatrix} = \begin{pmatrix} v_1 \\ v_2 \\ \vdots \\ v_n \\ 1 \end{pmatrix} \tag{3-61}$$

式中，$v(r)$为变差函数模型，$v_{ij}=v(r_{ij})$，$v_i=v(r_i)$，r_{ij}为第 i、j 个已知点之间的距离，r_i为未知点至第 i 个已知点的距离。常用的变差函数模型主要包括简化幂函数模型、球状模型、高斯模型和指数模型。

按照克里格法插值，根据钻孔数据插值三维地层模型的基本步骤为：

①计算采样点之间的距离。

②将距离值按从小到大排成顺序，将距离值分成若干组。

③拟合变差函数 $\gamma(h)$与 h 之间的函数关系：针对每组距离值，计算平均距离 $\bar{h}_i$ 和变差函数估计值，选择一定的变差函数理论模型进行拟合。

④根据变差函数模型计算方程组系数矩阵。

⑤求解方程组得出加权系数，计算待插点的估计值。

3.4.2　一维成层地基固结求解

1. 一维成层地基固结模型

典型的成层土地基系统如图 3-7 所示，在地下水开采层之间存在多个软土层，地面沉降由地下水开采层的压缩变形和成层软土层的固结变形共同组成。软土层系统中土层的固结控制方程为

$$c_{vi}\frac{\partial^2 u_i}{\partial z^2}=\frac{\partial(u_i-q)}{\partial t} \tag{3-62}$$

式中　c_{vi}——第 i 层土的固结系数，其值为

$$c_{vi}=\frac{k_{vi}}{\gamma_w m_{vi}}$$

其中　k_{vi}——第 i 层土的渗透系数，

m_{vi}——第 i 层土的体积压缩系数，

γ_w——水的容重；

u_i——第 i 层土中超静孔隙水压力；

q——总应力增量；

z——竖向坐标，以土层上表面为原点；

t——时间。

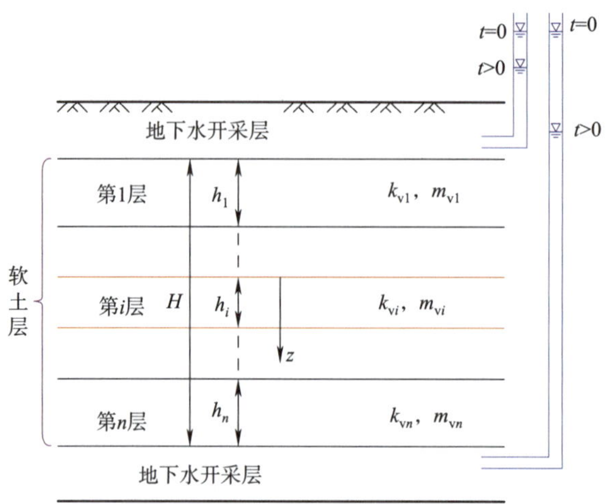

图 3-7　水位变化引发的成层土固结问题示意图

软土层系统的边界条件为

上表面：
$$u_1(0,t)=g_1(t) \tag{3-63}$$

下表面：
$$u_n(h_n,t)=g_2(t)\ \text{或}\ \left.\frac{\partial u_n(z,t)}{\partial z}\right|_{z=h_n}=0(\text{不透水}) \tag{3-64}$$

软土层间满足孔压和渗流连续条件：

$$u_{i+1}(0,t)=u_i(h_i,t) \tag{3-65}$$

$$k_{i+1}\left.\frac{\partial u_{i+1}(z,t)}{\partial z}\right|_{z=0}=k_i\left.\frac{\partial u_i(z,t)}{\partial z}\right|_{z=h_i} \tag{3-66}$$

在初始时刻孔隙水压力和总应力增量为0，即满足初始条件：

$$u(z,t)|_{t=0}=0,\quad q(t)|_{t=0}=0 \tag{3-67}$$

2. 固结模型求解

令 $\mu_i=u_i-q$，通过 Laplace 变换后可得 $\bar{\mu}_i(0,s)=C_2$，$\bar{v}_i(0,s)=k_i\sqrt{\frac{s}{c_{vi}}}C_1$。令 $\boldsymbol{b}_i(z,s)=\begin{pmatrix}\bar{\mu}_i(z,s)\\ \bar{v}_i(z,s)\end{pmatrix}$，则可得

$$\boldsymbol{b}_i(z,s)=\boldsymbol{\Phi}_i(z,s)\cdot\boldsymbol{b}_i(0,s) \tag{3-68}$$

式中
$$\boldsymbol{\Phi}_i(z,s)=\begin{bmatrix}\cosh\left(z\sqrt{\frac{s}{c_{vi}}}\right) & \frac{1}{k_i}\sqrt{\frac{c_{vi}}{s}}\sinh\left(z\sqrt{\frac{s}{c_{vi}}}\right)\\ k_i\sqrt{\frac{s}{c_{vi}}}\sinh\left(z\sqrt{\frac{s}{c_{vi}}}\right) & \cosh\left(z\sqrt{\frac{s}{c_{vi}}}\right)\end{bmatrix}$$

由于土层间满足孔压和渗流连续条件，即 $\boldsymbol{b}_i(h_i,s)=\boldsymbol{b}_{i+1}(0,s)$，于是根据传递矩阵法可得

$$\boldsymbol{b}_n(h_n,s)=\boldsymbol{\Psi}_n(h_n,s)\cdot\boldsymbol{b}_1(0,s) \tag{3-69}$$

式中，$\boldsymbol{\Psi}_n(h_n,s)=\boldsymbol{\Phi}_n(h_n,s)\cdot\boldsymbol{\Phi}_{n-1}(h_{n-1},s)\cdot\cdots\cdot\boldsymbol{\Phi}_1(h_1,s)$。

对边界条件进行 Laplace 变换后代入式(3-69)中，可求得 $\bar{v}_1(0,s)$。

根据 $\bar{\mu}_1(0,s)$ 和 $\bar{v}_1(0,s)$ 可得出任意层中 $\bar{\mu}_i(z,s)$ 和 $\bar{v}_i(z,s)$ 的表达式为

$$\boldsymbol{b}_i(z,s)=\boldsymbol{\Psi}_i(z,s)\cdot\boldsymbol{b}_1(0,s) \tag{3-70}$$

式中，$\boldsymbol{\Psi}_i(z,s)=\boldsymbol{\Phi}_i(z,s)\cdot\boldsymbol{\Phi}_{i-1}(h_{i-1},s)\cdot\cdots\cdot\boldsymbol{\Phi}_1(h_1,s)$。

对变换域内的解答进行 Laplace 逆变换后，可得土层中孔隙水压力在时域内的解为 $u_i(z,t)=L^{-1}\left(\bar{\mu}_i(z,s)\right)+q$。

土层固结变形表达式为

$$\begin{aligned} s_i(t) &= m_{vi}\int_0^{h_i}\sigma_i'(z,t)\mathrm{d}z = -m_{vi}\int_0^{h_i}\mu_i(z,t)\mathrm{d}z \\ &= -m_{vi}L^{-1}\left(\bar{\mu}_i(0,s)I_{11}+\bar{v}_i(0,s)I_{12}\right) \end{aligned} \tag{3-71}$$

式中，L^{-1} 表示 Laplace 逆变换；I_{11}、I_{12} 为矩阵 $\int_0^{h_i}\boldsymbol{\Phi}_i(z,s)\mathrm{d}z$ 中第一行的项。

$$\int_0^{h_i}\boldsymbol{\Phi}_i(z,s)\mathrm{d}z=\begin{pmatrix} I_{11} & I_{12} \\ I_{21} & I_{22}\end{pmatrix}=\begin{pmatrix} \sqrt{\dfrac{c_{vi}}{s}}\sinh\left(h_i\sqrt{\dfrac{s}{c_{vi}}}\right) & \dfrac{1}{k_i}\dfrac{c_{vi}}{s}\left[\cosh\left(h_i\sqrt{\dfrac{s}{c_{vi}}}\right)-1\right] \\ k_i\left[\cosh\left(h_i\sqrt{\dfrac{s}{c_{vi}}}\right)-1\right] & \sqrt{\dfrac{c_{vi}}{s}}\sinh\left(h_i\sqrt{\dfrac{s}{c_{vi}}}\right) \end{pmatrix}$$

土层总沉降可表示为：$s(t)=\sum_{i=1}^{n}s_i(t)$。

3.5　地面沉降预测模型参数反分析

3.5.1　反分析计算方法

地面沉降预测模型中土体的变形参数和渗透参数主要通过室内的压缩、渗透试验等确定，由于土样在钻取、运输和试验操作过程中易受扰动，因此室内试验测定的参数值与实际值往往存在较大的误差，无法准确地反映实际工程状况。通过利用高速铁路工程沿线的地面沉降监测数据进行反分析，可以校准地面沉降预测模型中的变形参数和渗流模型参数，进而实现地面沉降的准确预测。

根据沉降监测数据反演土体压缩系数和渗透系数时，需要设定合理的目标函数。为充分体现各个时间点下沉降值的权重，设定反分析的目标函数为

$$F(\boldsymbol{x})=\frac{1}{2}\sum_{i=1}^{N}[f_i(\boldsymbol{x})]^2=\frac{1}{2}[f(\boldsymbol{x})]^{\mathrm{T}}f(\boldsymbol{x}) \tag{3-72}$$

$$f_i(\boldsymbol{x})=\frac{s}{s_i}-1,\ f(\boldsymbol{x})=(f_1(\boldsymbol{x}),f_2(\boldsymbol{x}),\cdots,f_N(\boldsymbol{x}))^{\mathrm{T}},\ \boldsymbol{x}=(m_{\mathrm{v1}},\cdots,m_{\mathrm{v}n},k_{\mathrm{v1}},\cdots,k_{\mathrm{v}n})$$

式中 $\boldsymbol{x}$——1～n 层土体的体积压缩系数和渗透系数向量；

s——根据沉降预测模型计算得出的沉降值；

s_i——t_i时刻土层的沉降量监测值；

N——监测值记录数。

对土层固结参数进行反分析的目标为求解一组参数值 $\boldsymbol{x}$，使得目标函数值最小。随着目标函数值接近于 0，反分析得出的参数值与实际趋于一致，最终实现模型参数的准确校正。

本节沉降预测模型的解是非线性的，满足可微的条件，对解答进行 Taylor 展开可得

$$f(\boldsymbol{x}+\boldsymbol{\delta})=f(\boldsymbol{x})+J(\boldsymbol{x})\boldsymbol{\delta}+O(\|\boldsymbol{\delta}\|^2) \tag{3-73}$$

式中 $\boldsymbol{\delta}$——参数变化量；

$J(\boldsymbol{x})$——Jacobian 矩阵，其值为

$$J(\boldsymbol{x})=\begin{pmatrix}\frac{\partial f_1}{\partial x_1} & \frac{\partial f_1}{\partial x_2} & \cdots & \frac{\partial f_1}{\partial x_n}\\ \frac{\partial f_2}{\partial x_1} & \frac{\partial f_2}{\partial x_2} & \cdots & \frac{\partial f_2}{\partial x_n}\\ \vdots & \vdots & & \vdots\\ \frac{\partial f_N}{\partial x_1} & \frac{\partial f_N}{\partial x_2} & \cdots & \frac{\partial f_N}{\partial x_n}\end{pmatrix}$$

由于$\frac{\partial F}{\partial x_j}(\boldsymbol{x})=\sum_{i=1}^{N}f_i(\boldsymbol{x})\frac{\partial f_i}{\partial x_j}(\boldsymbol{x})$，故目标函数 $F(\boldsymbol{x})$的梯度可表示为

$$F'(\boldsymbol{x})=[J(\boldsymbol{x})]^{\mathrm{T}}\cdot f(\boldsymbol{x})$$

由于$\frac{\partial^2 F}{\partial x_j\partial x_k}(\boldsymbol{x})=\sum_{i=1}^{N}\left[\frac{\partial f_i}{\partial x_j}(\boldsymbol{x})\frac{\partial f_i}{\partial x_k}(\boldsymbol{x})+f_i(\boldsymbol{x})\frac{\partial^2 f_i}{\partial x_j\partial x_k}(\boldsymbol{x})\right]$，故目标函数 $F(\boldsymbol{x})$的海森矩阵可表示为

$$F''(\boldsymbol{x})=H(\boldsymbol{x})=[J(\boldsymbol{x})]^{\mathrm{T}}\cdot J(\boldsymbol{x})+\sum_{i=1}^{N}f_i(\boldsymbol{x})f_i''(\boldsymbol{x})$$

式中，$f_i''(\boldsymbol{x})$为 $f_i(\boldsymbol{x})$的海森矩阵，其值为

$$f_i''(\boldsymbol{x})=\begin{pmatrix}\frac{\partial^2 f_i}{\partial x_1^2} & \frac{\partial^2 f_i}{\partial x_1\partial x_2} & \cdots & \frac{\partial^2 f_i}{\partial x_1\partial x_n}\\ \frac{\partial^2 f_i}{\partial x_2\partial x_1} & \frac{\partial^2 f_i}{\partial x_2^2} & \cdots & \frac{\partial^2 f_i}{\partial x_2\partial x_n}\\ \vdots & \vdots & & \vdots\\ \frac{\partial^2 f_i}{\partial x_n\partial x_1} & \frac{\partial^2 f_i}{\partial x_n\partial x_2} & \cdots & \frac{\partial^2 f_i}{\partial x_n^2}\end{pmatrix}$$

对优化函数的优化求解可采用 Gauss-Newton 法、Levenberg-Marquardt 法等。

1. Gauss-Newton 法

根据式(3-73)，当$|\boldsymbol{\delta}|$较小时，可忽略$\boldsymbol{\delta}$的二阶项，即$f(\boldsymbol{x}+\boldsymbol{\delta})\approx l(\boldsymbol{\delta})=f(\boldsymbol{x})+J(\boldsymbol{x})\boldsymbol{\delta}$，代入式(3-72)中可得

$$F(\boldsymbol{x}+\boldsymbol{\delta})\approx L(\boldsymbol{\delta})=\frac{1}{2}[l(\boldsymbol{\delta})]^{\mathrm{T}}l(\boldsymbol{\delta})=\frac{1}{2}\boldsymbol{f}^{\mathrm{T}}\boldsymbol{f}+\boldsymbol{\delta}^{\mathrm{T}}\boldsymbol{J}^{\mathrm{T}}\boldsymbol{f}+\frac{1}{2}\boldsymbol{\delta}^{\mathrm{T}}\boldsymbol{J}^{\mathrm{T}}\boldsymbol{J}\boldsymbol{\delta}$$

$$=F(\boldsymbol{x})+\boldsymbol{\delta}^{\mathrm{T}}\boldsymbol{J}^{\mathrm{T}}\boldsymbol{f}+\frac{1}{2}\boldsymbol{\delta}^{\mathrm{T}}\boldsymbol{J}^{\mathrm{T}}\boldsymbol{J}\boldsymbol{\delta} \tag{3-74}$$

式中，$\boldsymbol{f}=f(\boldsymbol{x})$，$\boldsymbol{f}^{\mathrm{T}}=[f(\boldsymbol{x})]^{\mathrm{T}}$，$\boldsymbol{J}=J(\boldsymbol{x})$，$\boldsymbol{J}^{\mathrm{T}}=[J(\boldsymbol{x})]^{\mathrm{T}}$。

当满足$L(\boldsymbol{\delta})$为最小时，满足目标函数的最佳迭代要求，即

$$\boldsymbol{J}^{\mathrm{T}}\boldsymbol{f}+\boldsymbol{J}^{\mathrm{T}}\boldsymbol{J}\boldsymbol{\delta}=0 \tag{3-75}$$

Gauss-Newton 法的迭代步长δ可通过求解式(3-75)得出。

Gauss-Newton 算法的全部求解步骤为：

(1)设定初始点x_0、求解精度ε，令$k=0$；

(2)计算$f(\boldsymbol{x}_k)$、$F(\boldsymbol{x}_k)$；

(3)计算$J(\boldsymbol{x}_k)$、$F'(\boldsymbol{x}_k)$；

(4)解方程组$[J(\boldsymbol{x}_k)]^{\mathrm{T}}J(\boldsymbol{x}_k)\boldsymbol{\delta}=-[J(\boldsymbol{x}_k)]^{\mathrm{T}}f(\boldsymbol{x}_k)$，求得迭代步长$\boldsymbol{\delta}_k$；

(5)更新计算点$\boldsymbol{x}_{k+1}=\boldsymbol{x}_k+\boldsymbol{\delta}_k$；

(6)计算$\boldsymbol{f}(\boldsymbol{x}_{k+1})$、$F(\boldsymbol{x}_{k+1})$；

(7)检查是否满足终止条件，若满足停止计算，若不满足转步骤(3)继续迭代。

2. Levenberg-Marquardt 法

当$[J(\boldsymbol{x}_k)]^{\mathrm{T}}J(\boldsymbol{x}_k)$矩阵奇异时，利用 Gauss-Newton 法求得的迭代步长会产生严重的误差，而 Levenberg-Marquardt 采用增加阻尼系数矩阵的方法，对迭代求解进行了改进，此时方程组改进为

$$(\boldsymbol{J}^{\mathrm{T}}\boldsymbol{J}+\mu\boldsymbol{I})\boldsymbol{\delta}=-\boldsymbol{J}^{\mathrm{T}}\boldsymbol{f} \tag{3-76}$$

式中，阻尼系数$\mu>0$，一般可选取初始阻尼系数$\mu_0=\tau\cdot\max_i\{a_{ii}^{(0)}\}$，$a_{ii}^{(0)}$为矩阵$\boldsymbol{J}^{\mathrm{T}}\boldsymbol{J}$中的元素。

当μ为较大值时，迭代步长为$-\frac{1}{\mu}\boldsymbol{J}^{\mathrm{T}}\boldsymbol{f}$，为梯度下降方向；当$\mu$为较小值时，迭代步长接近 Gauss-Newton 法的步长。在迭代过程中，μ可根据计算结果进行增加或减小，控制阻尼系数增减的比例系数定义为

$$\rho=\frac{F(\boldsymbol{x})-F(\boldsymbol{x}+\boldsymbol{\delta}_m)}{L(\boldsymbol{0})-L(\boldsymbol{\delta}_m)}$$

当ρ较大时，说明线性展开式与原始非线性函数接近，因此可以降低μ值，使步长接近 Gauss-Newton 迭代步长；当ρ较小时，说明线性展开式与原始非线性函数间有较大的误差，

因此需要增加 μ 值，使迭代方向接近最速下降方向，减小迭代步长。

Levenberg-Marquardt 算法的全部求解步骤为：

(1)设定初始点 x_0、求解精度 ε，令 $k=0$；

(2)计算 $f(\boldsymbol{x}_k)$、$F(\boldsymbol{x}_k)$；

(3)计算 $J(\boldsymbol{x}_k)$、$F'(\boldsymbol{x}_k)$；

(4)计算$[J(\boldsymbol{x}_k)]^{\mathrm{T}}J(\boldsymbol{x}_k)$，设定阻尼系数 μ；

(5)解方程组$[J(\boldsymbol{x}_k)^{\mathrm{T}}J(\boldsymbol{x}_k)+\mu\boldsymbol{I}]\boldsymbol{\delta}=-[J(\boldsymbol{x}_k)]^{\mathrm{T}}f(\boldsymbol{x}_k)$，求得迭代步长$\boldsymbol{\delta}_k$；

(6)更新计算点$\boldsymbol{x}_{k+1}=\boldsymbol{x}_k+\boldsymbol{\delta}_k$；

(7)计算 $f(\boldsymbol{x}_{k+1})$、$F(\boldsymbol{x}_{k+1})$；

(8)计算比例系数 ρ，如果 $\rho>0$，μ 值降低至 1/3，如果 $\rho<0$，μ 值增加至 2 倍；

(9)检查是否满足终止条件，若满足停止计算，若不满足转步骤(3)继续迭代。

3.5.2 固结参数反分析算例

假设某地区由于超采地下水，导致地下水位发生大面积下降，下降量为 30 m，软黏土层的厚度为 15 m，对软黏土层沉降变形的观测记录见表 3-1。

表 3-1 土层沉降量监测值

时间/d	沉降量/cm	时间/d	沉降量/cm
0	3.8	20	18.9
1	5.6	25	20.9
2	7.0	30	22.4
3	8.2	40	24.8
4	9.2	50	26.5
5	10.1	60	27.6
10	13.8	80	28.9
15	16.6	100	29.5

假定软黏土体积压缩系数 m_v 为 0.1 MPa^{-1}，渗透系数 k 为 1×10^{-7} m/s，初始记录时已固结时间 t_0 为 0.5 d，则固结系数 c_v 为 10^{-4} m^2/s。根据沉降量监测数据对土层固结参数进行反演计算，图 3-8 为目标函数值在反演过程中的变化情况，可以发现随着迭代过程的进行，目标函数值迅速变小，最终接近于 0，说明反分析过程是收敛的，各时间点下土层沉降计算结果与监测结果逐渐接近。

随着迭代的增加，土层固结参数值逐渐趋于稳定，最终得出土层体积压缩系数 m_v 为 0.201 MPa^{-1}，固结系数 c_v 为 9.9×10^{-6} m^2/s，初始固结时间 t_0 为 0.818 d，土层渗透系数

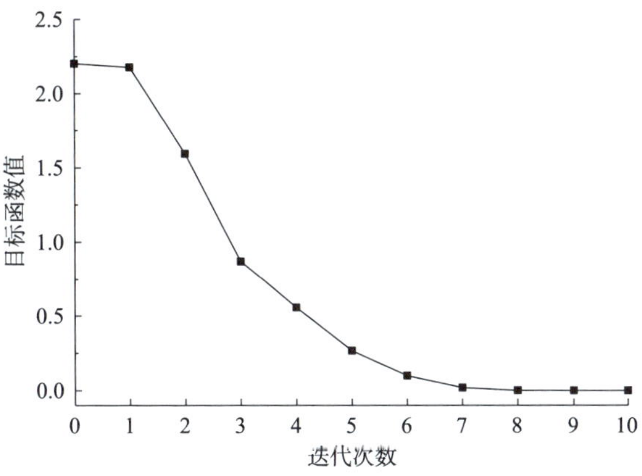

图 3-8　目标函数数值迭代变化情况

k 为1.99×10^{-8} m/s。分别根据初始估计参数和反分析得出的土层固结参数对土层沉降变化曲线进行预测，与监测结果进行对比，如图 3-9 所示。由图 3-9 中可以看出，由初始估计参数计算的沉降变化曲线与实际沉降监测值差别很大，而根据反分析参数计算的沉降变化曲线与监测值十分接近，说明反分析得出的土层固结参数是符合实际的，可以进一步用于预测以后的土层沉降变化状况。

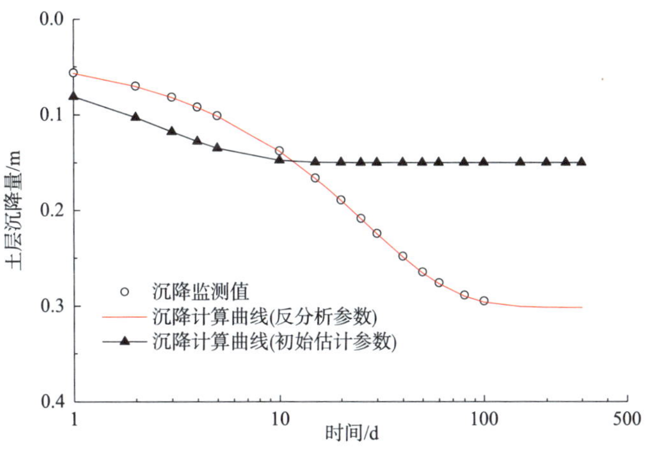

图 3-9　土层沉降变形计算曲线与监测值对比

参 考 文 献

[1] BURBEY T J, WARNER S M, BLEWITI G, et al. Three-dimensional deformation and strain induced by municipal pumping, part 1: Analysis of field data[J]. Journal of hydrology, 2006, 319(1): 123-142.

[2] BURBEY T J. Three-dimensional deformation and strain induced by municipal pumping, part 2: Numerical analysis[J]. Numerical analysis. Journal of hydrology, 2006, 330(3): 422-434.

[3] GALLOWAY D L,SNEED M. Analysis and simulation of regional subsidence accompanying groundwater abstraction and compaction of susceptible aquifer systems in the USA[J]. Bol. Soc. Geol. Mex,2013,65:123-134.

[4] LIU Y,HUANG H J. Characterization and mechanism of regional land subsidence in the Yellow River Delta,China[J]. Natural hazards,2013,68(2):687-709.

[5] LOÁICIGA H A. Consolidation Settlement in Aquifers Caused by Pumping[J]. Journal of Geotechnical and Geoenvironmental Engineering,2012,139(7):1191-1204.

[6] LUO Z J,ZENG F. Finite element numerical simulation of land subsidence and groundwater exploitation based on visco-elastic-plastic biot's consolidation theory[J]. Journal of Hydrodynamics,Ser. B,2011,23(5):615-624.

[7] SHEN S L,MA L,XU Y S,et al. Interpretation of increased deformation rate in aquifer IV due to groundwater pumping in Shanghai[J]. Canadian Geotechnical Journal,2013,50(11):1129-1142.

[8] SHEN S L,XU Y S. Numerical evaluation of land subsidence induced by groundwater pumping in Shanghai[J]. Canadian Geotechnical Journal,2011,48(9):1378-1392.

[9] TEH CEE-ING,NIE XIAO-YAN. Coupled consolidation theory with non—Darcian flow[J]. Computers and Geotechnics,2002,29:169-209.

[10] ZHANG Y,XUE Y Q,WU J C,et al. Characteristics of aquifer system deformation in the Southern Yangtse Delta,China[J]. Engineering Geology,2007,90(3):160-173.

[11] ZHANG Y,XUE Y Q,WU J C,et al. Mechanical modeling of aquifer sands under long-term groundwater withdrawal[J]. Engineering Geology,2012,125:74-80.

[12] ZHOU Z F,GUO Q N,DOU Z. Delayed drainage of aquitard in response to sudden change in groundwater level in adjacent confined aquifer:Analytical and experimental studies[J]. Chinese Science Bulletin,2013,58(25):3060-3069.

[13] 陈杰,朱国荣,顾阿明,等. Biot 固结理论在地面沉降计算中的应用[J]. 水文地质工程地质,2002,(2):28-31.

[14] 缪俊发,吴林高,抽水与注水引起的土层变形特征及其应力应变本构律[J]. 岩土工程技术,1994,(3):37-43.

[15] 冉启全,顾小芸. 考虑流变特性的流固耦合地面沉降计算模型[J]. 中国地质灾害与防治学报,1998,9(2):88-93.

[16] 王秀艳,张云. 渗透释水规律在深层粘性土变形沉降预测中的作用[J]. 地理与地理信息科学,2003,19(6):104-106.

[17] 吴林高,缪俊发. 抽灌水作用下土层变形及应力应变本构律的研究[J]. 地球科学,1995,(5):581-588.

[18] 武强,谢海澜,赵增敏,等. 弱透水层变形机理的研究[J]. 北京科技大学学报,2006,28(3):207-310.

[19] 张云,薛禹群,吴吉春,等. 饱和黏性土蠕变变形试验研究[J]. 岩土力学,2011,32(3):672-676.

[20] 张云,薛禹群,吴吉春,等. 抽灌水条件下上海砂土层的变形特征和变形参数[J]. 水利学报,2006,37(5):560-566.

[21] 张云. 一维地面沉降模型及其求解[J]. 工程地质学报,2002,10(4):434-437.

第4章 地面沉降对高速铁路工程影响评估

地面沉降对高速铁路工程的影响主要来源于区域性地面沉降和局部的不均匀沉降两个方面，其影响程度是不同的。区域性地面沉降引起大部分路段平缓下沉，对高速铁路工程影响相对较小，而局部的不均匀沉降会造成铁路工程产生差异变形，如临近集中抽水区域和新增抽水井路段、基底地层结构剧烈变化地段等，可能对高速铁路工程的桥梁、路基及无砟轨道结构等产生较大的影响。

4.1 区域地面沉降对高速铁路工程影响评估

4.1.1 高速铁路沉降控制及评估标准

区域性的地面沉降与高速铁路工程沉降有着明显的区别。地面沉降由于地下水开采引起，而工程沉降由于工程荷载引起，发生机理不同，评估方法及评估标准必然有所不同。以往的高速铁路沉降评估主要针对工程沉降而言，国内涉及的规范主要有《高速铁路设计规范》和《客运专线铁路无砟轨道铺设条件评估技术指南》。其中，《高速铁路设计规范》主要规定了高速铁路工后沉降的限制要求，要求高速铁路竣工后的沉降需满足限定值。《客运专线铁路无砟轨道铺设条件评估技术指南》主要针对铺轨前高速铁路线路的沉降进行评估，规定了多项评估指标。

1. 工后沉降评价

根据《高速铁路设计规范》，无砟轨道工后沉降不宜超过 15 mm；调整轨面高程后竖曲线半径符合 $R_{sh} \geqslant 0.4v^2$ 时，允许工后沉降为 30 mm；与桥梁、隧道或横向结构物交界处的工后差异沉降不应大于 5 mm，不均匀沉降造成的折角不应大于 1/1 000。有砟轨道正线路基工后沉降须满足表 4-1 的要求。

表 4-1 有砟轨道正线路基工后沉降限值

设计速度/($km \cdot h^{-1}$)	一般地段工后沉降/cm	桥台台尾过渡段工后沉降/cm	沉降速率/($cm \cdot a^{-1}$)
250	≤10	≤5	≤3
300、350	≤5	≤3	≤2

墩台基础的工后沉降须满足表 4-2 的要求。

表 4-2　墩台基础工后沉降限值

沉降类型	桥上轨道类型	限　值/mm
墩台均匀沉降	有砟轨道	30
	无砟轨道	20
相邻墩台沉降差	有砟轨道	15
	无砟轨道	5

2. 铺轨前沉降评估

目前工程中主要根据《客运专线铁路无砟轨道铺设条件评估技术指南》，通过对路基、桥涵、隧道、过渡段等地段的沉降变形观测数据进行分析，推断高速铁路铺轨前的沉降变形的发展是否满足高速铁路建设要求。具体做法是对实测沉降变形数据进行回归分析，外推最终沉降，通过比较最终沉降与控制标准，判定是否满足高速铁路的要求。沉降评估控制指标主要包括工后沉降、稳定性、相关系数、观测期、可靠性、$s(t)/s(\infty)$、观测频次、最终沉降量、观测数据的一致性、设计总沉降量和预测总沉降量的吻合性。

3. 高铁沿线地面沉降评估的主要问题

地面沉降是一种缓变形的地质灾害，因其分布范围广、持续时间长、累积沉降量大，与工程沉降具有明显区别，传统的工程沉降评估方法不适宜用来评价地面沉降对高速铁路的影响。近年来，国土资源部门将地面沉降作为我国中东部平原区一种典型的地质灾害来进行监测、研究和评价，虽然取得了大量的数据和成果，各地区也建立了相应的评价标准，但无论从精度还是适用性上均不能满足高速铁路工程变形控制的相关要求。因此，在地面沉降对高速铁路工程的影响评估方面，国内外研究均较少，目前尚未有成熟的评估方法。

目前对高速铁路沉降影响的评估多依据规范规定的工后沉降标准，无法充分考虑地面沉降的长期影响。根据高速铁路沉降监测数据，目前已有多个高速铁路区段的地面沉降值远远超出了规范规定的工后沉降限制值，仅个别路段差异沉降超标。从长远考虑，随着地面沉降的发展，沉降量会不断累积，差异沉降势必会随之加剧，何时何地会对轨道平顺性产生较大影响，是否会导致路基、桥梁、轨道等结构有发生变形，目前尚无针对性的评估方法。同时，受地面沉降的影响，高速铁路线路平纵断面发生变化，将会改变高速铁路运营时的静力、动力响应，影响运营时的安全性和舒适性，对此目前也未有相应的评估方法。因此，需要进一步研究地面沉降及不均匀沉降对高速铁路桥梁、路基结构的影响，建立地面沉降对高铁“线路—轨道—桥梁(路基)—基础(地基)”整体系统影响的评估方法。

4.1.2　区域地面沉降对高速铁路工程的影响分析

1. 对简支结构桥梁的影响分析

以京沪高速铁路老龙河特大桥为背景，通过数值计算研究因地下水开采引起的地面沉降对轨面平顺性及桥体稳定性的影响。基于有限单元法，所有分析均通过 ANSYS 软件实现。

(1)变形分析

数值模型中土体采用 D-P 本构模型，桥体采用线弹性本构模型，按照 1∶2 比例建模。土体的物理力学参数见表 4-3。

表 4-3　土体的物理力学参数

土层类型	土层深度/m	黏聚力/kPa	内摩擦角/(°)	容重/(N·m^{-3})	泊松比	弹性模量/MPa
粉砂	0～12	0	28	2 010	0.30	4.48
粉质黏土	12～31	10.0	30	2 150	0.25	7.00
黏土	31～45	25.0	19	1 990	0.35	5.85
粉质黏土	45～97	10.0	30	2 150	0.25	7.00
压缩层	97～109	31.5	22.5	1 890	0.40	5.85
黏土	109～130	31.0	22.5	1 990	0.30	5.85

基于京沪高速铁路老龙河特大桥资料共进行了 3 种工况的模拟分析：

①在天然状态下地面沉降分析的基础上，研究桥基荷载对地面沉降及轨面平顺性的影响；

②在天然状态及桥基荷载共同作用下地面沉降分析的基础上，研究车辆荷载对地面沉降及轨面平顺性的影响；

③在天然状态及桥基荷载共同作用下地面沉降分析的基础上，研究地下水开采对地面沉降及轨面平顺性的影响。

首先，对天然状态下的地面沉降进行分析，通过计算得知，天然状态下地层的最大变形是竖向位移。

其次，在分析天然状态下地面沉降的基础上，消除初始地应力场下的变形和位移后，计算得到桥基荷载作用下地层的最大变形、竖向位移、横向位移及总位移。

再次，桥基荷载作用后，考虑车辆荷载(一般货车轴重 200 kN 工况)作用对地面沉降的影响，地层最大变形、竖向位移、横向位移及总位移分别为 0.001 m、0.001 m、0.002 m、0.001 m。

最后，考虑地下水开采导致的深层土体固结，通过计算可知，实测沉降深度下，非均匀固结工况下的地层和桥体最大变形、竖向位移、横向位移及总位移与均匀固结工况下的相应数值对比变化较小。

图 4-1 为非均匀固结工况下的地层总位移图。

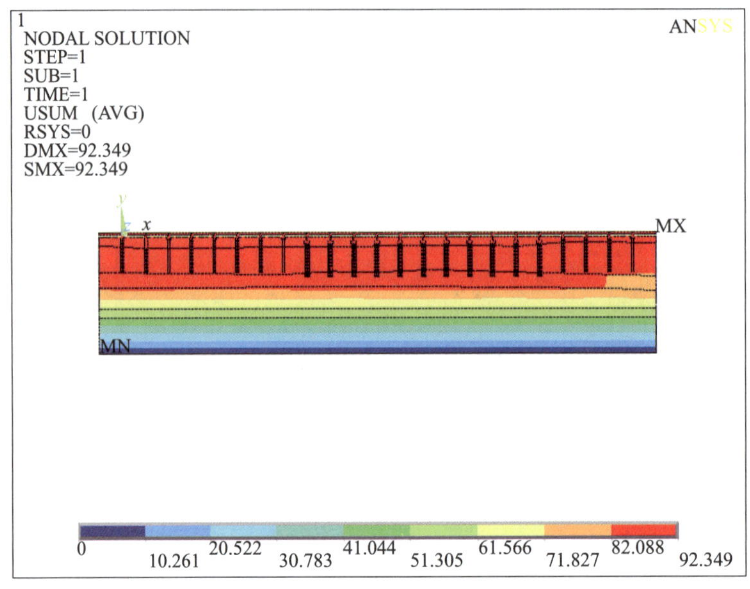

图 4-1 非均匀固结工况下的地层总位移(整体)(单位:m)

(2)各种工况下的桥体应力分布

架设桥体后,桥体内部应力主要集中于桥板与桥墩接触部位,即桥体荷载主要集中于桥梁基础上。考虑地下水开采导致的深层土体固结,实测沉降下非均匀固结的桥体应力与均匀固结工况相近。

图 4-2～图 4-4 为均匀固结工况下桥体的各向应力图。

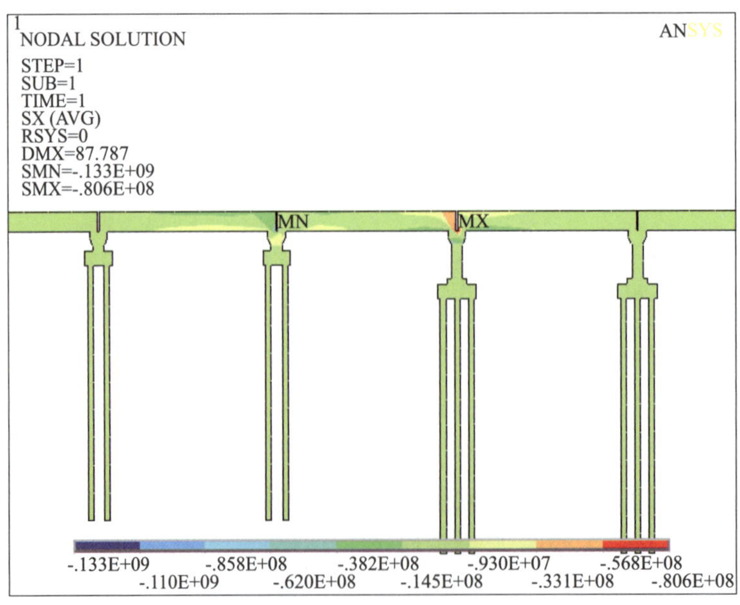

图 4-2 均匀固结工况下桥体 x 向应力(单位:Pa)

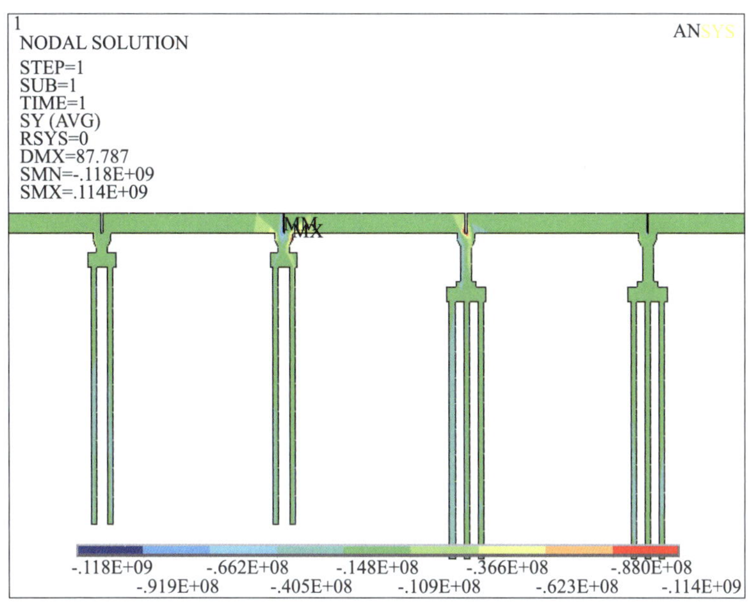

图 4-3　均匀固结工况下桥体 y 向应力(单位:Pa)

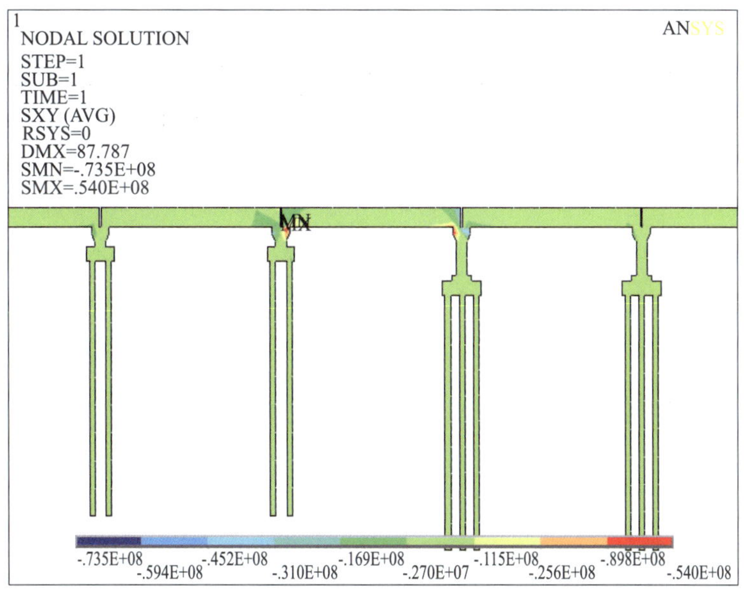

图 4-4　均匀固结工况下桥体 x-y 向剪应力(单位:Pa)

因实测沉降下的非均匀固结工况与均匀固结工况下应力、应变变化不大或没有变化,后续分析仅分析标准沉降下的非均匀固结工况与其他工况的差异。

统计各种工况下桥体应力最大值和最小值,见表 4-4。

表 4-4　应力最值统计表

工　况	x 向应力/MPa		y 向应力/MPa		x-y 剪应力/MPa	
	max	min	max	min	max	min
桥体架设后	80.6	−133.0	114.0	−118.0	54.0	−73.5
车辆荷载	80.6	−135.0	115.0	−119.0	54.5	−74.3
均匀固结	80.6	−133.0	114.0	−118.0	54.0	−73.5
非均匀固结	84.1	−508.0	127.0	−99.2	55.2	−46.1

从桥体应力分布云图中可以看出各种工况下桥体内部应力均主要集中于桥板与桥墩接触部位，即桥梁荷载主要集中于桥梁基础上。

从表 4-4 中可以看出，车辆荷载工况对桥体应力影响较小，其中变化最大的为 x 向应力，车辆荷载工况下 x 向最小应力与桥梁架设后工况的最小应力之差约为 2 MPa；均匀固结工况下桥体应力变化较小；非均匀固结工况下桥体内部应力变化较大，各方向应力均有不同程度提高或降低，此变化将影响桥体结构稳定性。

(3)轨面平顺性分析

于桥面上选取 17 个节点，统计节点在各种沉降条件下的总位移值，以表征外界条件变化对轨面平顺性的影响。节点位置如图 4-5 所示(节点由左向右依次以 1、2、3…16、17 编号)。

图 4-5　桥体表面(轨面)节点位置示意图

计算桥基荷载作用后车辆荷载、均匀固结工况、非均匀固结工况下的位移，见表 4-5。

表 4-5　实际位移值统计表

工　况	地层最大变形		桥体最大变形	
	水平位移/m	竖直位移/m	水平位移/m	竖直位移/m
车辆荷载	0.002	0.001	0	0.039
均匀固结	0.002	0.412	0	0.414
非均匀固结	0.003	0.276	0.005	0.172

计算车辆荷载、均匀固结、非均匀固结工况下轨面沉降与桥体荷载工况下轨面沉降的差值，以研究荷载及固结对轨面平顺性的影响，结果如图 4-6 所示。

从图 4-6 中可以看出，车辆荷载和均匀固结工况对轨面平顺性影响效果比较相近，平顺性曲线波动较小，说明以上两种工况对轨面平顺性影响很小；非均匀固结工况下的曲线有一定波动，说明该工况对轨面平顺性影响较大。

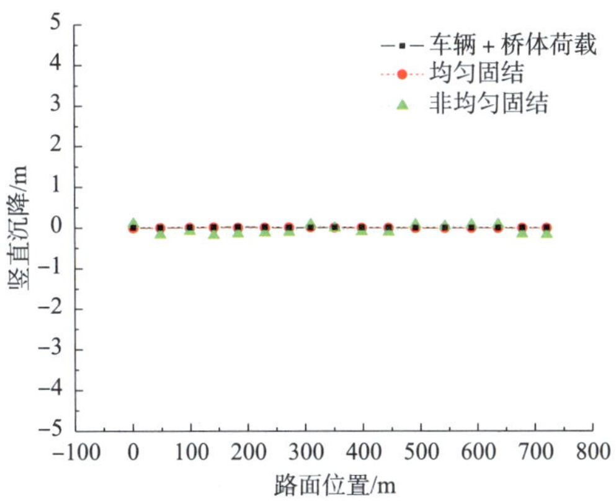

图 4-6　桥体表面(轨面)平顺性曲线图

2. 地面沉降对特殊结构桥梁的影响分析

针对地面沉降问题,以京沪高速铁路青沧特大桥跨南运河段为背景,通过数值计算研究因地下水开采引起地面沉降对特殊结构桥梁稳定性及轨面平顺性的影响。基于有限单元法,所有分析均通过 ANSYS 软件实现。

(1)变形分析

数值模型中土体采用 D-P 本构模型,桥梁采用线弹性本构模型,按照 1∶2 比例建模。土体的物理力学参数见表 4-6。

表 4-6　土体的物理力学参数

土层类型	土层深度/m	黏聚力/kPa	内摩擦角/(°)	容重/(N·m^{-3})	泊松比	弹性模量/MPa
黏土	0～20	24.0	19	1 990	0.35	5.85
粉质黏土	20～76	10.0	30	2 150	0.25	7.00
粉土	76～133	6.0	27	2 000	0.30	6.00
压缩层	133～145	31.5	22.5	1 890	0.40	5.85
粉质黏土	145～171	10.0	30	2 150	0.25	7.00

基于京沪高速铁路青沧特大桥跨南运河段资料共进行了 3 种工况的模拟分析:

①在天然状态下地面沉降分析的基础上,研究桥基荷载对地面沉降及轨面平顺性的影响;

②在天然状态及桥基荷载共同作用下地面沉降分析的基础上,研究车辆荷载对地面沉降及轨面平顺性的影响;

③在天然状态及桥基荷载共同作用下地面沉降分析的基础上,研究地下水开采对地面沉降及轨面平顺性的影响。

首先,对天然状态下的地面沉降进行分析,通过计算得知,天然状态下地层的最大变形是竖向位移。

其次，在分析天然状态地面沉降的基础上，消除初始地应力场下的变形和位移后，计算得到桥基荷载作用下地层的最大变形、竖向位移、横向位移及总位移。

再次，桥基荷载作用后，考虑车辆荷载(一般货车轴重 200 kN 工况)作用对地面沉降的影响，地层最大变形、竖向位移、横向位移及总位移分别为 0.007 m、0.007 m、0.0 m、0.007 m，数值分析结果如图 4-7～图 4-9 所示。

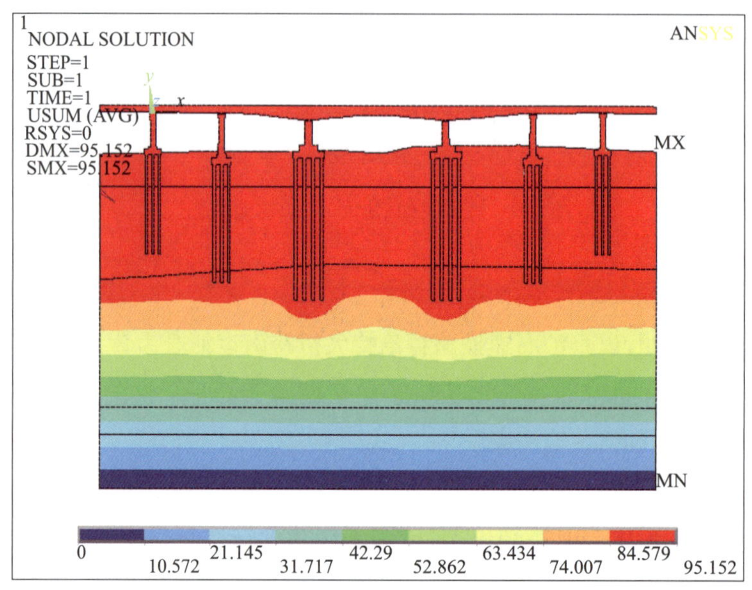

图 4-7 非均匀固结工况下地层总位移(单位：m)

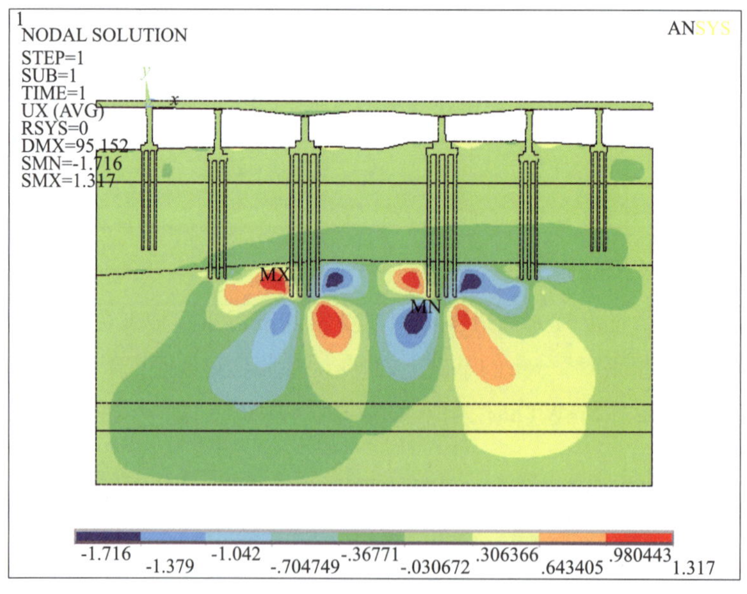

图 4-8 非均匀固结工况下地层 x 向位移(单位：m)

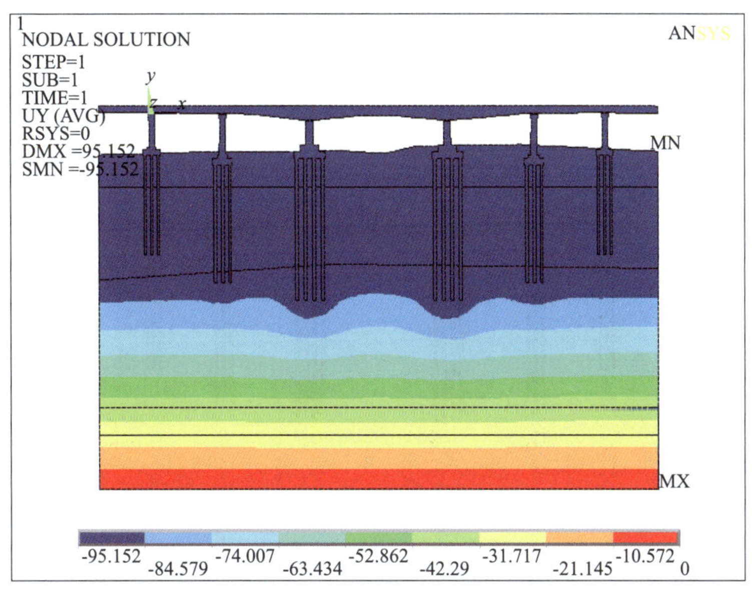

图 4-9　非均匀固结工况下地层 y 向位移(单位：m)

最后，考虑地下水开采导致的深层土体固结，通过计算可知，实测沉降深度下，非均匀固结工况的地层和桥体最大变形、竖向位移、横向位移及总位移与均匀固结工况的相应数值对比变化较小。

(2)桥体应力分布

架设桥体后，桥体内部应力主要集中于桥跨中部。考虑地下水开采导致的深层土体固结，实测沉降下非均匀固结工况的桥体应力与均匀固结工况相近。图 4-10～图 4-12 为非均匀固结工况下的桥体各向应力图。

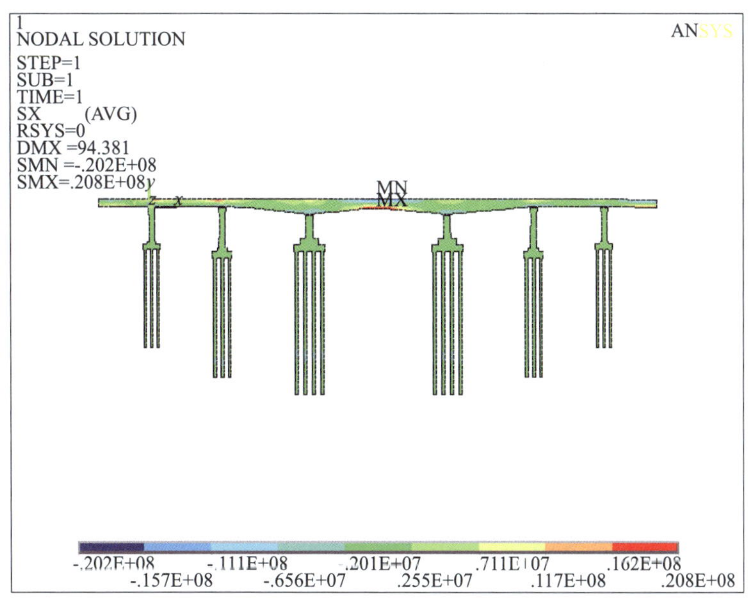

图 4-10　非均匀固结工况下桥体 x 向应力(单位：Pa)

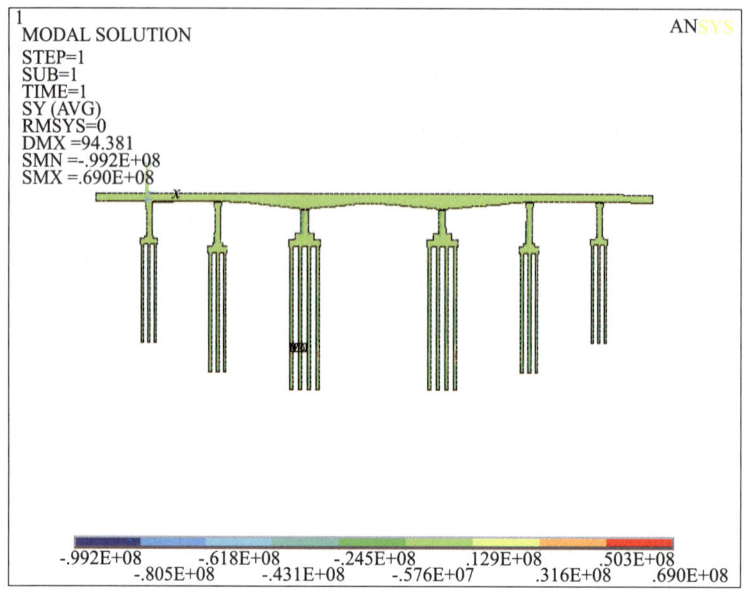

图 4-11　非均匀固结工况下桥体 y 向应力(单位:Pa)

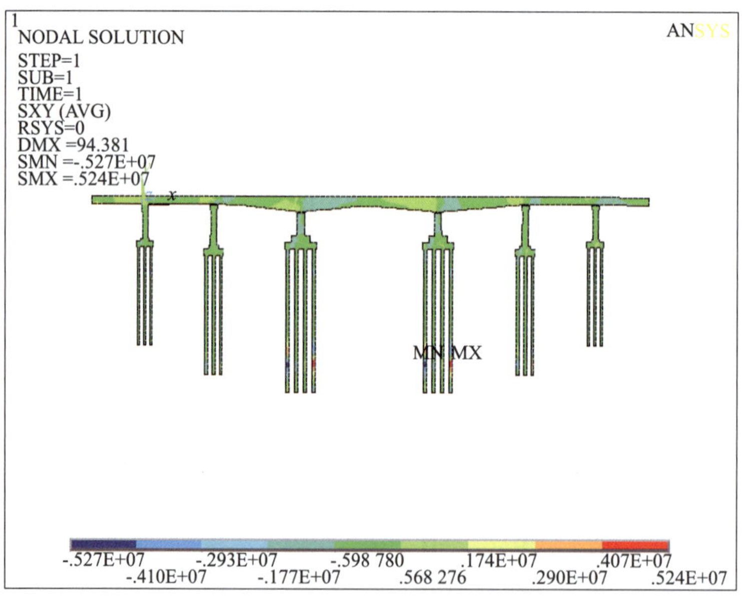

图 4-12　非均匀固结工况下桥体 x-y 向剪应力(单位:Pa)

从桥体应力分布云图中可以看出架设桥体后,桥体内部应力主要集中于桥跨中部。统计各种工况下桥体应力最大值和最小值,见表 4-7。

表 4-7　应力最值统计表

工　况	*x* 向应力/MPa		*y* 向应力/MPa		*xy* 剪应力/MPa	
	max	min	max	min	max	min
桥体架设后	20.8	−20.2	69.0	−99.2	5.24	−5.27
车辆荷载	21.3	−20.8	69.0	−99.2	5.24	−5.27
均匀固结	20.8	−20.2	69.0	−99.2	5.24	−5.27
非均匀固结	20.8	−20.3	69.3	−99.5	5.24	−5.27

由表 4-7 可知，车辆荷载工况对桥体应力影响较小，其中变化最大的为 x 向应力，车辆荷载工况下 x 向最小应力与桥体架设后工况的最小应力之差约为 0.6 MPa；均匀固结工况下桥体应力变化较小；非均匀固结工况下桥体内部应力变化较大，各方向应力均有不同程度提高或降低，此变化将影响桥梁结构稳定性。

(3)轨面平顺性分析

计算桥基荷载作用后车辆荷载、均匀固结工况、非均匀固结工况下的位移，见表 4-8。

表 4-8　实际位移值统计表

工　况	地层最大变形		桥体最大变形	
	水平位移/m	竖直位移/m	水平位移/m	竖直位移/m
车辆荷载	0	0.007	0	0.007
均匀固结	0.001	0.483	0	0.497
非均匀固结	0.001	0.523	0.001	0.537

将表 4-8 中车辆荷载、均匀固结、非均匀固结工况下轨面沉降与桥体荷载工况下轨面沉降进行差值计算，以研究荷载及固结对轨面平顺性的影响，结果图 4-13 所示。

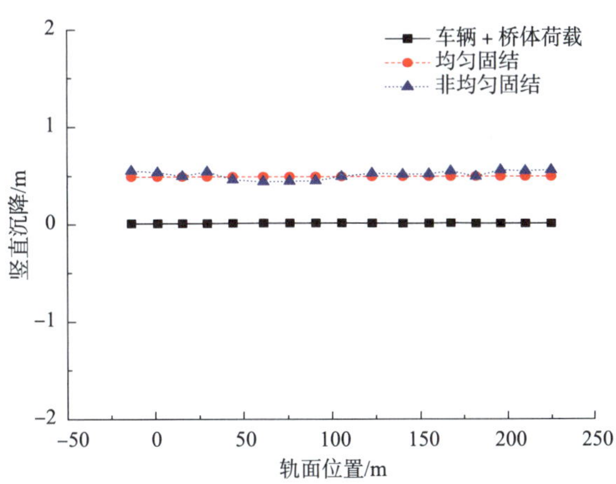

图 4-13　桥体表面(轨面)平顺性曲线图

从图 4-13 中可以看出，车辆荷载和均匀固结工况对轨面平顺性影响效果比较相近，平顺性曲线波动较小，说明以上两种工况对轨面平顺性影响很小；非均匀固结工况下曲线有一定波动，说明该工况作用下对轨面平顺性影响较大。

4.1.3 区域地面沉降对高速铁路路基的影响分析

选择某高铁 DK190＋107.05～DK190＋370.10 段软土路基为典型沉降路段，以 DK190＋204.00 及 DK190＋152.80 断面为依托进行数值模拟分析。

1. 分析方法

基于有限单元法（三维），所有分析均通过 ANSYS 软件实现。

2. 分析方案

地基土中现浇管桩或 CFG 桩形成复合地基，导致复合地基沿路堤中心线方向的应力及变形不再具有均质性，不能直接采用平面应变模型进行分析。为客观反映复合地基空间工作性状，选择典型沉降路段进行三维分析。

针对复合地基，分别对不同桩顶垫层形式的地基（碎石垫层＋钢筋混凝土板及桩帽＋碎石垫层＋土工格栅）在实测沉降下固结前后及车辆荷载作用下的沉降规律进行三维有限元分析，取中心剖面为研究对象。

3. 模型建立

结合 DK190＋204.00 及 DK190＋152.80 设计断面，建立模型如图 4-14 和图 4-15 所示。

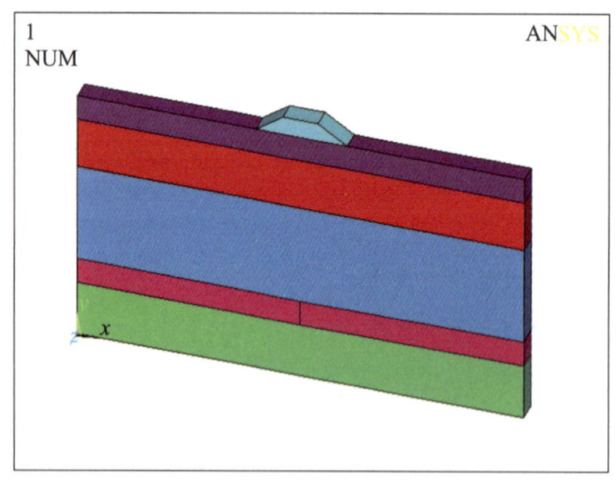

图 4-14　几何模型

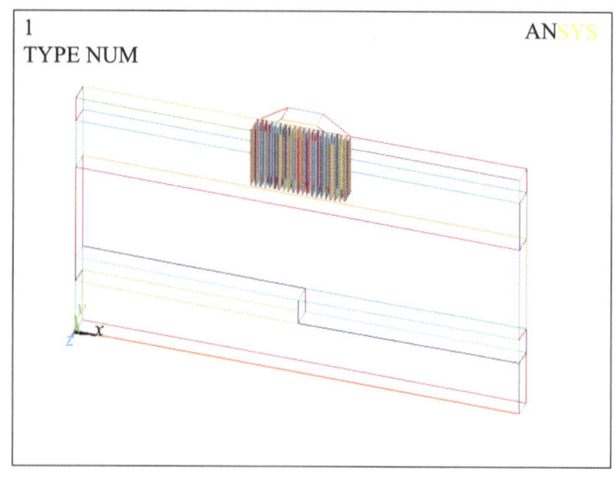

图 4-15　内部透视

土层的物理力学参数见表 4-9。桩、土工格栅、钢筋混凝土板采用线弹性模型；填土、碎石垫层、地基土均采用 ANSYS 软件自带 D-P 理想弹塑模型；桩与各土层界面摩擦角 δ 按下式计算：

$$\delta = \arctan \frac{\sin \varphi' \cdot \cos \varphi'}{1+\sin^2 \varphi'} \tag{4-1}$$

式中　φ'——土体内摩擦角。

表 4-9　土层的物理力学参数

土层类型	黏聚力/kPa	内摩擦角/(°)	容重/(N·m^{-3})	泊松比	弹性模量/MPa
粉砂	5.0	34.0	1 950	0.25	8.82
粉土	25.0	21.2	1 970	0.30	2.87
细砂	0	36	1 950	0.25	3.45
压缩层	31.5	22.5	1 890	0.4	5.85
粉质黏土	16.8	17.5	1 990	0.3	2.10
碎石垫层	0	36.7	2 000	0.2	57.1
填土	25.0	22.0	2 000	0.25	6.51
混凝土板	线弹性		2 700	0.25	24 000
土工格栅	线弹性			0.3	350
桩	线弹性		2 500	0.16	20 000

4. 碎石垫层+钢筋混凝土板分析结果

实测沉降下压缩层固结前后路基位移云图如图 4-16、图 4-17 所示。

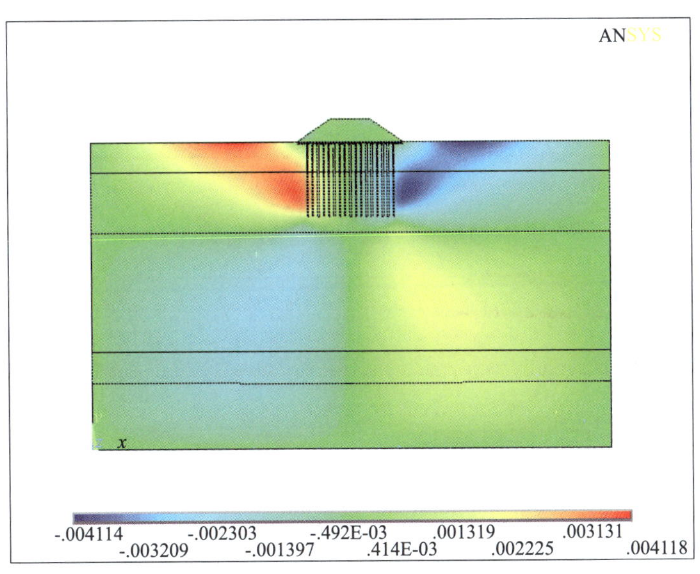

(a)固结前水平位移

图　4-16

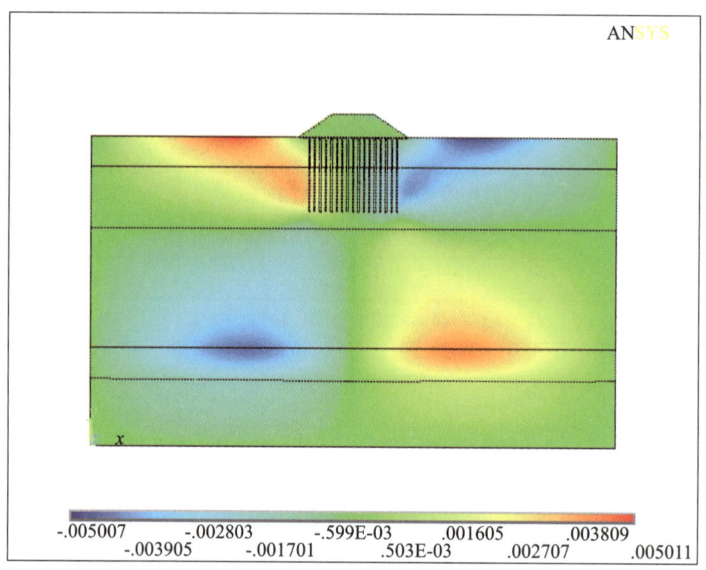

(b)固结后水平位移

图 4-16　碎石垫层+钢筋混凝土板固结前后水平位移(单位:m)

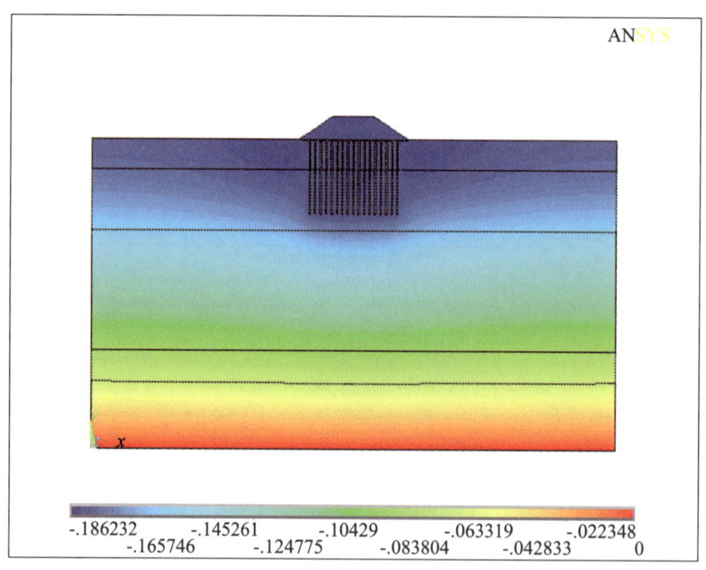

(a)固结前竖直位移

图　4-17

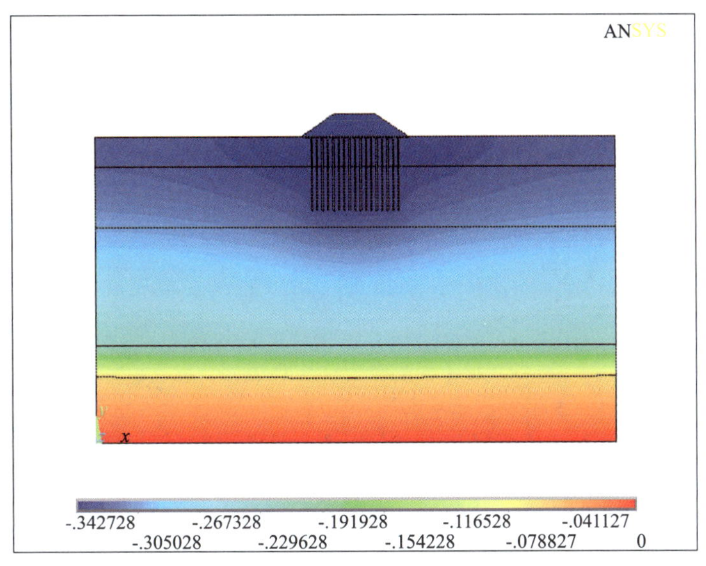

(b)固结后竖直位移

图 4-17　碎石垫层＋钢筋混凝土板固结前后竖直位移(单位:m)

根据实测沉降反算出的路基位移数值上普遍偏小,提取实测固结前后基床表层三点(左、中、右)位移数据进行整理,见表 4-10。

表 4-10　位移统计

节点位置	固　结　前		固　结　后		固结引起位移变化	
	水平位移/m	竖直位移/m	水平位移/m	竖直位移/m	水平位移/m	竖直位移/m
左	$0.320\,55\times10^{-3}$	$-0.184\,17\times10^{-1}$	2.88×10^{-4}	-8.94×10^{-1}	3.28×10^{-5}	−0.876
中	$-0.340\,89\times10^{-4}$	$-0.184\,59\times10^{-1}$	-2.27×10^{-5}	-9.61×10^{-1}	-1.14×10^{-5}	−0.943
右	$-0.378\,34\times10^{-3}$	$-0.184\,12\times10^{-1}$	-3.26×10^{-4}	-9.14×10^{-1}	-5.22×10^{-5}	−0.896

由表 4-10 可知,压缩层固结作用可导致基床表面有不同位移变化,水平位移数值量级较小(约 10^{-5} m),左右两侧水平位移变化要大于基床中部;固结作用对竖直位移影响较大,基床表层平均沉降 0.905 m。

5. 桩帽＋碎石垫层＋土工格栅分析结果

实测沉降下压缩层固结前后路基位移云图如图 4-18、图 4-19 所示。

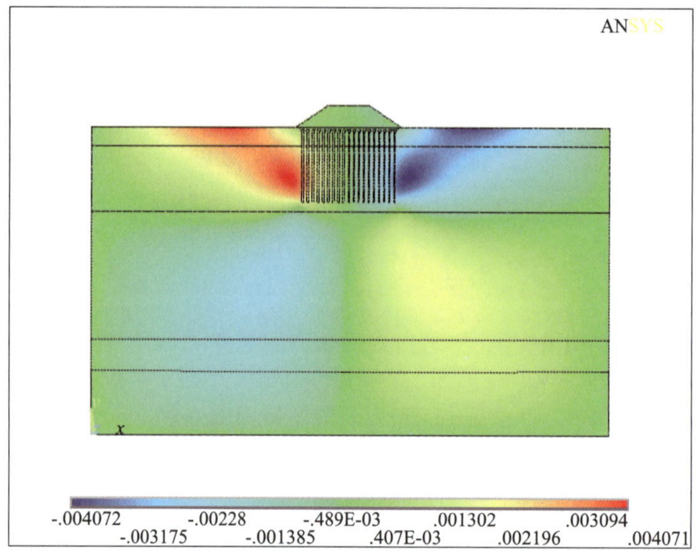

(a)固结前水平位移

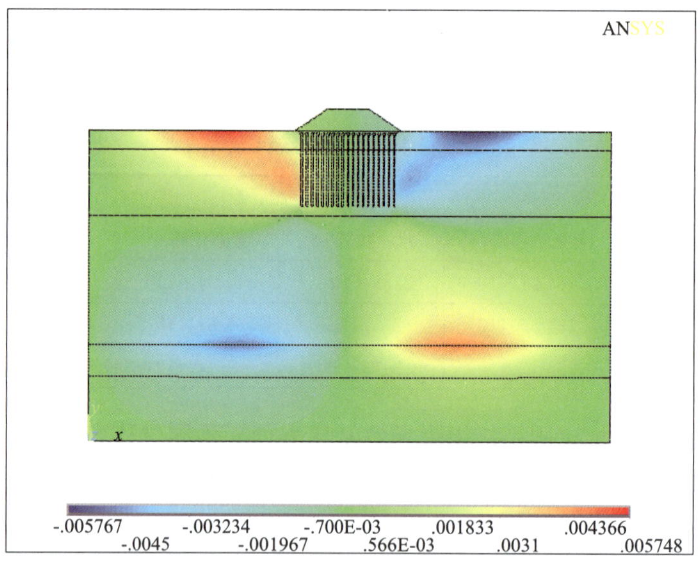

(b)固结后水平位移

图 4-18　桩帽＋碎石垫层＋土工格栅固结前后水平位移(单位:m)

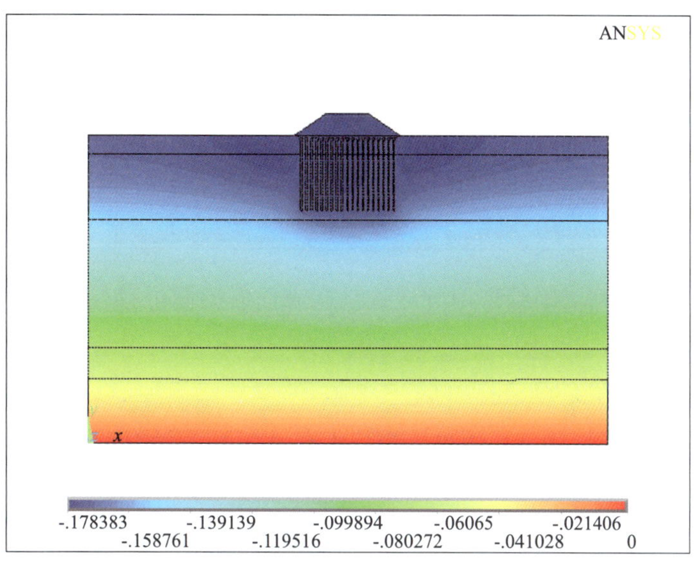

(a)固结前竖直位移

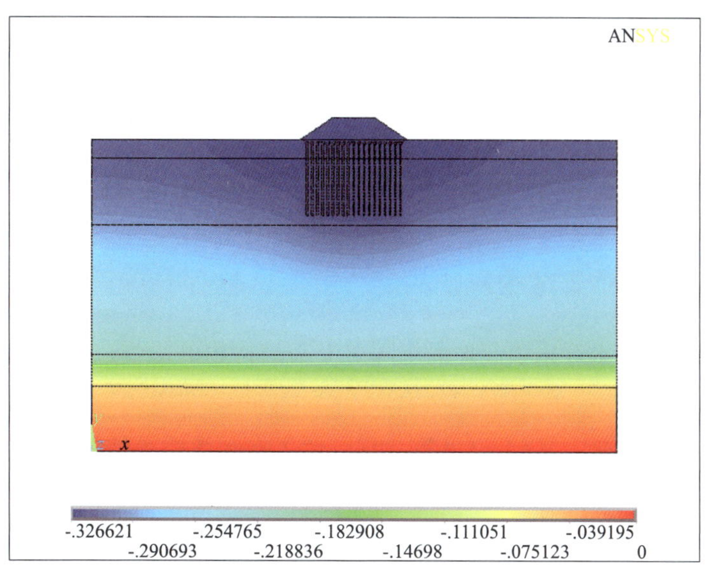

(b)固结后竖直位移

图4-19　桩帽+碎石垫层+土工格栅固结前后竖直位移(单位:m)

根据实测沉降反算出的路基位移数值上普遍偏小,提取实测固结前后基床表层三点(左、中、右)位移数据进行整理,见表4-11。

表 4-11 位移统计

节点位置	固结前		固结后		固结引起位移变化	
	水平位移/m	竖直位移/m	水平位移/m	竖直位移/m	水平位移/m	竖直位移/m
左	0.32055×10^{-3}	-0.18417×10^{-1}	5.46×10^{-5}	-9.59×10^{-1}	5.46×10^{-5}	−0.941
中	-0.34089×10^{-4}	-0.18459×10^{-1}	-5.32×10^{-6}	−1.02	-5.32×10^{-6}	−0.997
右	-0.37834×10^{-3}	-0.18412×10^{-1}	-6.30×10^{-5}	-9.61×10^{-1}	-6.30×10^{-5}	−0.943

由表 4-11 可知，压缩层固结作用可导致基床表面有不同位移变化，水平位移数值量级较小（$10^{-6}\sim10^{-5}$ m），左右两侧水平位移变化要大于基床中部；固结作用对竖直位移影响较大，基床表层平均沉降约 0.960 m。

模拟结果表明，压缩层固结作用可导致基床表面有不同位移变化，固结作用对竖直位移影响较大，对水平位移影响较小。由于地面沉降压缩层较深，总体表现为路基本体与地基一同沉降，实测条件下区域地面沉降导致的不均匀变形不明显。

因此，通常情况下，路基段各种地基处理措施对大面积地面沉降趋势不会产生影响，如果地面沉降是均匀的将不会对路基本体结构产生不良影响，但地面沉降无法通过路基结构及附加措施进行调整，地面沉降将附加路基工后沉降直接反映到轨道结构上，只能通过上部轨道结构进行调整。

4.2 集中抽水引起不均匀地面沉降影响评估

4.2.1 集中抽水对桥梁结构影响的离心模型试验

为进一步分析地下水开采引起地面沉降对上部结构物的影响，进行有结构物的二维地基排水试验。

在二维地基排水试验的基础上（见第 2 章），做了有刚性桥梁结构和三跨简支连续桥梁结构的两类地基排水离心模型试验，如图 4-20 所示。

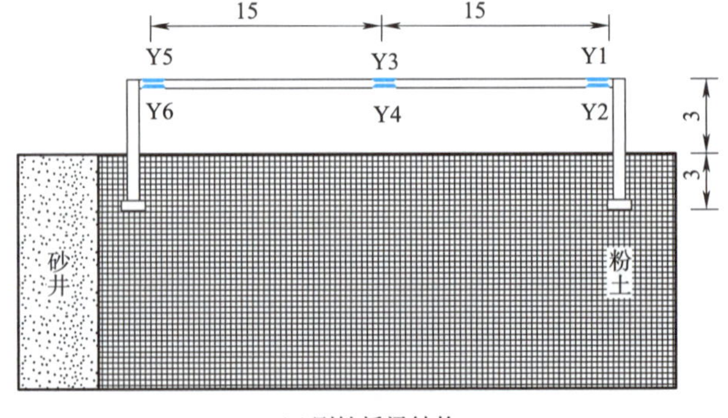

(a)刚性桥梁结构

图 4-20

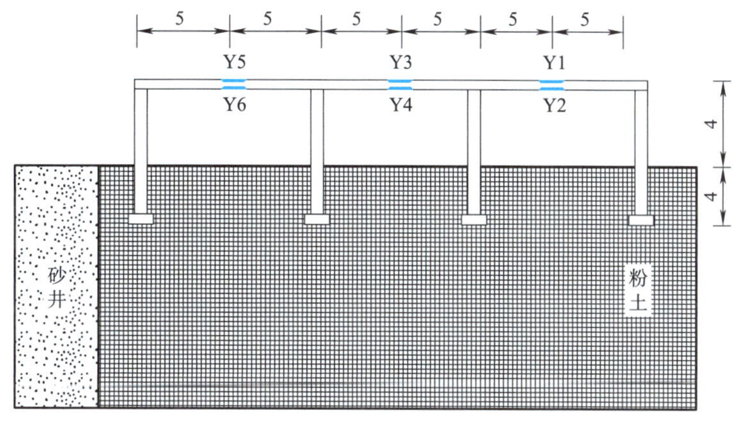

(b)简支连续桥梁结构

图 4-20　结构物测量点分布示意图(单位:cm)

1. 刚性桥梁离心模型试验

第一次排水导致桥面发生的应变最大,这与第一次排水导致了最大的不均匀沉降是一致的。由于第一次停止排水后地基靠近砂井的区域沉降小于远离砂井的区域沉降,使得第一次排水导致的不均匀程度减小,可以在试验中看到在第一次停止排水后应变有一定程度的减小。随着排水次数的增加,每次排水导致的桥面应变量在逐渐减小,这与地基的不均匀沉降程度的规律也是一致的,如图 4-21 所示。

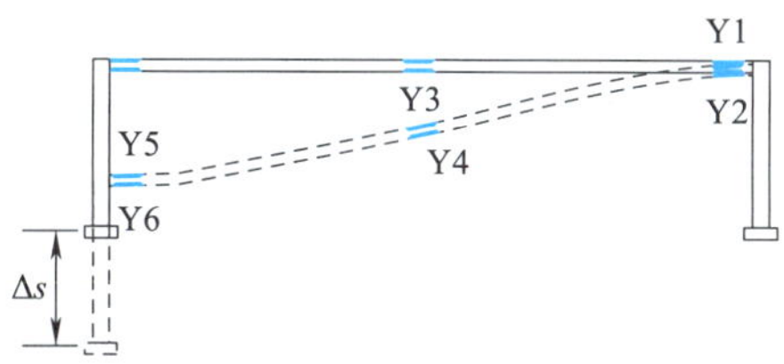

图 4-21　不均匀沉降导致桥面形变示意图

2. 简支连续桥梁离心模型试验

桥面的轴向应变在初期发展很快,后期逐渐变缓并趋于稳定。桥梁最靠近砂井的一跨出现了最大的桥面轴向偏差应变,说明这一跨桥面所受弯矩最大,这是由于在靠近砂井的地方地基不均匀沉降程度最大造成的,如图 4-22 所示。另外,对于简支连续桥梁在中间跨的桥墩会承受很大的轴向应变,在此处桥面最容易受到破坏。整个桥面受到了一定的轴力,其中离砂井较远的第三跨承受了压应力,产生了压应变,其他两跨承受拉应力,产生拉应变。这主要是由于地基中发生了水平方向的位移造成了桥墩水平方向的相对位移,如图 4-23 所示。

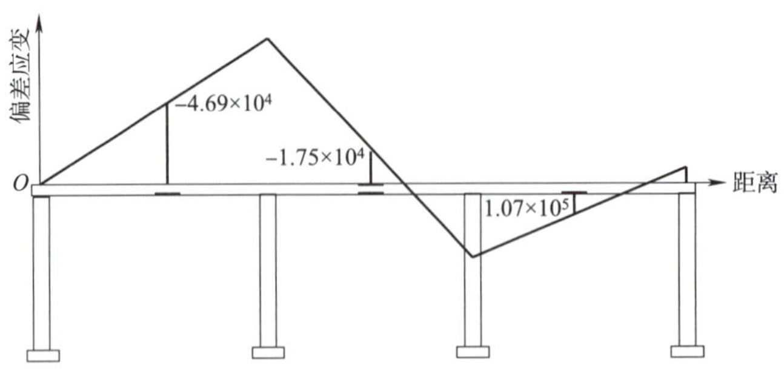

图 4-22　桥面轴向偏差应变分布

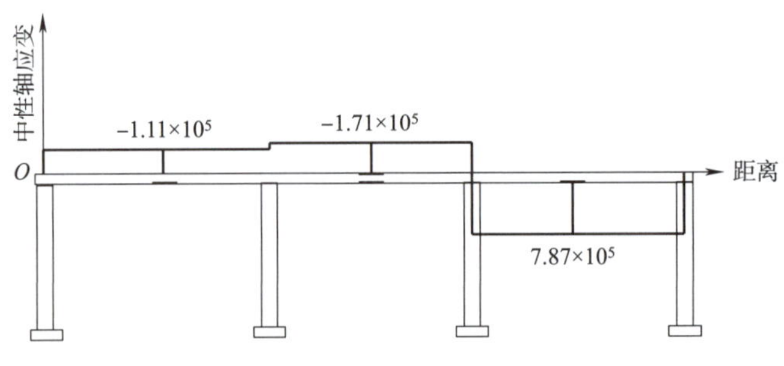

图 4-23　桥面中性轴应变分布

将简支连续桥梁的试验结果与刚性桥梁的试验结果相比较，可以发现桥面的轴向应变明显减小。这一方面是由于跨长减小，另一方面也是由于桥面与桥墩采用铰连接的缘故。

4.2.2　水井集中抽水对高速铁路影响数值模拟

本节采用验证后的数值计算方法，针对高速铁路沿线北京朝阳地区建立了概化的地质模型，进行了从不同含水层抽水引起地面沉降的对比研究，评价分析了地面不均匀沉降对不同形式桥梁的影响。

1. 工程背景

京津城际轨道交通工程北京段经过北京朝阳区。朝阳区处于北京地区东八里庄—大郊亭沉降中心。东八里庄—大郊亭沉降区形成于 20 世纪 60 年代，主要由于超量开采地下水形成的。沉降区地面沉降范围西起西四，东到朝阳区双桥；南起朝阳区十八里店，北在左家庄、安家楼一带与来广营沉降区相连。其中累计沉降量大于 200 mm 的面积达到 86 km^2。沉降中心在大郊亭内燃机总厂，最大的地面累计沉降量为 722 mm。监测发现此沉降区域目前仍处于沉降发展阶段，因此研究此地区的地面沉降特点有着一定的工程意义。

2. 计算模型与方法

根据北京朝阳区大鲁店204号钻孔勘探资料，将该地区地层简化为如图4-24所示的弱透水层与含水层相间，深270 m的地层形式。

计算中土体采用修正剑桥模型，计算参数主要依据现场勘探资料，对于部分没有的土层参数，参考相关资料和工程类比确定。相关参数见表4-12。桥梁采用线弹性模型，计算参数弹性模量为25 GPa，泊松比为0.22，当模拟铰连接将铰连接地方材料模量降低为0.25 GPa。

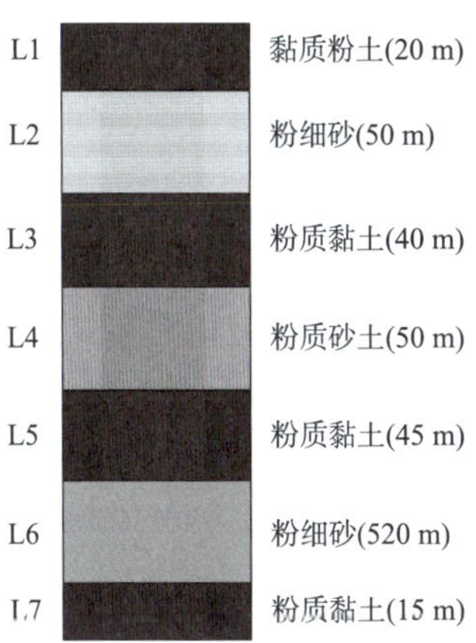

图4-24　地层分层示意图

表4-12　朝阳区各土层土体计算参考参数

土层编号	土层性质	层厚/m	弹性模量/MPa	初始孔隙比	含水率/%
L1	黏质粉土	20	10～20	0.9	31
L2	粉细砂	50	20～26	0.812	28
L3	粉质黏土	40	21～33	0.7	25
L4	粉质砂土	50	30～35	0.7	25
L5	粉质黏土	45	30～35	0.7	25
L6	粉细砂	50	35～40	0.7	25
L7	粉质黏土	15	35～50	0.7	25

数值模拟中将地基简化为水平成层的多层地基，将地基引起的不均匀沉降简化为平面应变问题。根据其对称性，采用一半地基进行计算。计算将主要对比分析从不同深度含水层(L6、L4、L2)底部采用相同抽水速率抽水1 d引起地基沉降规律。在计算中，当抽水时，会在抽水点设置一个固定的孔压边界条件用来模拟抽水，这个固定的孔压大小会影响抽水的速率，考虑到三个不同抽水点的高程的不同，为了使得三个抽水点的抽水速率相同以方便对比，因此将L6的抽水点孔压设置为0，L4抽水点的孔压设置为−0.95 MPa，L2抽水点孔压设置为−1.85 MPa。

为了研究地基不均匀沉降对铁路高架桥的影响，对三种不同的桥梁(完全刚性桥、简支连续梁桥、简支桁架桥)进行了对比计算。计算中桥梁采用四节点实体单元剖分，选择最不利工况(三种抽水工况中最不利的工况、桥梁走向沿地基不均匀沉降方向)进行计算。

3. 不同含水层抽水引起地基沉降对比研究

(1)计算方案

由于计算区域的选取对计算结果会有一定影响，因此首先通过计算，研究不同模型尺度对沉降量的影响。针对从L6含水层抽水3 d，计算模型尺寸分别取x、y方向为500 m×270 m、

1 000 m×270 m、1 500 m×270 m、2 000 m×270 m。从图 4-25 至图 4-28 所给出的各计算模型抽水 3 d 后地基竖向位移等值线图可以看出，随着 x 方向尺寸的增大，地基沉降的分布形态与最大值都趋向稳定。综合对比，最终选取 x、y 方向尺寸为 2 000 m×500 m，此时认为计算区域对计算结果影响较小。计算工况及边界条件见表 4-13。

表 4-13 计算工况及边界条件

抽水点	孔压边界条件/MPa	抽水时间/d
L6 底部	0	3
L4 底部	0.95	3
L2 底部	1.85	3

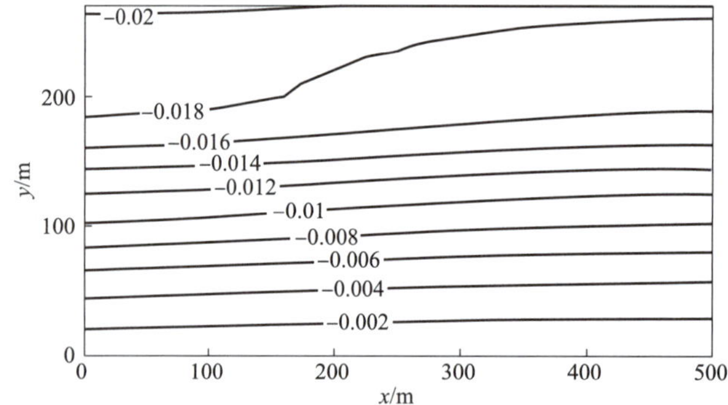

图 4-25 500 m×270 m 的竖向位移等值线(单位:m)

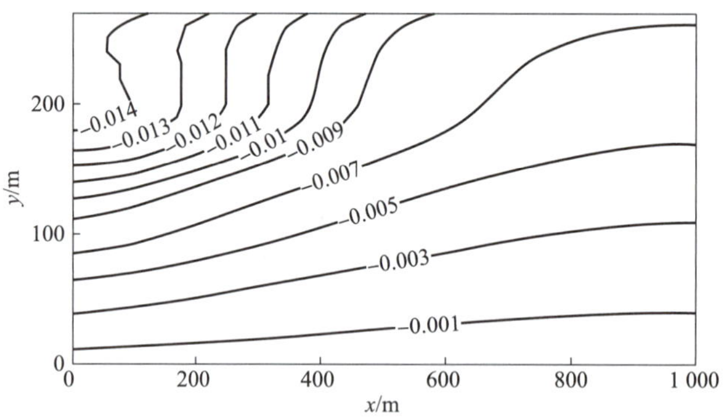

图 4-26 1 000 m×270 m 的竖向位移等值线(单位:m)

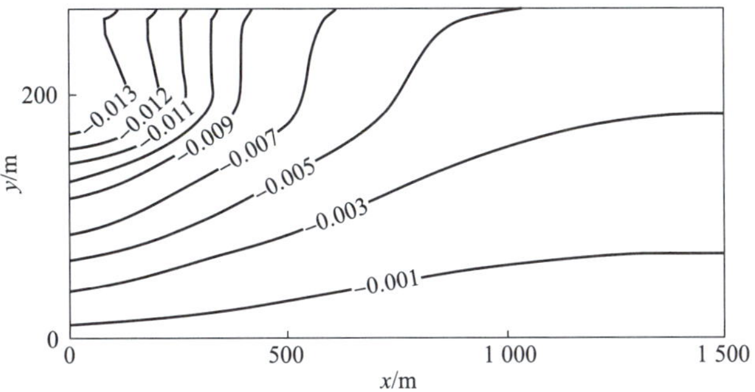

图 4-27　1 500 m×270 m 的竖向位移等值线(单位:m)

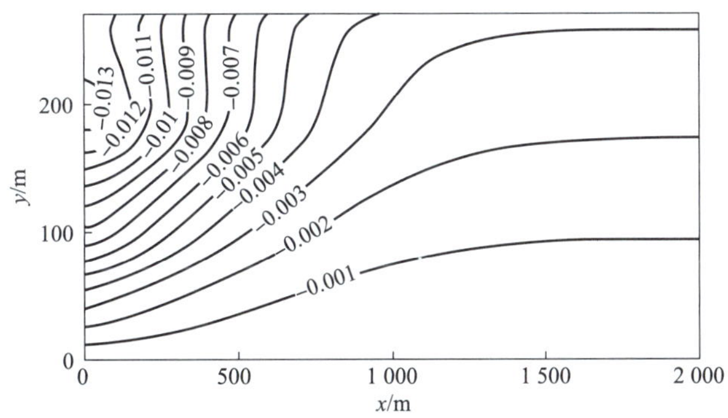

图 4-28　2 000 m×270 m 的竖向位移等值线(单位:m)

(2)计算结果及分析

图 4-29 至图 4-52 给出了各计算方案不同时间段下地基竖向位移等值线与孔压等值线示意图。从图中可以看出,当抽水井开始从含水层抽水时,抽水点的孔压开始下降,地面也开始沉降,第 1 天内孔压降低与地面沉降发展的最为迅速,而第 2 天与第 3 天的孔压基本稳定,地基沉降缓慢发展。值得注意的是,从图 4-29 可以看出,当从 L6 含水层抽水时,刚开始地基中沉降最大的地方并不是地基表面,而是地基内抽水点上方的某一位置。随着沉降的逐渐发展,地基中沉降最大的点逐渐靠近地面,这是由于地基的整体性,使地面沉降相对于地基沉降有个延迟响应造成的。对比三种方案下地基沉降的特点,可以看出:当以相同速率抽水时,抽水点越靠近地面地基沉降量越大,而靠近抽水井的区域不均匀沉降程度也越大,但地面沉降的影响区域却较小。

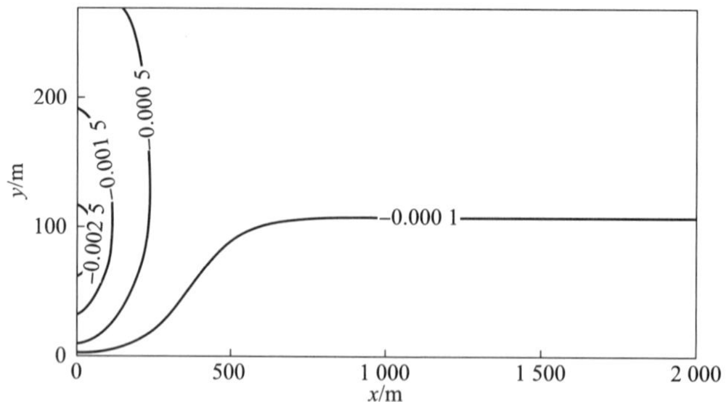

图 4-29　L6 抽水 1 h 后地基竖向位移等值线(单位:m)

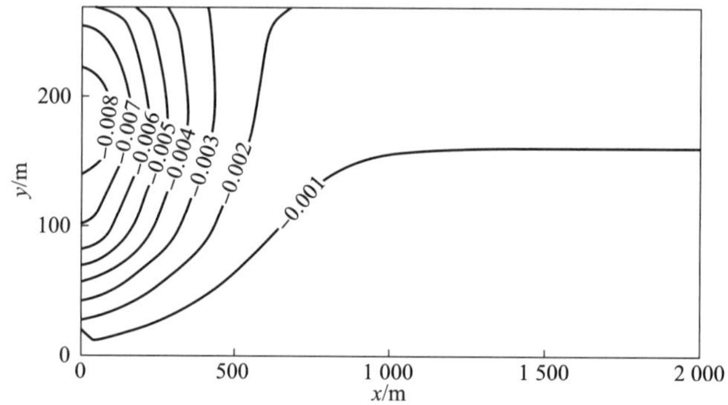

图 4-30　L6 抽水 1 d 后地基竖向位移等值线(单位:m)

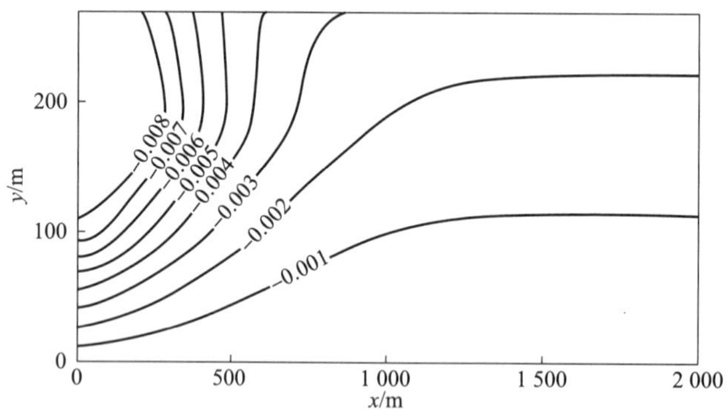

图 4-31　L6 抽水 2 d 后地基竖向位移等值线(单位:m)

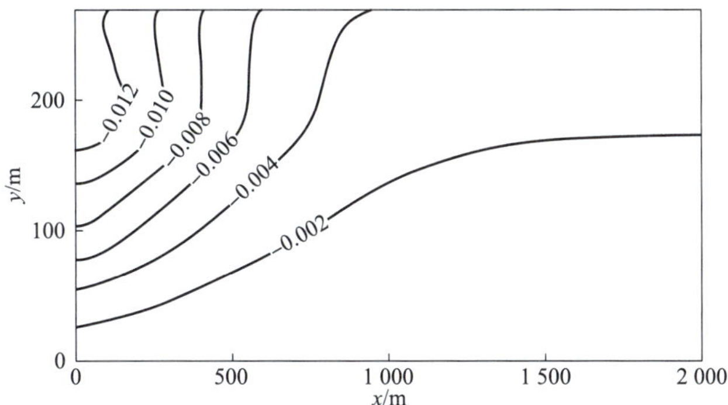

图 4-32　L6 抽水 3 d 后地基竖向位移等值线(单位:m)

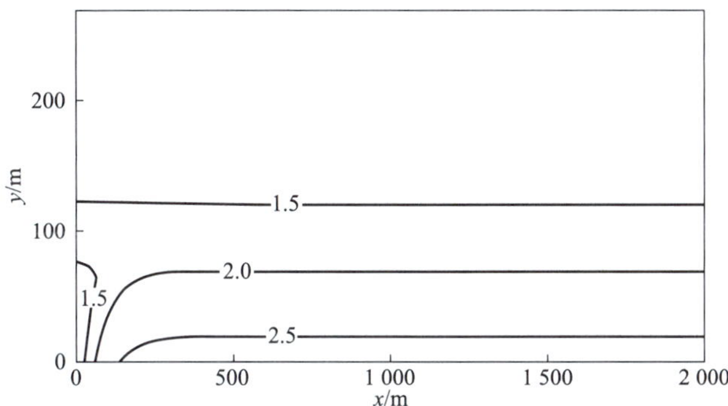

图 4-33　L6 抽水 1 h 后地基孔压等值线(单位:MPa)

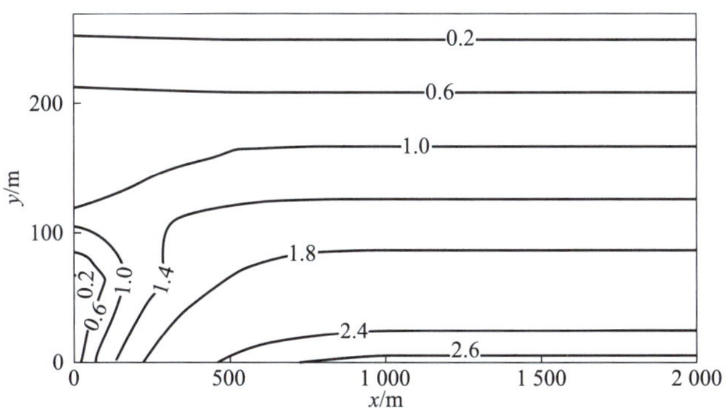

图 4-34　L6 抽水 1 d 后地基孔压等值线(单位:MPa)

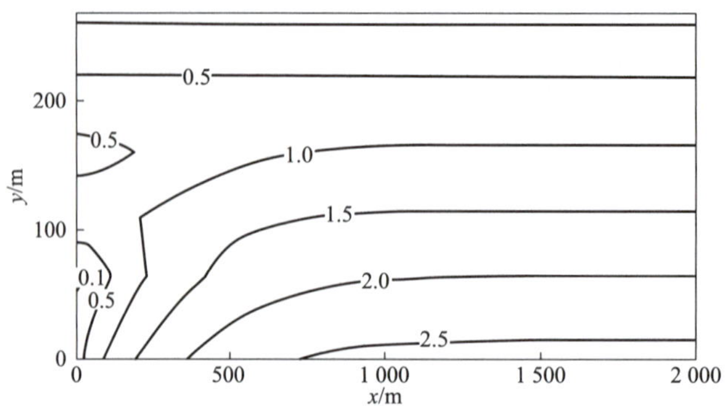

图 4-35 L6 抽水 2 d 后地基孔压等值线(单位:MPa)

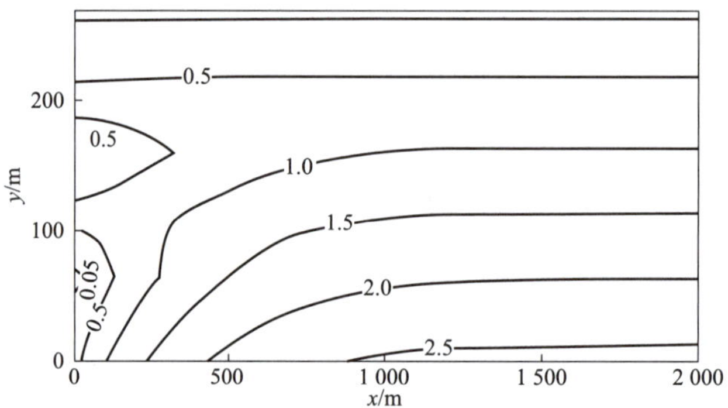

图 4-36 L6 抽水 3 d 后地基孔压等值线(单位:MPa)

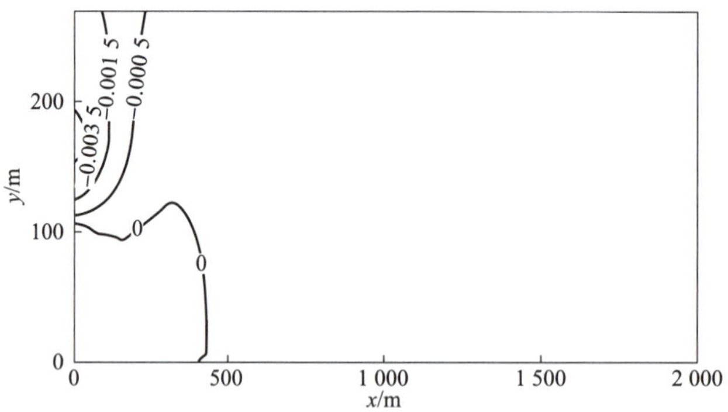

图 4-37 L4 抽水 1 h 后地基竖向位移等值线(单位:m)

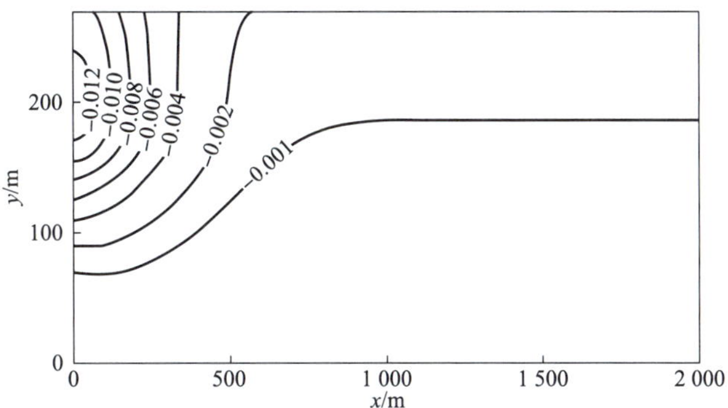

图 4-38　L4 抽水 1 d 后地基竖向位移等值线(单位:m)

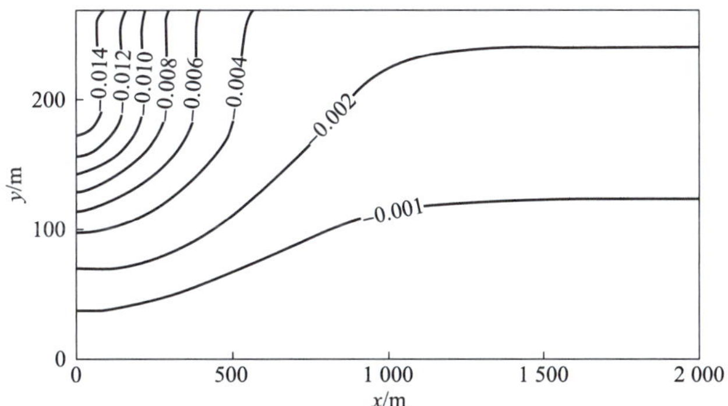

图 4-39　L4 抽水 2 d 后地基竖向位移等值线(单位:m)

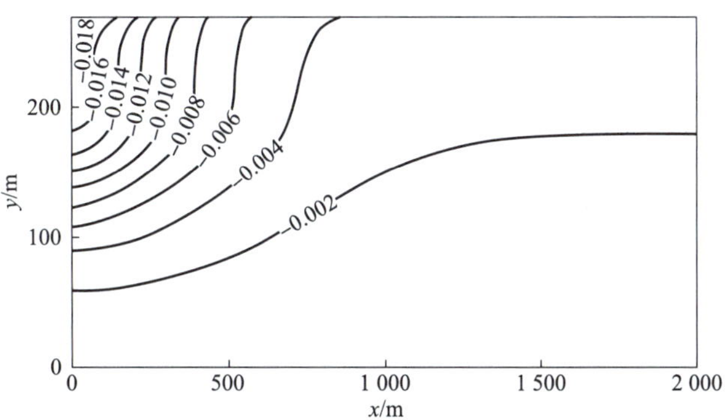

图 4-40　L4 抽水 3 d 后地基竖向位移等值线(单位:m)

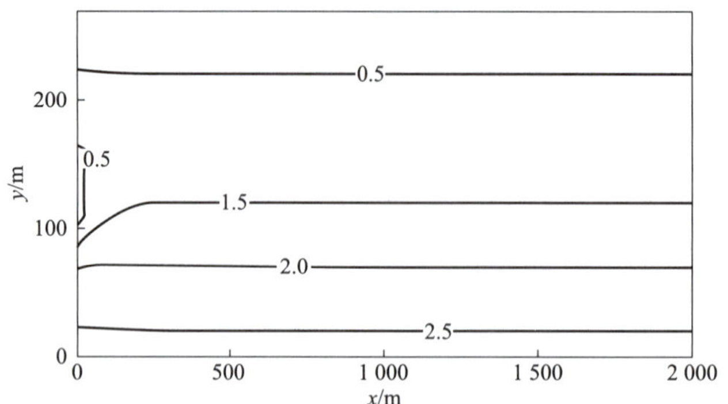

图 4-41 L4 抽水 1 h 后地基孔压等值线(单位:MPa)

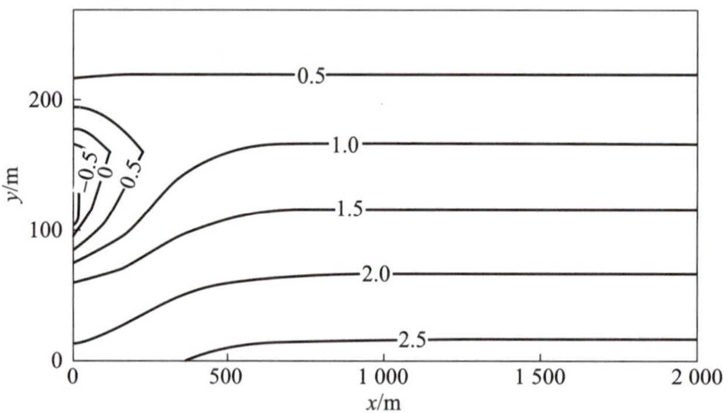

图 4-42 L4 抽水 1 d 后地基孔压等值线(单位:MPa)

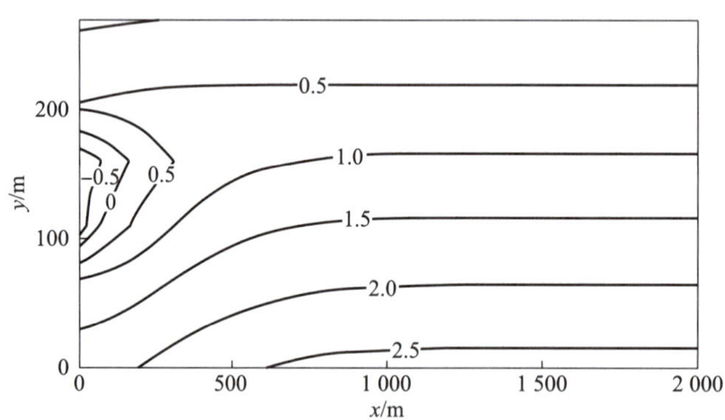

图 4-43 L4 抽水 2 d 后地基孔压等值线(单位:MPa)

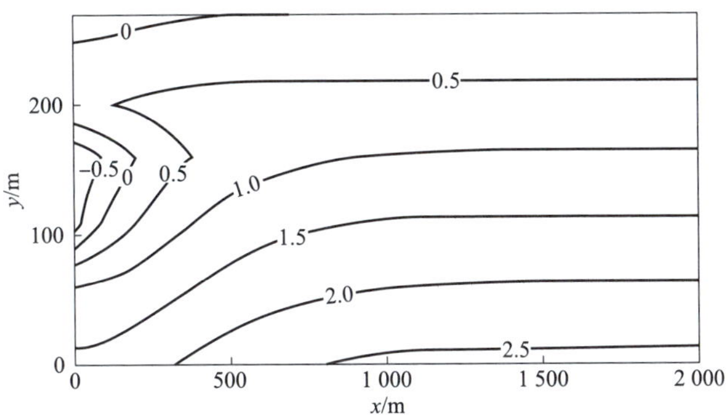

图 4-44　L4 抽水 3 d 后地基孔压等值线(单位:MPa)

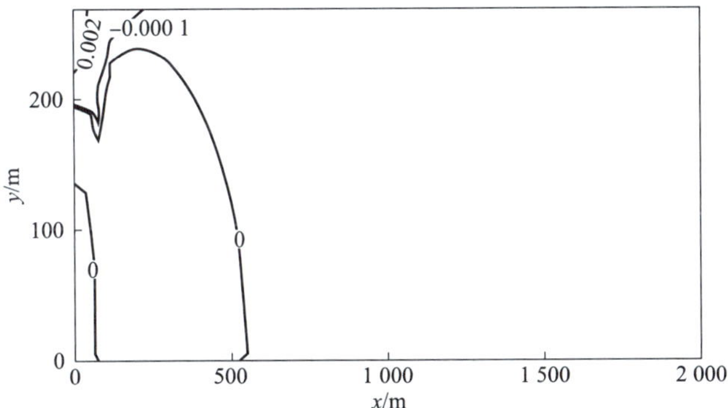

图 4-45　L2 抽水 1 h 后地基竖向位移等值线(单位:m)

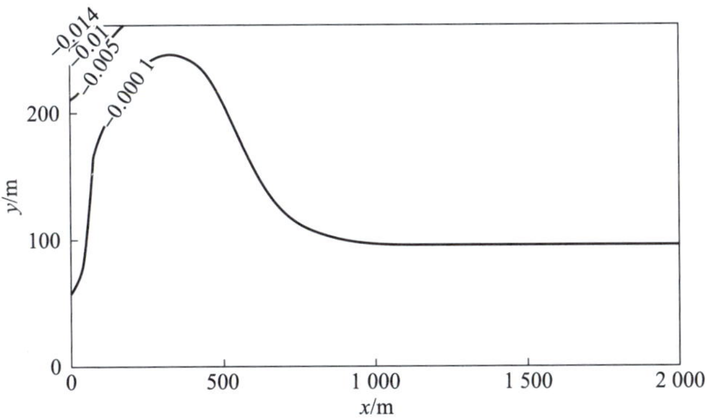

图 4-46　L2 抽水 1 d 后地基竖向位移等值线(单位:m)

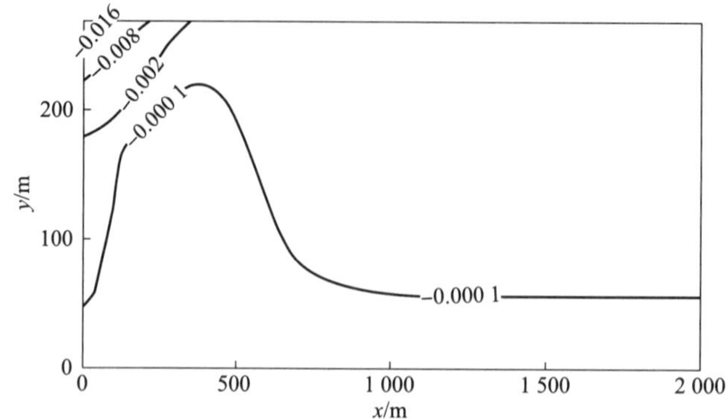

图 4-47　L2 抽水 2 d 后地基竖向位移等值线(单位:m)

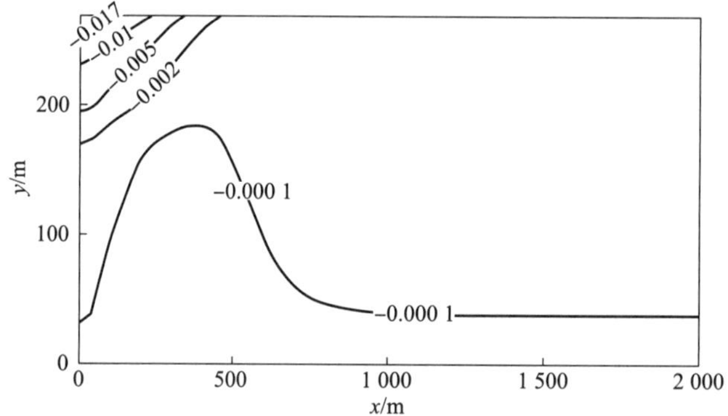

图 4-48　L2 抽水 3 d 后地基竖向位移等值线(单位:m)

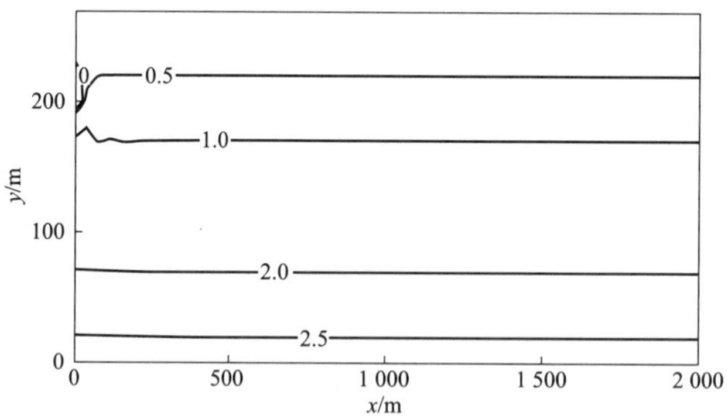

图 4-49　L2 抽水 1 h 后地基孔压等值线(单位:MPa)

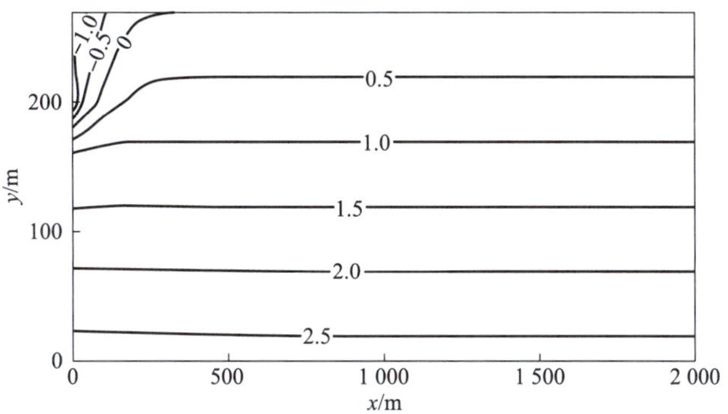

图 4-50　L2 抽水 1 d 后地基孔压等值线(单位:MPa)

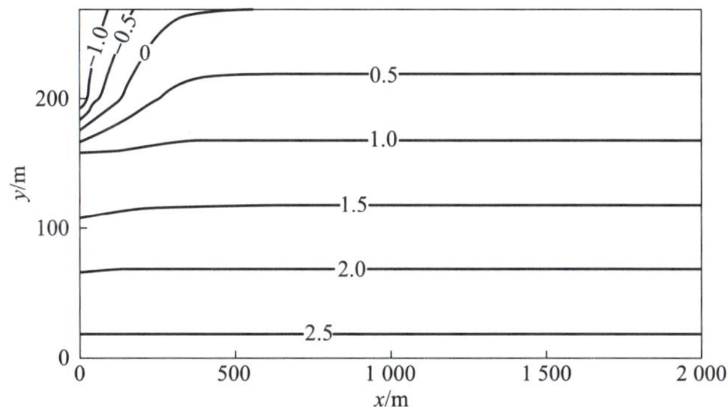

图 4-51　L2 抽水 2 d 后地基孔压等值线(单位:MPa)

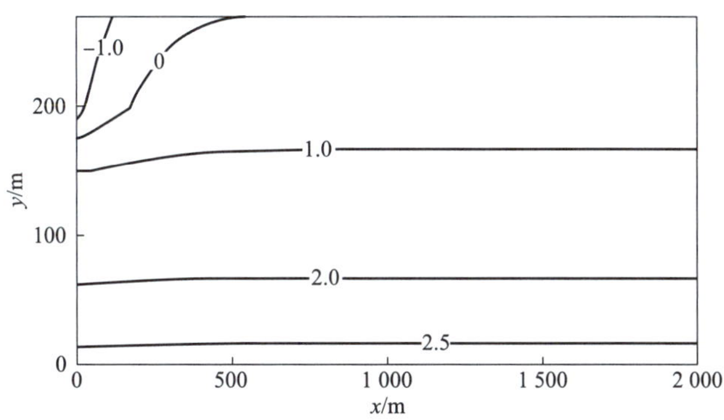

图 4-52　L2 抽水 3 d 后地基孔压等值线(单位:MPa)

表 4-14 给出了抽水过程中各方案的主要计算结果特征值。可以看出抽水的第 1 天地基中沉降发展最大,后两天沉降缓慢发展。当从较深的 L6 含水层抽水时,地基中最大的沉降量并不是发生在抽水井处的地面,而是在地基的某一深度,而当从较浅的 L2 含水层抽水时,地基中的最大沉降则发生在抽水井所在的地面处。

表 4-14 抽水过程中各方案主要计算结果统计表

抽水点	最大沉降量/mm				抽水井处地面沉降量/mm			
	1 h后	1 d后	2 d后	3 d后	1 h后	1 d后	2 d后	3 d后
L6	3	8.9	11.7	13.3	0.68	6	9.46	12.6
L4	4.19	13.3	15.6	18.8	1.97	10.7	15.3	18.8
L2	3.12	16	18.5	19.9	3.12	16	18.5	19.9

表 4-15 给出了抽水 3 d 后三个计算方案中各土层厚度变化值，厚度变化取各土层地基最左侧上下两点的竖向位移差值。可以看出，当从不同的含水层抽水时，各土层对沉降的贡献有所不同。进行抽水的含水层以及与该含水层相邻的两个弱透水层对沉降贡献较大。需要指出，当从 L6 含水层抽水时，由于抽水点上部地基的整体性，上部土层 L2 发生了膨胀，这说明这时抽水点上的较远的土层发生了跟随变形。

表 4-15 各计算方案抽水 3 d 后各土层厚度变化 mm

抽水层	从 L6 抽水	从 L4 抽水	从 L2 抽水
L1	0.1	1.8	6.5
L2	−0.8	0.1	7.36
L3	1.4	3.4	4.43
L4	3.49	7.27	0.922
L5	3.61	4.03	0.476
L6	3.52	1.632	0.157 7
L7	1.28	0.568	0.054 3

注：压缩为正，膨胀为负。

上述分析表明：对于靠近抽水井附近的区域，从较浅含水层抽水可能导致的不均匀沉降程度较大；对于范围较大的区域，从较深含水层抽水导致的地面沉降也是应值得注意的。

4. 地面不均匀沉降对桥梁的影响分析

针对图 4-53 所示三种不同的桥梁（跨长 70 m＋110 m＋70 m），通过分析上节中从 L2 含水层抽水 3 d 这一方案，研究了地面不均匀沉降对桥梁的影响。计算网格如图 4-54 和图 4-55 所示，桥墩的位置分别在 x=10 m、80 m、190 m、260 m 处。

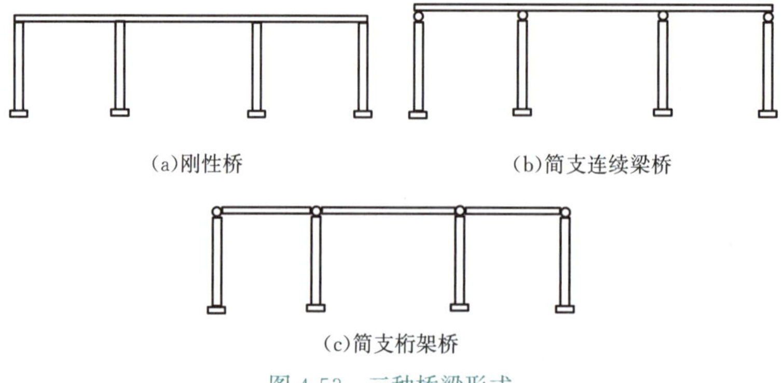

(a)刚性桥　(b)简支连续梁桥

(c)简支桁架桥

图 4-53 三种桥梁形式

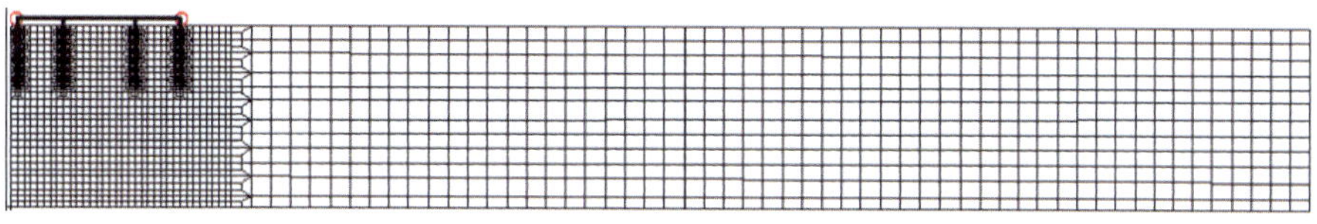

图 4-54　地基附带桥梁模型有限元网格

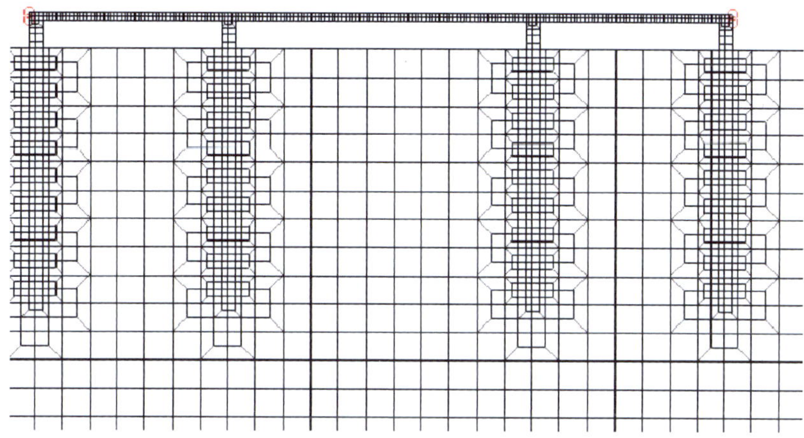

图 4-55　地基上桥梁有限元网格放大图

图 4-56～图 4-58 给出了三种不同桥梁桥面轴向应变在抽水 1 d、2 d 以及 3 d 后的等值线分布图。可以看出，三种不同形式的桥随着抽水引起的地基不均匀沉降，桥面都出现了轴向应变，其共同特点是：在第 1 天，离抽水点最近的 $x=10$ m 位置附近桥面轴向应变最大，说明这时离抽水点最近的位置地基的不均匀沉降程度最大，随着抽水的继续进行，原本应变不是很大的 $x=260$ m 处的变形也开始发展。这是由于持续抽水导致地基的沉降区域逐渐扩大，远离抽水点位置的不均匀沉降增大导致的。

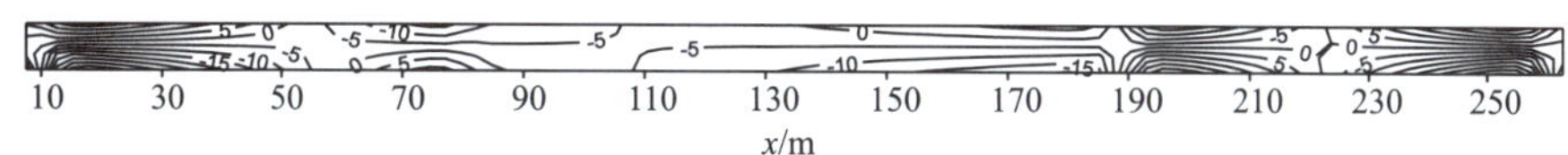

(a)抽水 1 d后

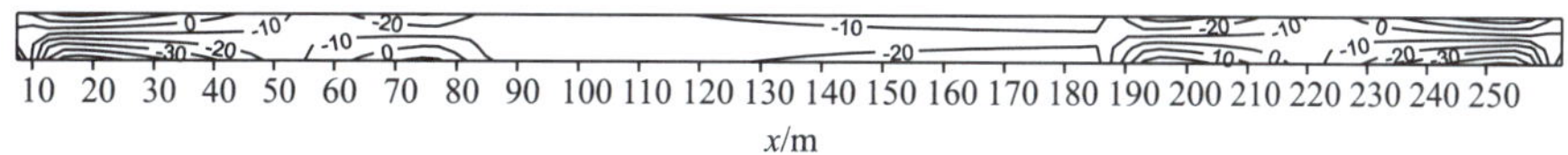

(b)抽水 2 d后

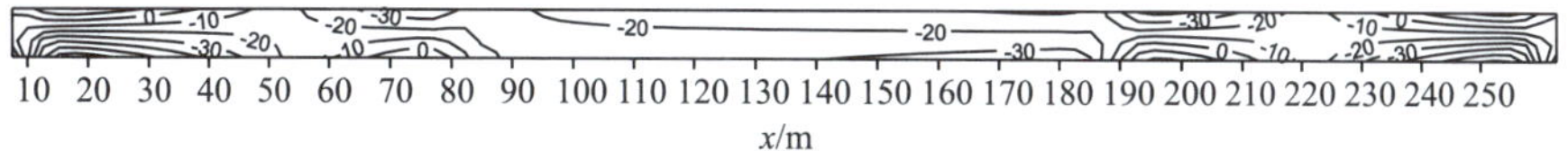

(c)抽水 3 d后

图 4-56　刚性桥轴向应变 ε_{11} 等值线图($\times10^{-6}$)

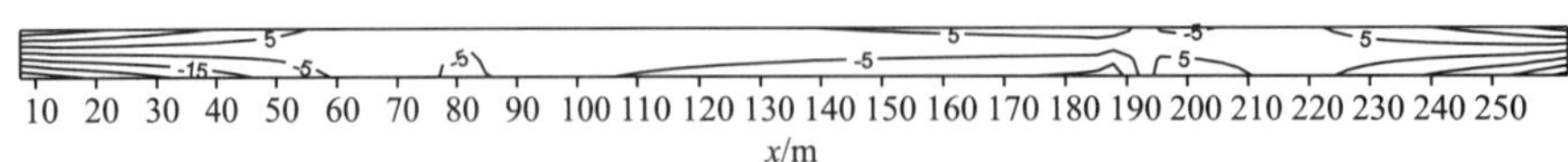

(a)抽水 1 d 后

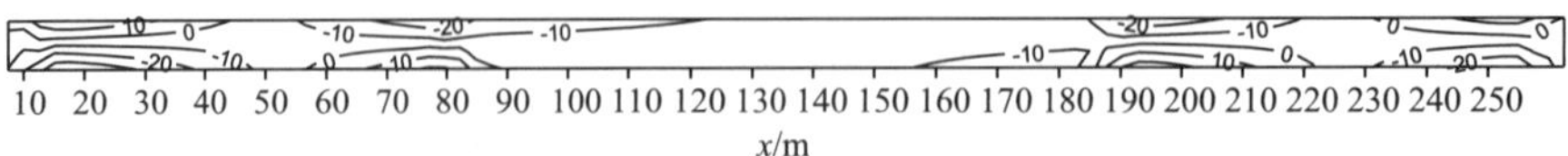

(b)抽水 2 d 后

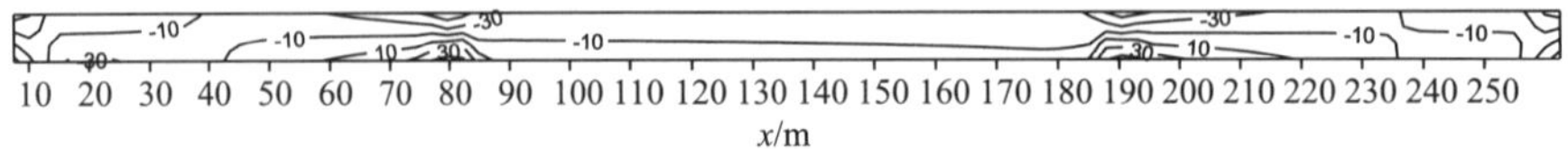

(c)抽水 3 d 后

图 4-57　简支连续梁桥轴向应变 ε_{11} 等值线图（$\times10^{-6}$）

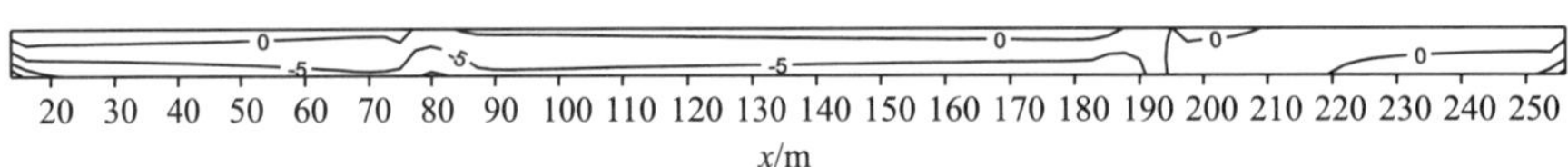

(a)抽水 1 d 后

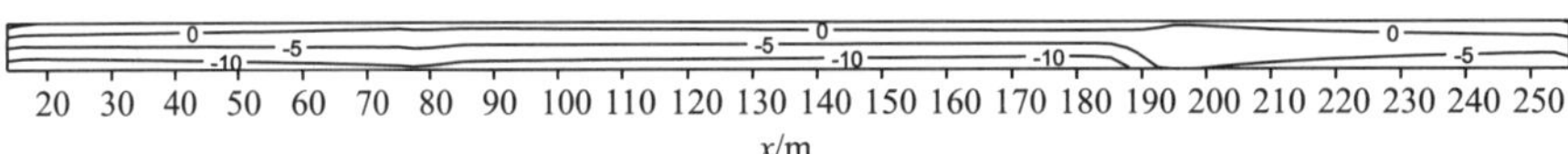

(b)抽水 2 d 后

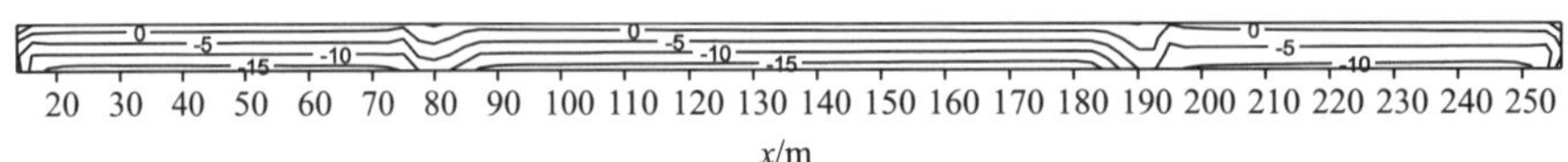

(c)抽水 3 d 后

图 4-58　简支桁架桥轴向应变 ε_{11} 等值线图（$\times10^{-6}$）

计算结果表明，刚性桥在桥墩处特别是在两边桥端出现了比较明显的应力集中，桥面的轴向变形也大部分集中在这里，而随着沉降的发展，轴向应变量逐渐增大，但主要分布形式没有太大变化。简支连续梁桥首先在两个桥端出现了明显的轴向应变，而随着沉降的发展，中间两个桥墩处轴向应变迅速发展，而两桥端的轴向应变没有明显变化。简支桁架桥的轴向应变分布从抽水初期到结束都比较均匀。通过比较，可以看到刚性桥轴向应变值最大，简支桁架桥最小，这说明从桥梁的安全性来比较，刚性桥的桥面最容易破坏，而简支桁架桥最安全。

为了比较三种形式的桥在地基不均匀沉降时桥面不平顺度的差异，将桥面相邻两点的竖向位移差与水平距离的比值作为这段桥面的坡度，坡度越大，则桥面越不平顺。计算结果表明，桥梁在桥墩处桥面的坡度最大。对于一个多跨度桥梁来说，中间两个桥墩的坡度更有比照意义，因此对三种不同形式桥梁在中间两个桥墩处的坡度进行了比较，见表 4-16。可以看出，刚性桥梁的桥面坡度最小，说明刚性桥的桥面比较平顺，而简支桁架桥的桥面坡度最大，说明这种桥桥面最不平顺。

表 4-16　桥面最大坡度

桥　　型	刚　性　桥	简支连续梁桥	简支桁架桥
x=80 m	11.2×10^{-5}	22.5×10^{-5}	24.3×10^{-5}
x=190 m	16.6×10^{-5}	20.4×10^{-5}	20.1×10^{-5}

上述分析表明，由于刚性桥整体性较好，在相同的地基不均匀沉降时，其桥面的不平顺度最小，但是在桥墩处更容易破坏；简支桁架桥由于桥面相对约束较小，桥面本身比较安全，但是由此也会带来桥面更大的不平顺。

5. 抽水引起地基变形的影响范围

以上模拟结果表明，在相同的抽水速率条件下，水井深度越大，抽水时间越长，其影响范围越大，但最终稳定在一定范围之内。不同深度抽水条件下的水井影响范围见表 4-17。

表 4-17　不同深度抽水时地基变形影响范围

抽水点	抽水深度/m	抽水时间/d	影响范围/m
L6 底部	255	3	1 000
L4 底部	160	3	800
L2 底部	70	3	400

根据地震部门在天津蓟州区地震台进行的地下水位对定点形变观测干扰的抽水试验结果，抽水所带来的干扰在时间过程上与井孔水位变化同步，井孔距形变观测点越远，抽水对形变观测的干扰和影响就越小，在 900 m 之外影响已经十分微弱。这与我们上述所确定深井抽水引起地基变形的影响半径为 1 000 m 是基本吻合的。

在实际计算中，我们主要考虑含水层渗透系数、水位降深及含水层厚度等因素，目前还不能考证抽水深度对变形范围的影响。对于微承压水和承压水，影响范围可由下式估算：

$$R=10s\sqrt{k} \tag{4-2}$$

式中　s——水位降深；

k——含水层综合渗透系数。

以华北平原为例，中东部地区浅层地下水开采主要为农业灌溉，采深多在 30～50 m，少数达到 80 m。地下水含水层多以粉砂为主，局部有细砂层，该类含水层的渗透系数 k 约为 1.0～5.0 m/d。根据地下水实际开采情况，在水位降深 10 m 的条件下，单井开采的影响范围大约为 100～200 m。若取综合渗透系数为 3.0 m/d，当水位降深要接近 23 m 才可能使影响范围扩大到 400 m。深层地下水的开采深度多在 200～400 m，少数达 500 m。地下水含水层多以粉、细砂层为主，局部夹有中砂，该类含水层的渗透系数 k 约为 1.0～5.0 m/d。根据地下水实际开采情况，不考虑群井效应，在水位下降 30～40 m 的条件下，单井开采的影响范围大约为 300～900 m，与模拟结果近似。

4.2.3　抽水引起地面沉降对路基工程的影响

本节采用验证后的数值计算方法，针对京沪高速铁路河北沧州段建立了概化的地质模型，进行了从不同含水层抽水引起地面沉降的对比研究，并分析了两种不同形式的 CFG 桩对地面沉降的影响。

1. 计算模型与方法

根据该段铁路地质勘探土工试验结果和沧州地区的地质资料，将该地区地层简化为弱透水层与含水层相间，深 270 m 的地层形式。计算中土体采用修正剑桥模型，计算参数主要依据勘探资料，对于部分没有提供的土层参数，参考相关资料和工程类比确定。桩身、桩板及桩帽均采用线弹性模型描述，弹性模量为 20 GPa，泊松比为 0.22。

计算将主要对比分析从不同深度含水层（L7、L5、L3）底部采用相同抽水速率抽水 1 d 引起地基沉降的规律。为了研究两种不同形式的 CFG 桩对地面沉降的影响，对两种不同的 CFG 桩（桩网结构和桩板结构）进行了对比计算。计算中桩采用四节点实体单元剖分，选择最不利工况（三种抽水工况中最不利的工况、路基走向沿地基不均匀沉降方向）进行计算。

2. 不同含水层抽水引起地基沉降对比研究

（1）计算方案

计算区域的选取对计算结果会有一定影响。针对不同计算区域的数值模拟结果表明：x 方向尺寸较大时，计算区域对于计算结果影响较小。结合地质资料，选取 x、y 方向尺寸为 1 820 m×270 m。计算工况及边界条件见表 4-18。

表 4-18　计算工况及边界条件

抽　水　点	孔压边界条件/MPa	抽水时间/d
L7 底部	2.1	3
L5 底部	0.6	3
L3 底部	0	3

（2）计算结果及分析

当抽水井开始从含水层抽水时，地面开始发生沉降。其中，在第 1 天内发展最为迅速，而在第 2 天和第 3 天则发展变慢。当从 L7 含水层（深度为 210 m）抽水时，刚开始地基中沉降最大的地方并不是地基表面，而是地基内抽水点上方的某一位置。随着沉降的逐渐发展，地基中的沉降最大点逐渐向地面靠近。这意味着由于地基的整体性，地面沉降相对于地基沉降有延迟响应。对比不同抽水点的计算结果，可以看出当以相同速率抽水时，抽水点越靠近地面，地面沉降量越大，靠近抽水井区域的不均匀沉降程度也越大，但地面沉降的影响区域较小。

表 4-19 给出了不同抽水点方案算得的抽水过程中的特征值。可以看出，抽水第 1 天地基中沉降发展最快，后两天沉降缓慢发展。当从较深的 L7 含水层抽水时，地基中最大的沉降量并不是发生在抽水井处的地面，而是在地基的某一深度；而当从较浅的 L3 含水层抽水时，地基中的最大沉降就发生在抽水井处的地面。

表 4-19　不同抽水点方案的主要计算结果统计表

抽水点	最大沉降量/mm				抽水井处地面沉降量/mm			
	1 h后	1 d后	2 d后	3 d后	1 h后	1 d后	2 d后	3 d后
L7	1.2	3.5	4.9	6.3	-6.5×10^{-4}	-5.6×10^{-3}	-5.4×10^{-3}	-4.6×10^{-3}
L5	2	7.5	10.8	13.9	0.29	2	2.5	2.8
L3	2	10	15.5	19.7	0.7	3	3.7	4.2

上述分析表明：当从较浅层抽水时，抽水井附近区域的地面沉降值较大，不均匀沉降程度也可能较大，但是对于地基沉降的影响范围较小；当从较深含水层抽水时，地面沉降值相对较小，但是对于地基沉降的影响范围却较大。

3. 不同桩型对地面沉降的影响分析

针对图 4-59 所示两种不同的 CFG 桩型（桩板结构和桩网结构），通过分析从 L7 含水层抽水 3 d 这一方案，研究了两种不同形式的桩对地面沉降的影响。图 4-60 和图 4-61 给出了两种方案的细部网格示意图。

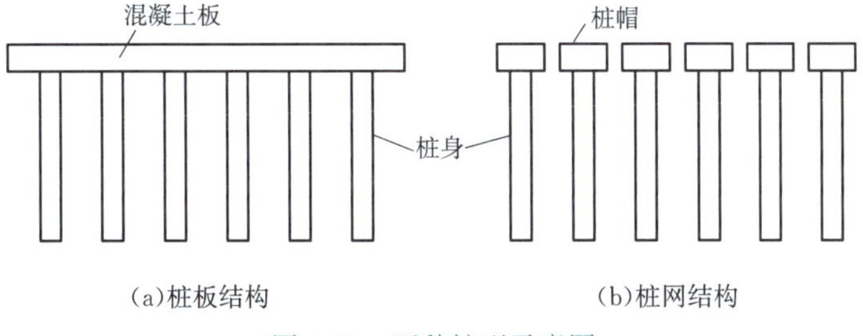

图 4-59　两种桩型示意图

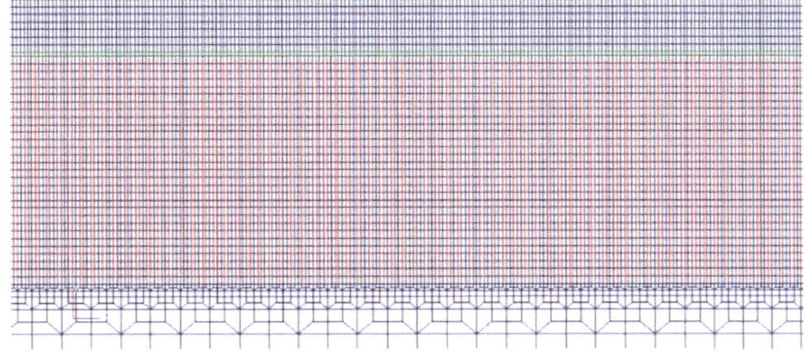

图 4-60　桩板有限元网格放大图(红色为桩，绿色为板)

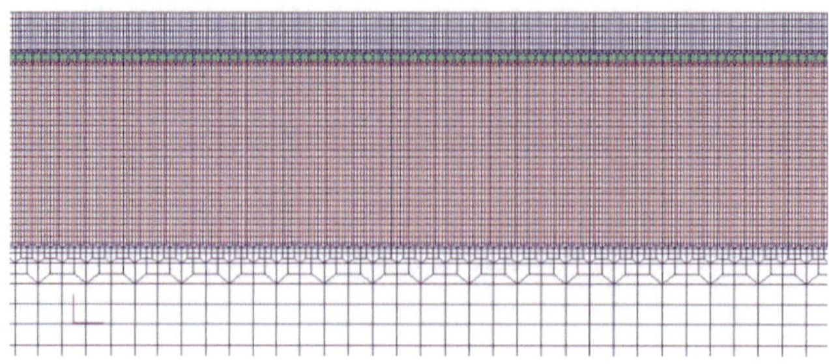

图 4-61　桩网有限元网格放大图(红色为桩,绿色为桩帽)

图 4-62 给出了桩网结构的 L7 抽水方案地基在抽水 1 d、2 d 以及 3 d 后的竖向位移等值线图。从图中可以看出,桩网结构竖向位移的分布与桩板结构竖向位移分布的规律非常接近。

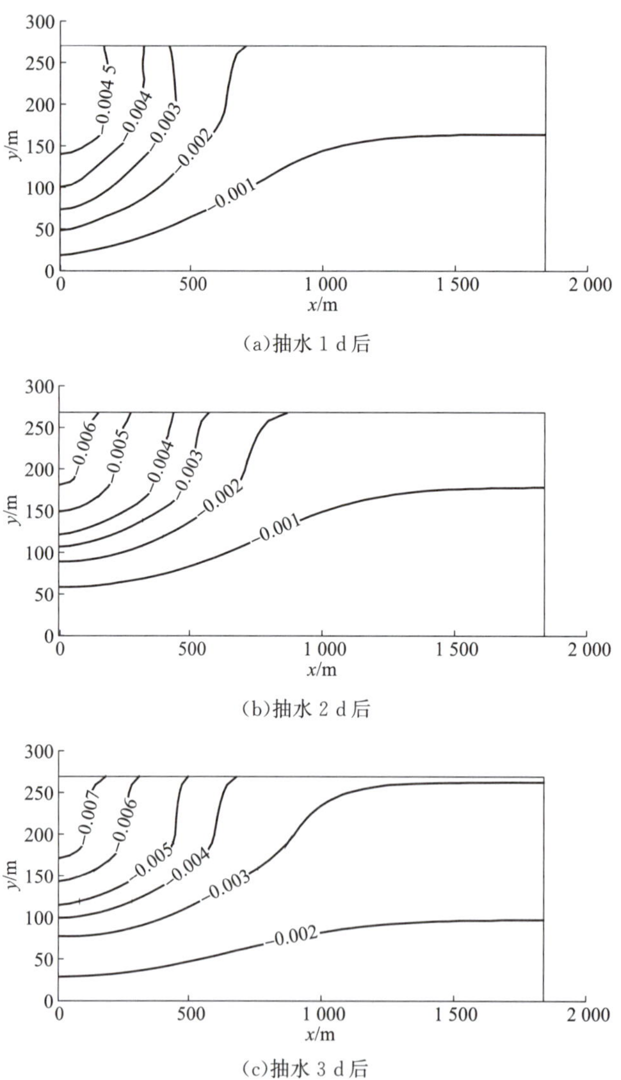

(a)抽水 1 d 后

(b)抽水 2 d 后

(c)抽水 3 d 后

图 4-62　桩网结构 L7 抽水方案地基竖向位移等值线(单位:m)

表 4-20 的计算结果表明，桩网结构的地基最大沉降比桩板结构的地基最大沉降要大 15%以上，尤其是在抽水的初始阶段，这种差别还要更大一些。这说明桩板结构的整体结构性要比桩网结构好。

表 4-20　两种桩形式地基竖向位移比较

桩　型	最大沉降量/mm			抽水井处地面沉降量/mm		
	1 d 后	2 d 后	3 d 后	1 d 后	2 d 后	3 d 后
桩板结构	3.5	4.9	6.3	-5.6×10^{-3}	-5.4×10^{-3}	-4.6×10^{-3}
桩网结构	4.6	6	7.4	-5.3×10^{-3}	-5.6×10^{-3}	-6.3×10^{-3}

表 4-21 的计算结果表明，两种类型的桩产生的地基不均匀沉降程度差不多，说明两种不同类型的桩对地面不均匀沉降的影响相差不大。

表 4-21　抽水 3 d 后地面不均匀沉降比较

桩　型	最左端沉降值/mm	离左端 1 km 处地面沉降值/mm	不均匀沉降值/mm
桩板结构	5.3	2.8	2.5
桩网结构	6.3	3.7	2.6

上述分析表明，当前工况下，桩板结构整体性较好，在地下水开采过程中产生的地面沉降值要小于桩网结构产生的地面沉降；两种结构下地面不均匀沉降的程度相差不大。

4.3　地层结构变化引起地面不均沉降影响分析

为评价非均匀地层条件下地面沉降对轨道交通桥梁结构的影响，构建了包含桥梁结构的非均匀地基模型，开展了排水条件下的离心模型试验。离心模型试验采用清华大学的 50g-ton 土工离心机进行。

试验设备、测量技术及土体应变变形规律见 2.3.2 节。

4.3.1　试验模型和材料

模型包含两个土层，上部土层所用土样为粉质黏土，下部土层采用标准砂。桥结构用有机玻璃制作，刚性桥桥面板与桥墩之间采用万能胶粘结，连接处可近似为刚性的连接，图 4-63 给出了试验所用桥梁模型的照片和示意图。注浆材料采用水泥材料。

构建包含桥梁结构的非均匀地基模型，开展排水条件下的离心模型试验，测试土层变形、孔隙水压力变化、结构应变等特征。

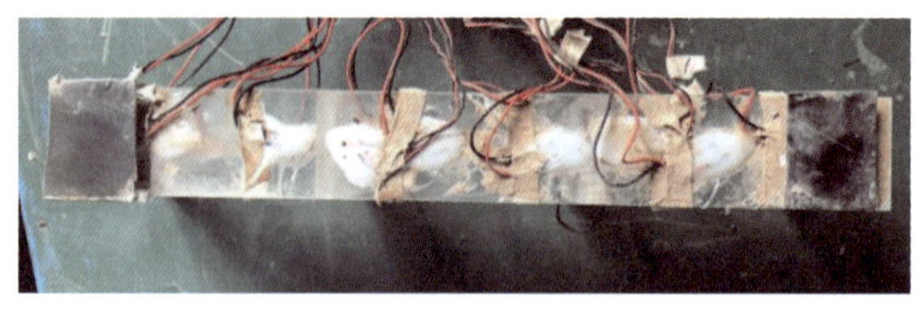

(a)照片

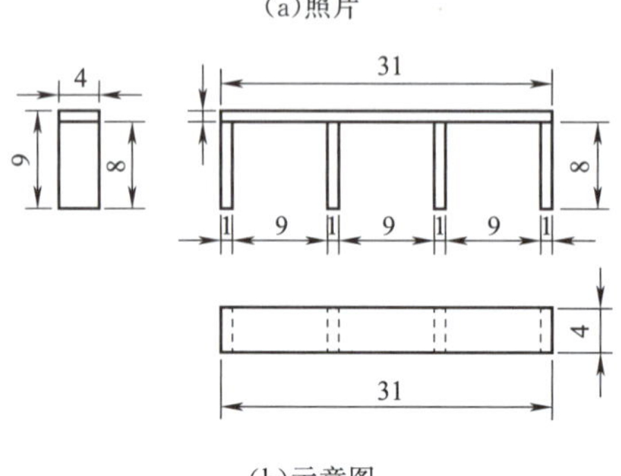

(b)示意图

图 4-63　桥梁结构模型照片和示意图(单位:cm)

图 4-64 为所制试验模型的示意图。通过在模拟桥梁结构物上粘贴应变片来测量当地基不均匀沉降时结构物的应变。试验中采用的应变片型号为 BX120-5AA,灵敏系数 2.08。制样时,桥结构模型被放置在靠近模型箱有机玻璃一侧,图中给出了桥梁结构物的埋置位置示意图,其中 Y1～Y18 为应变片,可以测量相应位置的轴向应变。图中 P1～P12 为孔压传感器,在地基的表面安装了三个位移传感器(W1～W3)。地基内部变形采用离心场非接触位移测量系统获得。

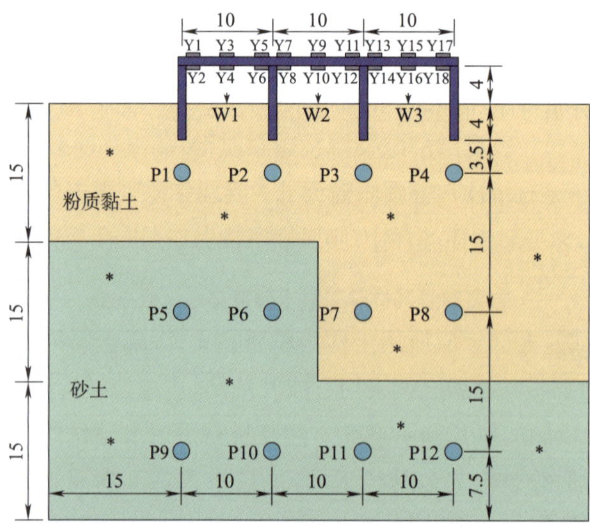

图 4-64　模型剖面图(单位:cm)

试验共排水 3 次，分为 6 个阶段：第 1 次排水（阶段 1，0～300 s）、第 1 次停止排水后至第 2 次开始排水前（阶段 2，300～3 000 s）、第 2 次排水（阶段 3，3 000～3 300 s）、第 2 次停止排水后至第 3 次开始排水前（阶段 4，3 300～5 100 s）、第 3 次排水（阶段 5，5 100～5 400 s）以及第 3 次停止排水后（阶段 6，5 400～8 000 s）。地基沉降变形规律如图 2-25 所示。（详见 2.3.2 节）

4.3.2　桥梁结构应变变形规律分析

图 4-65 给出了试验过程中结构物相应位置轴向应变的变化过程曲线，其中受拉为负，受压为正。由于排水条件下地基发生了不均匀沉降，右侧地基的沉降明显大于左侧地基，因此右侧的桥墩相对于左侧桥墩发生了沉降，由于桥面与桥墩近似为刚性连接，所以桥面在沉降大的 Y17 处会发生压缩形变，而在沉降小的 Y1 处会发生拉伸形变。桥面的各部分以压缩变形为主，这可能是由于地基在不均匀沉降的同时也发生了水平变形，对桥墩产生了挤压作用。从试验结果可以看出，每次排水过程都会使桥面产生应变，对于桥面的大部分位置，第一次排水导致桥面发生的应变最大，这与第一次排水导致了最大的地基沉降的规律是一致的。随着排水次数的增加，地基沉降不均匀程度的逐渐增加，桥面的应变也随之逐渐增大，最终趋于稳定。

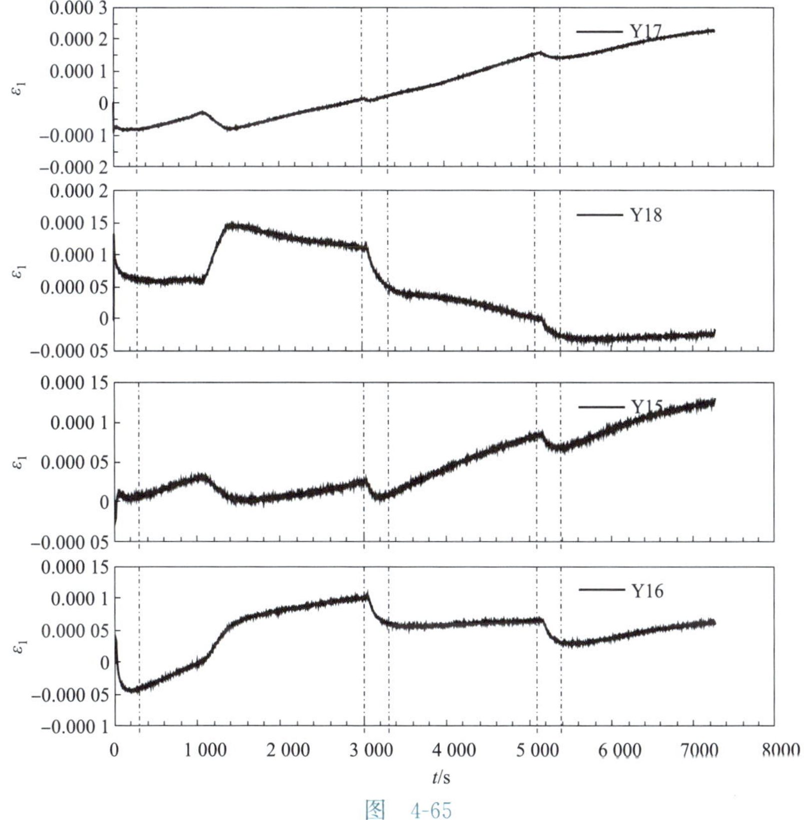

图　4-65

图 4-65

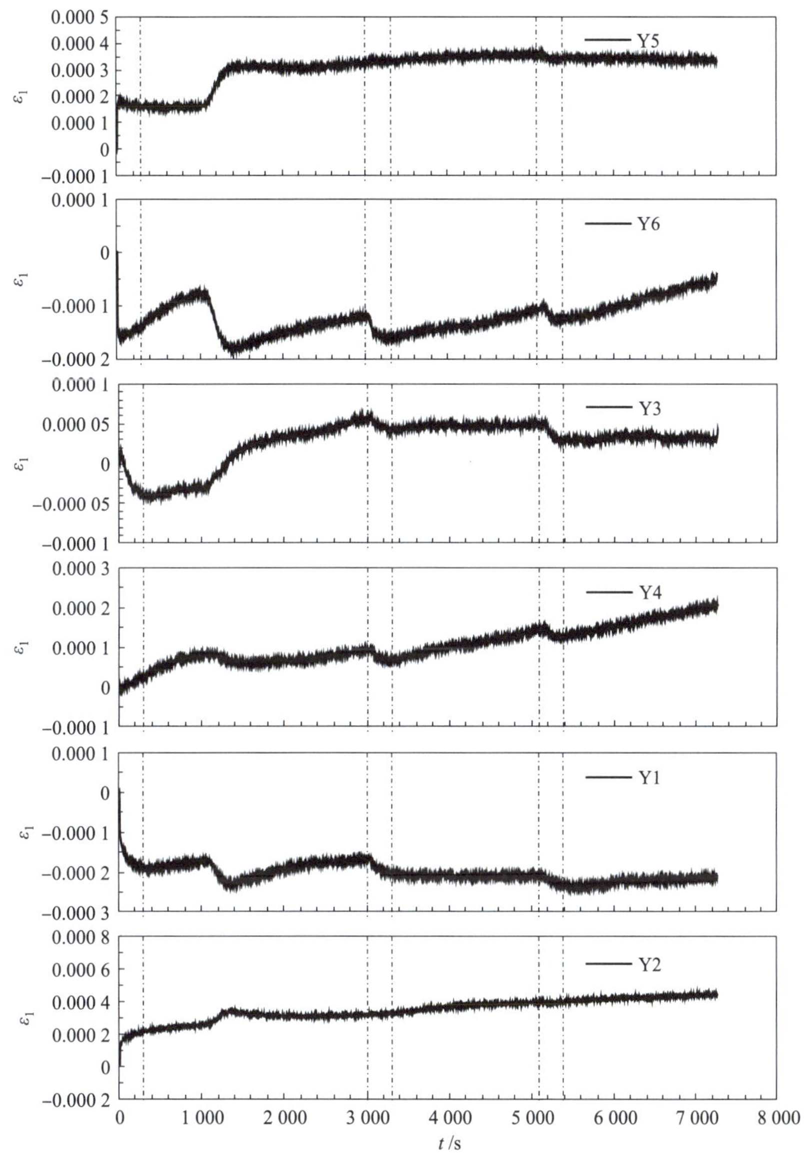

图 4-65　桥面相应位置轴向应变 ε_1 变化过程

将相应位置上下桥面的轴向应变相减，可得到桥面此位置的轴向偏差应变，它反映了桥面所承受的弯矩。图 4-66 给出了排水结束后的桥面轴向偏差应变分布图，可以看出，桥墩附近的桥面处的轴向偏差应变较大，其中第 1 个和第 3 个桥墩附近的桥面轴向偏差应力最大，说明这里所受的弯矩比较大，受地基不均匀沉降的影响比较明显，最容易发生破坏。

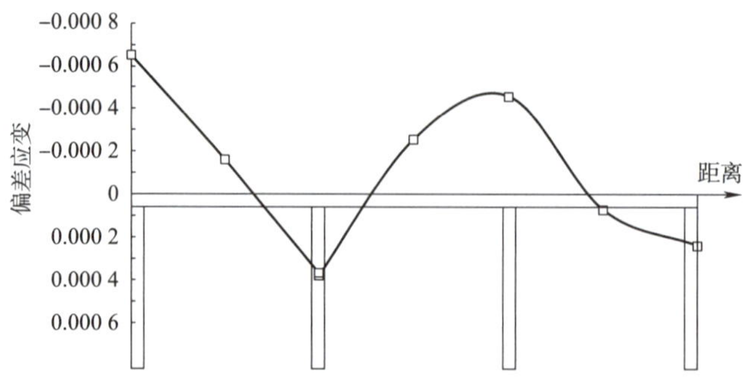

图 4-66 桥面轴向偏差应变分布

将相应位置上下桥面的轴向应变相加除以 2,可得到桥面此位置的中性轴应变,此应变反映了桥面所受轴力的情况,如图 4-67 所示,可以看出,整个桥面受到了一定的轴力,主要为压应力,这是地基的水平位移对桥墩产生挤压造成的。

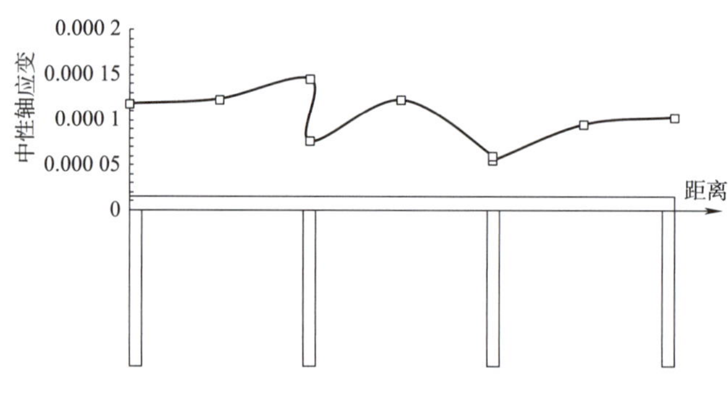

图 4-67 桥面中性轴应变分布

4.4 地面沉降对无砟轨道结构及扣件影响分析

地面沉降路段内的不均匀沉降一方面将影响轨道结构受力,严重时可能造成轨道结构产生较大的损伤;另一方面将引起无砟轨道轨面形成一定的长短波不平顺,对行车安全性和列车运行平稳性可能造成严重的影响。

以某城际铁路沿线地面沉降区为例,分析范围为 JJK8＋809.10(89 号)～JJK21＋337.20(473 号)段,数据来源于 2013 年 7 月份实测轨面高程。

分析范围实测轨面高程与竣工轨面高程对比情况如图 4-68 所示。

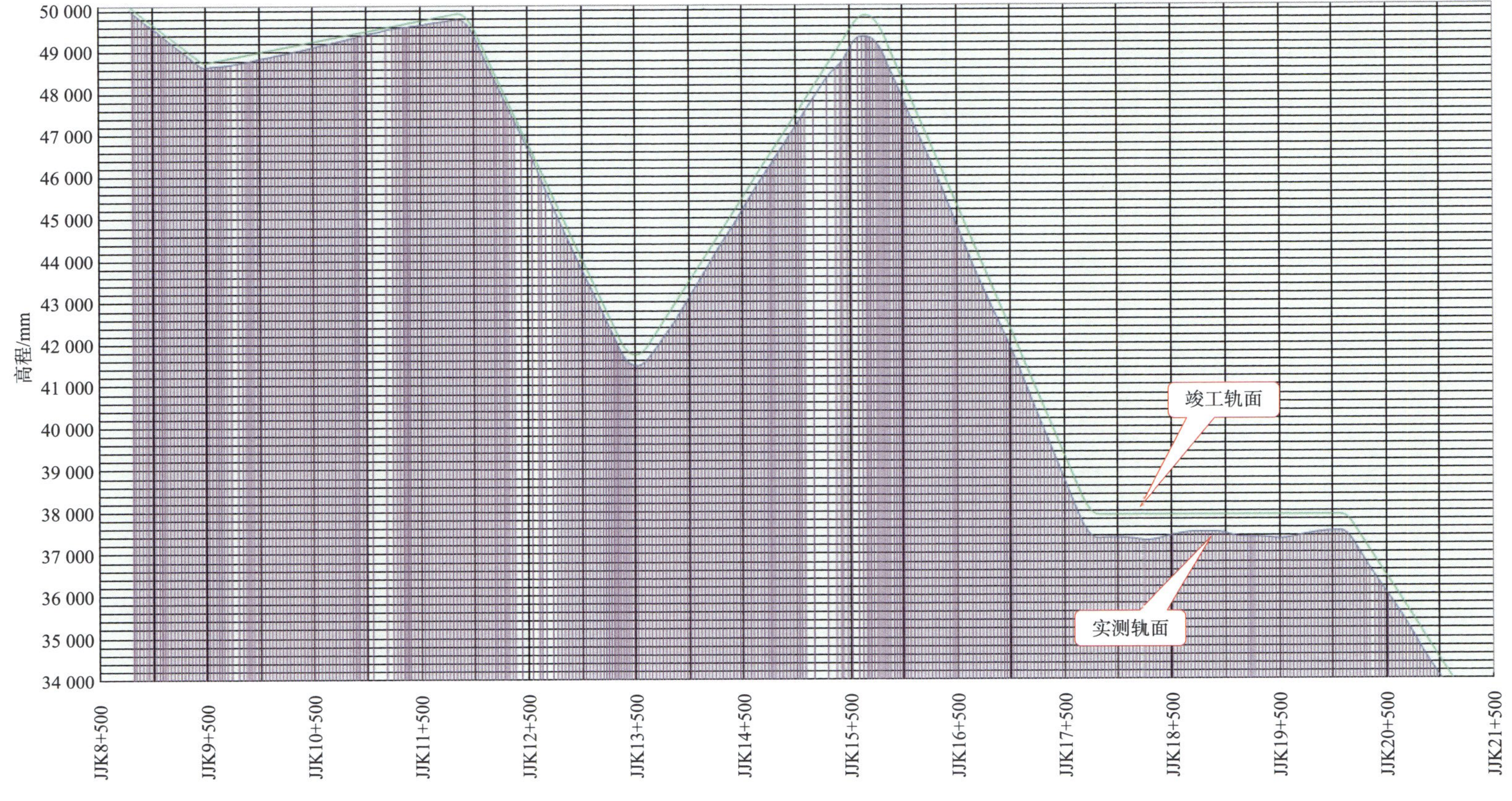

图 4-68　实测轨面高程与竣工轨面高程对比示意图

4.4.1 分析计算模型

相邻墩台沉降会引起轨道结构的变形，桥墩沉降通过底座板与桥梁间的摩擦和固定支座处的固结机构对纵连轨道结构产生附加轴向拉/压力，同时对剪力齿槽固结机构产生附加力。

1. 计算模型

根据 CRTS Ⅱ型板式无砟轨道桥上连续底座纵向传力特点，建立线板桥墩空间一体化纵向力计算模型(图 4-69)，线路纵向考虑钢轨、纵连道床板、桥梁和桥墩的相互作用。

为反映纵连轨道结构的纵向传力特性以及其影响因素，在模型中将结构都简化为层状体系的杆件，结构层之间的连接采用非线性弹簧单元进行模拟(图 4-70)。

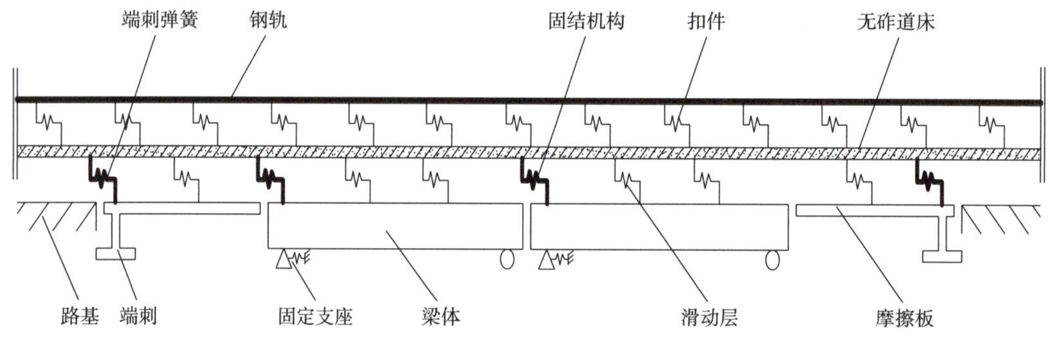

图 4-69　无砟轨道力学模型示意图

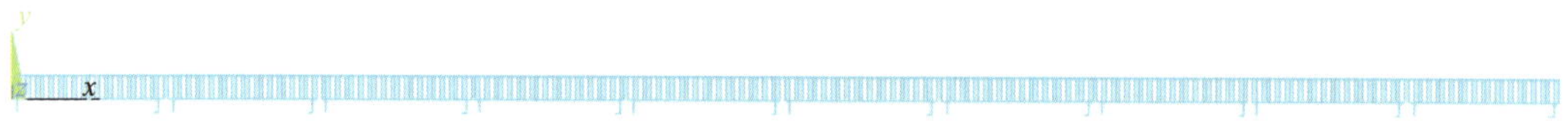

图 4-70　无砟轨道有限元计算模型

2. 计算参数

轨道板宽度为 2.55 m，高度为 0.2 m，弹性模量为 32 800 MN/m^2；底座板宽度为 2.95 m，平均高度为 0.23 m(具体工点根据实设超高取值)，弹性模量为 26 700 MN/m^2；底座与桥梁之间的摩擦系数取 0.3。

3. 荷载种类及荷载组合

CRTS Ⅱ型板式无砟轨道部件采用极限状态法进行设计，对不同种类的荷载采用不同安全系数和组合系数，根据荷载组合，计算底座板最大拉/压力并进行配筋设计，与施工图设计进行比较，分析轨道结构的安全性。

荷载种类见表 4-22。

表 4-22　荷载种类列表

恒　载	荷　载
支座沉降 s_K	列车竖向荷载 Q_{ZK}
混凝土收缩 t_S	列车制动荷载 Q_{BK}
	温度荷载 t_K
	桥梁竖向温差 t_{2K}

正常使用极限状态温度主导：

$$E_d=0(Q_{ZK}+Q_{BK})+0.6t_K+0.6t_{2K}+t_S+s_K$$

温度主导时可不考虑列车荷载和制动荷载，所以 $Q_{ZK}+Q_{BK}$ 的系数取 0。

正常使用极限状态荷载主导：

$$E_d=0.8Q_{ZK}+0.8Q_{BK}+0.5t_K+t_S+0.5t_{2K}+s_K$$

承载力极限状态活载主导：

$$E_d=1.45\times Q_{ZK}+1.45\times Q_{BK}+1.5\times 0.8t_K+1.35\times s_K+1.5\times 0.8\times t_{2K}+1.35t_S$$

承载力极限状态温度主导：

$$E_d=1.45\times 0.8Q_{ZK}+1.45\times 0.8Q_{BK}+1.5t_K+1.35s_K+1.5t_{2K}+1.35t_S$$

只有温度作用下对承载力极限状态验算：

$$E_d=1.5t+1.5t_{2K}$$

4.4.2　工点计算分析

根据某城际铁路桥梁沉降区段实测沉降数据反映的差异变形情况，对差异沉降变形较大的简支梁地段的轨道结构进行分析计算。

上述工点位于曲线地段，底座板超高 160～165 mm，配筋：48ϕ16＋14ϕ20 HRB500 钢筋（配筋量 140.5 cm^2），钢筋抗拉强度为 435 MPa。底座板配筋设计如图 4-71 所示。

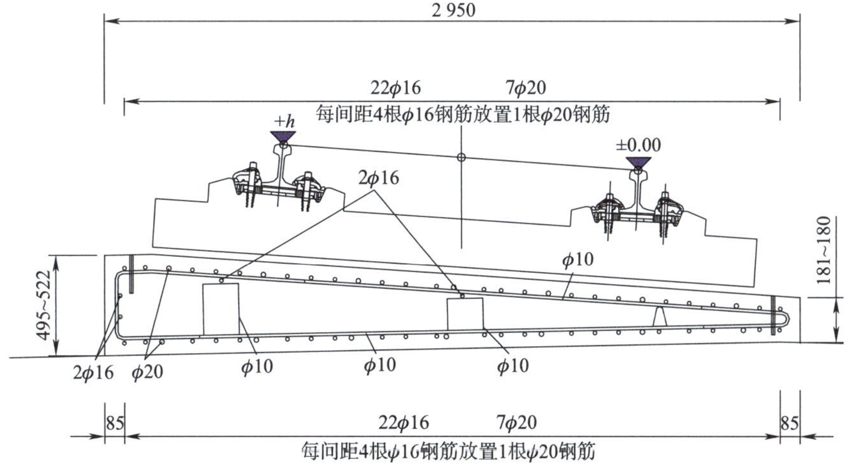

图 4-71　底座板配筋设计图（单位：mm）

1. 底座板受力及配筋计算

底座板受力及配筋计算见表 4-23。

表 4-23 不同墩台沉降值底座板的附加拉/压力和底座板配筋量

墩台沉降值/mm	底座附加拉力/kN	底座附加压力/kN	正常使用极限状态温度主导(裂纹宽度控制 0.2 mm 内)/cm²	正常使用极限状态活载/制动主导(裂纹宽度控制 0.3 mm 内)/cm²	承载力极限状态温度主导/cm²	承载力极限状态活载/制动主导/cm²
5	65.1	11.8	139.5	138.7	119.0	113.3
10	130.1	23.7	139.8	139.3	120.9	115.2
15	195.2	35.6	139.9	139.8	122.8	117.1
20	260.3	47.5	140.1	140.6	124.7	119.0
25	306.2	60.9	140.2	141.0	126.0	120.3
30	390.5	71.3	140.5	141.9	128.5	122.8
35	445.6	83.2	140.7	142.5	130.1	124.4
40	520.7	95.1	141.0	143.4	132.3	126.6
50	650.9	118.9	141.6	144.9	136.1	130.4
60	781.1	142.6	142.2	146.6	139.9	134.2
70	911.3	166.2	142.8	148.2	143.7	138
80	1 041.5	189.8	143.4	149.8	147.5	141.8
90	1 171.7	213.4	144	151.4	151.3	145.6
备注			影响结构耐久性		影响结构受力安全性	

由表 4-20 可知，底座板所需配筋量随差异变形的增加而增加，但变化幅度并不大，根据计算数据，当相邻墩台差异变形超过 20～30 mm 时，底座板可能产生超过允许宽度的裂纹，影响结构耐久性，进而影响结构安全。

为确保结构耐久性不受影响，建议对差异沉降较大的地段采用适当的处理措施，避免宽度较大裂纹的形成和发展，进而影响结构安全。

2. 扣件安全性检算

由于 CRTS Ⅱ型板式无砟轨道为纵连结构，梁端底座板下设置的高强度挤塑板具有良好的变形能力，可缓解梁端位移和转角对无砟轨道的影响，扣件所受的拉、压力很小，相邻墩台差异变形对扣件的影响见表 4-24。

表 4-24 相邻墩台差异变形对扣件的影响

相邻墩台差异变形值/mm	扣件上拔力/kN	扣件(WJ-8C)上拔力限值/kN
5	0.066	18
10	0.132	
20	0.264	

续上表

相邻墩台差异变形值/mm	扣件上拔力/kN	扣件(WJ-8C)上拔力限值/kN
30	0.397	18
40	0.531	
60	0.853	
80	1.139	
100	1.423	
120	1.708	

在计算工况范围内，扣件上拔力受墩台差异变形的影响较小，如图 4-72 所示。

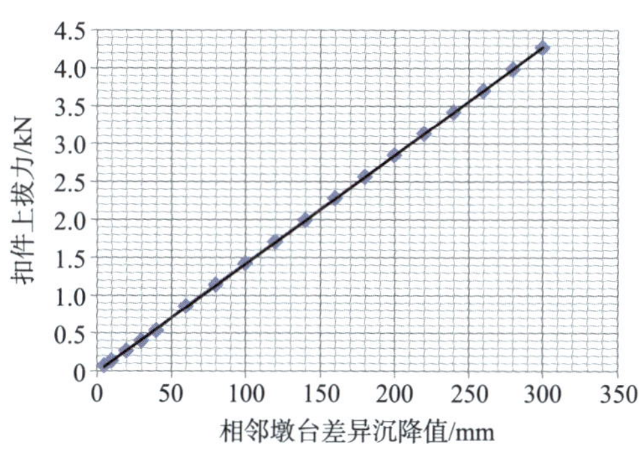

图 4-72　扣件上拔力随墩台沉降变化曲线

3. 纵连底座板稳定性分析

把两侧向挡块间的纵连底座板看作两端固定的压杆，根据欧拉公式可知压杆的临界压力为

$$F_{cr}=\frac{\pi^2 EI}{(\mu l)^2} \tag{4-3}$$

式中　E——弹性模量，Pa；

I——截面惯性矩，m^4；

μ——长度系数，反映不同约束情况对临界应力的影响；

l——杆长，m。

长度系数 μ 的取值取决于压杆的两端约束：两端铰支，取 $\mu=1.0$；一端固定，一端铰支，取 $\mu=0.7$；两端固定，取 $\mu=0.5$；一端固定，一端自由，取 $\mu=2.0$。

按 $\mu=0.5$，扣压式侧向挡块间距为 8 m，底座板宽度为 2.95 m，高度为 0.19 m，则截面惯性矩 I 为

$$I=\frac{b\cdot h^3}{12}=\frac{2.95\times0.19\times0.19\times0.19}{12}\ \text{m}^4=1.686\times10^{-3}\ \text{m}^4$$

式中，b 为底座板宽度，m；h 为底座板高度，m。

临界压力 F_{cr} 为

$$F_{cr}=\frac{3.14^2\times3.15\times10^{10}\times1.686\times10^{-3}}{(0.5\times8)^2}\ \text{N}=32.73\ \text{MN}$$

轨道板和底座板通过剪力销钉连接，整体抵抗压力作用，扣压式侧向挡块间距取 6 m。底座板最大温升按 26 ℃考虑。

$$F_{cr}=\frac{3.14^2\times3.15\times10^{10}\times1.686\times10^{-3}}{(0.5\times6)^2}\ \text{N}=58.18\ \text{MN}$$

底座板受到的温度压力按下式计算：

$$F_{附}=E_{eq}\cdot A\cdot\alpha\cdot\Delta t$$

式中 E_{eq}——等效弹性模量，Pa；

A——断面积，m^2；

α——线膨胀系数，$℃^{-1}$；

Δt——最高温升，℃。

当底座板整体温升 Δt 为 26 ℃时，E_{eq} 取 3.15×10^{10} Pa，线膨胀系数 α 取 11.8×10^{-6}/℃，则底座板受到的温度压力为

$$F_{附}=3.15\times10^{10}\times2.95\times0.19\times11.8\times10^{-6}\times26\ \text{N}=5.42\ \text{MN}$$

底座板富余的抗压力为

$$F_{sr}=F_{cr}-F_{附}=58.18\ \text{MN}-5.42\ \text{MN}=52.76\ \text{MN}$$

上述计算分析表明，底座板的稳定性满足要求，并有较大的富余量。因此，底座板的稳定性受墩台差异变形的影响较小。

4. 剪力齿槽安全性分析

简支梁地段底座板与梁体间设置 3 排剪力齿槽+2 排剪力筋的固结机构，可以承受 2 130 kN 的纵向力。

剪力齿槽固结机构在不同沉降量情况下产生的附加纵向力见表 4-25。

表 4-25 差异变形产生的剪力齿槽纵向附加力

工况(相邻墩台差异变形值/mm)	由于差异变形产生的剪力齿槽附加纵向力/kN	其余荷载作用下剪力齿槽纵向力/kN	一般简支梁地段固结机构允许纵向力/kN
10	148	1 038	2 130
20	297		
30	445		
40	594		
50	742		
60	890		
70	1 039		
80	1 187		
100	1 484		
120	1 781		

当相邻墩台差异变形超过 70 mm 时，底座板与梁体间固结机构的承载力将不足，影响结构安全。

通过计算分析，可得出以下结论：

（1）该桥梁部分沉降地段相邻墩台间的差异变形量已接近或达到影响轨道结构耐久性的限值范围（计算限值 20～30 mm），为确保结构耐久性不受影响，建议对上述工点采用适当的梁部抬升处理措施，控制相邻墩台间的差异变形量，避免宽度较大裂纹的形成和发展，进而影响结构安全，应加强观测，并实施整修，避免沉降变形的进一步发展。

（2）沉降变形对底座板稳定性和扣件系统安全性影响较小，不影响结构安全。

（3）当相邻墩台差异变形超过 70 mm 时，底座板与梁体间固结机构的承载力将不足，影响结构安全，应严格控制。

参 考 文 献

[1] BURBEY T J. Three-dimensional deformation and strain induced by municipal pumping, Part 2: Numerical analysis[J]. Journal of Hydrology, 2006, 330(3):422-434.

[2] LUO Z J, ZENG F. Finite element numerical simulation of land subsidence and groundwater exploitation based on visco-elastic-plastic biot's consolidation theory[J]. Journal of Hydrodynamics, Ser. B, 2011, 23(5):615-624.

[3] RIVERA A, LEDOVX E, DE MARSILY G. Nonlinear modeling of groundwater flow and total subsidence of the Mexico City aquifer-aquitard system[C]//Proceedings of the Fourth International Symposium on Land Subsidence, IAHS Publ, Houston,USA, 1991.

[4] SHEN S L, XU Y S. Numerical evaluation of land subsidence induced by groundwater pumping in Shanghai[J]. Canadian Geotechnical Journal, 2011, 48(9):1378-1392.

[5] 陈杰，朱国荣，顾阿明，等. Biot 固结理论在地面沉降计算中的应用[J]. 水文地质工程地质，2002(2)：28-31.

[6] 郭占荣，曲焕林，崔小东，等. 天津市地面沉降数值模拟研究[J]. 地球学报，1998，19(4)：415-422.

[7] 李国和，许再良，孙树礼，等. 华北平原地面沉降对高速铁路的影响及对策[J]. 铁道工程学报，2007(8)：7-12.

[8] 李国和，张建民，许再良. 华北平原地面沉降对高速铁路桥梁工程的影响研究[J]. 岩土工程学报，2009，31(3)：346-352.

[9] 刘希亮，罗静. 深厚表土底部含水层疏水沉降试验及其数值模拟研究[J]. 煤炭学报，2004，29(2)：172-176.

[10] 刘远锋，梅传书，李国和，等. 环境因素对路基沉降影响的分析[J]. 水文地质工程地质，2002(6)：51-53.

[11] 冉启全，顾小芸. 考虑流变特性的流固耦合地面沉降计算模型[J]. 中国地质灾害与防治学报，1998，9(2)：88-93.

[12] 吴林高，缪俊发. 抽灌水作用下土层变形及应力应变本构律的研究[J]. 地球科学，1995(5)：581-588.

[13] 张云,薛禹群,李勤奋.上海现阶段主要沉降层及其变形特征分析[J].水文地质工程地质,2003(5):6-11.

[14] 张云,薛禹群,吴吉春,等.抽灌水条件下上海砂土层的变形特征和变形参数[J].水利学报,2006,37(5):560-566.

[15] 张云,薛禹群,吴吉春,等.上海第四纪土层邓肯—张模型的参数研究[J].水文地质工程地质,2008(1):19-22.

[16] 张云,薛禹群,吴吉春,等.上海砂土蠕变变形特征的试验研究[J].岩土力学,2009,30(5):1226-1230.

[17] 李国和,张建民,许再良.华北平原地面沉降对高速铁路桥梁工程的影响研究[J].岩土工程学报,2009,31(3):346-352.

[18] 李国和,张建民,张嘎.水井抽水引起地基沉降影响范围探讨[J].铁道工程学报,2014(1):23-27,32.

第5章 地面沉降对高速铁路轨道平顺性影响评估

引起地面沉降的压缩层深度一般都大于高速铁路基础埋深，当发生地面沉降时，会引起高速铁路基础一同下沉，并使轨下结构发生变形，影响无砟轨道的受力与平顺性，尤其局部的不均匀沉降会使轨道的垂向平顺性明显降低，引起较大的轮轨动力响应，造成车体垂向加速度、轮轨力、无砟轨道结构应力的增加，直接影响列车运行的舒适度和安全性。因此，十分有必要在分析地面沉降引起高速铁路工程结构变形基础上，进一步分析高速铁路沿线地面沉降对列车-线路动力相互作用的影响，揭示地面沉降环境下车辆和轨道系统动力响应规律，以全面客观地分析评价高速铁路沿线地面沉降对轨道平顺性的影响，指导地面沉降防治及高速铁路运营维护工作。

5.1 无砟轨道地段对工后沉降的要求

5.1.1 国内对铺设无砟轨道地段的工后沉降及结构变形要求

当高速铁路穿越地面沉降区时，地面沉降首先引起路基、桥梁及隧道等基础工程变形，进而影响到轨道结构及其平顺性。因此，轨道平顺性要求与路基、桥梁及隧道基础变形控制要求是分不开的。

1. 路基地段

无砟轨道地段路基在无砟轨道铺设完成后的工后沉降应满足扣件调整和线路竖曲线圆顺的要求。工后沉降一般不应超过扣件允许的沉降调高量 15 mm；沉降比较均匀、长度大于 20 m 的路基，允许的最大工后沉降量为 30 mm，并且调整轨面高程后的竖曲线半径应满足：

$$R_a \geqslant 0.4 \times v_e^2 \tag{5-1}$$

式中 R_a——沉降曲率半径，m；

v_e——设计速度，km/h。

路桥或路隧交界处的差异沉降不应大于 5 mm，过渡段沉降造成的路基与桥梁或隧道的折角不应大于 1/1 000。

2. 桥梁地段

(1)梁体竖向变形的限值应符合下列规定:

①梁端部结构,在 ZK 活载静力作用下,梁端竖向转角不宜大于 1‰。

②梁长 $L \leqslant 50$ m 预应力混凝土简支结构,无砟轨道铺设后的徐变上拱度不应大于 10 mm;梁长 $L > 50$ m 时,无砟轨道铺设后的徐变上拱度不应大于 $L/5\ 000$,且不得大于 20 mm。

③高墩桥梁、大跨度桥梁尚应考虑结构长期变形对无砟轨道平顺性的影响;必要时,应把扣件无法调整的长期变形(上拱或下挠)作为轨道附加不平顺进行车桥耦合分析检算。

④设有纵向坡度的桥梁,由于活动支座水平位移引起的梁缝两侧钢轨支承点间的相对竖向位移不宜大于 1 mm。

(2)梁体横向变形的限值应符合下列规定:

①梁缝两侧的钢轨支点横向相对位移不应大于 1 mm。

②对于高墩大跨桥梁,尚应考虑日照、温差等因素对结构变形的影响。必要时,应将这种变形作为轨道不平顺进行车桥耦合分析计算。

(3)由于结构各种变形引起的梁缝两侧或梁体与路基两侧扣件的附加上拔力和弹性垫板附加压应力不应超过规定的限值。

(4)墩台基础的沉降量按恒载计算,其工后沉降量应满足:墩台均匀沉降量≤20 mm;相邻墩台沉降量之差≤5 mm。

5.1.2 国外对铺设无砟轨道地段工后沉降的规定

1. 德国

路基可能产生不可预测的残余变形区段、地下水位高出钢轨顶面以下 1.5 m 的路基区段均不应铺设无砟轨道。

长度大于 20 m 的沉降比较均匀的路基,允许的最大工后沉降量为扣件允许调高量减去 5 mm 的 2 倍。特殊情况下,如能够通过调整竖曲线来消除沉降的影响,则最大沉降可为 60 mm。但在未经德铁总部特别许可下,只局限于路堤高度超过 10 m 并且与桥的距离不小于 5 000 m 的情况下使用。

2. 日本

板式轨道路基变形标准见表 5-1。

表 5-1　日本新干线板式轨道路基变形标准

限制项目		限制值		备注
路基挠曲量	新干线荷载	$L/1\ 600$		L 为简支梁挠曲假设时的跨度,m
轨道水平垂直变形	列车速度:260 km·h^{-1}	错位 $\delta=2$ mm	平行移动 $\theta=3.5/1\ 000$	折角 $\alpha=4/1\ 000$
最终沉降量		30 mm		
半正弦波形的路基挠曲δ δ 假设跨距L/m	错位 δ		平行移动θ θ	折角 α

5.1.3　对于区域性沉降区段铺设无砟轨道的分析

对于区域性沉降区段,考虑到区域性沉降主要是由于过量抽取深层地下水,造成取水地点附近地表面呈漏斗状下沉,当地表面是整体均匀下沉时,沉降对轨道不会产生太大影响。

但如由于地质情况突变、浅层地下水开采等因素,造成小范围内发生较大差异沉降时,将会对轨道产生影响。借鉴我国及德国相关规定,针对不同线下基础类型发生小范围的差异沉降情况进行分析研究如下。

轨道施工完成后的沉降不应超过某一个值,否则会影响到轨道几何形状,从而无法保障列车的安全运营。对于无砟轨道而言,允许值取决于钢轨扣件的类型,但一般来说,要小于有砟轨道的允许值。

对于小范围内发生的较大不均匀沉降,在实际运营中只能通过利用扣件调高能力,将不均匀沉降圆顺为一定半径的竖曲线。根据我国及德国相关规定,沉降曲率半径 $R_a \geqslant 0.4\times v_e^2$。利用竖曲线拟合不均匀沉降,如图 5-1 所示。

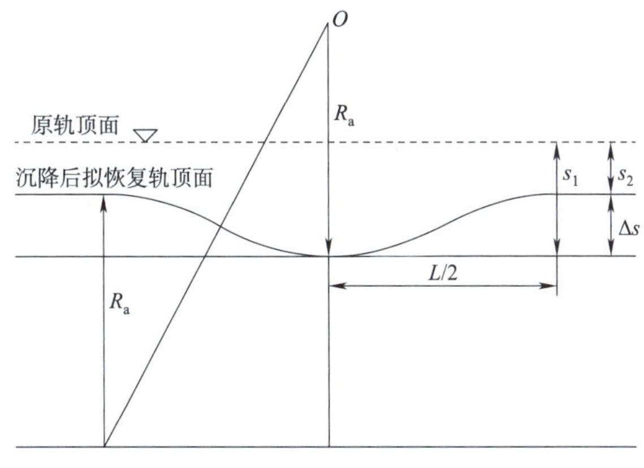

图 5-1　竖曲线拟合不均匀沉降图

根据有关数学公式推导，得

$$(2R_a)^2=(L/2)^2+(2R_a-\Delta s)^2 \tag{5-2}$$

即可得到

$$\Delta s=2R_a-\sqrt{4R_a^2-(L/2)^2} \tag{5-3}$$

为满足 $R_a \geqslant 0.4\times v_e^2$，即要求

$$\Delta s \leqslant 2R_a-\sqrt{4R_a^2-(L/2)^2} \tag{5-4}$$

通过计算可知，对于列车运营速度为 350 km/h 的线路，其最小沉降曲率半径为 49 000 m，其对应的不均匀沉降限值应满足表 5-2 要求。

表 5-2 不均匀沉降限值

沉降点距离/m	10	20	30	40	50	110
最大允许沉降差(v_e=350 km/h)/cm	0.05	0.2	0.5	0.8	1.3	6.0

根据以上分析，提出下列要求。

1. 路基地段

(1)区间正线地段

在 110 m 范围内不应发生大于 6 cm 的差异沉降，以保证调整轨面高程后竖曲线半径满足 $R_a \geqslant 0.4\times v_e^2$ 的要求。利用竖曲线拟合不均匀沉降，如图 5-2 所示。

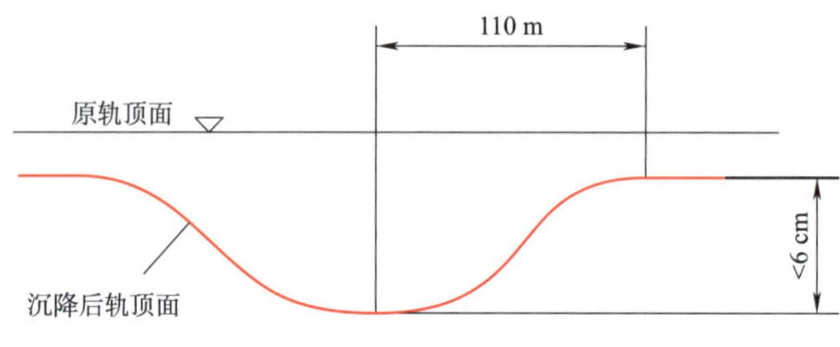

图 5-2 竖曲线拟合不均匀沉降图

(2)车站道岔区地段

车站道岔不应与竖曲线重叠，因此设置道岔地段不应考虑发生差异沉降后采用竖曲线调整的方案。道岔区地段应满足铺设无砟轨道后，30 m 范围内不发生大于 5 mm 的差异沉降。

(3)桥梁地段

对于长联连续梁不能采用调高支座进行调高的地段，在长联连续梁及临近的桥梁孔跨范围应符合相邻墩台沉降量之差≤5 mm。

对于可以采用调高支座进行调高的地段，在 110 m 范围内不应发生大于 6 cm 的差异沉降，以保证调整轨面高程后竖曲线半径满足 $R_a \geqslant 0.4\times v_e^2$的要求。

(4)路桥过渡段

路桥交界处的差异沉降不应大于 5 mm,过渡段沉降造成的路基与桥梁或隧道的折角不应大于 1/1 000。

通过以上分析可知,地面沉降的影响主要来源于沉降差异造成的地面波状起伏的大小。假定某一段落地面沉降为均匀的下降盆地,所造成的下降曲线为一段圆弧,其曲率半径可由下式求得:

$$R_c = 0.5[(L/2)^2 + \Delta h^2]/\Delta h \tag{5-5}$$

式中　L——弦长,代表下降盆地宽度;

Δh——弧高,代表一定时间内的最大差异沉降量。

在一定范围内产生的差异沉降为

$$\Delta s = 2R_c - \sqrt{4R_c^2 - (L/2)^2} \tag{5-6}$$

5.2　高速铁路列车-线路动力相互作用动力学模型分析

车辆与线路的动力相互作用实质上是通过轮轨动力相互作用来实现的,即车辆的动荷载首先通过轮对作用于钢轨,钢轨通过支点将作用力传至线下结构,与此同时线下结构的振动又对轮轨动力相互作用产生直接影响。这种轮轨动作用力与轮轨关系密切相关,其大小、方向直接取决于轮轨接触几何状态(踏面形状、表面不平顺)和轮轨振动状况(轮轨接触点压缩变形量及相对运动速度)。在考虑线形和不均匀沉降的因素后,轮轨接触几何状态和轮轨的振动状况更为复杂,高速铁路列车-线路相互作用原理框图如图 5-3 所示。

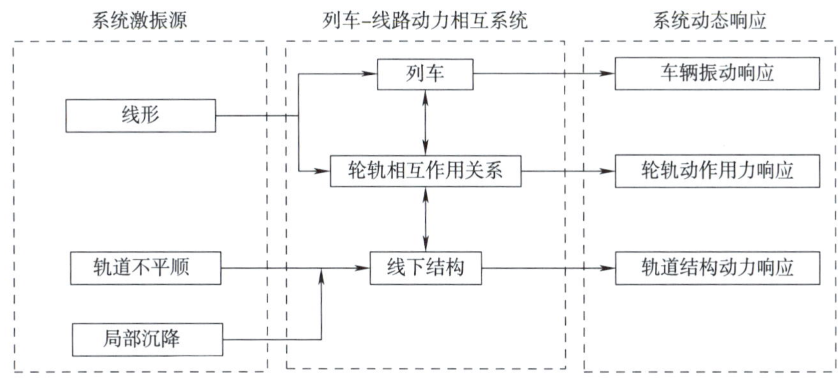

图 5-3　相互作用原理框图

5.2.1　建模的原则

考虑到高速铁路列车-线路动力相互作用系统中车辆、线下结构、线形与线下结构不均匀沉降的特点，遵循以下原则进行建模：

(1)对于高速动车组，采用四轴机车车辆模型，详细考虑其动力特性，特别是一、二系悬挂非线性特性。例如，高速列车普遍采用抗蛇行减振器以提高其失稳临界速度，而抗蛇行减振器的动力特性具有典型的饱和非线性。

(2)精确描述轮轨动态作用关系。这是正确分析列车运行安全性的前提，因为轮轨关系直接决定轮轨垂向、横向作用力，因而直接影响脱轨系数、轮重减载率等行车安全性指标。

(3)对于线下结构，分为两种模式建模。一种针对全里程路段计算的工况，由于线下结构规模大，为提高计算效率，在建立动力学模型时，可依据振动特点，简化线下结构；另一种针对特殊局部路段，在建立动力学模型时，详细考虑不同线下结构参振的影响。

(4)高速铁路列车-线路动力相互作用系统中，线形的影响体现在车辆各部件所受的离心力中，因此在车辆的动力学方程中直接体现。

(5)不均匀沉降的影响主要体现在轨道不平顺的变化上，因此在具体建模时，将不均匀沉降叠加在轨道不平顺中，作为轮轨之间的激励输入。

5.2.2 四轴机车车辆模型

四轴机车车辆模型由车体、构架及轮对共七个刚体以及一、二系悬挂组成，如图 5-4～图 5-6 所示。每一个刚体考虑垂向、横向、侧滚、摇头、点头五个运动自由度。因此，每一车辆共有 35 个自由度。根据各刚体之间的相对位移和相对速度，可以得到各个悬挂力的表达式，继而可得到各部件的运动方程。

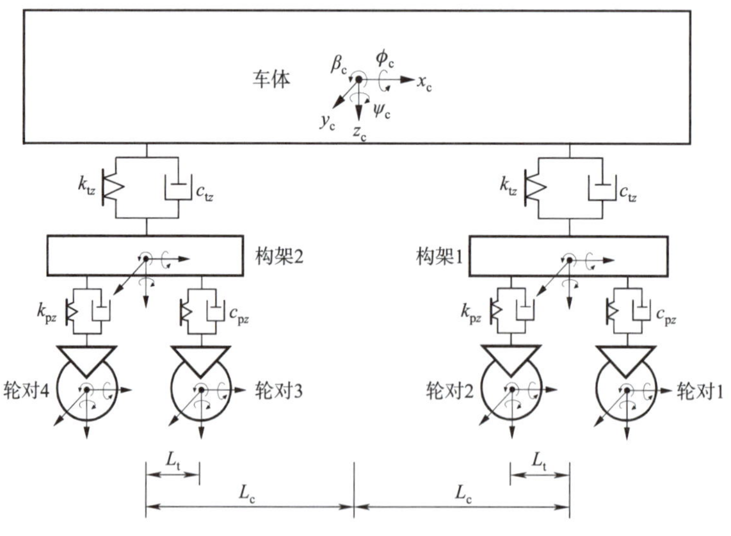

图 5-4　四轴机车车辆动力学模型——侧视图

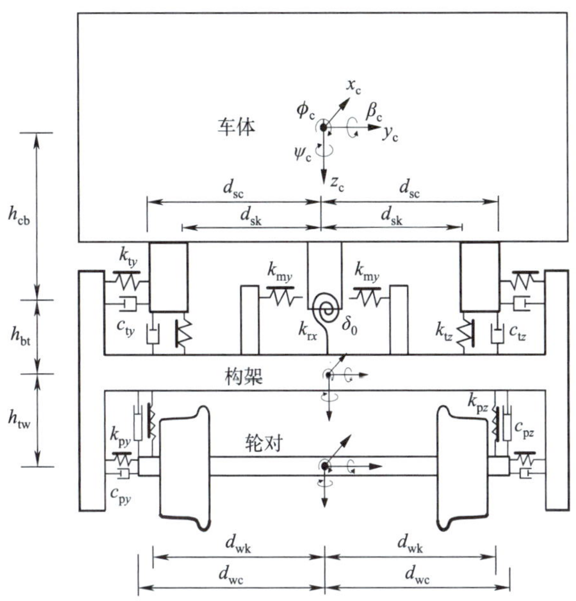

图 5-5　四轴机车车辆动力学模型——端视图

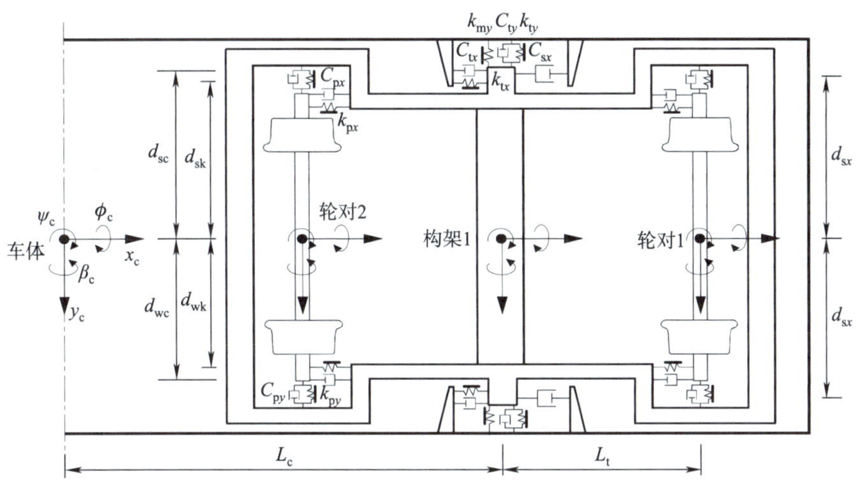

图 5-6　四轴机车车辆动力学模型——俯视图

5.2.3　线下结构模型

1. 轨道模型

目前，中国高速铁路无砟轨道的类型主要有双块式无砟轨道与板式无砟轨道。双块式无砟轨道主要由钢轨、扣件、预制的双块式轨枕、混凝土道床板等组成，主要有 CRTSⅠ、CRTSⅡ两种型号。图 5-7 为武广、郑西高速铁路上铺设的双块式无砟轨道。

(a)武广高速铁路

(b)郑西高速铁路

图 5-7　双块式无砟轨道

板式无砟轨道由钢轨、扣件、预制轨道板、水泥沥青砂浆调整层、混凝土支承层或钢筋混凝土底座等组成，主要有 CRTSⅠ、CRTSⅡ、CRTSⅢ三种型号。图 5-8 是高速铁路上铺设的板式无砟轨道，其中遂渝线无砟轨道试验段为 CRTSⅠ型，京津城际铁路为 CRTSⅡ型。

(a)遂渝线

(b)京津城际铁路

图 5-8　板式无砟轨道

对于双块式无砟轨道，轨道的弹性主要靠扣件来提供。双块式无砟轨道的振动主要体现为钢轨的振动，道床板与混凝土底座的作用通过参振质量的形式考虑。在具体仿真分析时，可将轨道振动模型简化为钢轨的振动模型，即将左右两股钢轨均视为等间距离散的弹性点支承基础上的无限长 Euler 梁。对于板式无砟轨道，轨道的弹性主要靠扣件和水泥沥青砂浆调整层来提供，轨道的振动主要体现为钢轨和轨道板的振动，混凝土底座的作用通过参振质量的形式考虑。在具体仿真分析时，钢轨振动模型与上述相同，轨道板的垂向振动按单向自由板考虑，而横向可视为刚体运动。

2. 桥梁模型

在针对特殊局部路段进行分析时，需要建立详细的桥梁动力学模型。本节采用有限元法来建立桥梁结构振动方程，方程中包含桥梁有限元模型的总体质量矩阵、总体刚度矩阵和总体阻尼矩阵。由于阻尼产生的机理很复杂，在结构动力学中常采用比例阻尼来模拟结构

阻尼的综合作用。在实际分析中，由于很难精确确定阻尼矩阵，将实际结构的阻尼简化为

$$\boldsymbol{C}=\alpha\boldsymbol{M}+\beta\boldsymbol{K} \tag{5-7}$$

这种阻尼称为比例阻尼或者振型阻尼。$\boldsymbol{M}$ 和 $\boldsymbol{K}$ 为结构的质量矩阵和刚度矩阵。对于常用的瑞利阻尼，瑞利阻尼矩阵 $\boldsymbol{C}$ 可由式(5-7)表示，且

$$\alpha=2\omega_1\omega_2\frac{(\xi_2\omega_1-\xi_1\omega_2)}{\omega_1^2-\omega_2^2} \tag{5-8}$$

$$\beta=2\frac{(\xi_1\omega_1-\xi_2\omega_2)}{\omega_1^2-\omega_2^2} \tag{5-9}$$

式中　α——质量系数；

β——刚度系数；

ω_1,ω_2——结构的一阶、二阶自振频率；

ξ_1,ξ_2——与一阶、二阶自振频率对应的阻尼比。

对于混凝土桥而言，ξ_1、ξ_2 的值一般在 2%～5%；对于钢桥，ξ_1、ξ_2 一般在 2%～3%。由此可知，只要求得了结构的刚度矩阵和质量矩阵，便可由式(5-7)求得结构的阻尼矩阵。

3. 轮轨动态相互作用模型

由于同时考虑了车辆与轨道的振动，所以本节涉及的轮轨接触几何关系，是一个动态的几何关系，它会随着每一时刻轮对横向位移、摇头角和侧滚角的变化和钢轨垂向、横向和扭转振动位移的不同而发生变化，所以，在进行动力学计算时，对于每一个积分步，都需要重新计算轮轨接触几何关系。本节采用迹线法来计算轮轨空间接触几何关系，即将空间曲面扫描转化为空间曲线扫描，从而提高计算效率。

轮轨相互作用力包括轮轨法向力和轮轨蠕滑力，其中轮轨法向力采用著名的 Hertz 非线性弹性接触理论计算，轮轨蠕滑力首先按 Kelker 线性理论计算，然后采用 Johnson-Vermeulen 理论进行非线性修正。在得到轮轨作用力以后，可以直接代入车辆系统和轨道系统的动力学方程。

4. 桥轨动态相互作用模型

桥上不同的轨道结构形式，桥轨相互作用力的表达式各不相同。根据前面建立的轨道动力学模型，对于双块式无砟轨道，钢轨直接与桥面连接，桥轨关系体现为钢轨与桥梁之间的相互作用；弹性支承块式无砟轨道通过左右轨下支承块的横向和垂向振动与桥梁发生相互作用；板式轨道则通过轨道板的垂向和横向约束关系与桥梁发生相互作用。作为示例，现介绍双块式无砟轨道—桥梁相互作用模型。

对于双块式无砟轨道，钢轨直接与桥面连接，桥轨关系体现为钢轨与桥梁之间的相互作用关系，如图 5-9 所示。图中，h_b 为桥梁形心到扣件支承点的高度；k_{pv} 和 c_{pv} 分别为轨下胶垫的垂向刚度和垂向阻尼，k_{ph} 和 c_{ph} 分别为扣件横向刚度和阻尼；b 为钢轨轨底宽之半；a 为钢轨中和轴至轨底的高度；d 为钢轨形心到桥梁形心的横向距离。

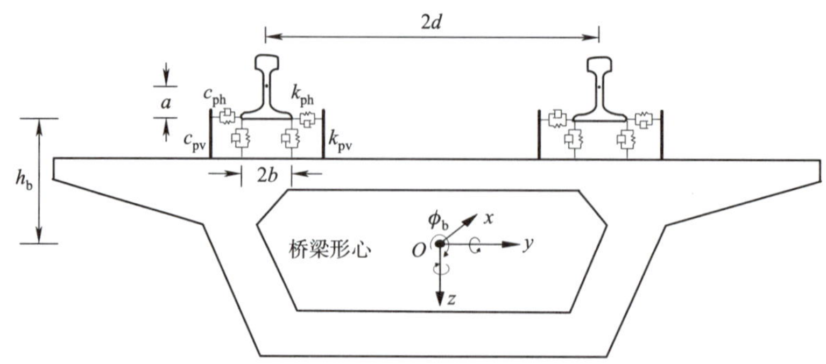

图 5-9　双块式无砟轨道—桥梁相互作用模型

设某时刻第 i 个支承截面处桥梁形心 O 的横向位移、垂向位移、转角分别为 y_{bh}、z_{bv}，ϕ_b，左股钢轨的横向位移为 y_{rli}，垂向位移为 z_{rli}，扭转角为 ϕ_{rli}，设 i 个支承面处左股钢轨外侧和内侧的轨底垂向支反力分别为 F_{rvli1} 和 F_{rvli2}，横向支反力分别为 F_{rhli1} 和 F_{rhli2}，由图 5-9 可知：

$$\begin{cases} F_{rvli1}=k_{pv}[z_{rli}-b\phi_{rli}-z_{bv}-(d+b)\phi_b]+C_{sh}[\dot{z}_{rli}-b\dot{\phi}_{rli}-\dot{z}_{bv}-(d+b)\dot{\phi}_b] \\ F_{rvli2}=k_{pv}[z_{rli}+b\phi_{rli}-z_{bv}-(d-b)\phi_b]+C_{sh}[\dot{z}_{rli}+b\dot{\phi}_{rli}-\dot{z}_{bv}-(d-b)\dot{\phi}_b] \end{cases} \tag{5-10}$$

$$\begin{cases} F_{rhli1}=k_{ph}(y_{rli}-y_{bv}-a\phi_{rli}-\phi_b h_b)+C_{sh}(\dot{y}_{rli}-\dot{y}_{bv}-a\dot{\phi}_{rli}-\dot{\phi}_b h_b) \\ F_{rhli2}=k_{ph}(y_{rli}-y_{bv}-a\phi_{rli}-\phi_b h_b)+C_{sh}(\dot{y}_{rli}-\dot{y}_{bv}-a\dot{\phi}_{rli}-\dot{\phi}_b h_b) \end{cases} \tag{5-11}$$

则第 i 个支承面处左股钢轨与桥梁之间的横向相互作用力 F_{rbhli}、垂向相互作用力 F_{rbvli} 可表示为

$$\begin{cases} F_{rbvli}=F_{rvli1}+F_{rvli2}=2k_{pv}(z_{rli}-z_{bv}-d\phi_b)+2C_{sh}(\dot{z}_{rli}-\dot{z}_{bv}-d\dot{\phi}_b) \\ F_{rbhli}=F_{rhli1}+F_{rhli2}=2k_{ph}(y_{rli}-y_{bv}-a\phi_{rli}-\phi_b h_b)+2C_{sh}(\dot{y}_{rli}-\dot{y}_{bv}-a\dot{\phi}_{rli}-\dot{\phi}_b h_b) \end{cases} \tag{5-12}$$

第 i 个支承面处右股钢轨与桥梁之间的横向和垂向相互作用力与左轨类似。在实际的求解过程中，还应依据力的等效原理，考虑相互作用力的位置与节点位置的偏差所引起的力矩的作用。

5.2.4　系统激励模型

1. 轨道不平顺激励

轨道不平顺是车辆-线路系统主要激励源之一，它是引起列车、轨道等结构产生振动的主要因素。轨道不平顺按激扰的性质可以分为确定性激扰和非确定性激扰两大类。确定性激扰按作用性质可分为脉冲型、谐波型以及动力型激扰三类。非确定性激扰主要是轨道几何随机不平顺。在线路线形动力仿真分析中，一般采用轨道几何随机不平顺时域样本作为轨道激扰源。

轨道几何不平顺是指两股钢轨的实际几何尺寸相对于理想平顺状态的偏差，主要有高低、水平、轨向和轨距四种基本形式，如图 5-10 所示，图中 L 为不平顺波长，a 为幅值。

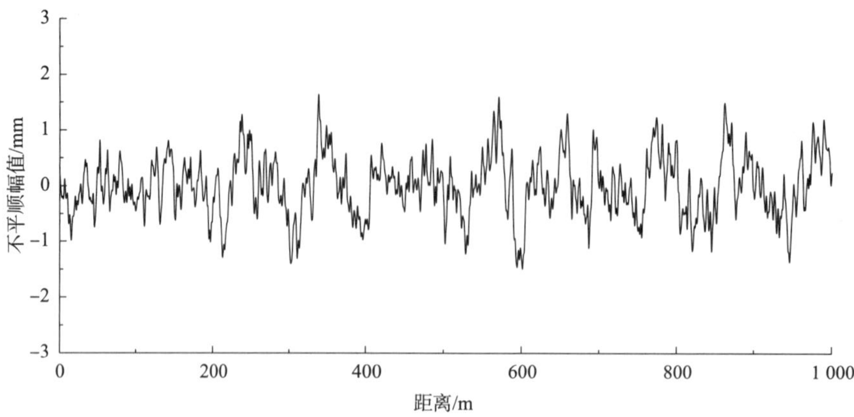

(b)右轨方向不平顺

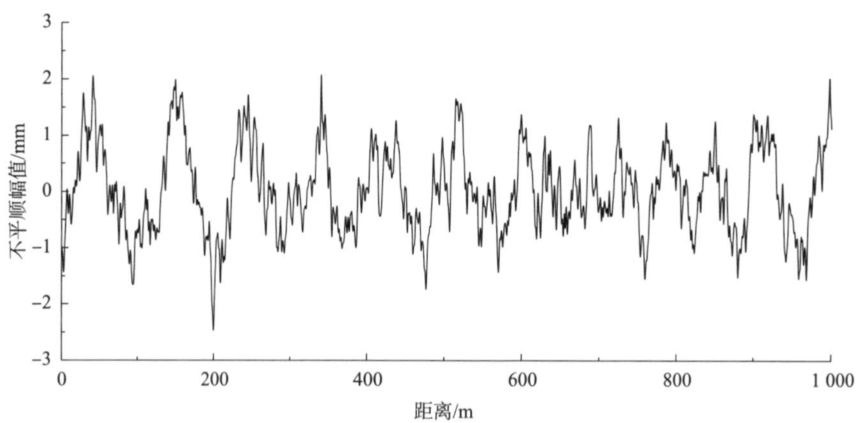

(c)左轨高低不平顺

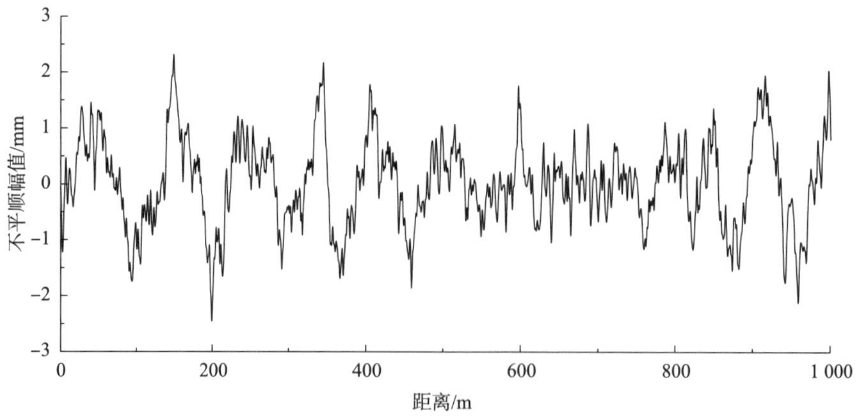

(d)右轨高低不平顺

图 5-11　高速铁路无砟轨道不平顺时域模拟样本

2. 不均匀沉降激励

沉降作为轮轨之间激励的一部分，叠加到轨道不平顺中。某高速铁路 JJK8＋775～JJK23＋646 里程内叠加不平顺后右轮处的垂向激励如图 5-12 所示。需要说明的是，由于沉降只发生在垂向，所以只在高低不平顺中叠加。

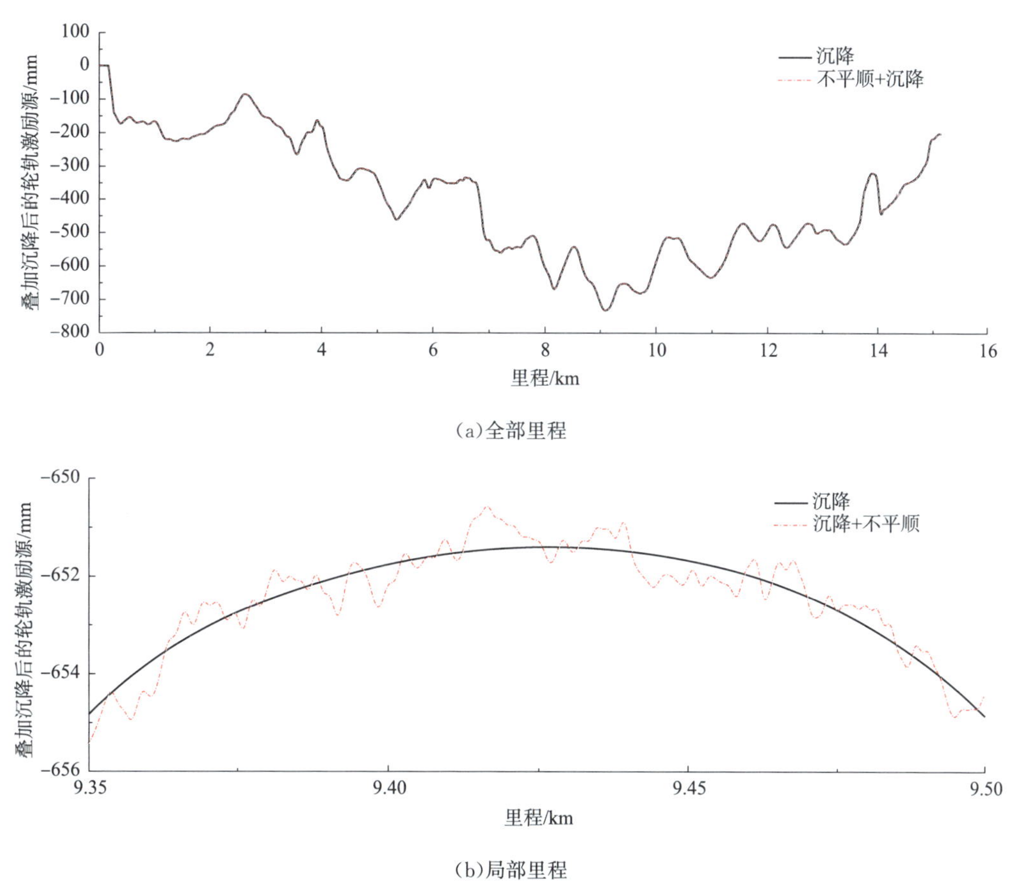

图 5-12　叠加不均匀沉降后右侧轮轨间的激励

5.3　高速铁路列车-线路动力相互作用仿真计算程序

仿真计算程序需要满足两种工况的计算功能：一种是能够对全里程路段进行计算，另一种是能对特殊局部路段进行细化计算。其中第二种功能由车辆-轨道-桥梁动力相互作用仿真软件完成，本节主要介绍针对第一种工况的仿真计算软件。仿真软件采用显隐式混合数值积分模式，这种积分模式对列车轨道系统动力学响应采用西南交通大学翟婉明院士构造的新型显式二步积分法计算，该方法的特点是快速、非线性适应性强，已在车辆轨道耦合动力学分析中被证明是十分有效的。

车辆模型取准高速客车的参数，车轮踏面取 LM 踏面，将计算软件 VTBDYNA 的计算结果与商用软件 SIMPACK 计算结果进行对比验证。仅在高低不平顺激励下，两种软件计算的轮轨垂向力和车体质心垂向加速度的时程曲线如图 5-13 和图 5-14 所示，两种软件计算得到的不同动力指标响应的幅值见表 5-3。

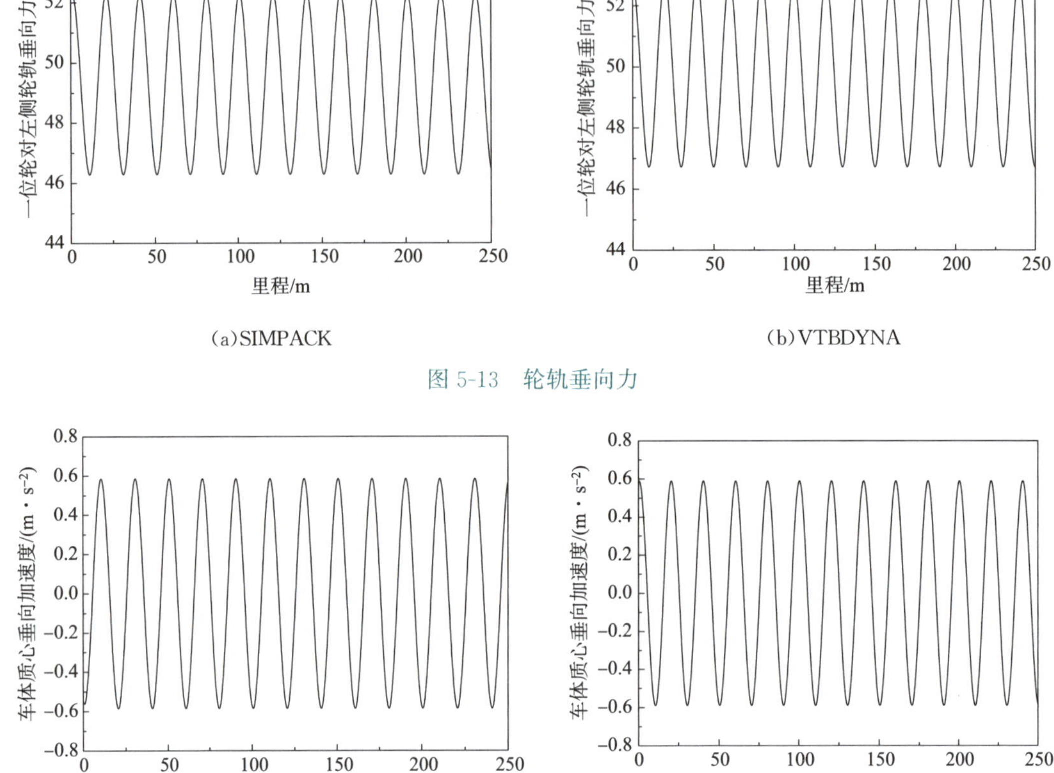

(a)SIMPACK　(b)VTBDYNA

图 5-13　轮轨垂向力

(a)SIMPACK　(b)VTBDYNA

图 5-14　车体质心垂向加速度

表 5-3　两种软件的计算结果对比

软　件	VTBDYNA	SIMPACK
轮轨垂向力/kN	46.72～52.84	46.28～52.28
车体质心垂向加速度/($m\cdot s^{-2}$)	0.589	0.585
轮轨横向力/kN	−1.80～6.59	−1.34～5.72
车体质心横向加速度/($m\cdot s^{-2}$)	0.447	0.451

对比结果表明，计算软件 VTBDYNA 与 SIMPACK 得到的各动力指标时程曲线的变化趋势及量值具有较好的一致性。当然，轮轨横向力的波形有一定的差别，这主要是因为两

种计算模型所采用的轨道建模和蠕滑率的计算方法不同，SIMPACK 软件中将轨道系统简化为集总质量模型，且蠕滑率的计算采用的是简化的 Kalker 理论。总的来讲，计算模型的可靠性得到验证，编制的软件计算结果是正确的，并可以保证工程计算所需的精度。

5.4　某高速铁路沉降对列车-线路动力相互作用的影响

5.4.1　计算条件

车辆模型采用某高速动车组参数，按 8 辆车编组，轴重为 13 t。车辆运行速度在 200～350 km/h 之间，计算速度等级为 200 km/h、250 km/h、300 km/h、350 km/h。轨道不平顺激励采用《高速铁路无砟轨道不平顺谱》，通过变换产生轨道不平顺的时域样本，波长范围为 2～200 m。计算采用国内某高速铁路的沉降，具体如图 5-12 所示。为了充分反映不同激励尤其是沉降的影响，在计算过程中暂不考虑线形和线下结构变化的影响，假设全部里程均为直线，线下结构仅考虑钢轨和扣件的参振作用。

5.4.2　不均匀沉降作用下列车-线路系统动力响应特征

为分析不均匀沉降作用下列车-线路统动力响应特性，计算在 300 km/h 速度下，不同激励组合对列车-线路统动力响应特征。需要说明的是，在以下分析中，轮轨垂向力、轮重减载率和脱轨系数都针对车辆第一位轮对左轮。

1. 仅有沉降激励

在沉降激励作用下，车辆的动力响应及安全性指标如图 5-15～图 5-18 所示。由图可知，沉降激励对于列车-线路相互作用的影响主要体现在车体垂向加速度上，对轮轨垂向力、轮重减载率和脱轨系数的影响非常小。说明不均匀沉降对于车辆的舒适性指标影响比较明显，对于车辆的安全性指标影响比较小。

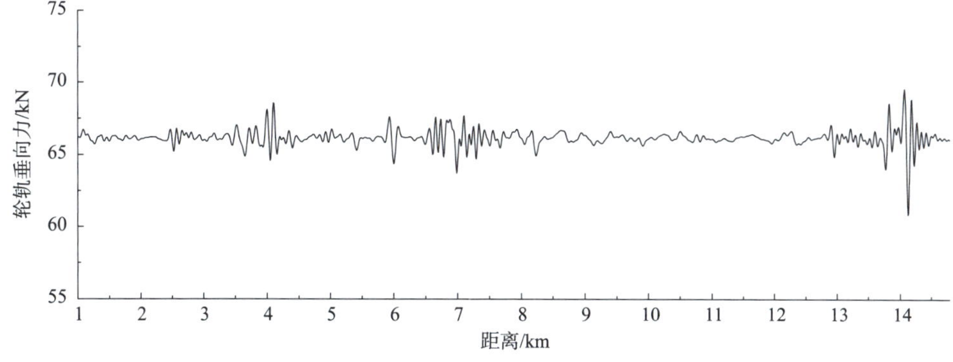

图 5-15　仅考虑沉降激励时的轮轨垂向力

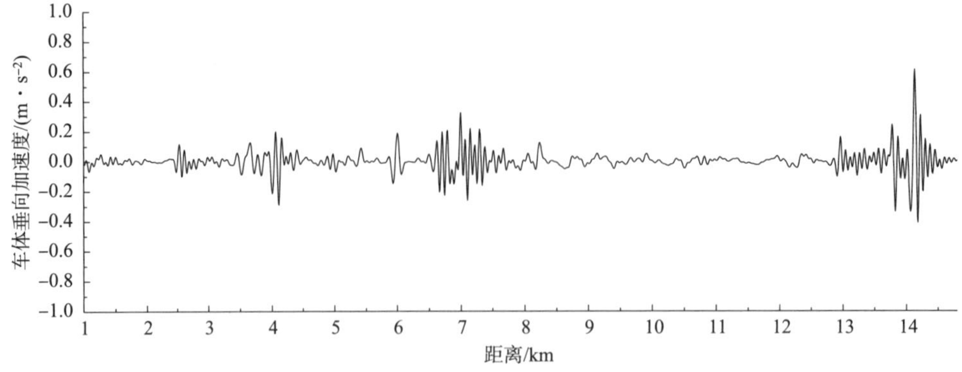

图 5-16　仅考虑沉降激励时的车体垂向加速度

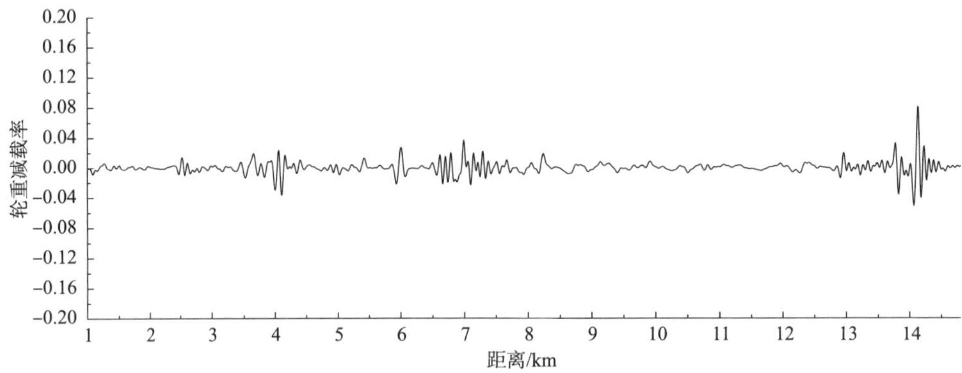

图 5-17　仅考虑沉降激励时的轮重减载率

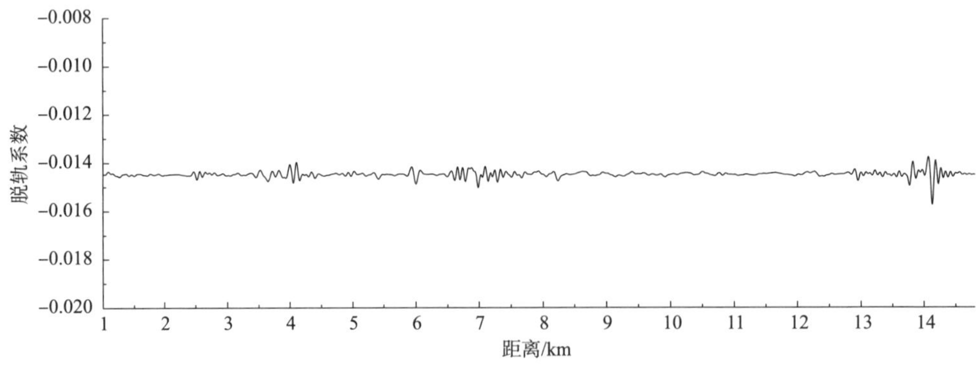

图 5-18　仅考虑沉降激励时的脱轨系数

沉降激励相对于里程的一阶导数和二阶导数分别如图 5-19 和图 5-20 所示。对比车体垂向加速度的时程曲线与沉降激励相对于里程的导数可知，当沉降激励相对于里程的一阶导数和二阶导数变大时，车体的垂向加速度也明显变大。如在 14.130 km 处，车体的垂向加速度达到最大值 0.6 m/s^2，而在此里程处，沉降激励相对于里程的一阶导数和二阶导数也均达到最大值,分别为0.105 9(绝对值)和0.003 82。

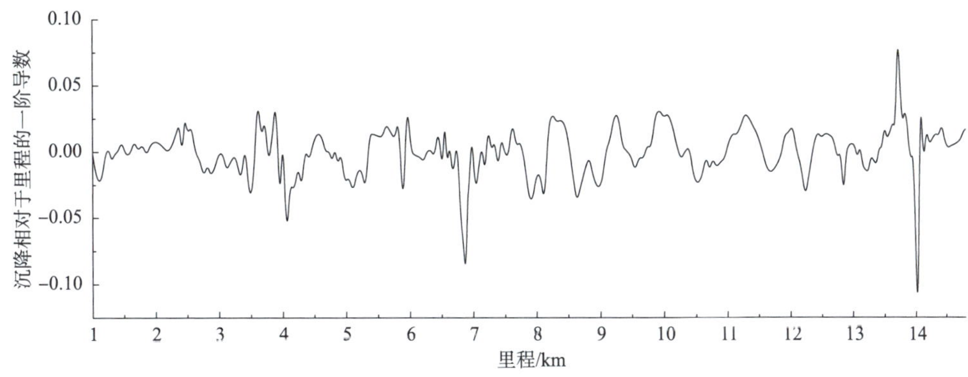

图5-19　沉降相对于里程的一阶导数

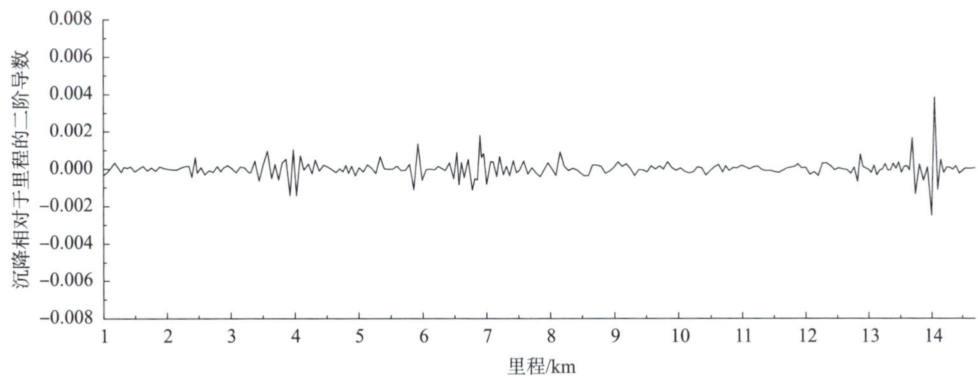

图5-20　沉降相对于里程的二阶导数

通过以上对比可以看出,沉降激励相对于里程的一阶导数和二阶导数的大小,即沉降激励相对于里程的变化率决定了其对列车-线路系统动力相互作用的影响,变化率越大,对车体垂向加速度的影响越明显。

2. 仅有轨道不平顺激励

在轨道不平顺激励作用下,车辆的动力响应及安全性指标如图5-21～图5-24所示。将轨道不平顺激励与沉降激励作用下车辆的动力响应进行对比可知,相比沉降激励作用,在轨道不平顺激励作用下,轮轨垂向力的幅值发生较大的变化,车体垂向加速度幅值的变化较小。以图5-16和图5-22为例,前者的最大值达到0.6 m/s^2,后者的最大值不超过0.2 m/s^2。这进一步说明,沉降激励主要影响车体垂向加速度响应。这是由于加载在轮轨之间的沉降激励,可近似看作一种波长比较长的轨道不平顺激励,而短波主要影响安全性,长波主要影响舒适性,因此,不均匀沉降对于车体加速度的影响更为明显。

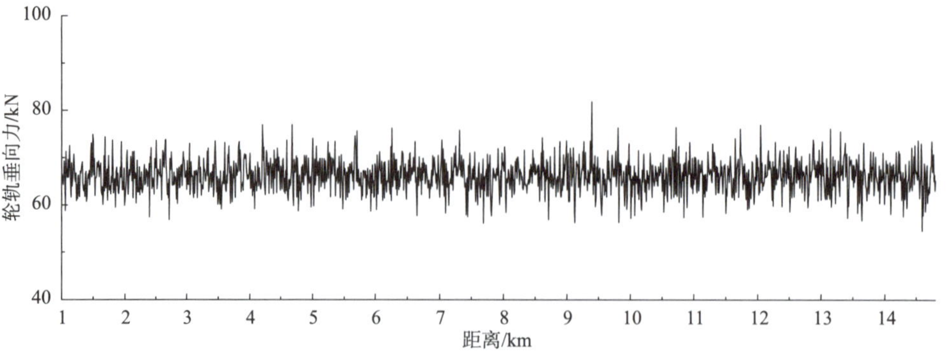

图 5-21 仅考虑轨道不平顺激励时的轮轨垂向力

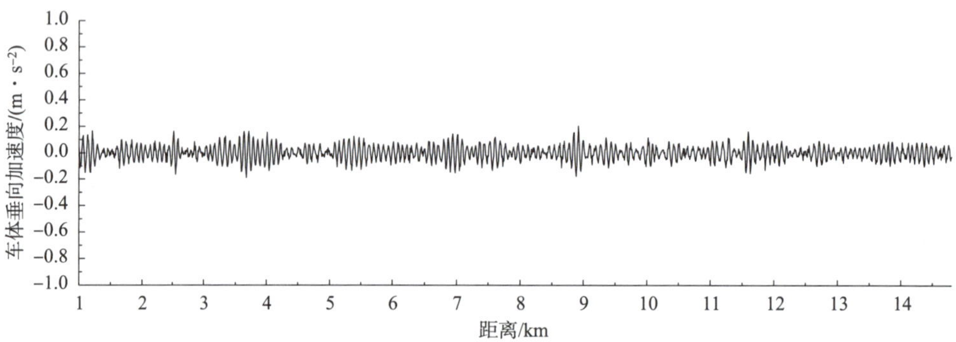

图 5-22 仅考虑轨道不平顺激励时的车体垂向加速度

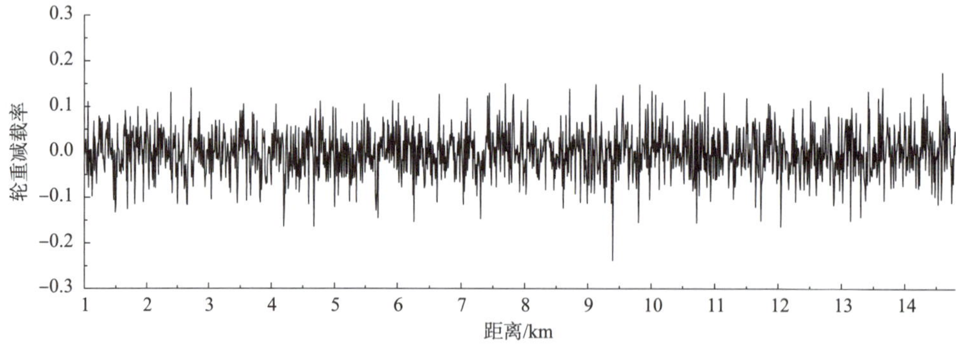

图 5-23 仅考虑轨道不平顺激励时的轮重减载率

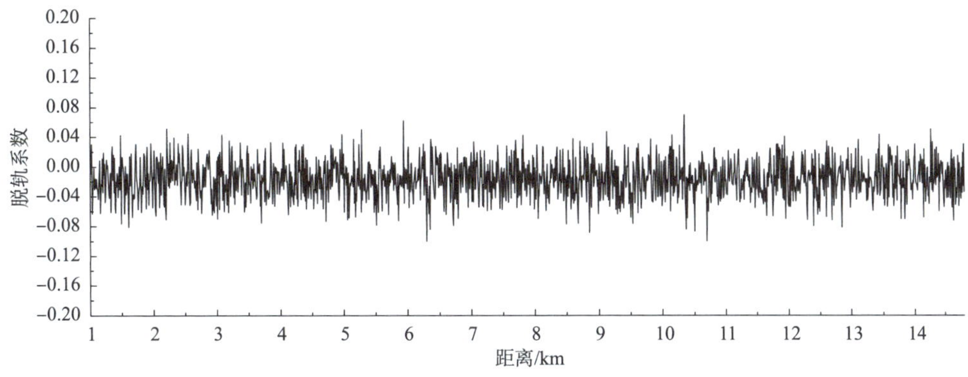

图 5-24　仅考虑轨道不平顺激励时的脱轨系数

3. 轨道不平顺激励与沉降激励叠加

在将沉降激励按照积分步长叠加到轨道不平顺激励后，车辆的动力响应及安全性指标如图 5-25～图 5-28 所示。由图可知，与仅有轨道不平顺激励作用的计算结果相比，轮轨垂向力、脱轨系数和轮重减载率未发生明显变化，车体垂向加速度的幅值明显增大。通过对比图 5-16、图 5-22 和图 5-26 可知，在轨道不平顺激励和沉降激励共同作用下的车体垂向加速度响应，可以看做是在轨道不平顺激励和沉降激励分别单独作用下车体垂向加速度响应的叠加。

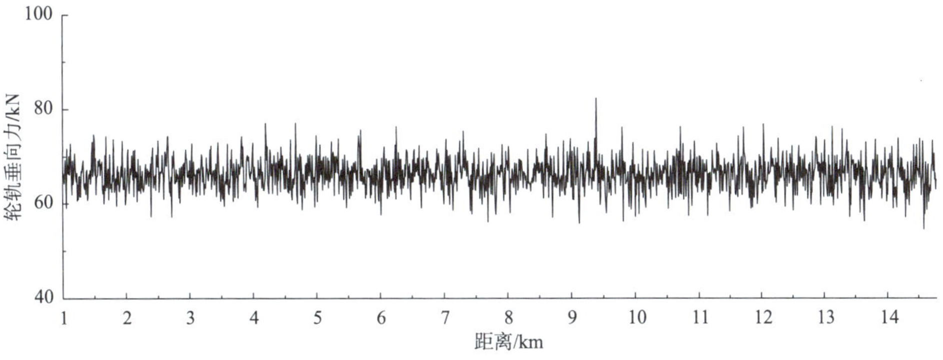

图 5-25　轨道不平顺与沉降激励叠加时的轮轨垂向力

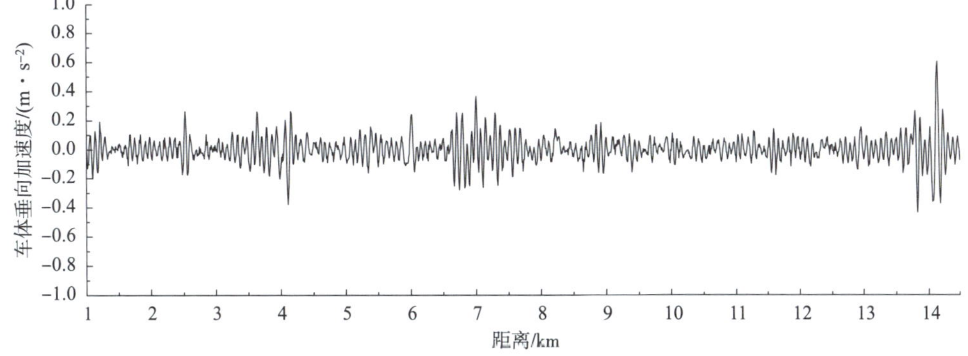

图 5-26　轨道不平顺与沉降激励叠加时的车体垂向加速度

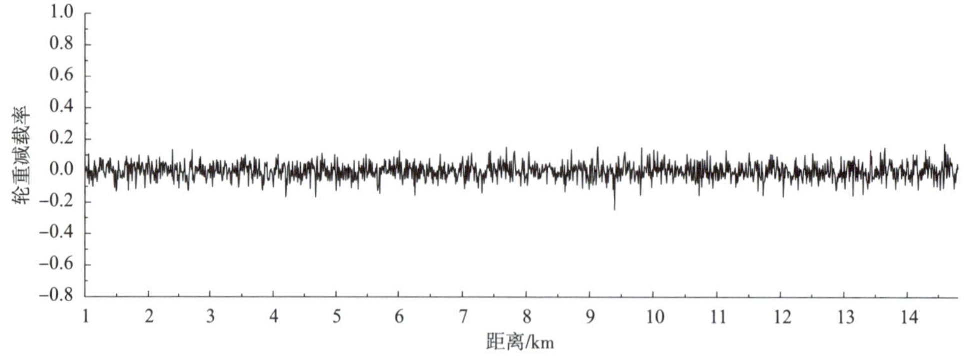

图 5-27　轨道不平顺与沉降激励叠加时的轮重减载率

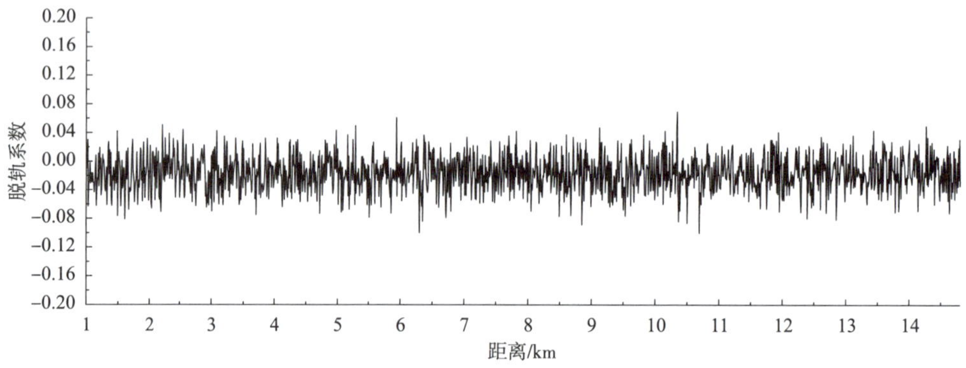

图 5-28　轨道不平顺与沉降激励叠加时的脱轨系数

5.4.3　不均匀沉降作用下列车-线路系统动力响应规律

为分析不均匀沉降作用下列车-线路系统动力响应规律，分别计算了 200 km/h、250 km/h、300 km/h 和 350 km/h 速度下，不同激励组合对列车-线路系统动力响应。其他条件与 5.4.2 节的计算条件相同。

由不均匀沉降作用下列车-线路系统动力响应特征可知，在本节计算条件下，沉降激励主要影响车体垂向加速度响应，因此在分析沉降激励对系统动力响应的影响时，仅分析车体垂向加速度的变化规律。

1. 仅有沉降激励

不同行车速度条件下，在沉降激励作用下，车辆列车-线路相互作用系统的动力响应如图 5-29～图 5-31 所示。图中的第一位置和第二位置分别为沉降相对于里程求一阶导数时值最大的两个位置，即为图 5-19 中里程 7.010 km 和 14.130 km 处，对应图 5-12 后，这两个位置分别为 JJK15＋785 和 JJK22＋905 处。

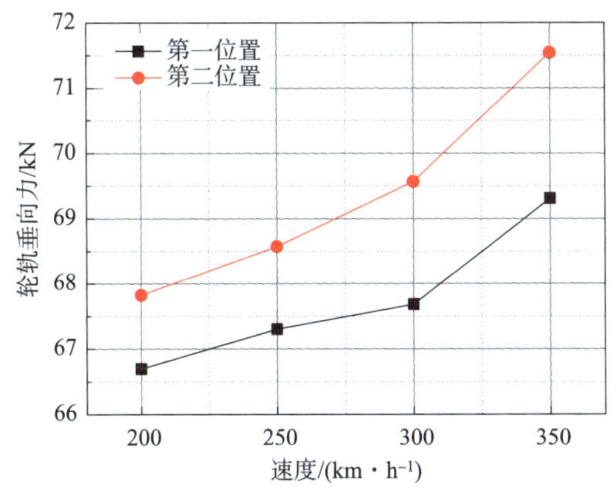

图 5-29　仅有沉降激励时不同速度下的轮轨垂向力

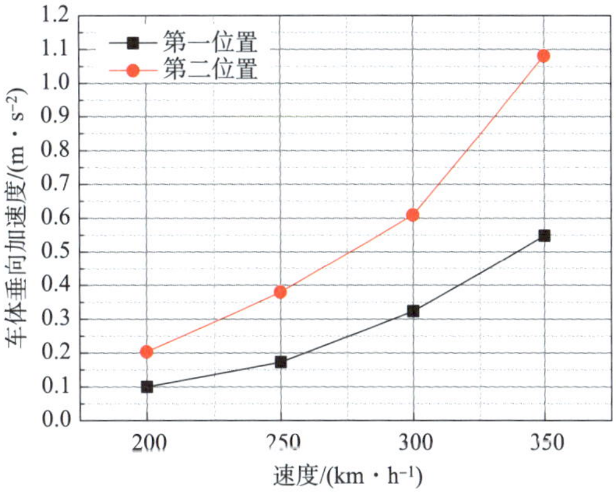

图 5-30　仅有沉降激励时不同速度下的车体垂向加速度

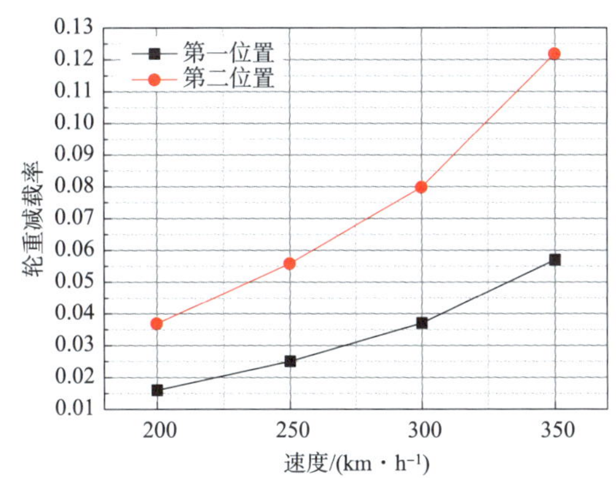

图 5-31　仅有沉降激励时不同速度下的轮重减载率

由图 5-29 和图 5-30 可知，当行车速度增加时，第一位置和第二位置处的轮轨垂向力和车体垂向加速度随之增加，其中车体垂向加速度随车速的变化更为明显。对于同一运行速度，第二位置的值最大，第一位置的值次之，而且对于不同速度，车辆动力响应的最值均发生在相同的位置，这进一步说明，沉降相对于里程的一阶导数，即沉降相对于里程的变化率直接影响车体垂向加速度。

相同条件下，轮重减载率的变化如图 5-31 所示。由图可知，随着速度的增加，轮重减载率也随之变大。脱轨系数的变化见表 5-4。由表 5-4 可知，随着速度的增加，脱轨系数基本不发生变化，这是由于沉降激励对于车辆横向的动力响应影响非常小。在第二位置处，在 200 km/h 和 350 km/h 运行条件下，第一位轮对左侧轮轨横向力只相差 80 N，相对于 66.145 kN 的轴重，这一微小的变化无法在脱轨系数中体现。

表 5-4　仅有沉降激励时不同速度下的脱轨系数

速度/(km·h^{-1})	第一位置	第二位置
200	0.014 5	0.014 5
250	0.014 5	0.014 5
300	0.014 5	0.014 5
350	0.014 5	0.014 5

2. 仅有轨道不平顺激励

不同行车速度条件下，在轨道不平顺激励作用下，车辆的动力响应及安全性指标见表 5-5。由表 5-5 可知，随着行车速度的增加，轮轨垂向力、车体垂向加速度、轮重减载率、脱轨系数均随着行车速度的增加而增加。与仅有沉降激励的情况不同的是，这些动力响应出现最值的位置随着行车速度的变化而变化，并不固定出现在某一里程上。

表 5-5　仅有沉降激励时不同速度下的车辆动力响应

速度/(km·h^{-1})	轮轨垂向力/kN	车体垂向加速度/(m·s^{-2})	轮重减载率	脱轨系数
200	72.55	0.103	0.100	0.090
250	75.60	0.164	0.121	0.110
300	81.87	0.204	0.148	0.100
350	88.86	0.220	0.236	0.113

3. 轨道不平顺激励与沉降激励叠加

不同行车速度条件下，在轨道不平顺激励和沉降激励的作用下，车辆的动力响应及安全性指标见表 5-6。与表 5-5 的计算结果相比，在相同速度下车体垂向加速度的幅值有了明显的增大，将表 5-6 中的车体垂向加速度幅值与图 5-30 第二位置处的车体垂向加速度幅值相比，可以发现二者基本相当，说明在此计算条件下，沉降激励对于车体垂向加速度的影响要大于轨道不平顺激励对车体垂向加速的影响。

同时，相比表 5-5 的轮轨垂向力、轮重减载率和脱轨系数而言，表 5-6 中的轮轨垂向力、轮重减载率和脱轨系数基本无变化，说明这三个指标主要受轨道不平顺激励的影响。

表 5-6　轨道不平顺激励与沉降激励一起作用时车辆动力响应

速度/(km·h^{-1})	轮轨垂向力/kN	车体垂向加速度/(m·s^{-2})	轮重减载率	脱轨系数
200	72.43	0.183	0.100	0.111
250	75.57	0.334	0.123	0.109
300	82.31	0.604	0.156	0.100
350	89.46	1.149	0.240	0.113

参考文献

[1] CHEN G. A new rotor-ball bearing-stator coupling dynamics model for whole aero-engine vibration[J]. Journal of Vibration and Acoustics:Transactions of the ASME,2009,131(6):061009-1-9.

[2] REZAIEE-PAJAND M,ALAMATIAN J. Nonlinear dynamic analysis by dynamic relaxation method [J]. Structural Engineering and Mechanics,2008,28(5),549-570.

[3] VERMEULEN J K,JOHNSON K L. Contact of non-spherical bodies transmitting tangential forces[J]. Journal of Applied Mechanics,1964,31:338-340.

[4] ZHOU J,ZHOU Y. A new simple method of implicit time integration for dynamic problems of Engineering Structures[J]. Aca Mechanica Sinica,2007,23:91-99.

[5] 蔡成标. 高速铁路列车-线路-桥梁耦合振动理论及应用研究[D]. 成都:西南交通大学,2004.

[6] 陈果. 车辆-轨道耦合系统随机振动分析[D]. 成都:西南交通大学,2000.

[7] 李国和,许再良,孙树礼,等. 华北平原地面沉降对高速铁路的影响及对策[J]. 铁道工程学报,2007(8):7-12.

[8] 范建国. 区域地面沉降地区铺设无砟轨道的应对措施研究[J]. 铁道建筑,2008(增刊):146-149.

[9] 王开文. 车轮接触点迹线及轮轨接触几何参数的计算[J]. 西南交通大学学报,1984(1):89-99.

[10] 王少林. 地震作用下高速列车-轨道-桥梁耦合振动及行车安全性分析[D]. 成都:西南交通大学,2013.

[11] 翟婉明,夏禾,蔡成标,等. 列车-轨道-桥梁动力相互作用理论与工程应用[M]. 北京:科学出版社,2011.

[12] 翟婉明. 车辆-轨道耦合动力学[M]. 3版. 北京:科学出版社,2007.

[13] 翟婉明. 非线性结构动力分析的 New mark 预测-校正积分模式[J]. 计算结构力学及其应用,1990,7(2):51-58.

[14] 国家铁路局. 高速铁路无砟轨道不平顺谱: TB/T 3352—2014[S]. 北京:中国铁道出版社,2014.

第 6 章　地面沉降区高速铁路选线与优化设计

地面沉降是一种具有隐蔽性、累进性、长期性等特点的地质灾害，若处理不当，势必对高速铁路工程产生较大的影响。因此，对于经过地面沉降区的高速铁路，要求在规划建设之初，就要根据地面沉降的发生、发展及变化规律，科学合理地规划线路方案，采取针对性的工程设计措施，以最大程度地规避和减轻地面沉降对高速铁路工程建设和安全运营的影响。

6.1　沉降区高速铁路选线与方案优化

6.1.1　地面沉降区铁路选线原则及方法

1. 地面沉降区铁路选线设计基本原则

综合以往的地面沉降研究成果及高速铁路的设计要求，提出以下选线原则：

(1)在中国中东部平原区的高速铁路勘察设计中，应密切关注地面沉降的影响，应在收集大量有关资料的基础上，充分采用各种先进的监测及评价手段，对经过地面沉降区的线路方案进行深入调查和多方案的论证，确定地面沉降对线路影响相对最小的方案。

(2)选线时充分考虑地面沉降分布特征及地下水开采情况，充分论证地面沉降区内线路总体布置与地面沉降漏斗分布及开采井群的空间关系，确定最佳线路方案，应尽可能绕避漏斗中心区、不均匀变形严重区段、新建水源地、群井集中开采区及含水层、压缩层横向变化较大地段。

(3)在确定线路走向及工程布置时，应综合考虑地面沉降分布规律及地面沉降不均匀程度，线路尽量沿地面沉降量及沉降速率等值线分布舒缓、均匀的地段进行布置。充分利用地面沉降减缓区及地下水禁采区选线，可考察沿线地下水位动态变化是否在临界水位以上。

(4)对于难以绕避沉降路段，要采用切实可行的地下水禁采、限采、封闭既有机井等措施。地面沉降区内优先采用简支结构桥梁，尽量避免路桥频繁过渡，地面沉降速率较大及不均匀沉降严重地段慎重采用特殊结构桥梁。

(5)对于通过地面沉降区的新建高速铁路项目，根据地面沉降发育特点、产生的条件、地下水开采情况等，确定合理的地下水禁采及限采范围，禁止在线路附近禁采范围开凿新井。

2. 选线流程

在铁路选线设计中，尽可能绕避地面沉降变形较大的区域，包括地面沉降中心区域、沉降速率大及沉降差异较大的区域。

地面沉降区域调查、评价及铁路选线流程如图 6-1 所示。

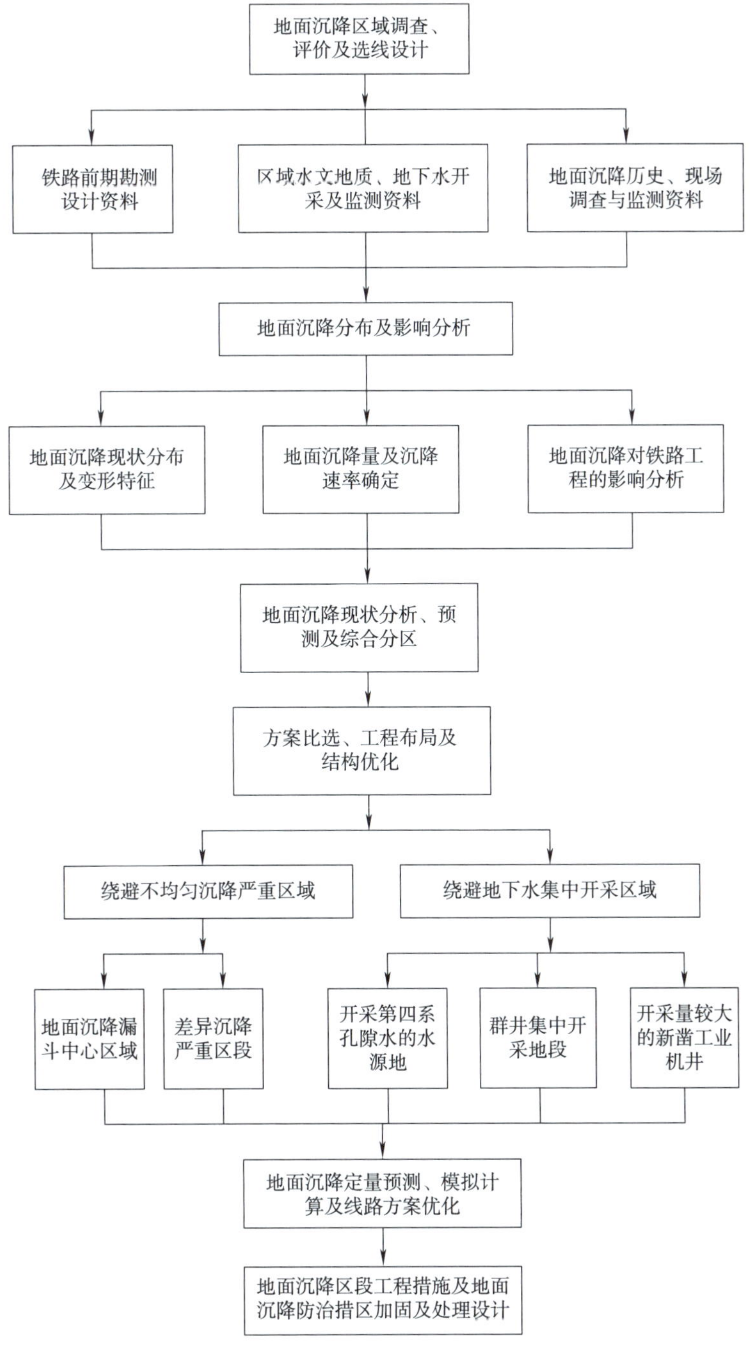

图 6-1　地面沉降调查、评价及铁路选线设计流程图

6.1.2 线路绕避地下水集中开采区的安全距离估算

区域地面沉降是一种缓变型地质灾害，其一般表现为大范围平缓下沉，但在新增井点及超量开采的水井附近，由集中抽水引起的地表不均匀变形明显加剧，对处于变形影响范围内的高速铁路工程造成严重危害。目前，抽水作用引起地基变形的研究主要采用现场监测、室内试验和理论计算等手段，对于水井抽水引起地基变形量计算研究较多，而对水井抽水引起的地基变形过程及变形范围则缺乏研究。因此，研究水井抽水引起地基变形过程，合理估算地基变形范围，对指导铁路选线及采取可靠的防范措施具有重要的指导意义。

1. 抽水深度对地基变形过程及范围的影响模拟

根据离心模型试验中的相似准则，将地基沉降还原到离心模型试验条件，基于商业有限元计算软件 Abaqus 对离心模型试验进行了数值模拟计算。运用有限单元和有限差分方法离散二维 Biot 静力固结方程，将地基抽水固结沉降问题简化为平面应变问题，模型采用四节点实体单元剖分。土的本构模型采用修正剑桥模型来模拟，剑桥模型的试验参数通过三轴不排水试验以及土的侧限试验获得，土的渗透系数由渗透试验获得。数值模拟结果较好地再现了基于离心模型试验得出的水井抽水引起地基中孔压与沉降发展的规律。

将验证后的数值计算方法用于实际工程中的计算。选取北京朝阳区大鲁店 204 号钻孔勘探资料，将该地区地层简化为弱透水层与含水层相间，深 270 m 的地层形式。计算参数主要依据现场勘探资料，对于部分没有的土层参数，参考相关资料和工程类比确定。朝阳区各土层物理力学参数值见表 6-1。

表 6-1 朝阳区各土层物理力学参数表

土层编号	土层性质	层厚/m	弹性模量/MPa	初始孔隙比	含水率/%
L1	黏质粉土	20	10～20	0.9	31
L2	粉细砂	50	20～26	0.812	28
L3	粉质黏土	40	21～33	0.7	25
L4	粉质砂土	50	30～35	0.7	25
L5	粉质黏土	45	30～35	0.7	25
L6	粉细砂	50	35～40	0.7	25
L7	粉质黏土	15	35～50	0.7	25

数值模拟中将地基简化为水平成层的多层地基，将地基引起的不均匀沉降简化为平面应变问题。根据其对称性，采用一半地基进行计算。计算将主要对比分析从不同深度含水层（L6、L4、L2）底部采用相同抽水速率抽水 1 d 引起的地基沉降规律，见表 6-2。

表 6-2 模拟工况及边界条件

抽 水 点	孔压边界条件/MPa	抽水时间/d
L6 底部	0	3
L4 底部	−0.95	3
L2 底部	−1.85	3

在计算中,当抽水时,会在抽水点设置一个固定的孔压边界条件用来模拟抽水,这个固定的孔压大小会影响抽水的速率,考虑到三个不同抽水点的高程不同,为了使三个抽水点的抽水速率相同以方便对比,因此将 L6 的抽水点孔压设置为 0,L4 抽水点的孔压设置为 −0.95 MPa,L2 抽水点孔压设置为−1.85 MPa。

模拟结果表明,在相同的抽水速率条件下,水井深度越大,抽水时间越长,其影响范围越大,但最终稳定在一定范围之内。水井不同深度抽水条件下的影响范围见表 6-3。

表 6-3 不同深度抽水时地基变形影响范围

抽 水 点	抽水深度/m	抽水时间/d	影响范围/m
L6 底部	255	3	950
L4 底部	160	3	850
L2 底部	70	3	400

从表 6-3 中可见,随着抽水深度的加深,抽水引起的地基变形范围相应扩大,但抽水深度与地基变形范围并非线性关系,至深层时扩展减缓,基本限定在 1 000 m 范围以内。根据地震部门在天津蓟州区地震台进行的地下水位对定点变形观测干扰的抽水试验结果,抽水所带来的干扰在时间过程上与井孔水位变化同步,井孔距变形观测点越远,抽水对变形观测的干扰和影响就越小,在 900 m 之外影响已经十分微弱。这与我们上述所确定深井抽水引起地基变形的影响半径基本吻合。

2. 水井抽水引起地面沉降范围计算

目前,对于水井抽水引起的地基变形范围尚无专门的计算公式,鉴于水井抽水引起的地基变形主要由水位变化引起,所以在实际计算中可以采用影响半径来初步估算地基变形影响范围。由于水井主要抽取较深层的地下水,一般属于微承压水和承压水,可采用承压水井稳定流裘布依公式计算影响半径:

$$\lg R=\frac{2.73kMs}{Q}+\lg r \tag{6-1}$$

式中 R——影响半径,m;

k——含水层渗透系数,m/d;

s——水位降深,m;

Q——抽水流量,m^3/d;

r——水井半径，m；

M——承压含水层厚度，m。

当缺乏监测资料时，抽水影响半径也可由式(6-2)计算：

$$R=10s\sqrt{k} \tag{6-2}$$

以华北平原为例，中东部地区浅层地下水开采主要为农业灌溉，采深多在 30～50 m，少数达到 80 m。地下水含水层多以粉砂为主，局部有细砂层，该类含水层的渗透系数 k 约为 1.0～5.0 m/d。根据地下水实际开采情况，在水位降深 10 m 的条件下，单井开采的影响范围大约为 100～200 m。若取综合渗透系数为 3.0 m/d，当水位降深要接近 23 m 才可能使影响范围扩大到 400 m。深层地下水开采的开采深度多在 200～400 m，少数达 500 m，地下水含水层多以粉、细砂层为主，局部夹有中砂，渗透系数 k 约为 2.0～5.0 m/d。根据地下水实际开采情况，不考虑群井效应，在水位下降 30～40 m 的条件下，单井开采的影响范围大约为 400～900 m，与模拟结果近似。

对于多数开采井，已知抽水层位水文地质条件和单井开采量，而很难获得水位降深数据。此时，可通过联立计算式(6-1)和式(6-2)，消去水位降深项 s，来对影响半径进行计算。以华北平原某一区域内地热水源井为例，计算参数分别取 $r=0.3$ m，$M=300$ m，$Q=3\ 000$、4 000、5 000 m^3/d，$k=0.1$、0.5、1、5、10 m/d，可以求得影响半径的取值范围，见表 6-4。

表 6-4　不同渗透系数和抽水量下的影响半径 R　　m

$Q/(m^3\cdot d^{-1})$	$k/(m\cdot d^{-1})$				
	0.1	**0.5**	**1**	**5**	**10**
3 000	356.1	137.9	90.9	33.6	21.5
4 000	497.2	194.2	128.5	48.2	31.1
5 000	643.1	252.6	167.7	63.5	41.3

从表 6-4 可看出：对于承压水井稳定流抽水，若单日抽水量不变，随着渗透系数的增大，影响半径减小；而对于同一渗透系数含水层，随着抽水量的增加，影响半径逐渐增大。根据大量的调查资料，在容易引发地面沉降的区域内，含水层多以粉细砂为主，渗透系数为 1.0～8.0 m/d，若单井抽水水量控制在 5 000 m^3/d 以内，其影响半径不超过 200 m。可见，在地面沉降区内，对于单个水井，若不超量开采，其影响范围是可以得到有效控制的。

3. 集中抽水井安全距离确定

试验及模拟结果表明，浅层抽水引起的地基沉降影响的范围虽小，但造成的不均匀沉降较强烈，而深层抽水引起的地基沉降相对较平缓，但影响范围相对较大。因此，在一些集中开采区域及抽水井附近，由于开采地下水造成局部的水位快速下降会引起局部的地面下沉，特别是浅层地下水的开采引起的局部不均匀沉降比深层地下水开采更严重一些。

根据计算及数值模拟结果，对于承压水井稳定流，在以相同的抽水速率条件下，水井深度越大，抽水时间越长，其影响范围越大，但最终稳定在一定范围之内，一般不会大于 1 000 m；若单日抽水量不变，随着渗透系数的增大，影响半径减小，而对于同一渗透系数含水层，随着抽水量的增加，影响半径逐渐增大。对于群井抽水，其影响范围会有所增加，需采用地下水渗流计算软件（如 MODFLOW 等）进行专门计算。

对于经过地面沉降易发区的高速铁路而言，在铁路选线中应绕避集中抽水点及群井集中抽水区域，绕避距离根据水文地质条件及渗透系数、开采量等参数计算确定。在铁路两侧变形影响范围内不允许有新增井点，对铁路有影响的既有井点采取封井及禁采措施；对变形影响范围以外的深井井点及水源地要限采及合理控制地下水开采量。合理采用上述多重措施才能达到科学有效地控制由于水井集中抽水而造成的不均匀沉降问题。

6.1.3　基于地面沉降数值计算进行铁路选线

大张高铁线路需要穿越天镇县地热开采区，为评估地热水开采对大张高铁线路影响，判断大张高铁是否需要绕避地热开采区，对地热开采引发的地面沉降影响进行数值模拟计算。

在研究区地质地貌及含水层空间结构的基础上，根据地层岩性特征、地层沉积规律、含水层性质及勘探试验成果资料、地下水资源量调查评价，初步确定模拟区水文地质参数的上下限作为约束条件，然后将 7 个观测孔的水位值（表 6-5）和潜水地下水位等值线图（图 6-2）作为拟合对象进行水文地质参数的率定。

表 6-5　研究区观测孔地下水位统计表　　m

钻孔号	x	y	潜水位
14-ZD-430	501 973.76	4 477 855.41	1 021.7
14-ZD-438	501 567.75	4 477 561.53	1 012.2
14-ZD-445	501 220.10	4 477 328.17	1 014.2
14-ZD-451	500 770.04	4 477 078.21	1 016.95
14-ZD-457	500 230.97	4 476 854.50	1 017.3
14-ZD-421	502 408.50	4 478 172.61	1 001.5
14-ZD-413	502 818.14	4 478 470.69	1 006.1

在正确建立水文地质概念模型、数学模型及采用正确的仿真数值模拟技术的基础上，观测孔水头及流场的拟合程度反映了所求参数的精度，为此设目标函数：

$$G(p_1, p_2, \cdots, p_n) = \sum_{i=1}^{N_g} \omega_h(i)[H(i) - H_g(i)]^2 \tag{6-3}$$

式中　N_g——对比用的观测孔数；

ω_h——水头权因子；

$H(i)$——模型模拟的 i 号观测孔水头，m；

$H_g(i)$——i 号观测孔的实测水头，m；

$p_1, p_2, \cdots, p_n$——待求的各水文地质参数。

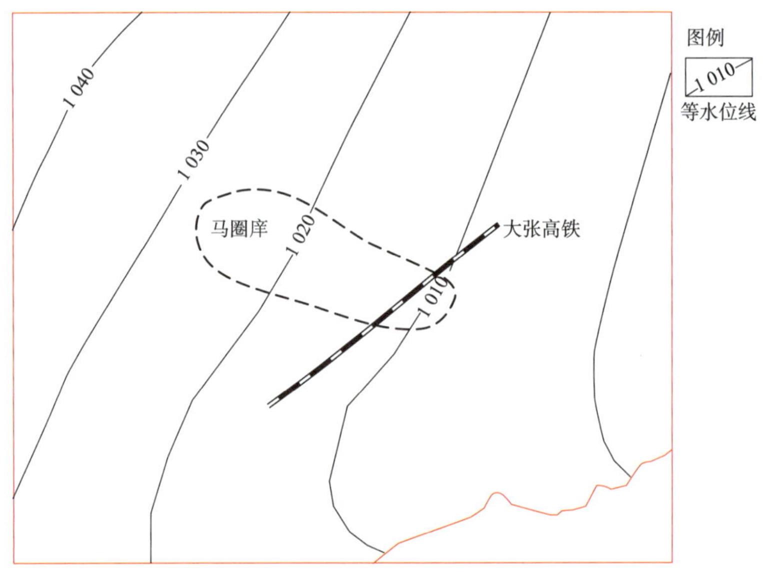

图 6-2 研究区潜水地下水位等值线图

在各参数上下限约束条件下，求取目标函数 G 最小值，若此时的水位拟合差未达到足够小，则进一步分析其原因，调整相关的参数值，再次求取目标函数最小值。如此反复计算、分析，直至求得满意的结果为止。整个计算流程如图 6-3 所示。

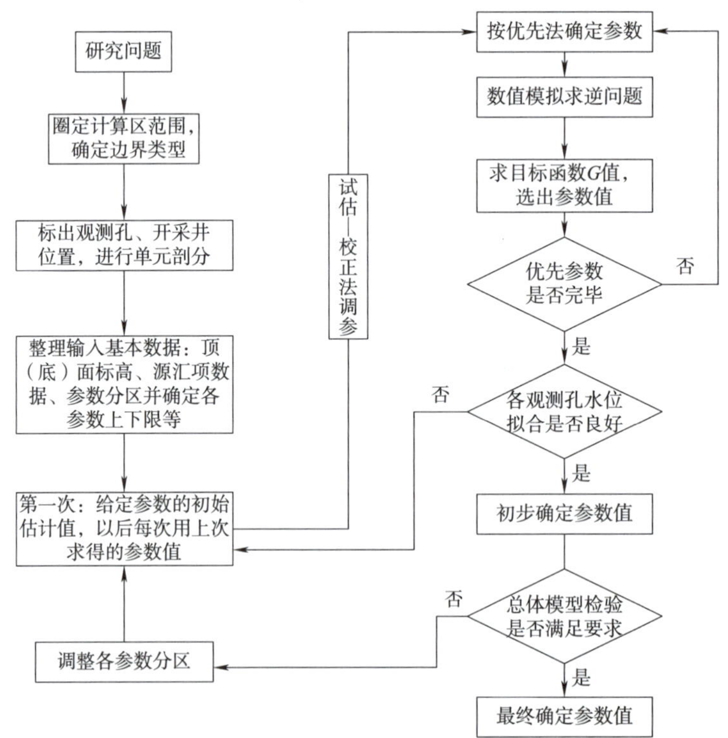

图 6-3 确定水文地质参数的计算流程图

图 6-4 是模拟区计算的稳定地下水位等值线图，与统测的潜水地下水位等值线图(图 6-2)对比，可以看出，计算的稳定地下水流场拟合宏观形态较好，正确反映了地下水的补、径、排特征；与观测孔实测水位对比，可以看出，观测孔拟合精度较高，误差小于 1 m。由此优选所得的水文地质参数值见表 6-6，总体上水文地质参数值与实际水文地质条件基本相符，反映了区域内地下水含水系统特征。

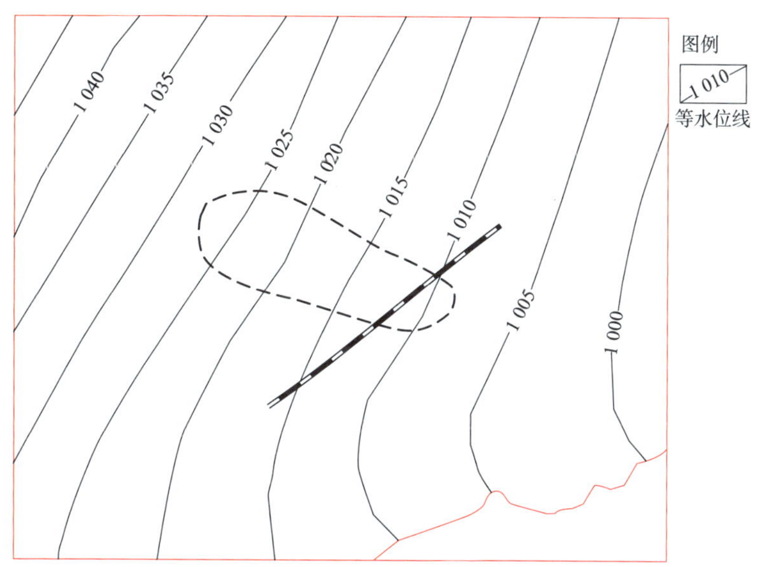

图 6-4 模拟的稳定地下水位等值线图(单位：m)

表 6-6 研究区域水文地质参数值一览表

含水层	渗透系数/(m · d^{-1})		给水度	弹性储水系数/m^{-1}	有效孔隙度	骨架弹性储水率	骨架非弹性储水率
	水平	垂向					
潜水	8	0.8	0.16	0.000 1	0.2	—	—
上弱透水层	0.01	0.001	0.03	0.000 2	0.27	0.001 3	0.006 6
第一承压水	10	1	0.16	0.000 1	0.2	0.000 7	0.003 5
下弱水层	0.01	0.001	0.03	0.000 2	0.27	0.004	0.02
第二承压水	46	5	0.22	0.000 1	0.2	0.015	0.08

综上所述，从总体规律来看，所建模型与区域内地质条件基本相符，具有较高的仿真度，可以对地下水抽取导致的地面沉降进行估算。

1. 群井开采引发的地面沉降模拟

通过前面建立的地下水流—地面沉降耦合模型，预测现状地热井开采条件下未来 10 年地下水和地面沉降量的变化情况。预测时选取模型计算出的稳定地下水流场作为初始流场，模型的边界条件不变，按勘察统计的开采量均匀分配至每天。为了更直观地表示现状开采条件下地面沉降未来 10 年的变化情况，将预报开始时刻的沉降量设为 0；对前期固结水位，把稳定流模型计算出的各个节点上的水位作为预报时各节点上的前期固结水位。

经过模拟计算，未来 10 年末时刻第二承压含水层的水位降深分布如图 6-5(a)所示，累计地面沉降量等值线如图 6-5(b)所示。

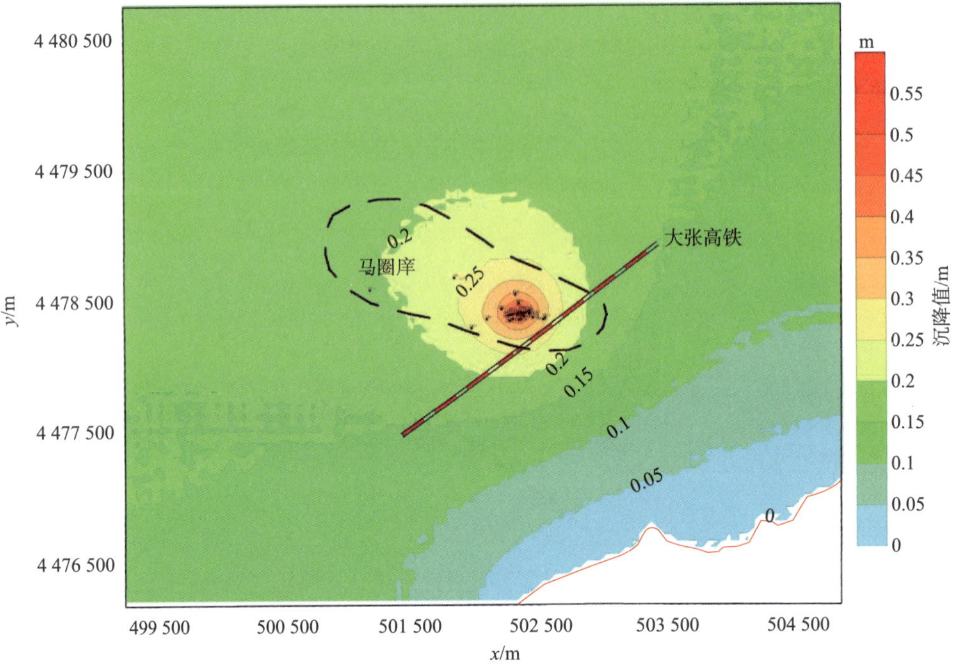

(a)第二承压含水层地下水位降深分布图

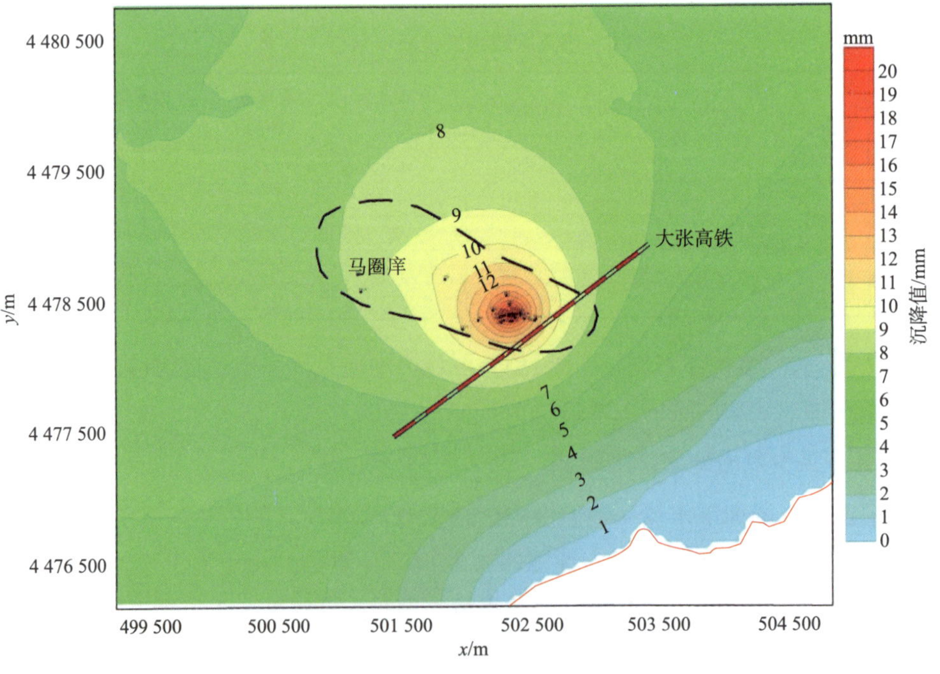

(b)马圈庠地热田开采引起的地面沉降分布图

图 6-5　地下水位降深及地面沉降分布图(北京“54”坐标系下)

从图 6-5(a)和图 6-5(b)可以看出，随着第二承压含水层地下水的持续开采，形成了以集中开采井为中心的地下水位降落漏斗和地面沉降中心。其中，地下水位降深最大值约为 0.55 m，地面最大累计沉降量约为 20 mm，大张高铁 DK86＋900～DK87＋500 段位于地面累计沉降量大于 10 mm 的范围内。

为了更直观地反映马圈庠地热田开采对大张高铁的影响程度，在里程 DK86＋500、DK87＋000 和 DK87＋500 处作了三个横断面(图 6-6)，大张高铁纵断面及三个典型横断面上的地面沉降和水位降深变化情况分别如图 6-7(a)～图 6-7(d)所示。

从图 6-7(a)可以看出，沿着大张高铁线路，由于水位下降导致的地面沉降是不均匀的，最大沉降量位于里程 DK87＋200 附近，最大值约为 12 mm。从图 6-7(b)～图 6-7(d)可以看出，在横断面 1 上，水位降落漏斗和地面沉降中心在距离高铁线路 500 m 左右，而在断面 2 和断面 3 上，水位降落漏斗和地面沉降中心距高铁线路 200～300 m 之间，因此，若地下水开采量增加，将对大张高铁线路 DK87＋000～＋500 段有影响。

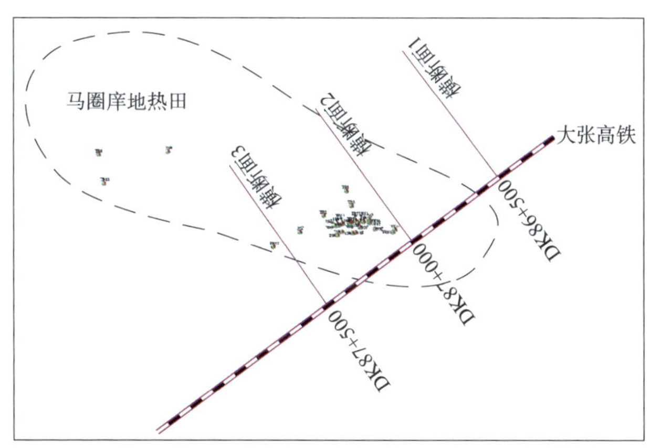

图 6-6　大张高铁各断面分布图

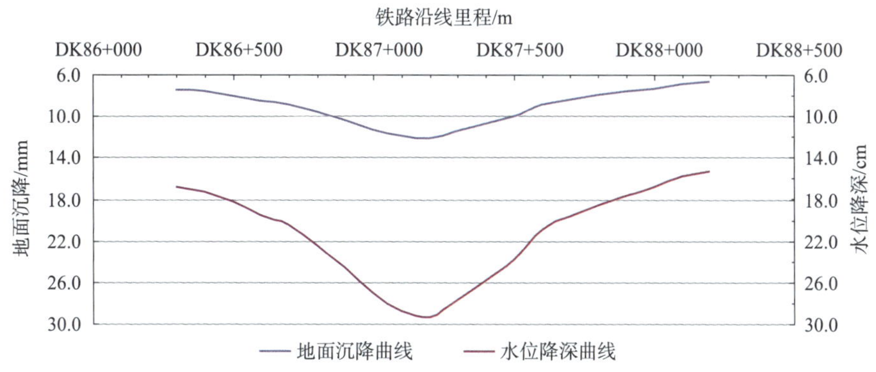

(a)大张高铁纵断面地面沉降及水位降深曲线图

图　6-7

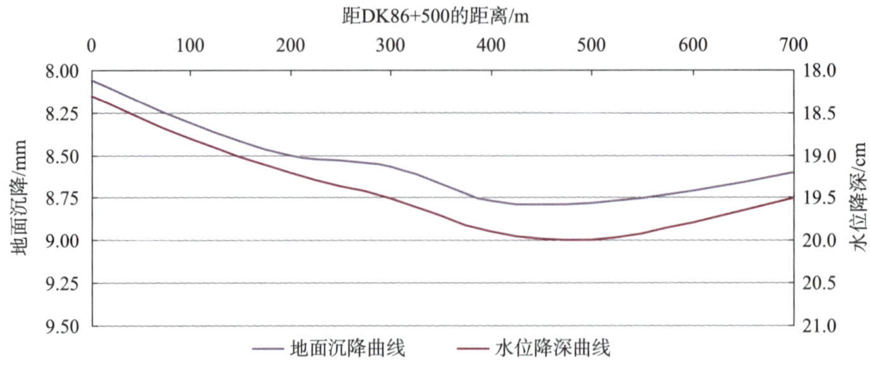

(b)横断面 1 地面沉降及水位降深曲线图

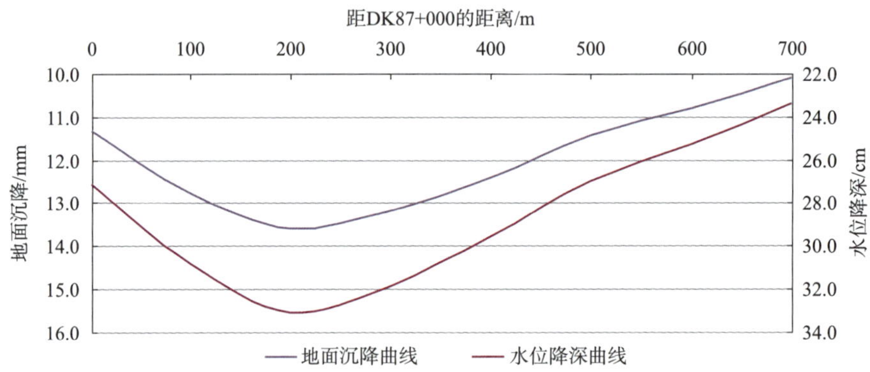

(c)横断面 2 地面沉降及水位降深曲线图

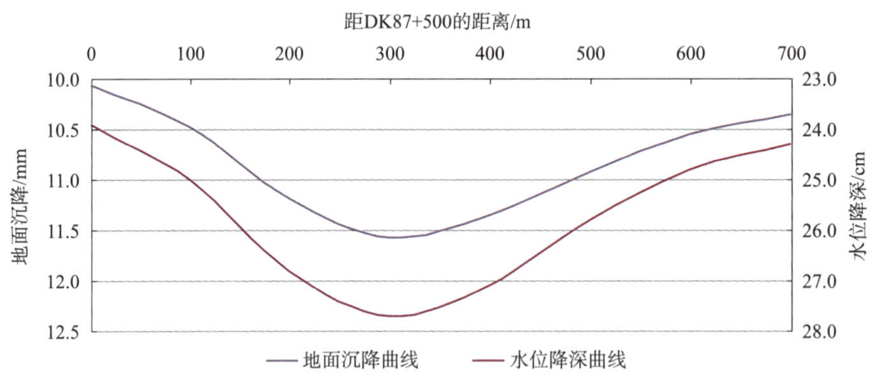

(d)横断面 3 地面沉降及水位降深曲线图

图 6-7 地面沉降及水位降深曲线图

2. 单井开采引发的地面沉降模拟

在现状开采情况下，距离大张高铁线路最近的两口井分别是 TR10 和 33 号，垂直距离仅有 87 m 和 152 m。为了评价单井地下水开采对大张高铁工程的影响，以前面建立的地下水流-地面沉降耦合模型为手段，分别模拟了 TR10 和 33 号开采地下水引起的水位降深和地面沉降变化情况，图 6-8(a)～图 6-8(d)为模拟结果。

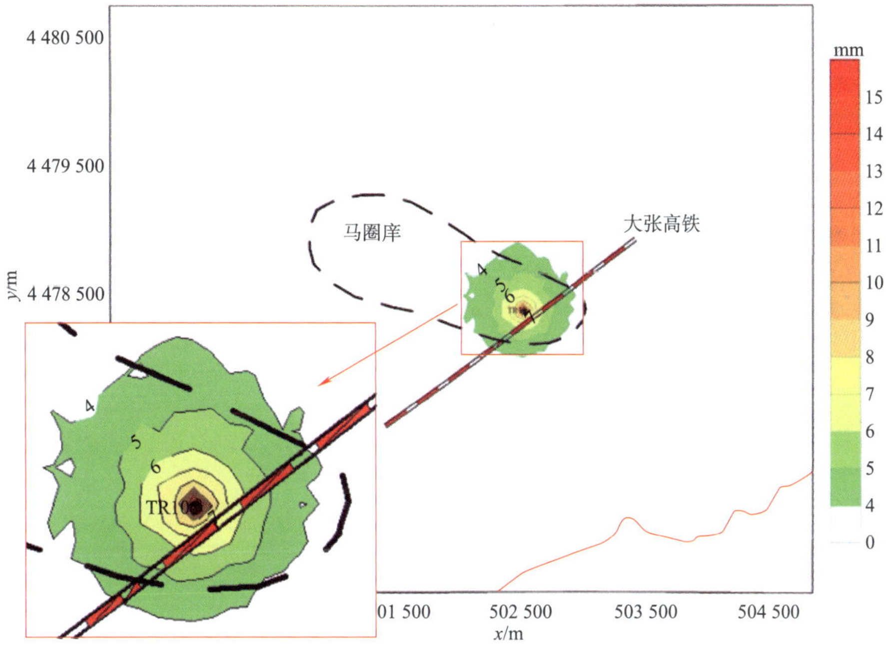

(a)单井 TR10 开采引起的水位降深分布图

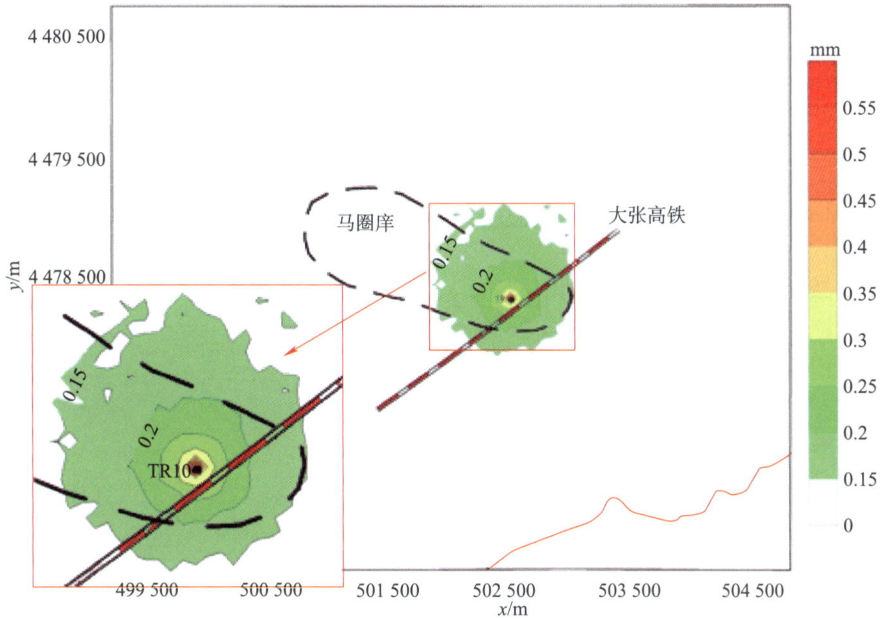

(b)单井 TR10 开采引起的地面沉降分布图

图　6-8

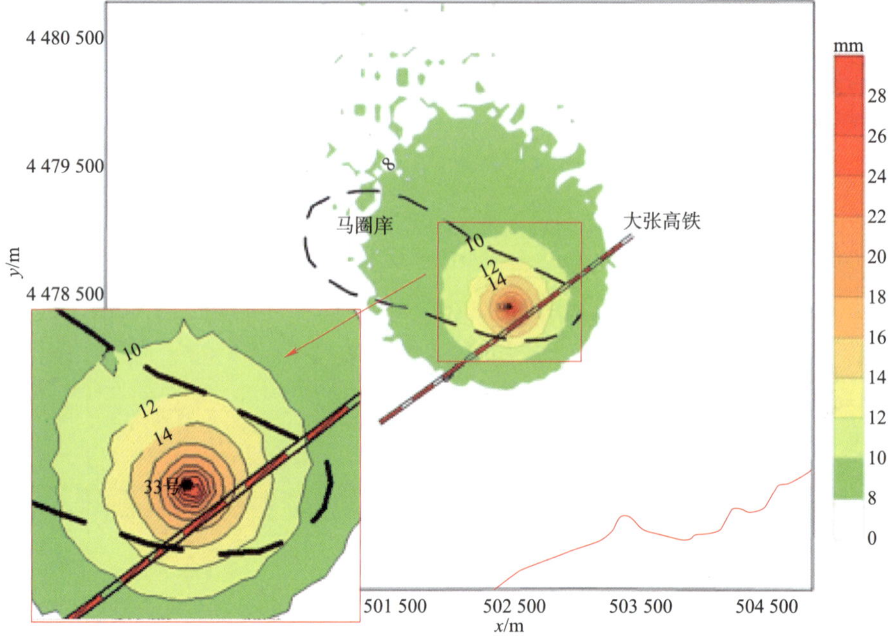

(c)单井 33 号开采引起的水位降深分布图

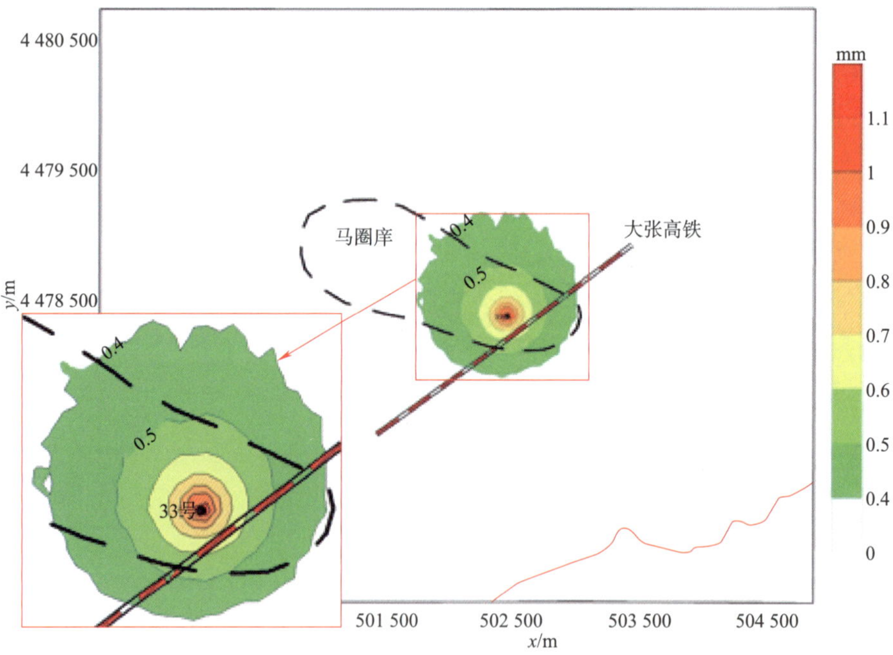

(d)单井 33 号开采引起的地面沉降分布图

图 6-8　水位降深及地面沉降分布图(北京“54”坐标系下)

从图 6-8(a)和图 6-8(b)可以看出，TR10 井开采地下水引起的最大水位降深和地面沉降分别为 15 mm 和 0.55 mm，位于 TR10 井中心；大张高铁沿线最大地面沉降约为 0.3 mm，位于 DK87＋050 里程附近。从图 6-8(c)和图 6-8(d)可以看出，33 号井引起的最大水位降深和地面沉降分别为 28 mm 和 1.1 mm，位于 33 号井中心；大张高铁沿线最大地面沉降约为 0.7 mm，位于 DK87＋100 里程附近。计算结果表明，单井开采对大张高铁线路 DK87＋000～＋500 段影响较小。

综上所述，若地热田中的群井持续开采地热水，将对大张高铁线路 DK87＋000～＋500 段产生影响，因此，在当前高铁线路条件下，需要严格控制地下水位，禁止高铁沿线新增地热水开采井。

6.1.4　基于地面沉降监测的铁路选线方法

差分干涉雷达技术(D-InSAR)已广泛用于大范围的地表沉降变形监测，可全天时、全天候对目标进行观测，可实施大范围内连续地表的监测，相对其他监测方法可以达到的精度而言，具有覆盖范围广、工作效率高、成本低等特点。这些特点表明，如果利用 D-InSAR 技术实施对铁路选线工程沿线地面沉降的监测，不仅可以降低成本，而且可以准实时动态地监测整个铁路选线工程中雷达图像覆盖范围内地表沉降位移量，可准确获取沉降区及沉降漏斗范围，确定沉降漏斗中心，估算该区域历史沉降量大小，分析线位与沉降区的关系，为铁路选线提供辅助依据。

1. 利用 D-InSAR 技术进行地面沉降监测及选线流程

图 6-9 为利用差分干涉雷达技术进行变形评价及选线的技术方案流程图，主要针对获得的卫星雷达数据进行差分干涉处理以及长时序雷达干涉处理，并利用获得的地理编码的

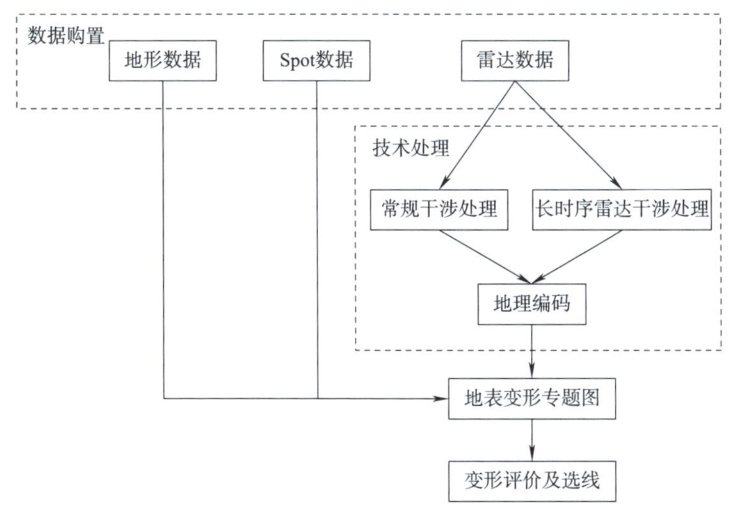

图 6-9　差分干涉雷达技术流程图

图像与光学和地形数据进行结合后获得地表变形专题图，在此基础之上进行地面变形分区和铁路选线。

2. D-InSAR 技术在雅万高铁地面沉降监测及选线中的应用

在印尼雅万高铁勘察设计期间，采用 D-InSAR 技术对雅加达和万隆盆地地面沉降进行了监测分析。其中雅加达段监测范围为 DAK10＋000～DK41＋200。采用 2014 年 10 月至 2017 年 4 月时间段的 40 期 Sentinel-1A/1B 数据，利用时间序列 InSAR 技术获取了印尼雅万高铁雅加达地区在 2014 年 10 月至 2017 年 04 月时间段内的沿线地面沉降信息，监测成果包括区域沉降速率图、沉降速率等值线图、沉降速率纵断面、沉降区域范围。

图 6-10 为利用时间序列 InSAR 分析方法得到的印尼雅万高铁雅加达段沿线的区域地面沉降监测结果，沉降速率结果显示在监测段落沿线存在有几处明显的沉降区域。

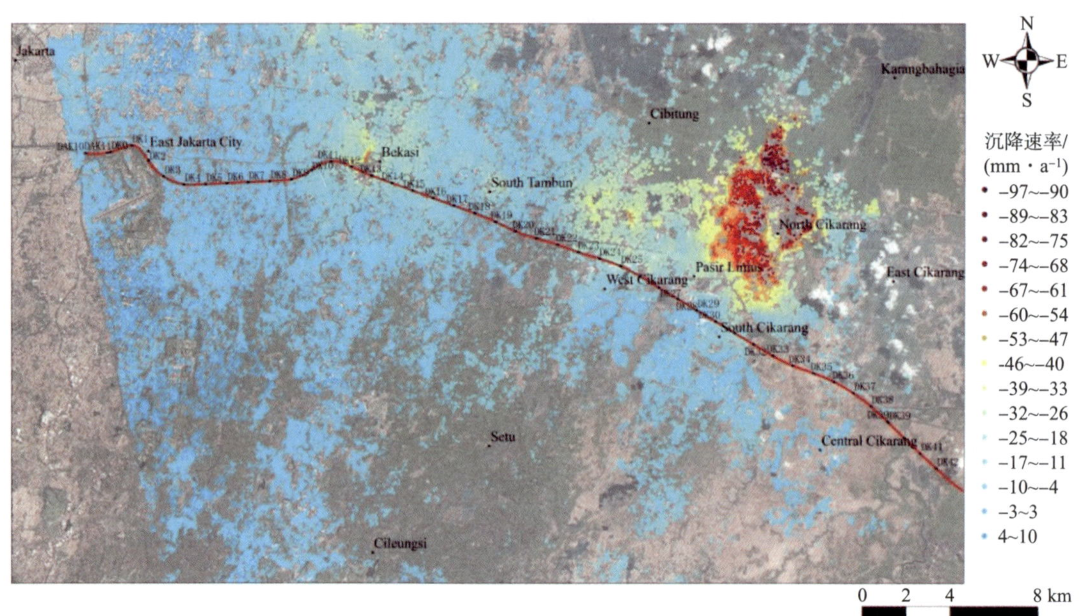

图 6-10　雅万高铁雅加达段 InSAR 地面沉降监测结果

为了更完整地描述变形区域的范围和变形中心，对 PS 点采用克里金插值，然后生成等值线，等值线叠加显示结果如图 6-11 所示。

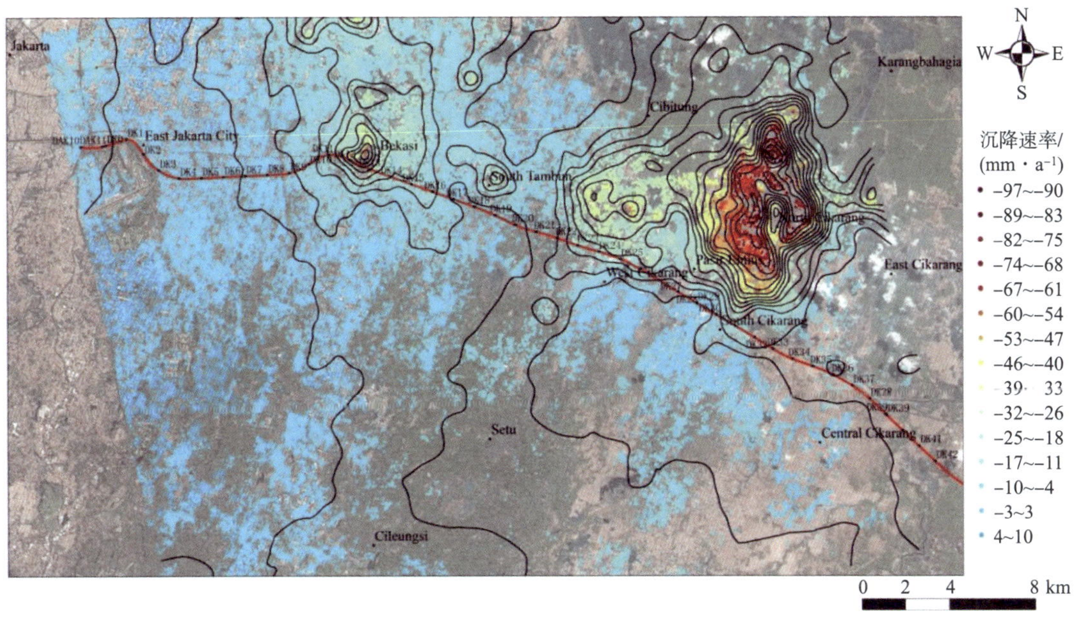

图 6-11　雅万高铁雅加达段地面沉降速率等值线图

将 10 mm/a 沉降速率等值线提取出来作为沉降区域划分边界，如图 6-12 所示，可以根据边界将沉降区域划分为 A、B、C、D 四个区域。其中 B 区域距线路距离较远，对工程基本没有影响。

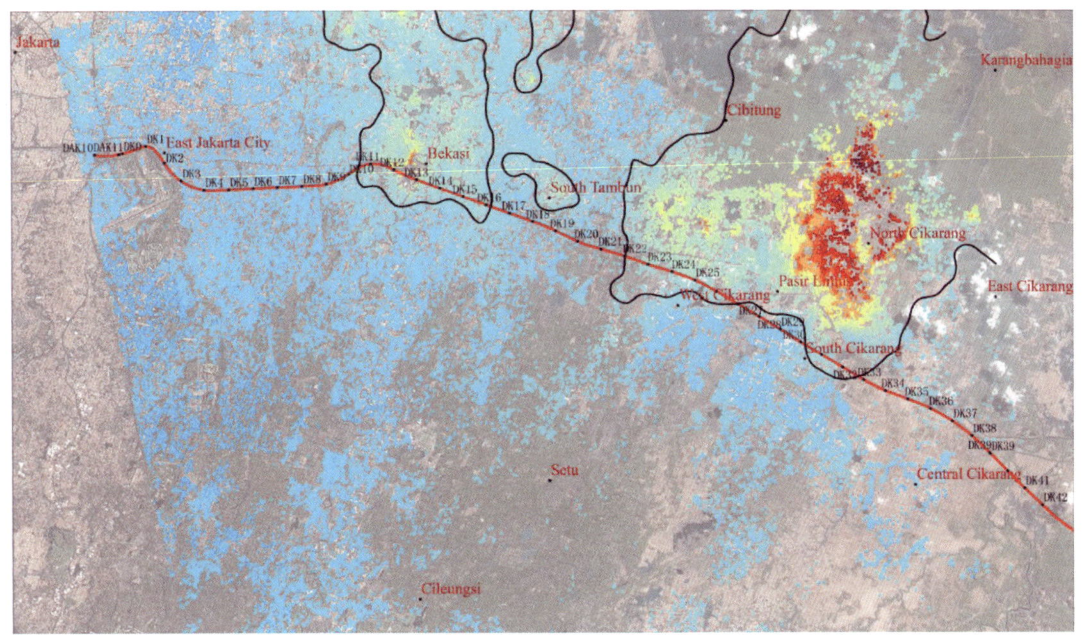

图 6-12　雅万高铁雅加达段地面沉降分区

A 区大部分位于线路北侧，漏斗中心位于线路 DK12＋500 左侧，距线路 0.5 km，漏斗中心沉降速率为 55 mm/a，漏斗沉降速率范围为：10～55 mm/a。线路 DK10～DK16 段从该沉降区域的边缘穿过，线路穿过区域的沉降速率范围为 10～35 mm/a。

C 区位于线路 DK16～DK19＋500 段的左侧，沉降速率范围为：10～25 mm/a。从等值线图可以看出，在 C 区域中存在一处沉降漏斗，其沉降漏斗中心位于线路 DK18＋500 左侧，中心距线路 1.5 km，漏斗中心最大沉降速率达到 25 mm/a，沉降漏斗的边缘距线路 0.6 km。

D 区为雅加达地区地面沉降最为严重的区域，位于线路 DK21～DK34 左侧。沉降速率范围为 10～90 mm/a，线路 DK22～DK27 段、DK30～DK33 段穿过沉降区域，其中 DK22～DK27 段线路穿过的区域沉降速率为 10～20 mm/a，DK30～DK33 段线路穿过的区域沉降速率为 10～15 mm/a。

在上述四个沉降区中，A 区沉降中心距离线路较近，不均匀沉降相对明显，建议有条件时线路可适当南移 1.0～1.5 km，即可避开 A 区沉降中心，也可使线路走行于南侧地面沉降平缓地带。

C 区分布范围有限，沉降速率相对较小，对线路影响较小。线路穿越 D 区的段落虽然较长，但基本避开了地面沉降最为严重的区域，在沉降区外围平缓地带经过，地面沉降对线路的影响相对较轻。

实例说明，利用星载干涉雷达技术进行地面沉降变形监测，可以快速、高效地得到监测区域在监测时间范围内的地面变形变化，得到空间上近连续的地面变形信息，可以在广大区域内标定地面沉降区的位置及范围，可用于地面沉降评价及铁路勘察选线，并对在铁路运营中可能造成变形危害的区域进行预警。

3. D-InSAR 技术在京雄城际地面沉降监测及选线中的应用

(1)地面沉降监测

本次监测范围为北京至雄安新区铁路新机场至雄安东段，线路里程为 DK48＋000～DIIK105＋50(包括右线绕行右 DIIK93＋900～右 DIIK105＋50)，在 2014 年 11 月至 2017 年 5 月时间段内，监测数据共计 47 景，满足时间序列 InSAR 分析的数据量要求。在 SAR 影像数据处理过程中，按照星形结构干涉组合方式进行处理。由于测区内缺少与监测时间段对应的地面沉降监测控制点，因此只能选择处理区域中相对稳定的点作为沉降速率的参考点，其他区域的沉降量均相对于该参考点进行分析。

图 6-13 显示了利用时间序列 InSAR 分析方法获取的京雄铁路新机场至雄安东段沿线的区域地面沉降监测结果。

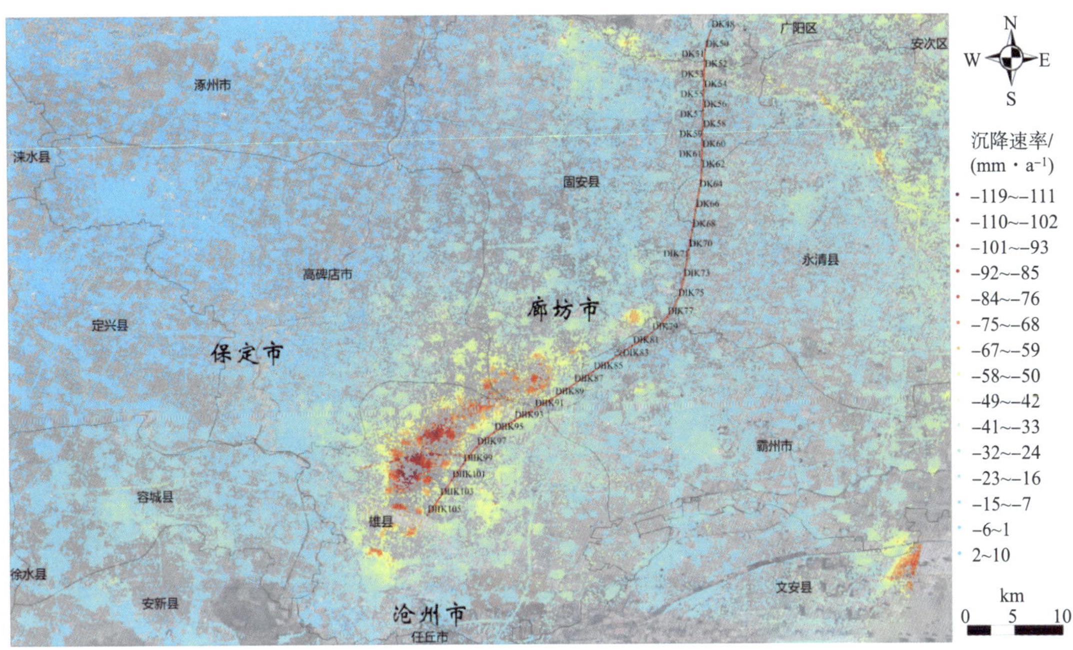

图 6-13　京雄铁路 InSAR 监测沉降速率图

图中红色线条为贯通方案，起点为原京霸城际铁路 DK48+000 处。

从图 6-13 沉降速率结果图中可以发现，监测段沿线存在有几处明显的沉降区域。为了更完整地描述变形区域的范围和变形中心，对 PS 点采用克里金插值，然后生成等值线，等值线叠加显示结果如图 6-14 所示。

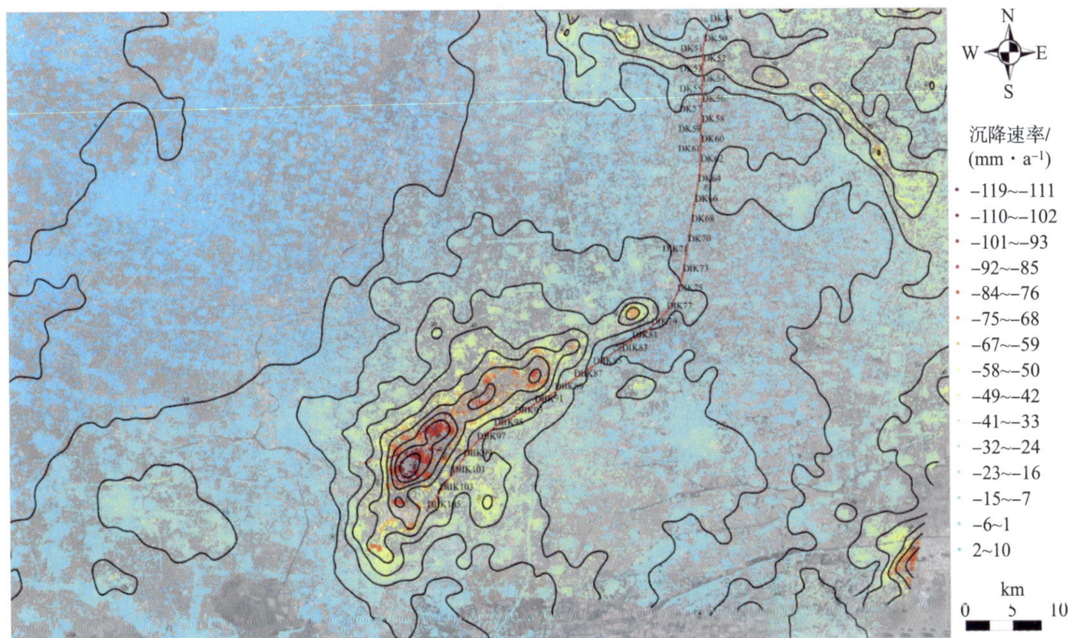

图 6-14　京雄铁路 InSAR 监测沉降速率等值线图

从 PS 点的沉降速率图和沉降速率等值线图可以看出，京雄铁路沿线经过区域主要存在两处不均匀沉降区域，其中一处位于廊坊市区与固安县、永清县交界处，也即永定河干河道位置，呈细长条带状分布，另一处位于雄县北部和固安县南部，表现为大范围缓慢区域沉降特征。

为了更清晰展示铁路设计线路沿线的区域沉降信息，沿线路做沉降速率纵断面如图 6-15 和图 6-16 所示。

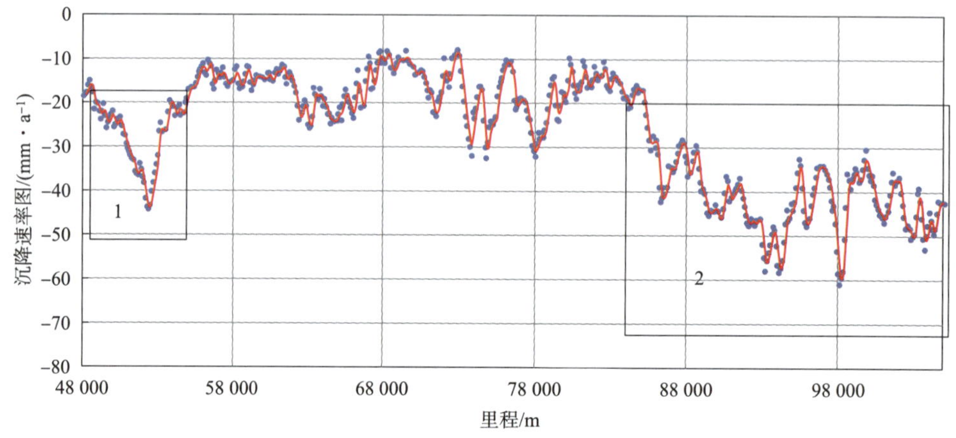

图 6-15　京雄铁路 DK48～DIIK105＋000 沉降速率纵断面

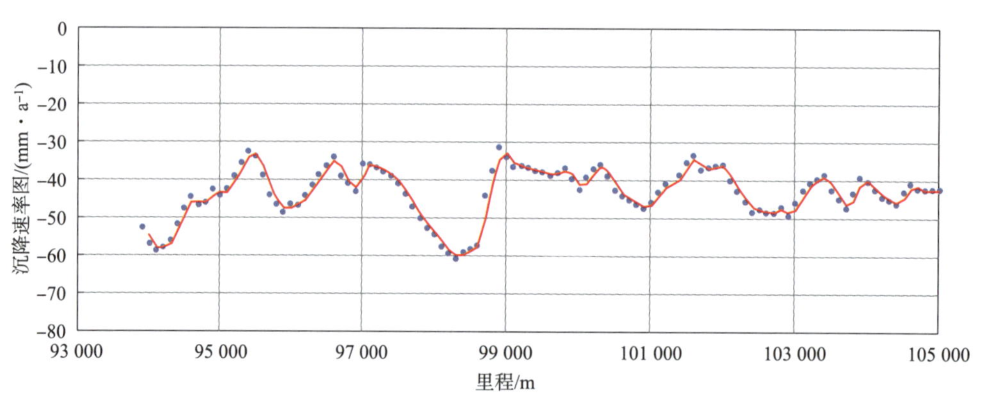

图 6-16　京雄铁路右 DIIK93＋900～右 DIIK105＋000 沉降速率纵断面

从沉降速率纵断面图可以看出线路经过两处明显的不均匀沉降区域，与沉降速率结果图(图 6-13、图 6-14)的结果一致。

(2)分段监测结果分析

根据等值线形状和变形特征，沉降区域划分如图 6-17 所示。沿线沉降区域被划分为 A、B 两个区域，下面分别对 A、B 两个区域进行分析。

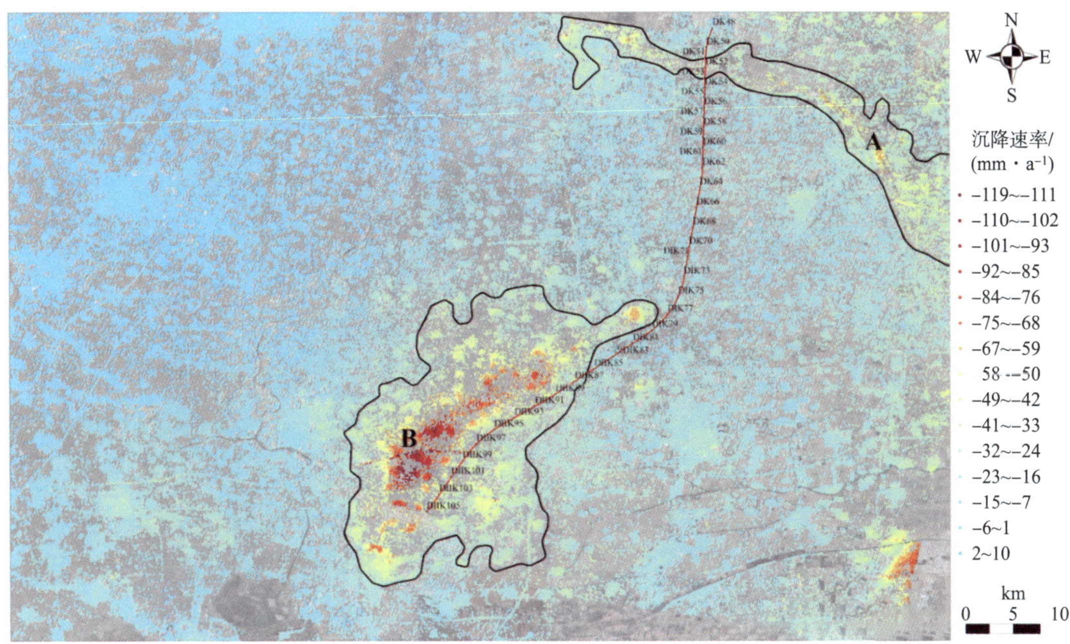

图 6-17　沉降区域划分示意图

①A 区域沉降分析

基于 InSAR 后处理分析得到 A 区域范围内的沉降结果如图 6-18 所示。

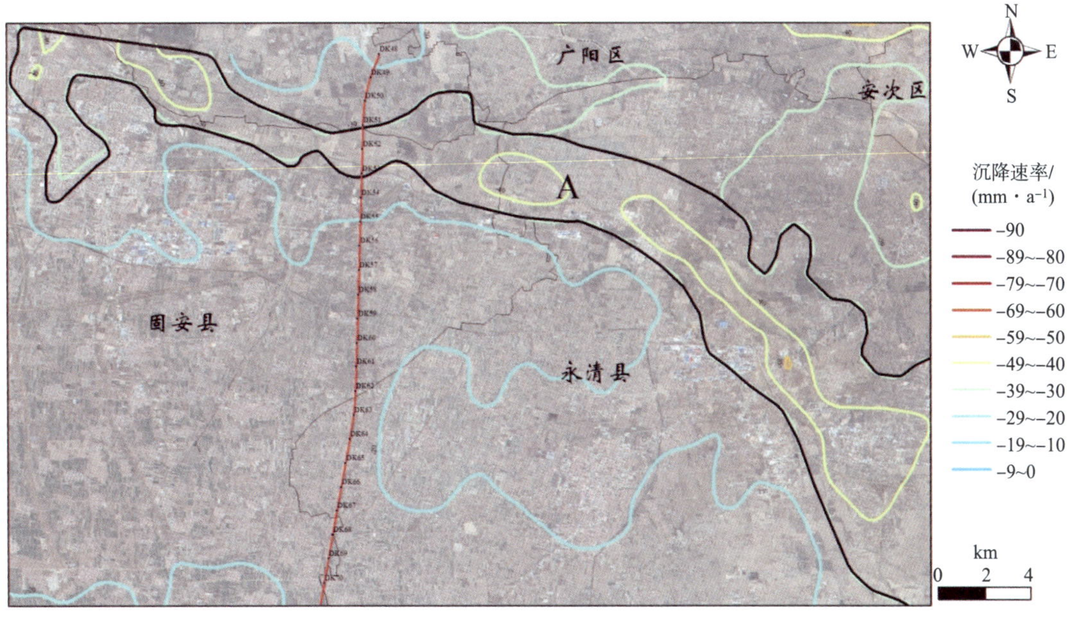

图 6-18　A 区域沉降速率等值线图

从 A 区域的沉降速率结果可以看出 A 区域沉降呈细长条带状特征，其位置位于廊坊市区和固安县、永清县交界处，也即永定河干河道处，其沉降速率范围为 30～70 mm/a。

②B 区域沉降分析

基于 InSAR 后处理分析得到 B 区域范围内的沉降结果如图 6-19 所示。

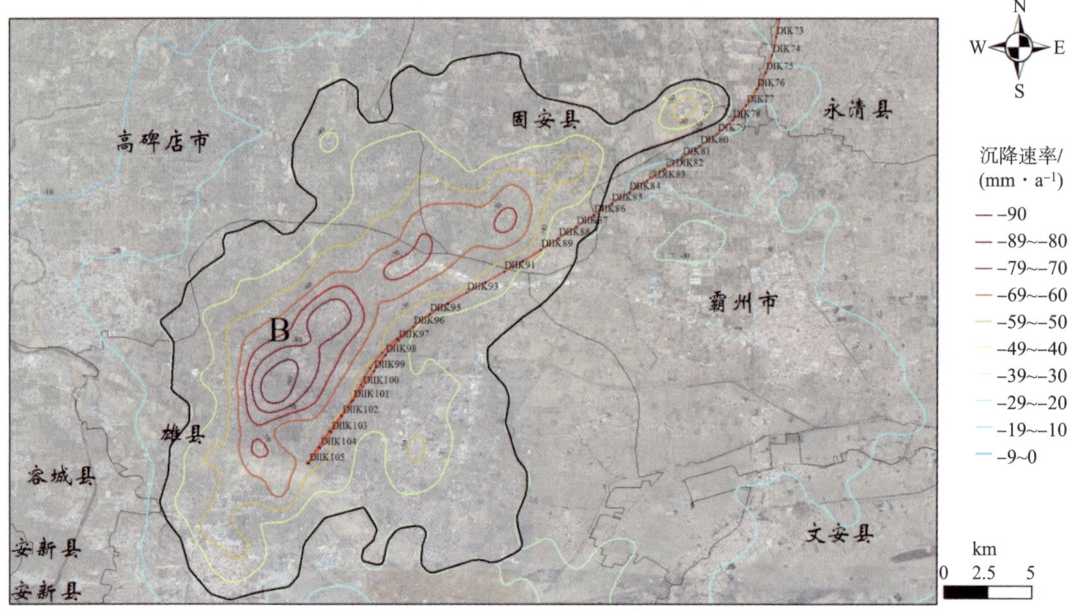

图 6-19　B 区域沉降速率等值线图

从 B 区域的沉降结果可以看出，该沉降区域位于雄县北部和固安县南部，沉降速率范围为 30～119 mm/a，变形特征为大范围区域沉降，从等值线形状也可以看出在大的沉降区域内存在几处漏斗形沉降。线路 DIIK85＋700～DIIK105＋50 段穿过该沉降区，线路穿过处地面沉降速率范围为 30～61 mm/a。

(3)铁路选线

本项目基于 47 景 Sentinel-1A/1B 数据，利用时间序列 InSAR 分析技术，对北京至雄安新区铁路(新机场至雄安东段)在 2014 年 11 月至 2017 年 5 月时间段内的区域地面沉降情况进行了监测，具体监测结果包括区域沉降速率图、沉降速率等值线图、沿线沉降速率纵断面图、沉降区域划分图、沉降漏斗中心位置等。本期监测的结论与建议主要有以下几点：

①京雄铁路沿线经过区域主要存在两处不均匀沉降区域，其中一处位于廊坊市区与固安县、永清县交界处，也即永定河干河道位置，呈细长条带状分布，另一处位于雄县北部和固安县南部，表现为大范围缓慢区域沉降特征。

②第一处条带状沉降区域(A)的沉降速率范围为 30～70 mm/a，线路 DK51～DK53 段穿过该区域，线路穿过处地面沉降速率范围为 30～45 mm/a，通过插值得到的线路经过处最大沉降速率位于 DK52＋200 处。

③第二处大范围沉降区域(B)沉降速率范围为 30～119 mm/a,线路 DIIK85＋700～DIIK105＋50 段(包括右线绕行段落)穿过该区域,线路穿过处地面沉降速率范围 30～61 mm/a,线路经过处沉降速率最大处位于 DIIK98＋100 和右 DIIK98＋300 处。

在铁路选线中,充分利用 InSAR 监测成果,使线路从 A 区内地面沉降相对较轻的区域通过,在 B 区内雄县地面沉降漏斗外侧边缘沉降平缓区域通过,沿沉降等值线行走,极大缓解了不均匀沉降对线路及轨道平顺性的影响。

(4)应用效果分析

采用 InsSAR 技术评价区域地面沉降,可为地质选线、结构设计和轨道选型提供依据 InSAR(合成孔径雷达干涉测量)技术基于长时间序列的多景 SAR 影像,采用时序D-InSAR 分析技术,对铁路沿线进行高频率、大范围的区域沉降监测,可实现铁路“点线面”多方位的沉降监测分析,能够系统探测铁路沿线地面沉降分布、发展和变化特征,准确获取铁路线路与沉降漏斗的空间关系,确定铁路不同里程处的沉降速率范围,为铁路工程设计方案的优化选取及其制定切实的地面沉降防治措施提供基础数据,为铁路线路安全避让距离、轨道基础选型和灾害防治等重大工程问题提供重要数据支撑。

京雄城际铁路穿越华北冲积平原,沿线最主要的不良地质为区域地面沉降,在评价区域地面沉降时,除了野外调查、向地方环境监测部门搜集资料外,应用 InSAR 技术,通过对线路两侧一定范围内的 SAR 影像进行分析,准确呈现区域地面沉降的现状(范围、沉降速率),并结合调查和搜集的资料,分析区域地面沉降的成因、发育程度,避让沉降漏斗的不均匀沉降区,从优化线路选取方案。

应用 InSAR 技术发现全线附近有 3 处沉降漏斗,最大的沉降漏斗位于雄县附近,沉降速率达 30～119 mm/a,地质专业建议在满足雄安新区对雄安站选址要求的前提下应避免线路穿越沉降漏斗,向沉降漏斗外侧边缘调整线路位置,线路走向尽可能平行沉降漏斗的沉降等值线,以减小不均匀沉降对高速铁路的影响。应用 InSAR 技术获取当前地面沉降速率,预测运营期的沉降变形量,对地面沉降对铁路建设的灾害危险程度进行了评价,为结构设计和轨道选型提供了详细依据。

与常规监测手段相比,InSAR 具有高空间分辨率、覆盖范围大以及全天时全天候对地观测等优势,并且能够对大面积区域的变形进行高精度的监测,弥补了传统大地测量手段在空间分辨率的不足。京雄城际铁路在勘测期间应用该新技术,准确、高效地完成了区域地面沉降的现状评价,优化了线路方案和轨道选型方案。

6.2 地面沉降区线路纵断面设计措施

在线路设计中,综合考虑地面沉降发展趋势,设计合理的线路坡度和坡段长度,预留地面高程损失量和反向坡度补偿量,尽量避免设置小坡段和路桥频繁过渡。

6.2.1 线路坡度

1. 地面沉降对线路原始坡度的影响

一般情况下，地面沉降在一定区域内表现为平缓的下沉，不会出现剧烈的波状起伏。由于漏斗中心与漏斗边缘存在沉降速率的空间差异，宏观上出现坡度的变化。在一定年限内在任意两点间造成的地面沉降漏斗坡度变化按下式计算：

$$i=\frac{\Delta h}{L}=\frac{n\cdot(v_2-v_1)}{L} \tag{6-4}$$

式中 Δh——地面两点沉降差，m；

n——沉降年限；

v_1, v_2——两点的沉降速率；

L——地面两点直线距离，m。

《高速铁路设计规范》规定，区间正线的最大坡度，不宜大于 20‰，困难条件下，经技术经济比较，不应大于 30‰。地面沉降分布于平原区，高速铁路所采用的设计坡度都很小，基本都不超过 20‰。如京沪高速铁路北京至济南段共采用 201 个坡度，最大坡度 12‰的只有 1 个，其他大部分均在 2‰与 4‰之间。京沪高速铁路设计的坡度均小于 20‰。

京沪高速铁路天津段经过杨村、杨柳青、静海三个沉降区，沉降速率不同。经计算，杨村段最大沉降漏斗年均坡度变化为 0.005 2‰，杨柳青段为 0.012 7，静海段为 0.021 8‰。河北段工程沿线各区段沉降差异造成的年均坡度变化在 0.000 8‰～0.04‰之间，其中 DK62～DK62＋500、DK189～DK190＋500、DK295～DK301 三段产生的附加坡度较大，分别为 0.04‰、0.026‰和 0.034‰。山东德州段 DK330～DK340 以及 DK360～DK370 之间存在较明显的沉降差异，预计造成的年均坡度变化为 0.001 5‰和 0.001 6‰。沿线 100 年后因沉降差异导致的最大坡度变化为 4‰。大多数情况下，地面沉降造成的坡度变化若叠加在设计坡度，也会小于 20‰的最大坡度。而当坡度变化趋势与设计坡度反向时，还会使实际坡度减小。因此，初步的计算结果表明，区域地面沉降对高速铁路坡度有所改变，一般情况下坡度变化是不超过 20‰的限制标准的。最大沉降坡度和现有的坡度相互叠加、拟合，也能满足列车的运行要求。

区域性的不均匀地面沉降对高速铁路坡度的改变，虽然都在该工程技术标准限制坡度 20‰之内，但这种影响随着时间的推移会逐渐增加，同时不排除局部集中抽水引起的不均匀地面沉降会对轨道的平顺性产生较严重的影响。京津城际、京沪高铁、京石高铁等铁路前期运营维护及变形监测的数据表明，在一些区域如京津城际亦庄段、武清段和京沪高铁西青段，由于复杂的水文地质条件和局部集中超采地下水，造成了部分地段的不均匀沉降，致使差异变形超标，不得不采取抬梁、抬升轨道板等措施来保证轨道的平顺性。

2. 采取的设计措施

(1)在选线设计中应根据地面沉降预测结果将沉降区域内最大沉降坡度和现有的坡度相互叠加、拟合,分析叠加后的线路坡度是否满足列车的运行要求。

(2)综合考虑净高、排水及线路坡度变化,设计合理的线路坡度和坡段长度,在地面沉降相对较严重的地段,预留地面高程损失量。

(3)根据不同地段沉降速率差异,预留反向坡度补偿量。

6.2.2　坡段与坡段连接

1. 地面沉降对坡段的影响

一般情况下,地面沉降在宏观上表现为大范围平缓下沉,对设计坡段长度影响不大。《高速铁路设计规范》规定,高速铁路最小坡段长度见表 6-7。

表 6-7　高速铁路最小坡段长度

设计行车速度/($km \cdot h^{-1}$)	一般条件/m	困难条件/m
350	2 000	900
300	1 200	900
250	1 200	900

京沪高速铁路的线路纵断面的坡段长度最小为 900 m,区间实际设计时采用值都大于 900 m,全线平均坡段长为 1 953 m,按照每年最大不均匀沉降为 10 mm/km 计算,对坡段长变化的影响可以忽略。另外,坡段的两个端点处在相同的区域沉降范围时,两个端点受到的影响基本相同,相对位置变化较小。即使在个别地段出现小于 900 m 的情况,也因不均匀沉降量很小,通过轨道和桥梁也可进行调节。

但在一些不均匀沉降强烈地段,会造成小范围的波状起伏。局部的差异沉降在改变线路坡度的同时,也会使坡段长度产生变化。主要表现在两个方面:首先,局部的不均匀下沉改变竖曲线状态,使设计坡段长度减小;其次,不同地段间的差异沉降使同一坡段内产生波状起伏,将这个坡段分割为多个不规律的小坡段,进而对线路的平顺性受到一定程度的影响。

2. 坡段连接

正线相邻坡段的坡度差大于或等于 1‰时,应采用圆曲线形竖曲线连接,最小竖曲线半径应根据所处区段设计行车速度按表 6-8 选用,最大竖曲线半径不应大于 30 000 m。最小竖曲线长度不得小于 25 m。

表 6-8　高速铁路最小竖曲线半径

设计行车速度/($km \cdot h^{-1}$)	350	300	250
最小竖曲线半径/m	25 000	25 000	20 000

沉降速率较小且平缓下沉地段对竖曲线影响较小,而当沉降盆地与竖曲线反向叠加时则会使竖曲线变得平缓,而使竖曲线半径变大。

对于集中抽水地段及不均匀沉降较大地段,在沉降槽两侧拐点附近会使竖曲线产生较大变化,竖曲线半径减小,轨道平顺性变差,差异变形更容易超标。

根据京津城际及京沪高速铁路地面沉降区内的监测结果,由于路桥过渡段及两端地基基础形式的不同,差异沉降超标现象较易发生。

3. 设计措施

(1)在选线中尽量绕避可能发生局部不均匀沉降变形的地段,如集中抽水地段、地下水位横向剧烈变动地段、压缩层附近地质条件差异性显著地段等。

(2)纵断面设计中尽量避免设置小坡段。不均匀沉降在较小的坡段内易造成波状起伏,使轨道平顺性变差,且使后期顺坡及修复条件变得复杂。

(3)路基地段的纵断面设计应尽量少设挑高较大的短桥及涵洞,以避免线路起伏频繁,尽量避免路桥频繁过渡。此外,在结构设计上可以采取一些预留措施,如桥梁可调高支座、可更换的支撑垫石、易于抬升的轨道板等。

(4)在地面沉降区内的桥梁路段平面设计中,桥梁工程应尽量设在直线段内,困难条件下必须设在曲线上时,应采用较大的曲线半径。在桥梁路段纵断面设计中,桥梁工程应尽量设置在平道上,连续梁、钢梁及较大跨度特殊结构桥梁路段内不应有竖曲线存在。

(5)在地面沉降区内宜采用简支结构桥梁,相邻坡段采用竖曲线连接时,根据《高速铁路设计规范》,无砟轨道高速铁路最小竖曲线半径不得小于25 000 m。在变坡点及局部不均匀沉降较明显的地段不宜采用连续梁、钢梁及较大跨度特殊结构桥梁,路段内不应有竖曲线存在。

(6)对跨越河流的桥梁纵断面设计高程在满足水文条件、桥梁结构要求及通航净空要求的基础上,应根据地面沉降发展趋势预测,预留一定的高度,以弥补地面沉降造成的高程损失。

6.2.3 施工期间地面沉降区段线路断面坡度拟合调整

在高速铁路勘察设计及施工期间,由于地面沉降区内不同地段的沉降速率有所不同,致使施工图线路纵断面设计轨面高程与施工期间现场实测值不符,产生起伏频繁、坡段长非常小的线路纵断面。为保证高速铁路无砟轨道铺设轨道板标准要求,在铺轨期间,必须对线路进行重新调整。根据京沪高速铁路的建设经验,可借鉴既有线放大纵断面依据轨面高程值进行坡度模拟的原理,采用实测梁面或路面高程数据,对由于地面沉降改变后的线路纵断面坡度进行拟合,推算轨面高程值,重新调整线路纵断面坡度和轨面设计高程,满足无砟轨道铺设轨道板标准要求。

(1)在施工过程桥梁铺架或路基填筑完成后,根据沿线水准点高程值变化,对梁面或路面高程进行实际精密测量。桥面或路面高程测量水准点采用引测的高程点或CPⅢ点作为基准点,采用精密电子水准仪测量。

在需要测量的位置标识油漆测点，测点作为中视点测量，仪器架设在相邻 CPⅢ点中间，水准路线采用 CPⅢ高程控制点闭合检核。桥面高程测量设有 14 个点，如图 6-20 所示，测量点均在左、右侧线路的中心线上，其中四个凹槽处每边 2 个，分别离两端 5 cm 和 135 cm 处(图中测点 1～8)；梁面上 6 个，分布在固定端距梁端 235 cm 处、活动端距梁端 155 cm 处和跨中(图中测点 9～14)。

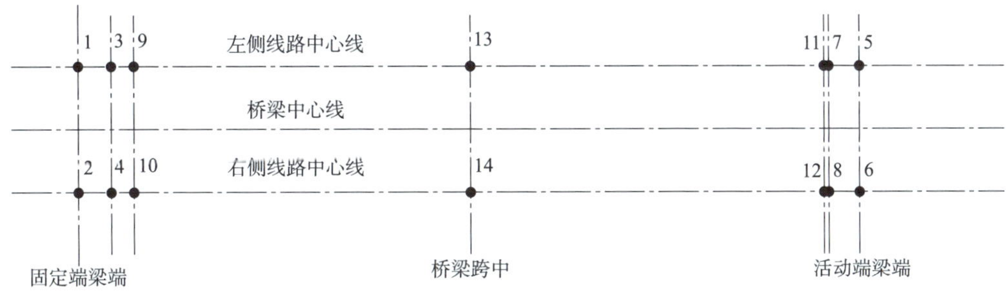

图 6-20　桥面高程测量点布置

(2)根据外业勘察和测绘资料，填写线路平面、百米标与加标、地面高程、既有道床厚度及既有轨面高程各栏数据，并标明地面沉降地段与分布特征。地面高程按沿线路中心线的实际地面高程填写。

(3)道床底面高程与计算轨面高程的计算，如图 6-21 所示。

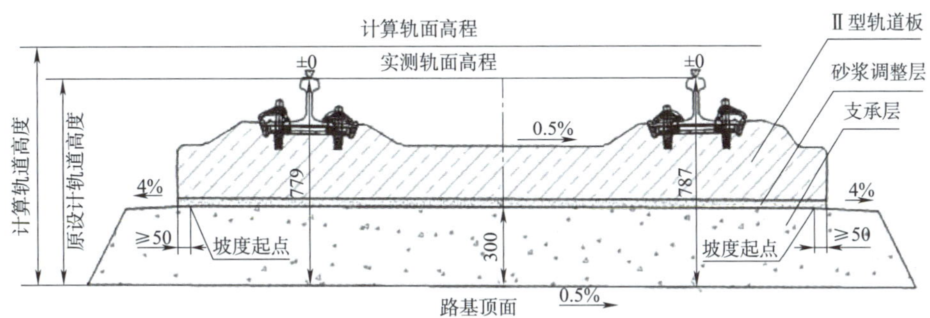

图 6-21　轨道高度示意图(单位：mm)

道床底面高程＝既有轨面高程－既有轨道高度；

计算轨面高程＝道床底面高程＋设计轨边高度(包括钢轨高度、垫板厚度、轨枕高度与道床厚度)。

(4)根据地面高程绘出地面线，根据实测轨面高程绘出沉降改变后轨面线，根据桥面高程绘出桥面线，根据计算轨面高程绘出计算轨面线。标明桥涵类型、孔跨与其中心里程。

(5)路基地段按其所要求的设计高程，在放大纵断面图上初步绘出设计轨面线，设计轨面线应符合设计标准，并使其尽量接近但不低于既有轨面线与计算轨面线。桥梁地段，尽量考虑大范围的平行调整,不改变原设计坡度或少量改动原设计坡度。调坡前后,原设计的变坡点里程及竖曲线半径不能变化。

(6)根据初步绘出的设计轨面线,定出轨面设计坡度。变坡点的坡度差大于或等于1‰时,应采用圆曲线形竖曲线连接。竖曲线的要素与设置竖曲线后的设计轨面高程 H,应填写在变坡点竖直线的两侧。根据轨面设计坡度,标出测点的设计轨面高程,高程准确至毫米。

桥梁段根据桥梁梁面高程测点精密测量数据,并参照原有线路纵断面设计坡度进行坡度模拟。根据测量数据进行纵断面坡度模拟时,为减少轨道结构高度的调整,减少桥梁梁面的打磨工作量,并满足桥梁钢筋保护层的要求,纵断面调整值按−15~40 mm进行控制,通过调整板式无砟轨道底座板的厚度来实现。

(7)最后,通过模拟坡度设计高程值与实测高程高差进行分析比较,确定合理的模拟线路纵断面,最后确定每个测点轨道底座板的抬降值。设有竖曲线的变坡点,应按设置竖曲线后的设计轨面高程来计算抬高或降低值。

调坡后需要对相关数据进行分析,若对打磨后的轨道板产生较大影响时,需要重新进行调整设计,满足无砟轨道规范要求。

6.3 地面沉降区桥梁设计措施

6.3.1 地面沉降区桥梁优化设计

对于地面沉降影响较为强烈的路段,在合理选址及采取禁止地下水开采措施的同时,需采用必要的结构措施,以此来应对不均匀沉降对桥梁结构可能造成的影响。桥梁结构措施应根据地面沉降特点及桥梁结构要求来综合确定。目前,根据近年来我国的工程实践经验,穿越地面沉降区的桥梁结构措施主要包括采用简支结构、增加桩长、可调高支座、加大活动铰变形范围等。

1. 选线及选址

在高速铁路选线及桥梁工程平面布置时,应避开地下水集中开采区、沉降漏斗中心区及差异沉降变形相对较严重的地段。桥梁的布设应充分考虑地面沉降分布特征和地下水开采强度等因素,尽可能将桥梁布置在沉降量较小、沉降变形平缓均匀的地段。在地面沉降区内,桥梁工程应尽量设在直线段内,宜采用简支结构桥梁,在变坡点及局部不均匀沉降较明显的地段不宜采用连续梁、钢梁及较大跨度特殊结构桥梁。

2. 桥梁结构形式

在地面沉降区内,桥梁应优先采用以32 m梁为主的简支结构。在确定特殊结构桥梁位置及结构形式时要综合考虑地面沉降情况，在局部差异变形较大及变坡点地段应尽量避免设置大跨连续箱梁及其他对变形要求相对严格的特殊结构桥梁。若采用也要经过严格的检算，并采取适宜的结构加强措施。

3. 结构设计措施

为了应对线路附近集中降水可能引起的水平位移，加大桥墩纵、横向尺寸，预留梁发生水平位移后的纵、横向移梁空间，设置横向和纵向活动支座。为了应对梁发生可能的纵向位移，变形带附近的简支梁梁端底板纵向均应预留槽口（图 6-22），以备顶梁时作为操作空间。

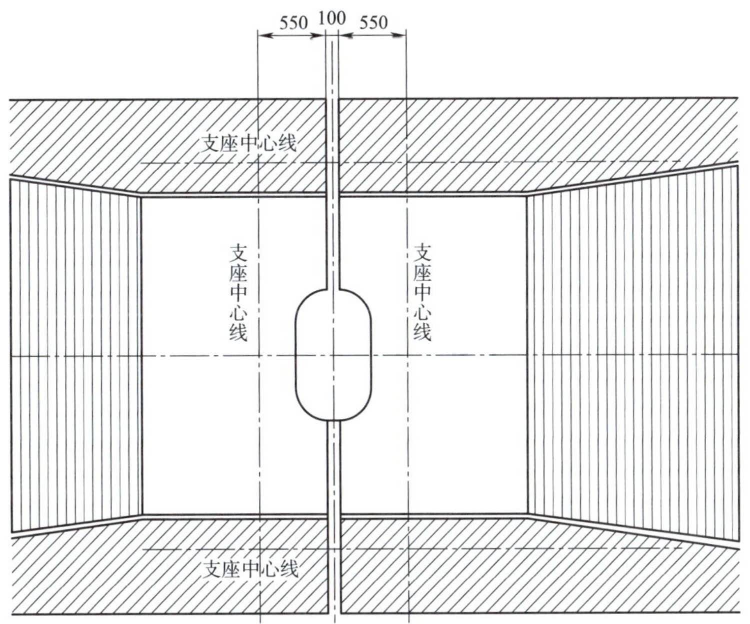

(a)底板梁缝平面图

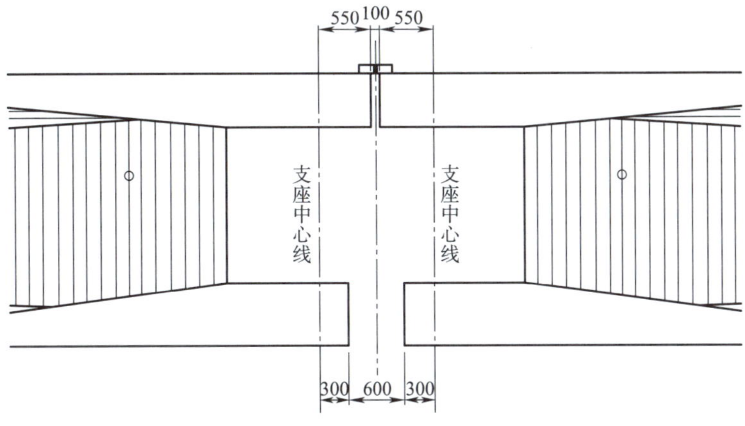

(b)梁缝立面图

图 6-22　梁端槽口平面示意图（单位：mm）

为了增加结构对沉降的适应能力，地面沉降区内桥梁应设置可调高支座。通过采用可调高支座，在发生问题时，通过调节支座高度来减轻不均匀沉降对轨道平顺性造成的影响。

4. 桥梁基础设计

对于不均匀沉降较为强烈的地段及集中降水影响范围内，尤其浅部地下水集中开采地段，基础深度布置应充分考虑持力层与压缩层的位置关系，当压缩层埋藏较浅时，桩端应尽可能穿过压缩层达到稳定地层，并充分考虑地层的沉降对桩基础产生的负摩阻力，根据检算结果适当加强沉降影响范围内的桩基强度，并增加桩长，同时对附近的集中开采井予以关停，避免线路附近地下水集中开采引起不均匀沉降及侧向位移的影响。

5. 涵洞结构设计

地面沉降区内路基段立交、灌溉涵应尽可能采用框架涵或盖板箱涵，尽量不采用圆涵。涵洞采用分节设计，间隔 3～6 m 设置一道沉降缝。涵洞基础应采用整体式基础。涵洞的建筑材料应采用钢筋混凝土结构，不采用浆砌片石。沉降较严重地段在设计时应适当加大断面尺寸，主要是加大涵洞洞内净高，增加的高度可根据地面沉降预测的结果确定。

6. 结构变形监测

有必要对特殊结构桥梁及差异沉降严重地段采取长期的结构变形监测措施。在铁路建设和运营后结合桥梁及线路的精密测量，系统地开展铁路沿线的地面沉降监测。尤其对连续梁要进行长期的沉降观测，一方面检查沉降是否有突变，另一方面检查相邻桥墩的沉降差是否满足轨道平顺要求和结构受力要求。

6.3.2 地面沉降区桥梁可调高支座布设

高速铁路早期常用的可调高支座主要为盆式橡胶支座，近几年球形钢支座应用逐渐增多。

1. 可调高盆式橡胶支座

桥梁支座是连接桥梁上部结构和下部结构的重要部件，起着将上部结构静荷载和动荷载集中传递至桥梁墩台的作用。同时，协调上部结构因荷载、温度变化等因素作用下产生的变形。支座受力性能的优劣及其对桥梁变形的适应性将直接关系到桥梁运营安全、抗振性能及其耐久性。

对于高速铁路桥梁支座，尽量做到少维修，少更换。由于长钢轨纵向力、制动力、列车动力作用和机车车辆横向摇摆力等动力影响较之普通铁路桥梁加剧，因而对支座的减振、消振性能就提出了新的要求。为满足减振、消振性能的要求，除个别桥梁采用钢支座外，其余均采用盆式橡胶支座，其部分支座具有调高功能。图 6-23 为盆式橡胶支座组成。

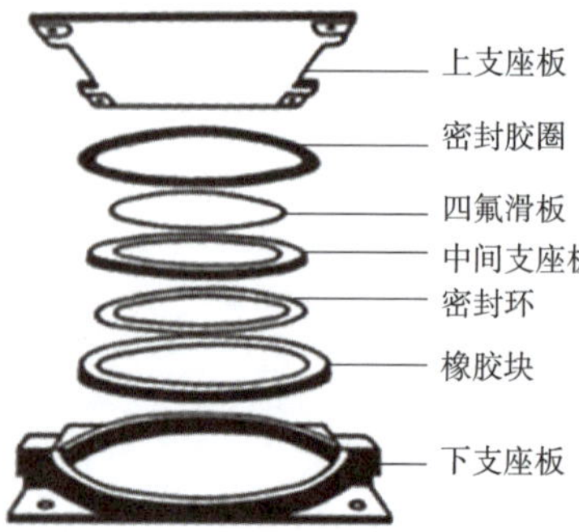

图 6-23 盆式橡胶支座组成

盆式橡胶支座是利用被半封闭在钢制盆腔内的弹性橡胶块，在三向受力状态下具有流体的性质特点，来实现桥梁上部的转动，同时依靠中间钢板上的四氟滑板与上座板的不锈钢板之间的低摩擦系数来实现上部结构的水平位移，使支座所承受的剪切不再由橡胶完全承担，而间接作用于钢制底盆及四氟滑板与不锈钢之间的滑移上。从试验的数据来看，橡胶处于三向约束状态时的抗压弹性模量为 5 000 MPa，比无侧向约束的抗压弹性模量增大近 20 倍，因而支座承载能力大为提高，解决了板式橡胶支座承载能力的局限，能满足大的支承反力、大的水平位移及转角要求。

高速铁路简支梁的四个支座分别为：固定、纵向活动、横向活动及多向活动，如图 6-24 所示。目前，我国高速铁路采用的盆式橡胶支座主要有 ALGATMT、KTPZ、TGPZ 等类型。

图 6-24　简支箱梁支座布置示意图

KTPZ-TG 调高盆式橡胶支座具有液压及机械双重调高能力，最大调高量为 70 mm。TGPZ 调高盆式橡胶支座为机械调高支座，最大调高量为 60 mm。连续梁采用 ALGATMT 调高盆式橡胶支座，ALGATMT 支座可通过机械或液压调高支座，液压调高最大调高量为 60 mm。预制简支箱梁采用改变上支座板顶面坡度的方式以适应梁体坡度（20‰）的要求，当坡度大于 20‰时，采用梁底调整，现浇简支梁采用梁底调整，简支箱梁的每个支撑垫石内侧装有防落梁装置（图 6-25），并做接地处理。打开防尘罩后的支座如图 6-26 所示。

图 6-25　防落梁装置

图 6-26　KTPZ-TG 可调高盆式橡胶支座

高速铁路无砟轨道的特点是只能利用扣件系统和轨道板下的 CA 砂浆垫层进行少量调高，当轨道系统的调高不能满足线形和坡度时，就需要对桥梁的支座进行调整来满足线路的平顺要求。目前，多条高铁桥梁采用可调高盆式橡胶支座。

可调高盆式橡胶支座的调高量见表 6-9。

表 6-9 主要类型支座调高量

支座类型		调高方式	最大调高量/mm	总最大调高量/mm
ALGATMT	小于 3 000 kN	机械	45	105
		液压	60	
	大于 3 000 kN	机械	45	45
KTPZ		机械	40	70
		液压	30	
TGPZ		机械	60	60

支座调高方式主要有两种：

(1)液压调高：在支座预留的孔道中，利用油泵直接向支座中注入快速钢化树脂材料，使其提升。

(2)机械调高：①通过千斤顶直接将梁顶起，在支座的上座板与梁底间插入薄钢板。②支座承压橡胶板中的油腔可取代千斤顶实现自顶升，待抬升后再用临时支撑将梁撑住，然后支座回油，在支座的上座板与梁底间插入钢板。

图 6-27 和图 6-28 为 TGPZ 支座断面图，表 6-10 为 TGPZ 支座尺寸。

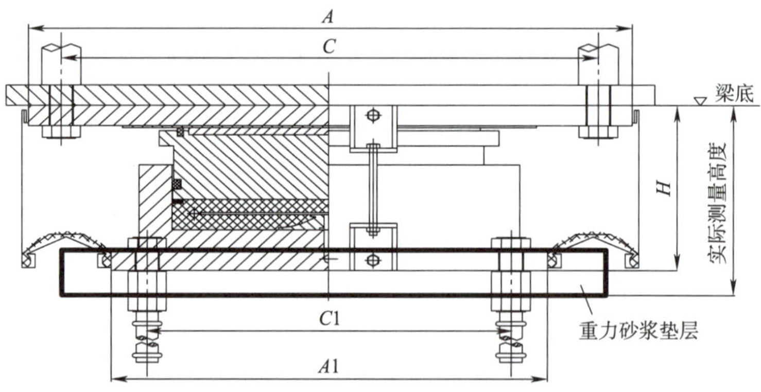

图 6-27 TGPZ 顺桥向支座断面图

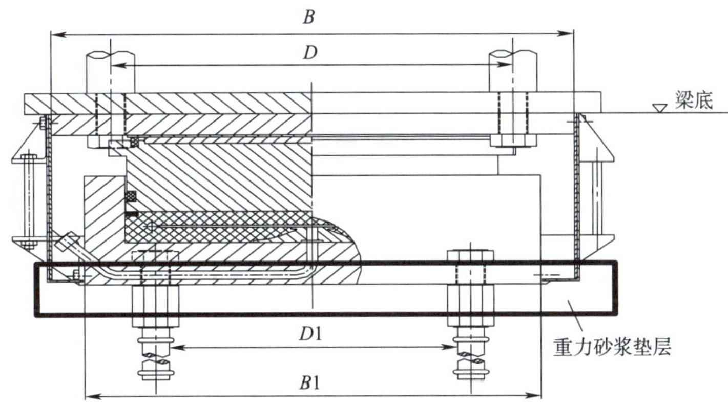

图 6-28　TGPZ 横桥向支座断面图

表 6-10　某高铁桥梁 TGPZ 支座尺寸

支座反力/kN	调高量/mm	主要尺寸/mm								
		A	**B**	**C**	**D**	**A1**	**B1**	**C1**	**D1**	**H**
1 500	60	585	430	500	300	430	370	365	220	175
2 000	60	645	480	550	300	480	425	410	265	180
2 500	60	660	515	565	300	515	470	445	295	195
3 000	60	740	565	630	300	565	510	485	325	200
3 500	60	800	615	680	300	615	550	525	350	210
4 000	60	875	650	740	300	650	585	555	375	220
4 500	60	905	670	770	300	670	615	575	405	220
5 000	60	955	710	810	350	710	650	610	430	225
5 500	60	995	745	840	380	745	680	640	440	240
6 000	60	1015	775	860	400	775	715	670	470	240
7 000	60	1 070	830	900	500	830	760	715	505	245

2. 球形钢支座

球形支座由于其承载力高，传力均匀，耐久性好等特点，多用于连续梁和有特殊要求的桥梁设计中，现在也开始取代盆式橡胶支座而用于简支结构桥梁中。目前，新建高速铁路工程地面沉降区段优先采用大调高量要求的球形支座。

(1)简支梁桥大调高量球形支座

简支梁桥大调高量球形支座代表型号为 TJQZ 系列支座，预留调高量为 60 mm，适应地震动峰值加速度 $a_m \leqslant 0.1g$ 及 $0.1g < a_m \leqslant 0.2g$ 地区。

简支梁桥大调高量球形支座的技术性能和设计参数见表 6-11。

表 6-11　简支梁桥大调高量球形支座设计参数

序号	项目内容	技术要求及参数
1	支座型号	TJQZ(铁路简支桥梁球形支座)
2	竖向承载力	分 1 000 kN、1 500 kN、2 000 kN、2 500 kN、3 000 kN、3 500 kN、4 000 kN、4 500 kN、5 000 kN、5 500 kN、6 000 kN、7 000 kN 共 12 级
3	竖向设计转角	0.02 rad
4	分类代号	固定(GD)、横向(HX)、纵向(ZX)、多向(DX)四种
5	设计水平力(主力)	固定支座、纵向活动支座横桥向、横向活动支座顺桥向的设计水平力为支座竖向设计承载力的 15%(设计地震动峰值加速度 $a_m \leqslant 0.1g$ 地区)或 30%(设计地震动峰值加速度 $0.1g < a_m \leqslant 0.2g$ 地区);多向活动支座各向、纵向活动支座顺桥向及横向活动支座横桥向的设计水平力为支座竖向设计承载力的 5%
6	设计最大位移	DX 多向活动支座和 ZX 纵向活动支座的纵桥向设计位移为:±50 mm(支座竖向承载力≤3 000 kN)及±60 mm(支座竖向承载力>3 000 kN);多向活动(DX)支座和横向活动(HX)支座横桥向设计位移均为±10 mm
7	设计摩擦系数	活动支座在有硅脂润滑条件下的设计摩擦系数取值为: 常温(−25～60 ℃),$\mu \leqslant 0.03$ 低温(−40～−25 ℃),$\mu \leqslant 0.05$
8	温度适用范围	常温型(氯丁橡胶):−25～+60 ℃; 常温型(三元乙丙橡胶):−40～+60 ℃
9	垫板调高量	0～60 mm
10	支座坡度适用范围	0～20‰。顶面坡度按线路坡度 i 的不同分为三级:①$0 \leqslant i \leqslant 4‰$,上支座板顶面不设坡度,代号为 i_0;②$4‰ < i \leqslant 12‰$,上支座板顶面预设 8‰坡度,代号为 i_8;③$12‰ < i \leqslant 20‰$,上支座板顶面预设 16‰坡度,代号为 i_{16};④当 $i > 20‰$时,支座上座板顶面不设坡度,采用梁底楔块调整

各种型号简支梁桥可调高球形支座装配图如图 6-29 所示。

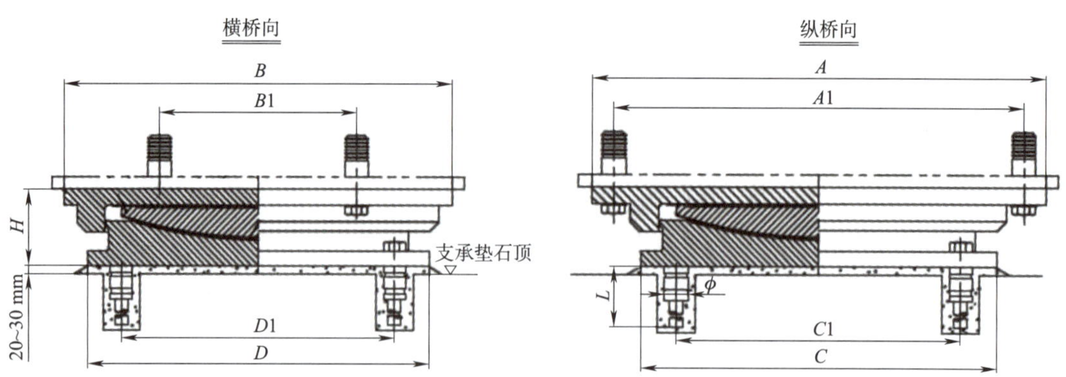

(a)固定(GD)支座装配图

图　6-29

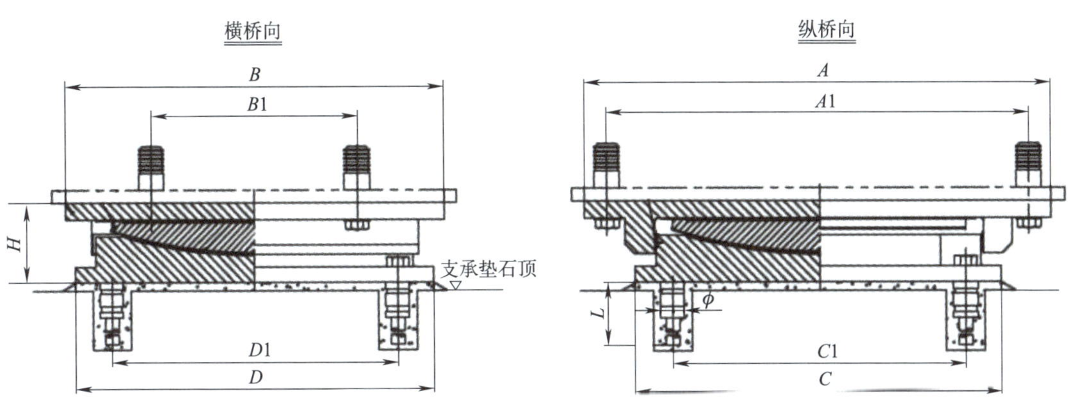

(b)横向活动(HX)支座装配图

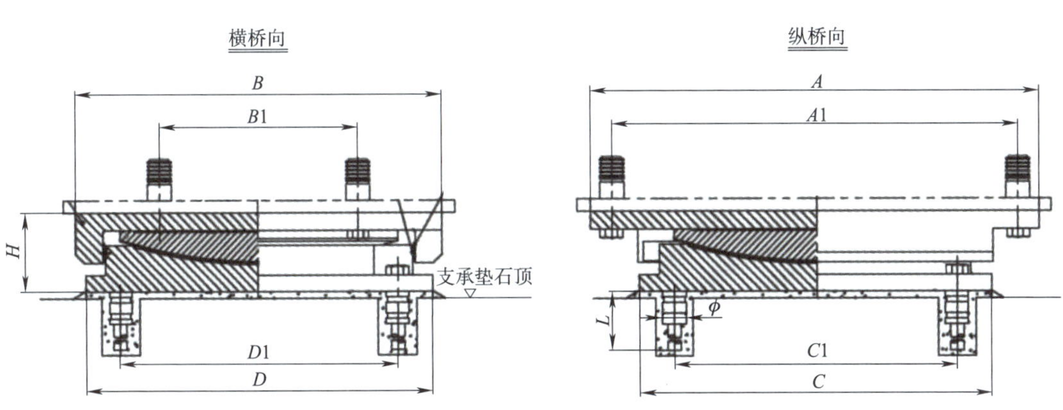

(c)纵向活动(ZX)支座装配图

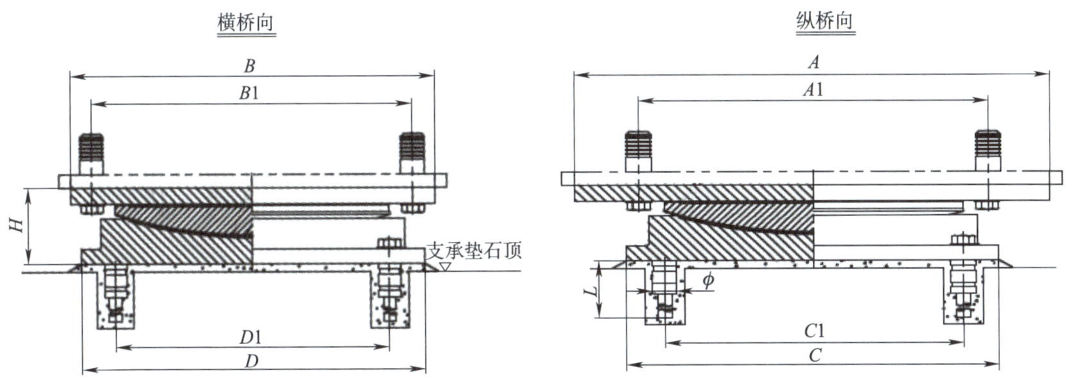

(d)多向活动(DX)支座装配图

图 6-29　铁路简支梁桥大调高量球形支座装配图

(预留调高量＝0～60 mm，$0.1g<a_m\leqslant0.2g$)

简支梁桥可调高球形支座一般布置方式如图 6-30 所示。

横向支座中心距≥4 m支座布置

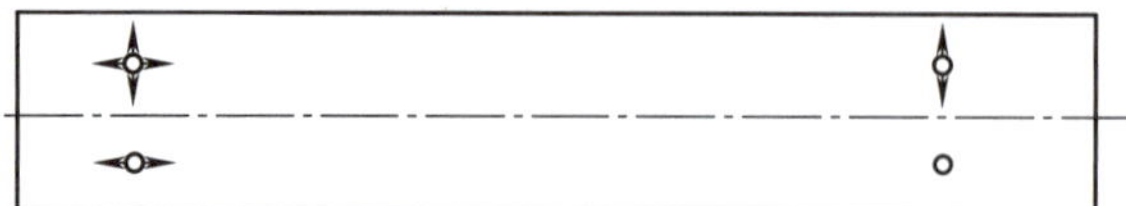

横向支座中心距<4 m支座布置

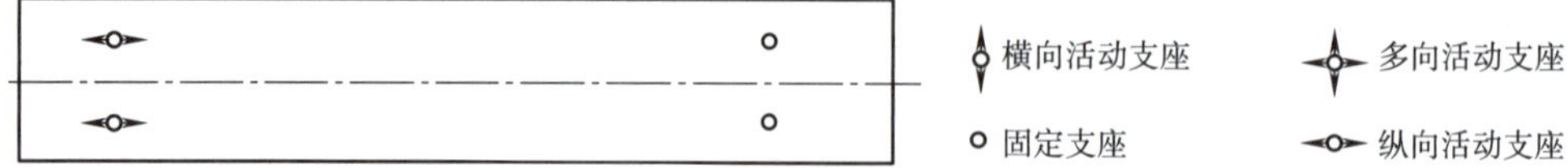

图 6-30　简支箱梁结构支座布置方式

(2)连续梁桥大调高量球形支座

新建高速铁路工程地面沉降区满足大调高量要求的连续梁用球形支座代表型号为济青高铁 TJQZ 系列支座，预留调高量 0～60 mm，适应地震动峰值加速度 $a_m \leqslant 0.1g$ 及 $0.1g < a_m \leqslant 0.2g$ 地区。

连续梁桥大调高量球形支座的技术性能和设计参数见表 6-12。

表 6-12　连续梁桥大调高量球形支座设计参数

序号	项目内容	技术要求及参数
1	支座型号	TJQZ(铁路连续梁桥球型支座)
2	竖向承载力	分 4 000 kN、5 000 kN、6 000 kN、7 000 kN、8 000 kN、10 000 kN、12 500 kN、15 000 kN、17 500 kN、20 000 kN、25 000 kN、30 000 kN、35 000 kN、40 000 kN、45 000 kN、50 000 kN，共 16 级
3	竖向设计转角	0.02 rad
4	分类代号	固定(GD)、横向(HX)、纵向(ZX)、多向(DX)四种
5	设计水平力(主力)	固定支座、纵向活动支座横桥向、横向活动支座顺桥向的设计水平力为支座竖向设计承载力的 15%(设计地震动峰值加速度 $a_m \leqslant 0.1g$ 地区)或 30%(设计地震动峰值加速度 $0.1g < a_m \leqslant 0.2g$ 地区)；多向活动支座各向、纵向活动支座顺桥向及横向活动支座横桥向的设计水平力为支座竖向设计承载力的 5%
6	设计最大位移	DX 多向活动支座和 ZX 纵向活动支座的纵桥向设计位移为：±100 mm、±150 mm 2 级；多向活动(DX)支座和横向活动(HX)支座横桥向设计位移均为±10 mm
7	设计摩擦系数	活动支座在有硅脂润滑条件下的设计摩擦系数取值为： 常温(−25～60 ℃)，$\mu \leqslant 0.03$
8	温度适用范围	−25～+60 ℃
9	垫板调高量	0～60 mm
10	支座坡度适用范围	支座上支座板顶面不设坡度，桥梁的坡度由梁底混凝土调整，支座平置

各种型号连续梁桥可调高球形支座装配图如图 6-31 所示。

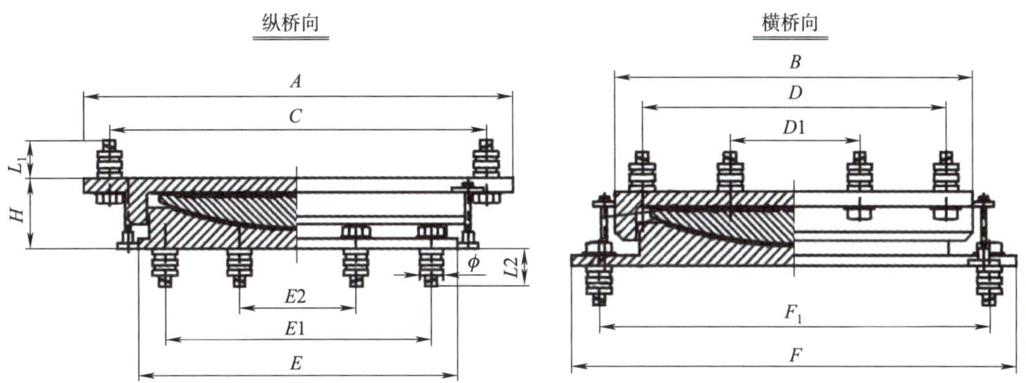

(a)固定(GD)支座装配图

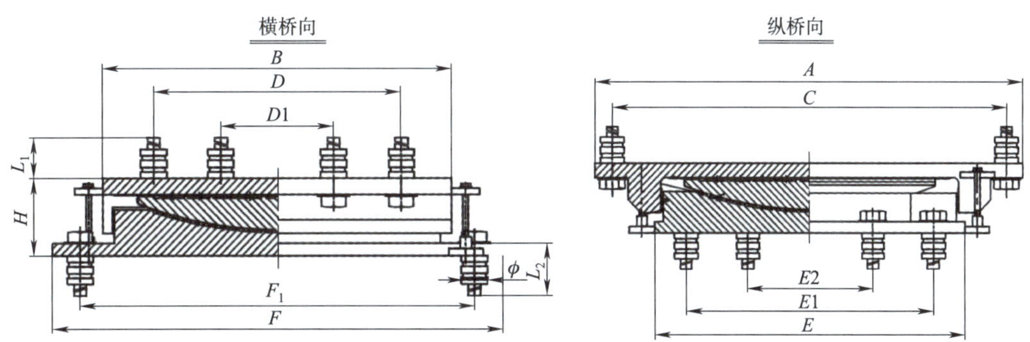

(b)横向活动(HX)支座装配图

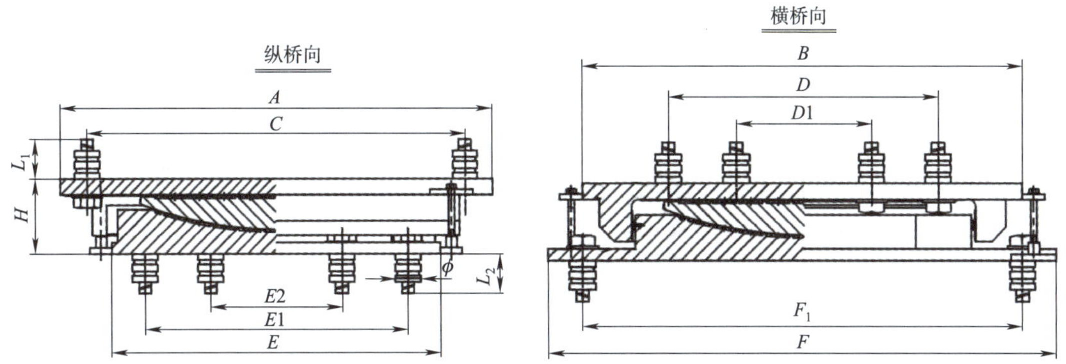

(c)纵向活动(ZX)支座装配图

图　6-31

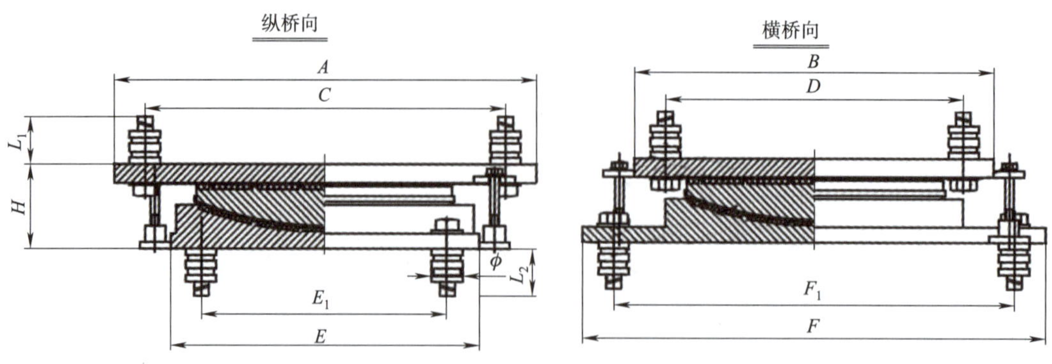

(d)多向活动(DX)支座装配图

图 6-31 铁路连续梁桥大调高量球形支座装配图

(预留调高量为 0～60 mm,$0.1g<a_m\leqslant0.2g$)

对于预应力混凝土连续梁桥支座的一般布置方式如图 6-32 所示。

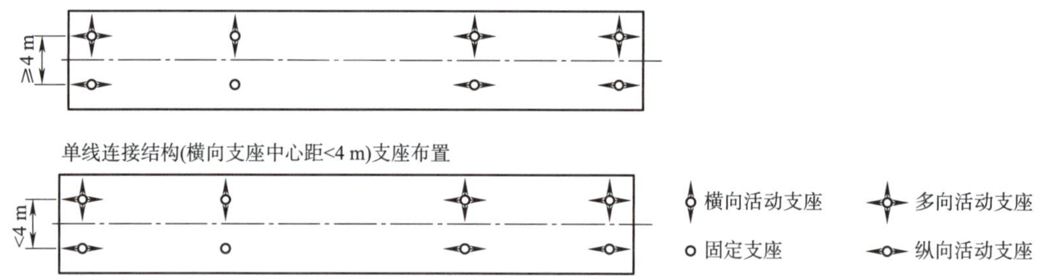

图 6-32 连续梁结构支座布置方式

固定支座设置在哪个连续中墩,按具体工程设计要求确定;横向活动支座及多项活动支座设在左侧或右侧由具体设计要求确定。

支座选用原则:①在选择支座时,梁体实际竖向力可为支座设计竖向承载力的 0.8～1.05 倍;②在支座选型时,应根据桥梁实际设计水平力对照支座设计水平力进行选取;③应根据温度跨度及温度变化幅度引起的位移量,并考虑梁体收缩徐变、施工偏差等因素选取相应设计位移量的支座。

6.4 地面沉降区路基设计措施

在地面沉降区路基设计中,应尽量避免将路、桥结合点布置在地面沉降漏斗中心及沉降速率变化较大的地段,路基的填方高度、宽度要考虑地面沉降与路基工后沉降叠加作用影响。地基加固优先采取桩板结构刚性桩复合地基。路桥过渡段地基处理方式及处理深度要考虑浅层沉降的影响，尽量保证与桥梁平顺过渡。

6.4.1　路基本体设计优化措施

路基的填方高度、宽度要考虑地面沉降与路基工后沉降叠加作用影响。在地面沉降区内，当采用有砟轨道时，为了便于对地基下沉引起的路基沉降进行维修或抢修，根据沉陷预测结果，将路基面每侧加宽 1.0～1.5 m，当路基下沉时可填筑道砟补充下沉量。

6.4.2　地基加固设计措施

1. 结构形式

高速铁路软土及松软土地区路基地基刚性加固措施主要有桩筏结构形式、桩板结构形式，桩基主要采用 CFG 桩、管桩和钻孔灌注桩。

(1)桩筏结构(图 6-33)：桩一般采用 CFG 桩、管桩或钻孔灌注桩，桩端位于地基深部稳定土层，桩顶采用钢筋混凝土板。板与桩不连接。

结构特点：桩与筏板不连接，能够适用水平变形。

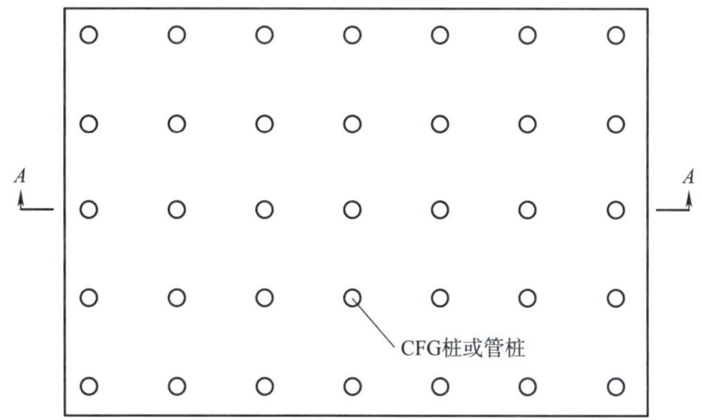

(a)桩筏结构平面图

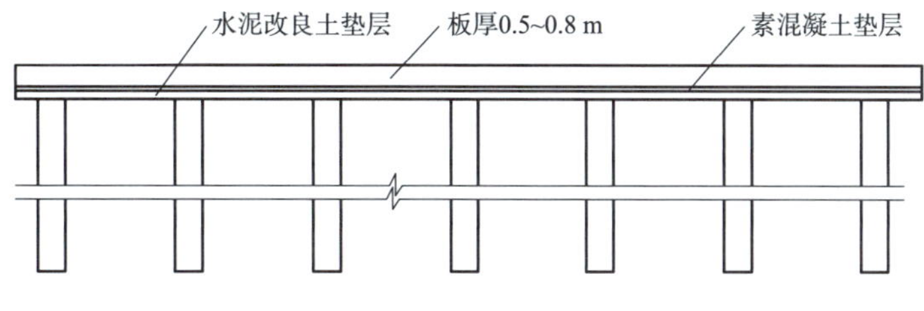

(b)A—A 截面图

图 6-33　桩筏结构图示

(2)桩板结构(图 6-34):桩板结构中,桩一般采用钻孔灌注桩,板与桩刚性连接。

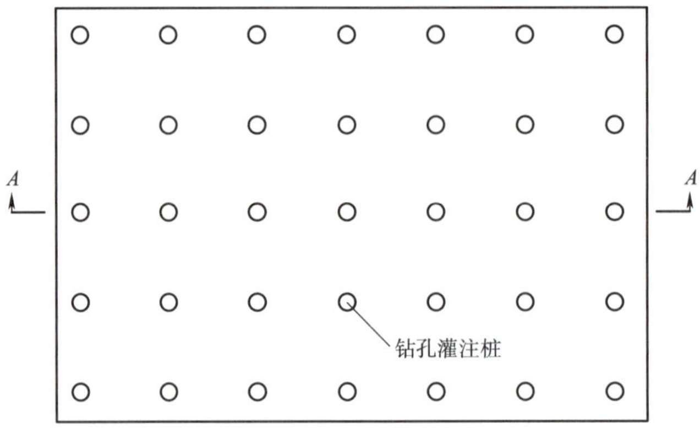

(a)平桩板结构平面图

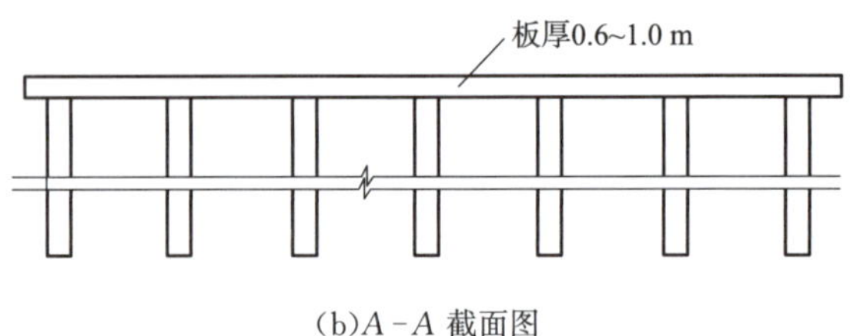

(b)$A-A$ 截面图

图 6-34　桩板结构图示

结构特点:板结构设计不考虑地基土的承托力,桩采用钻孔灌注桩,桩端位于地基深部稳定土层,特别适用于浅层地下水开采引起的不均匀变形区域。

目前桩板结构用于高速铁路无砟轨道等基础变形控制严格的深厚软弱地基、湿陷性黄土地基低路堤和路堑、桥隧短路基过渡段等地段。由于桩板结构具有整体性好、刚度大、变形小等优点,对于浅层地下水集中开采及不均匀沉降严重地段也具有较好的适用性。因此,当地面沉降区浅层沉降仍占有一定比例时,应优先选用桩板结构刚性桩复合地基。

2. 桩基深度设计

在以往高速铁路路基设计中,为有效控制路基的工后沉降,地基处理主要采用 CFG 桩及钢筋混凝土预制管桩加固,并在基床底层施工完成后进行预压处理,桩基设计深度依据持力层深度及工后沉降控制标准来确定。

根据京津城际铁路及京沪高速铁路沿线地面沉降区段水准点深层标(埋设深度 50～60 m)沉降监测数据与地面沉降监测数据的对比分析,深度 50 m 以上的浅部地层沉降变形仍占有一定的比例。因此,在地面沉降区内,地基加固设计深度还要考虑浅层地下水开采引起的地面沉降与工后沉降的叠加作用,有条件时,在设计检算过程中要综合考虑浅层地下水位变动引起的沉降影响,可根据该段内浅层地下水开采深度及压缩层所处位置适当增加桩长。

6.4.3 路桥过渡段设计

高速铁路路堤与桥台连接处均设置过渡段，一般采用沿线路纵向倒梯形的过渡形式，如图 6-35 所示。

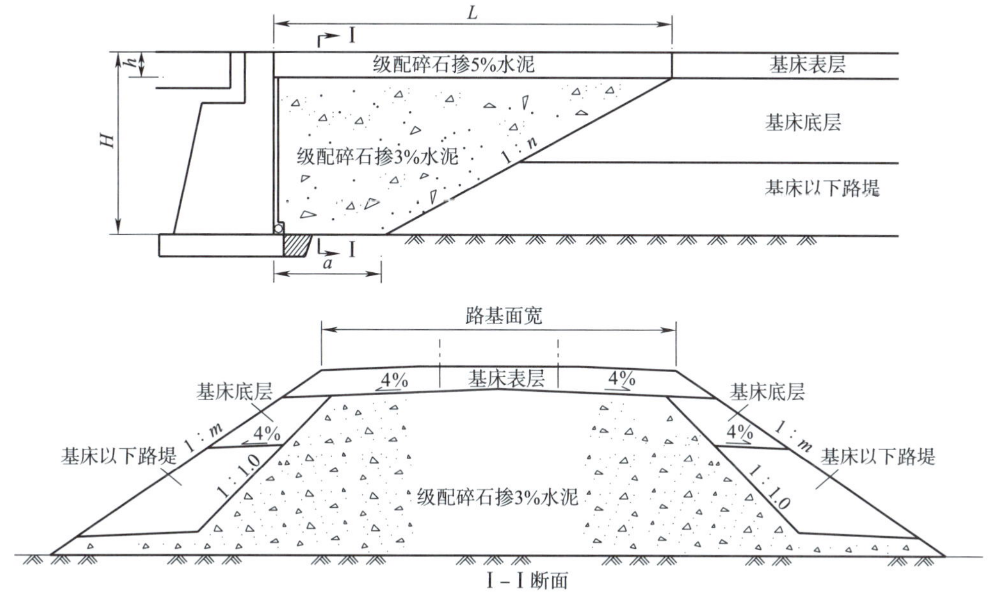

图 6-35　台尾过渡段设置示意图

路桥过渡段设计应符合下列规定：

(1)过渡段长度一般按下式确定，且不小于 20 m。

$$L=a+(H-h)\times n \tag{6-5}$$

式中　L——过渡段长度，m；

H——台后路堤高度，m；

h——基床表层厚度，m；

a——倒梯形底部沿线路方向长度，取 3～5 m；

n——常数，取 2～5。

在地面沉降区，尤其在浅层沉降比例较大的情况下，过渡段是最容易产生差异沉降的地段。根据监测资料，路基沉降往往大于桥梁沉降，当过渡段较短时，路桥差异沉降引起的坡度变化就较大，严重时可能出现错台现象。因此，在地面沉降区适当加长过渡段长度可减小差异沉降引起的坡度变化，进而缓解坡度变化对轨道平顺性的影响。当地面沉降区内采用式(6-1)计算过渡段长度时，常数 n 值尽量取大值。

(2)过渡段路基基床表层应满足规范要求，并掺入 5%水泥。基床表层以下倒梯形部分分层填筑掺入 3%水泥的级配碎石，压实标准应满足压实系数 $K\geqslant 0.95$、地基系数 $K_{30}\geqslant$

150 MPa/m、动态变形模量 E_{vd}≥50 MPa。

(3)过渡段地基需要加固时首先要考虑与相邻地段协调渐变,此外还应满足轨道特殊结构的要求。在地面沉降区内,过渡段地基加固设计深度还要考虑浅层地下水开采引起的地面沉降与工后沉降的叠加作用,路桥过渡段及邻近桥梁墩台桩基设计检算均要考虑浅层地下水位变动引起的沉降影响,检算条件及沉降控制标准尽量保持协调匹配。当桥梁桩基与路基地基加固深度相差较大时,过渡段的地基加固深度可采取渐变的方式,桥梁一侧适当加深。考虑到桥梁与路基的平顺过渡,加深段可适当向路基一侧延长,以减轻差异沉降对坡度的影响。

路堤与横向结构物(立交框构、箱涵等)连接处设置过渡段,一般采用沿线路纵向倒梯形的过渡形式,如图 6-36 所示。横向结构物顶面填土厚度不大于 1.0 m 时,横向结构物及两侧 20 m 范围基床表层级配碎石掺加 5%水泥,如图 6-37 所示。

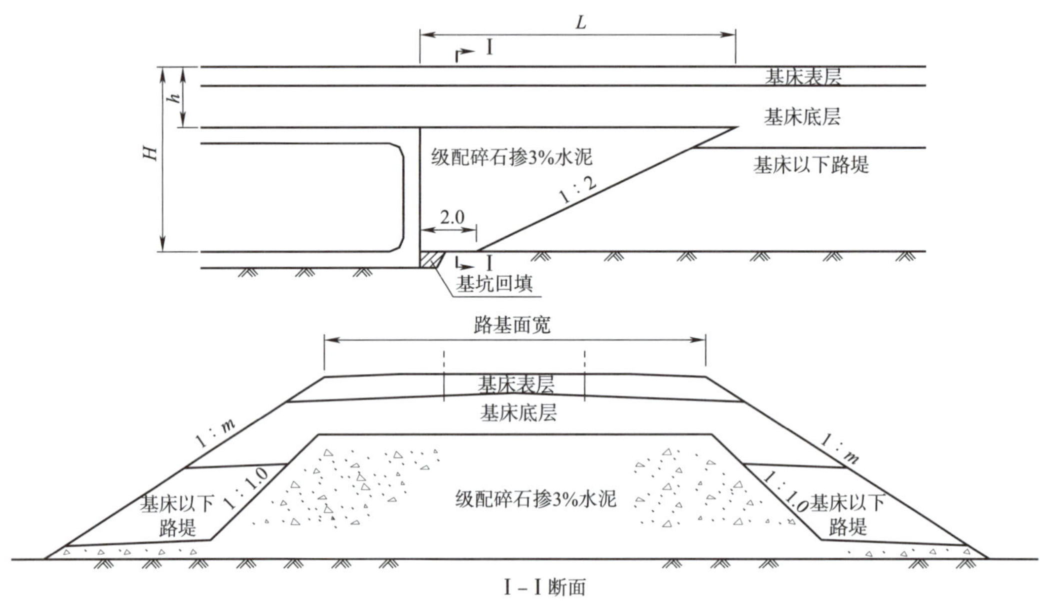

图 6-36　一般路堤与横向结构物(h>1.0 m)过渡段示意图(单位:m)

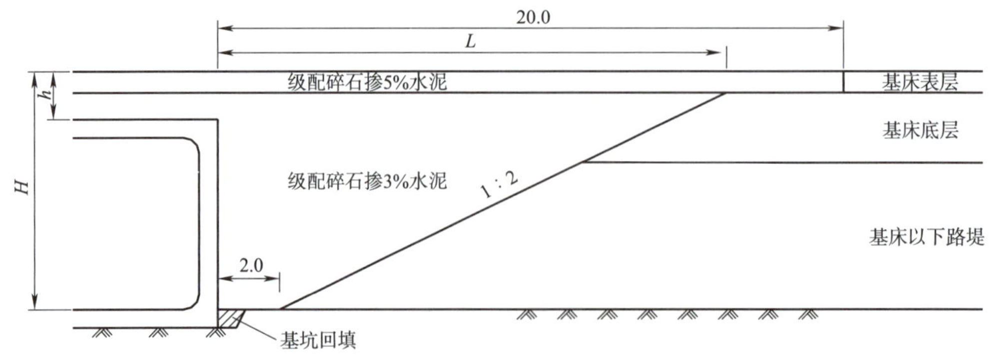

图 6-37　路堤与横向结构物(h≤1.0 m)过渡段示意图(单位:m)

在路堤与立交框构、箱涵等之间的过渡段设计中，首先要保证路基本体变形与横向构筑物之间的协调，更重要的是要保证构筑物基础形式与过渡段及路基地基处理方式的平顺过渡，构筑物基础深度与路基地基加固深度应尽量保持一致。此时，地面沉降对构筑物、过渡段及路基产生一致的影响，可有效避免构筑物两侧出现较大的差异沉降。

6.5　地面沉降区隧道设计措施

受城市规划布局的限制，京沈、津滨、津唐、京雄、雄商等高速及城际铁路的数条隧道布置于地面沉降区内，地面沉降势必对这些隧道的建设和安全运营造成一定的影响。结合城市地铁建设经验及高铁隧道的设计要求，总结归纳了如下应对措施。

6.5.1　隧道选址

隧道工程应设置在地面沉降漏斗之外或地面沉降平缓的地段，尽量避免设置在地面沉降漏斗中心及差异沉降变形严重地段。尽量采用单线隧道方案，以减小隧道断面，增加隧道抗不均匀变形能力。隧道进出口应设置在区域性沉降槽外或沉降较小的部位，要远离沟渠、地下水集中开采区及地面沉降漏斗中心区域。

6.5.2　隧道结构设计措施

在地面沉降区隧道结构设计中，对可能产生局部差异沉降的地段增加衬砌厚度和配筋，采取加密变形缝、沉降缝设置，以增加隧道适应变形的能力。按一级防水进行结构设计，设置多道防水结构。

1. 洞形及断面形式

地面沉降区宜采用双洞单线隧道方案，以减小隧道断面，尽可能避免双线单洞大跨度隧道，尽量不要采用双跨及连拱断面形式，以增加隧道抗不均匀变形能力。根据京沈高速望京隧道设计经验及当地施工技术条件，地面沉降区单线隧道可采用三种洞形：明挖段采用矩形断面轮廓（图 6-38），暗挖段采用椭圆形断面轮廓（图 6-39），盾构段采用圆形断面轮廓（图 6-40）。

当隧址区规划廊道狭窄，地下空间有限，不得不采用双线单洞隧道形式时，要满足隧道处于非地面沉降区或地面沉降速率小且平缓的条件。隧道断面轮廓也包括三种形式：明挖段采用圆拱直墙式断面（图 6-41），暗挖段采用三心拱曲墙式断面轮廓（图 6-42），盾构段则仍采用圆形断面（图 6-43）。

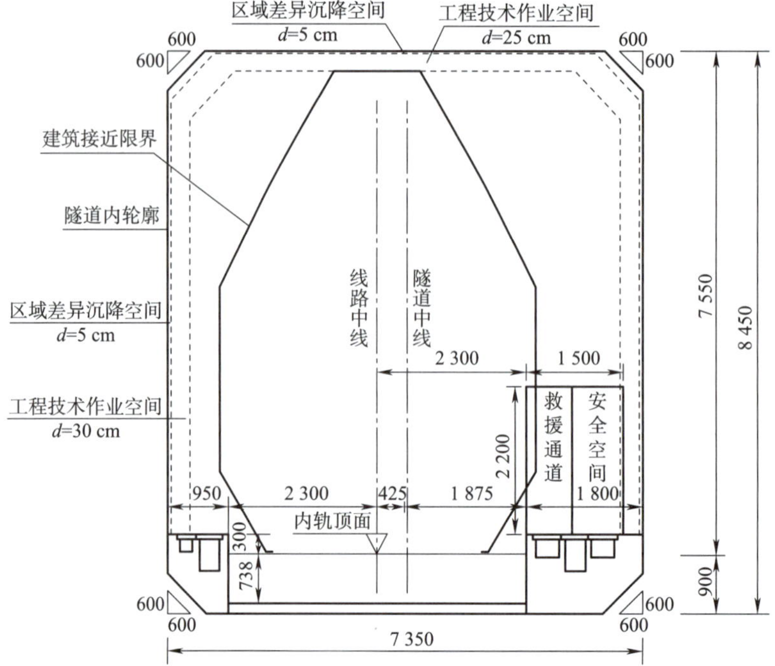

图 6-38　单线隧道明挖段隧道内轮廓(标准段)(单位:mm)

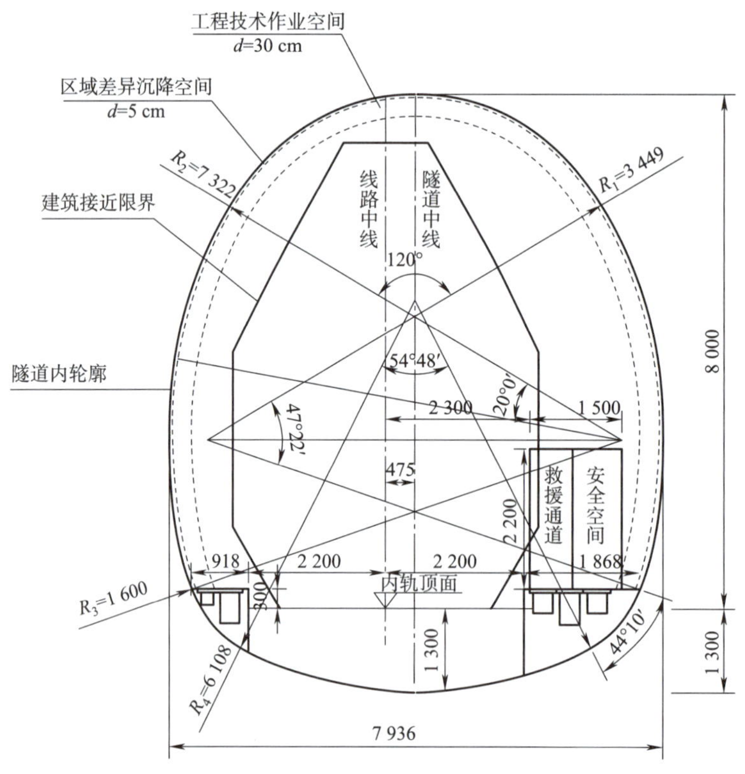

图 6-39　单线隧道暗挖段隧道内轮廓(单位:mm)

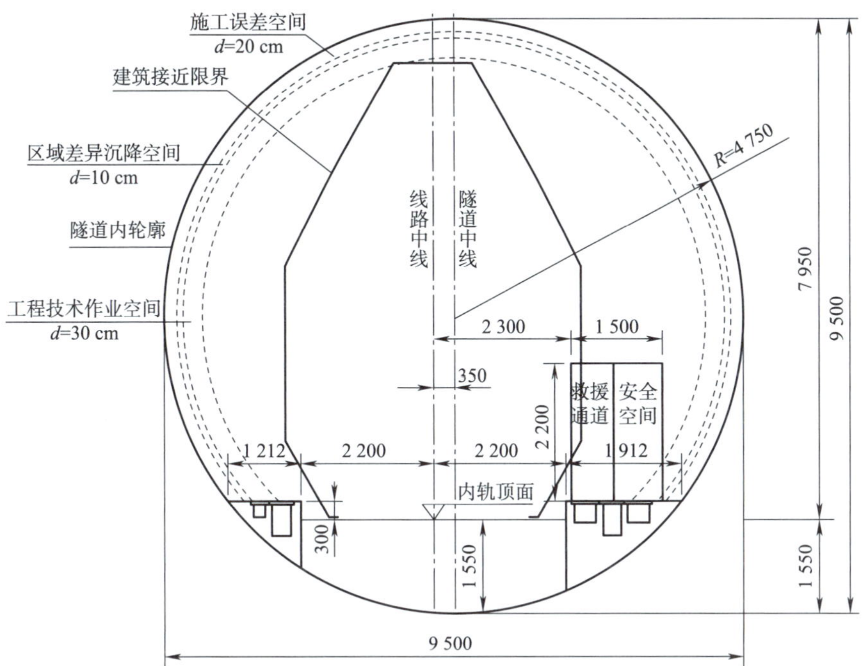

图 6-40　单线隧道盾构段隧道内轮廓(单位:mm)

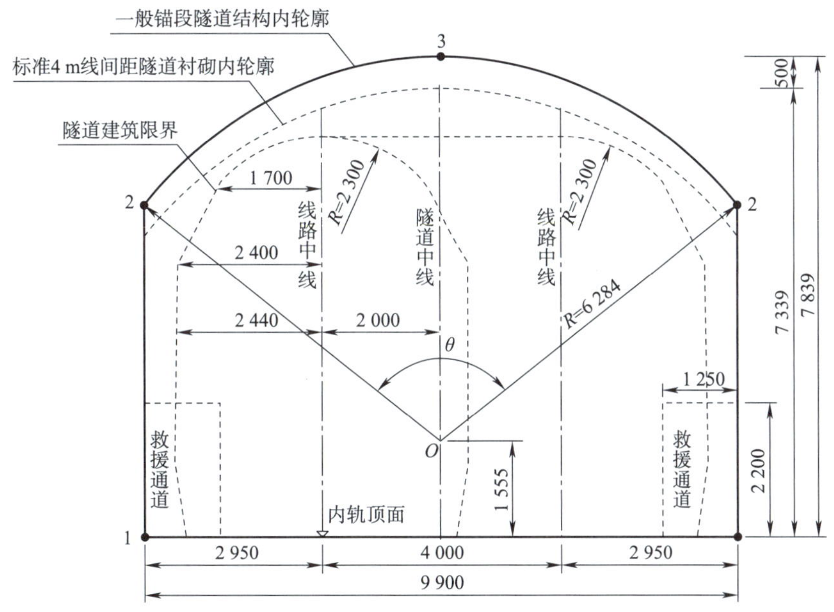

图 6-41　双线隧道明挖段隧道内轮廓(单位:mm)

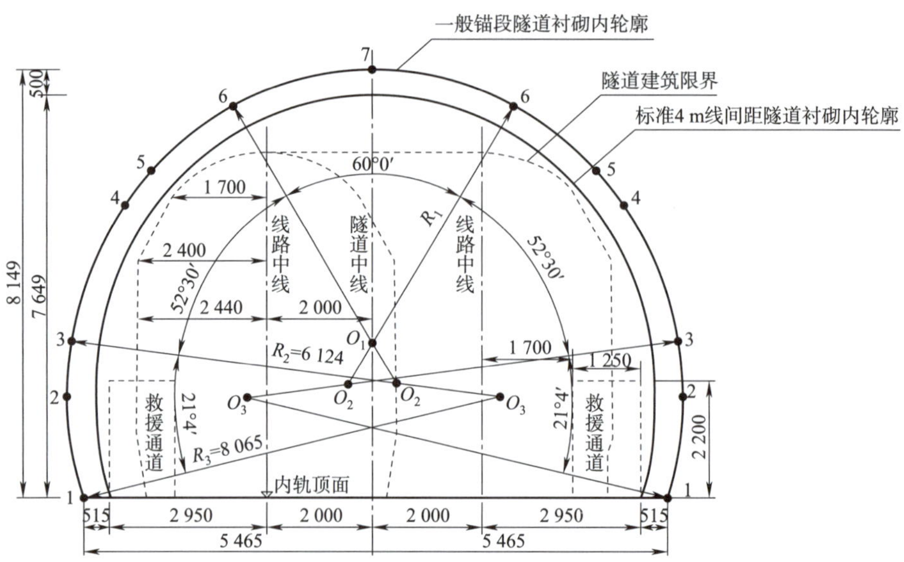

图 6-42　双线隧道暗挖段隧道内轮廓(单位:mm)

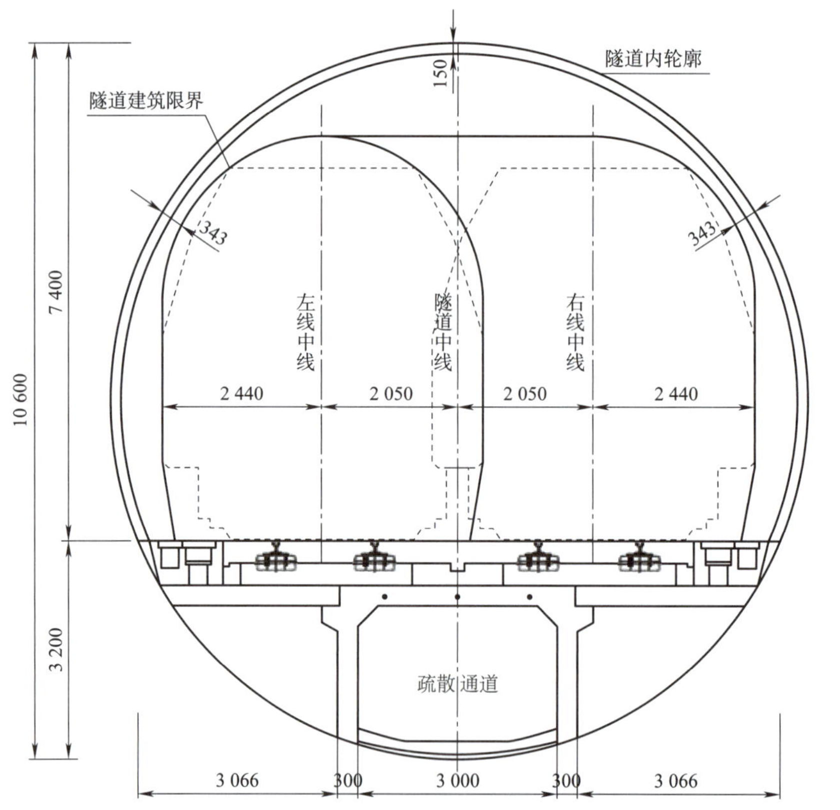

图 6-43　双线隧道盾构段隧道内轮廓(直线段)(单位:mm)

2. 地面沉降区放大断面设计

地面差异沉降将导致隧道衬砌结构连同轨道一同下沉，将影响运营中轨道的平顺度要求，为保证高铁车辆平稳运行，需要对轨道进行调整。隧道内的轨道调整只能通过调高扣件和抬升轨道来实现，这将导致隧道净空不能满足限界要求，进而影响铁路运营。因此，当不得不在地面沉降区设置隧道时，应根据地面沉降监测及预测结果，在隧道设计中加大隧道净空，以满足由于轨道平顺度要求而需进行的轨道调整。在隧道轮廓高度和纵向坡度设计上预留余量，以减少因沉降变化对轨道坡度的影响和因轨道坡度不能在后期增加而造成的隧道结构侵限。

当明挖段常采用矩形断面时，根据沉降趋势，在地面沉降速率较大的地段，考虑地面沉降对隧道的可能影响，为满足沉降后的净空限界，可加高边墙高度使隧顶抬高 30～50 cm。暗挖段采用椭圆形隧道断面时，一般采用衬砌轮廓拱墙部位放大 30～50 cm，仰供部位维持不变，进行轮廓设计。盾构段圆形隧道可放大半径 20～30 cm。在隧道较短、沉降速率较小及不均匀沉降较轻的地段取小值；在隧道较长、沉降速率较大且不均匀沉降较严重的地段取大值。

3. 隧道结构加强设计

考虑到隧道轮廓放大及不均匀沉降对隧道结构的影响，隧道支护参数可相应加强。

在可能产生局部差异沉降的地段增加衬砌厚度和配筋，以增加隧道结构抵抗变形和破坏的能力。为防止因不均匀沉降引起隧道衬砌开裂，隧道在结构上采取加密变形缝、沉降缝设置，以增加隧道适应变形的能力。线路穿越地面沉降槽时，在隧道结构设计上每 30～50 m 设置变形缝、沉降缝；对于穿越地裂缝及差异沉降严重地段，在隧道的结构设计上每 6～30 m 设置特殊变形缝。

对于由于不均匀沉降造成的结构拉伸区，可以采用设变形缝的混凝土结构。混凝土结构应设与地表变形方向一致的钢筋骨架，增强抗变形能力，并根据地表剩余变形产生附加应力及摩擦力的大小确定由变形缝分割的结构尺寸。

对于水平压缩区，采用设变形缝与滑动层的混凝土结构，以吸收水平变形。变形缝的大小应根据地表水平压缩变形的大小计算确定。

4. 隧道防水设计

地面沉降区隧道结构防水设计中应遵循“以防为主、刚柔结合、多道防线、因地制宜、综合治理”以及“防水与结构设计并重和统一考虑”的原则。采用“全封闭、不排水”设计时，隧道防水等级为一级，结构不允许渗水，结构表面无湿碛。在第四系含水层比较发育且不均匀沉降可能对隧道结构产生不良影响的地段，要对隧道防水进行特殊加强设计。

明挖、暗挖段隧道设计中，应以柔性防水板为隔离层，结构自身防水为本，施工缝、变形缝为重点，做到衬砌不漏不渗。施工缝设置可维护的注浆管，以便运营期间的防水堵漏；变形缝处设置接水盒，以便将渗漏水引排至水沟槽内，避免渗漏水乱流。

盾构段隧道采用高精度钢模制作高精度管片，以管片结构自防水为根本，接缝防水为重点，确保隧道整体防水。盾构隧道防水设防要求：

(1)采用高精度钢模制作高精度管片。

(2)接缝防水：在衬砌管片外弧侧设置一道密封垫防水，作为管片接缝防水的第一道防线；在衬砌管片内弧侧设置一道密封垫防水，作为管片接缝防水的第二道防线；在螺孔设置密封圈，作为接缝防水的第三道防线；管片嵌缝防水作为第四道防线。

6.5.3 其他措施

1. 地面沉降区隧道内轨道设计

对地面沉降区内的隧道进行轨道工程专项设计，以满足运营时对轨道变形的要求。轨道设计应对沉降区域预留后期轨道变形调整的余量，轨道结构可采用轨道垫板或碎石道床结构，在隧道穿越沉降槽区域内采用碎石轨道结构以益于轨道变形调整。可设置可调式浮置板道床主动适应地面沉降对轨道平顺性的影响。

2. 优化隧道施工降水设计

施工期间严格控制施工降水，落实按需降水，控制降水井深度、降水时间，优化降水井分布，减少地下水的抽采。隧道开挖采用堵水施工工艺，做到按需降水，以减小施工降水对区域性沉降的影响。

6.6 轨道板及扣件系统选型

在地面沉降区段，轨道设计时应优先选择可修复性较强的无砟轨道及适用于地面沉降区的可方便调整高度的轨道板结构。对不均匀沉降较大的地段宜采用有砟轨道。为最大限度地减小不均匀沉降对线路造成的影响，地面沉降路段应采用大调高量的扣件系统。

6.6.1 轨道结构特点及其对地面沉降的适应性

1. CRTS Ⅰ型板式无砟轨道

CRTS Ⅰ型板式无砟轨道是我国主要无砟轨道结构形式之一，主要由钢轨、扣件系统、轨道板、CA 砂浆、底座板和凸形挡台等部件构成，如图 6-44 所示。与 CRTS Ⅰ型板式无砟轨道匹配的扣件系统一般为 WJ-7 型扣件，该扣件系统高程最大调整量为 26 mm，当差异沉降量大于 26 mm 时则无法通过扣件系统恢复轨道纵断面，此时需要采用下部轨道结构抬升和抬梁等其他调整方式。

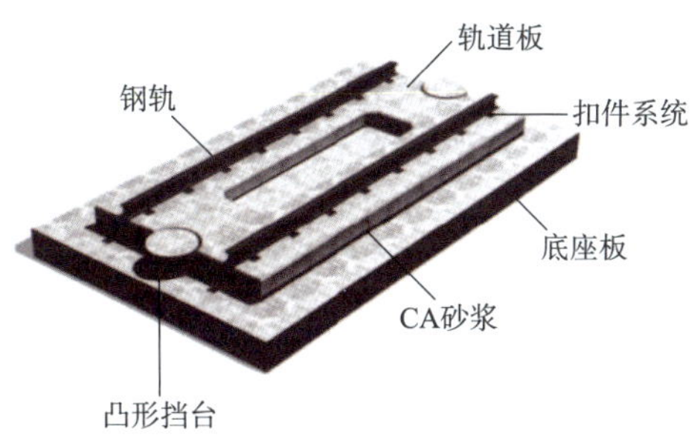

图 6-44　CRTS Ⅰ型板式无砟轨道示意图

技术特点：路基、桥梁和隧道地段轨道结构组成相同，易于标准化设计；凸形挡台限位，轨道板与水泥乳化沥青砂浆处于可分离状态，具有较好的可修复性；温度跨度较大的桥梁地段，一般配套采用小阻力扣件（小扣压力弹条＋复合垫板）；高分子材料较多（砂浆、树脂等）；受温度梯度影响，轨道板易产生翘曲变形（边角离缝）。

2. CRTS Ⅱ型板式无砟轨道

CRTS Ⅱ型板式无砟轨道（图 6-45）具有稳定性高、刚度均匀性好、结构耐久性强、维修工作量少等特点，但其维修及抬升工作十分困难和复杂。CRTS Ⅱ型板式无砟轨道的抬升在上部结构及底座板之间进行，抬升时必须锯断并移除上部结构，轨道板移除后短时间内不能恢复，直接影响运营。目前，我国高速铁路夜间维修天窗为 4 h，除去上下线及准备时间，有效维修时间不足 3 h，不能进行较大结构修复施工。因此，CRTS Ⅱ型板式无砟轨道的抬升工作势必要中断行车，在较长的一段时间内来进行，这对于运营当中的高速铁路来说是不允许的。

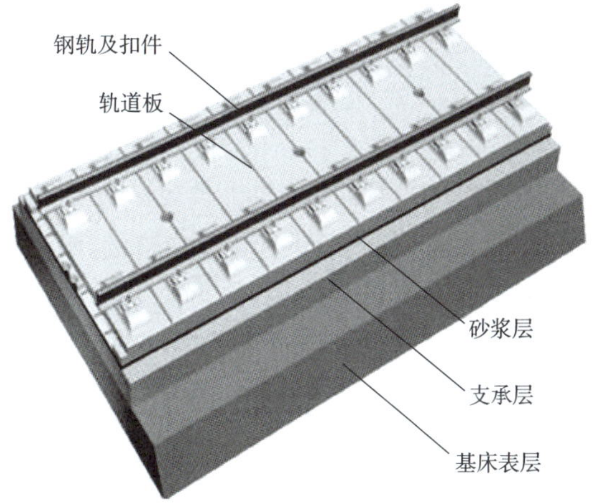

图 6-45　CRTS Ⅱ型板式无砟轨道

技术特点：轨道纵向连续铺设，轨道板、底座板、支承层均容许开裂；路基、隧道地段下部基础采用无配筋的水硬性支承层或C15混凝土；桥梁地段轨道板、底座板跨梁缝连续铺设，梁面铺设“两布一膜”滑动层，减小梁轨相互作用；每座桥梁的台后路基设置端刺、摩擦板等纵向锚固结构；轨道纵向连续，可修复性不强。

3. CRTS Ⅲ型板式无砟轨道

充分借鉴前期无砟轨道结构优点，我国研发了CRTS Ⅲ型板式无砟轨道，通过采用有挡肩扣件，预制预应力轨道板，轨道板下设置自密实混凝土层及自密实混凝土层与轨道板形成复合结构，采用凸凹槽结构限位，采用隔离层进行层间分离等措施，使CRTS Ⅲ型板式无砟轨道在动力性能、可靠性、耐久性、适应性、经济性、施工性及可修复性等方面统筹兼顾，实现了较好的综合性能。

CRTS Ⅲ型板式无砟轨道系统自上而下分别由钢轨、扣件、轨道板、自密实混凝土层、隔离层和带限位结构的底座等部分组成，如图6-46所示。

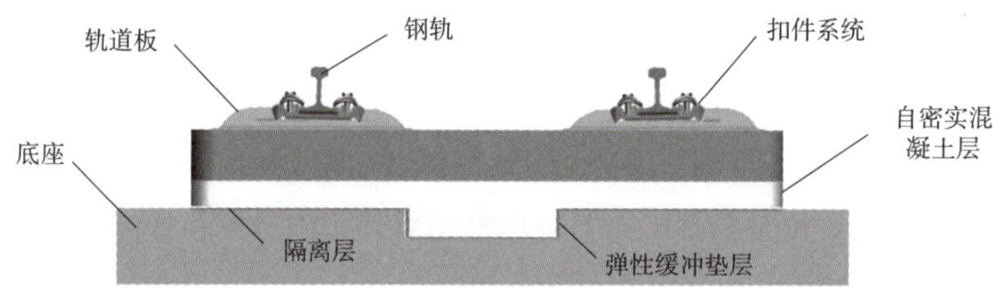

图6-46　CRTS Ⅲ型板式无砟轨道

技术特点：采用有挡肩不分开式扣件系统，铁垫板下设置弹性垫层为轨道结构提供较好的弹性；轨道板采用双向预应力结构，可提高环境适应性和耐久性；轨道板与自密实混凝土形成复合结构，避免沥青材料的温度敏感性；轨道结构采用凸凹槽结构限位，限位可靠，结构稳定；采用单元结构，具有良好的环境温度适应性，提供特殊情况下的修复便利性。

4. 双块式无砟轨道

双块式“桥上单元、路基连续”的特征，使之与桥梁接口处理大大简化，施工性和经济性较好；隔离层为轨道提供可修复性；路基地段道床板纵向连续，刚度均匀性和经济性较好；隧道地段道床板直接在隧道仰拱回填层或底板上构筑，经济性较好。道床主体结构现场浇筑，避免了砂浆层这一薄弱环节。但路基地段纵向连续结构在温度荷载作用下的道床板混凝土裂缝、双块式轨枕与现浇混凝土的界面裂缝、高温季节轨道结构的竖向稳定性等因素在一定程度上限制了双块式无砟轨道环境条件的适应性。图6-47为双块式无砟轨道。

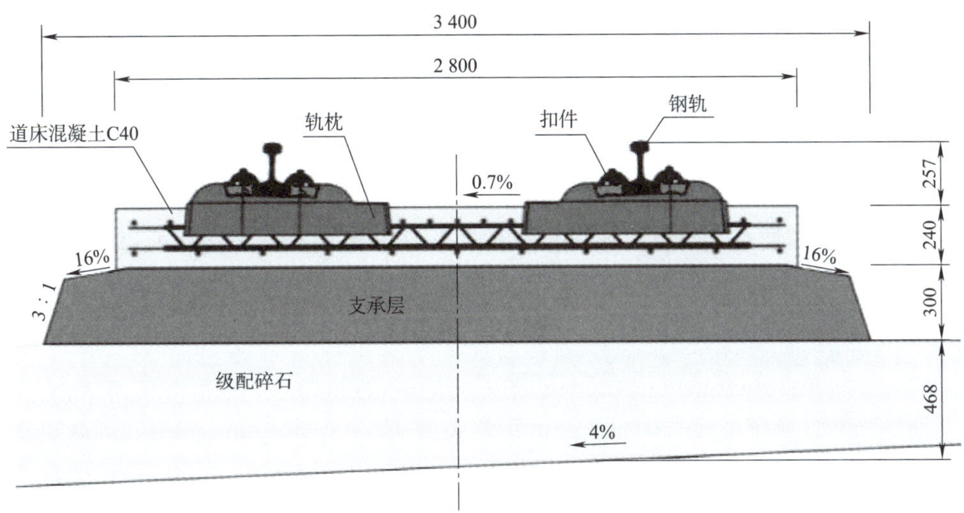

图 6-47　双块式无砟轨道(单位:mm)

5. 无砟轨道应用概况

无砟轨道应用概况见表 6-13。

表 6-13　我国无砟轨道结构应用概况

无砟轨道结构类型		应用线路
预制板式无砟轨道	CRTS Ⅰ型板式	哈大、沪宁城际、广珠、广深港、宁安、哈齐、成绵乐(成眉段)、海南东环等
	CRTS Ⅱ型板式	京津、京沪、沪杭、宁杭、杭长、京石武、合蚌、合福(安徽段)、津秦等
	CRTS Ⅲ型板式	成灌、盘营、成绵乐(眉乐段)、沈丹、武汉城市圈 4 条城际、郑徐、京沈
	岔区板式	武广、京沪、沪杭、京石、石武等
现浇混凝土式无砟轨道	双块式	武广、郑西、兰新、太中银、包西、合福(福建段)等
	轨枕埋入式	武广、郑西、哈大等

6.6.2　地面沉降区轨道结构选型

2013 年 8 月颁布实施的《铁路工程设计措施优化指导意见》,对我国高速铁路轨道结构的应用范围进行了说明:设计时速 300 km 及以上高速铁路,超过 1 km 隧道和隧道群的维修作业较困难的地段主要采用无砟轨道。隧道地段宜采用双块式无砟轨道,路基桥梁地段宜优先采用 CRTS Ⅲ型板式无砟轨道。活动断裂带、地面严重沉降区、冻结深度较大且地下水位较高的季节冻土区以及深厚层软土等区域变形不易控制的特殊地质条件地段,不应采用无砟轨道。因此,在地面沉降区慎重采用无砟轨道,且应优先选择可修复性较强的轨道结构,而在沉降较为严重地段宜采用有砟轨道。

在现有的轨道板类型中,以往多采用 CRTS Ⅰ型和 CRTS Ⅱ型板式无砟轨道。两者比较而言，CRTS Ⅰ型无砟轨道维修更容易，其抬升工作较 CRTS Ⅱ也会简便一些。而近年来我国自主研制的 CRTS Ⅲ型板式无砟轨道兼具 CRTS Ⅰ型和 CRTS Ⅱ型轨道板优点，具备较好的可靠性、适应性和可修复性。因此，在地面沉降区段内，设计时应优先选择 CRTS Ⅲ型或 CRTS Ⅰ型无砟轨道。

根据国外无砟轨道技术资料和我国无砟轨道工程实践成果，Ⅰ型和Ⅲ型无砟轨道均具备简便的修复功能，通过重新定位轨道板及灌注树脂等填充材料，可在不超过 6 h 时间内恢复线路，将特殊情况(如个别地段超限沉降等)对线路造成的影响降至最低。

6.6.3 扣件系统

高速铁路扣件系统适应我国 60 kg/m 钢轨类型，轨距 1 435 mm。根据我国高速铁路的建设情况以及我国铁路扣件系统的使用经验，研发了四种扣件系统：有砟轨道用无挡肩扣件系统，有砟轨道用有挡肩扣件系统，无砟轨道用无挡肩扣件系统，无砟轨道用有挡肩扣件系统。其中，无砟轨道扣件系统类型及应用见表 6-14。

表 6-14　无砟轨道扣件系统类型及应用

<table>
<tr><th>扣件类型</th><th>运营条件</th><th>线路条件</th><th>承轨槽结构</th><th>已应用线路</th></tr>
<tr><td>WJ-7(A)</td><td>250 km/h 客货</td><td rowspan="2">Ⅰ型板式或双块式</td><td rowspan="2">无挡肩</td><td>东南沿海(甬台温、温福、福厦)、宜万</td></tr>
<tr><td>WJ-7(B)</td><td>350 km/h
250 km/h 客专</td><td>武广、广珠、广深港、哈大、沪宁、海南东环</td></tr>
<tr><td>SFC(直列式)</td><td>250 km/h 客货</td><td>双块式</td><td rowspan="2">无挡肩</td><td>合武</td></tr>
<tr><td>SFC(错列式)</td><td>350 km/h
250 km/h 客专</td><td>Ⅰ型板式</td><td>石太</td></tr>
<tr><td>WJ-8(A)</td><td>250 km/h 客货</td><td rowspan="2">双块式</td><td rowspan="2">有挡肩</td><td>—</td></tr>
<tr><td>WJ-8(B)</td><td>350 km/h
250 km/h 客专</td><td>武广、郑西</td></tr>
<tr><td>WJ-8(C)</td><td>350 km/h
250 km/h 客专</td><td>Ⅱ型板式</td><td>有挡肩</td><td>津秦、京石、石武、沪杭、成灌</td></tr>
<tr><td>300-1a</td><td rowspan="2">350 km/h
250 km/h 客专</td><td>Ⅱ型板式</td><td rowspan="2">有挡肩</td><td>京津、京沪</td></tr>
<tr><td>300-1u</td><td>双块式</td><td>武广、郑西</td></tr>
</table>

其中，应用比较多的为 WJ-7 型和 WJ-8 型系列扣件系统。

1. WJ-7 型扣件系统

WJ-7 型轨下垫板分 A、B 两类，WJ-7(A)类垫板用于时速 250 km 的高速铁路(兼顾货运)，WJ-7(B)类垫板用于时速 350 km 的高速铁路。每一类又分为橡胶垫板与复合垫板两种，一般地段采用橡胶垫板，小阻力地段采用复合垫板。根据具体线路条件及无缝线路设计对线路纵向阻力的要求确定其中一种轨下垫板。图 6-48 为 WJ-7 型扣件示意图。

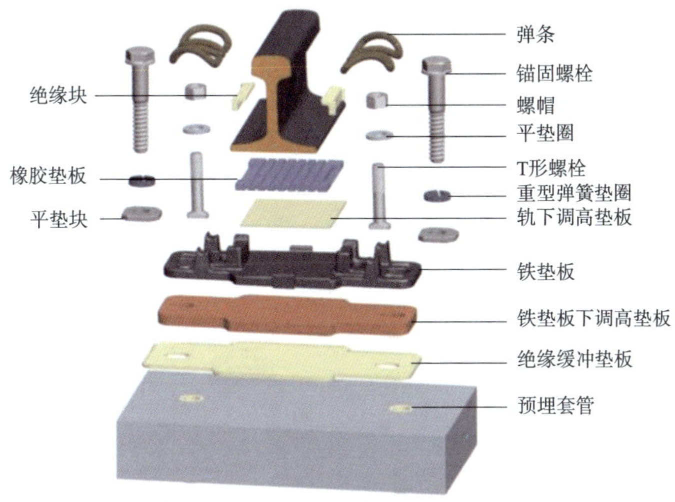

图 6-48　WJ-7 型扣件示意图

调高垫板分 WJ-7 轨下调高垫板和 WJ-7 铁垫板下调高垫板两种，分别放置于轨下垫板与铁垫板之间和铁垫板与绝缘缓冲垫板之间。WJ-7 轨下调高垫板按厚度分为 1 mm、2 mm、5 mm、8 mm 四种规格；WJ-7 铁垫板下调高垫板按厚度分为 5 mm 和 10 mm 两种规格。

钢轨高低调整：当调整量不大于 10 mm 时，在轨下垫板和铁垫板之间加垫调高垫板，调高垫板不得放在轨下垫板上；当调整量超过 10 mm 时，应在绝缘缓冲垫板和铁垫板之间加垫调高垫板，铁垫板下调高垫板总厚度不得超过 20 mm。

2. WJ-8 型扣件系统

WJ-8 型铁垫板下弹性垫板分 A、B 两类，WJ-8(A)类垫板用于时速 250 km 的高速铁路(兼顾货运)，WJ-8(B)类垫板用于时速 350 km 的高速铁路。图 6-49 为 WJ-8 型扣件示意图。

轨下垫板分为 WJ-8 橡胶垫板与 WJ-8 复合垫板两种，一般地段采用 WJ-8 橡胶垫板，小阻力地段采用 WJ-8 复合垫板。根据具体线路条件及无缝线路设计对线路纵向阻力的要求确定选用其中一种轨下垫板。

螺旋道钉分 S2 型和 S3 型两种规格，在正常安装或当钢轨高低位置调整量小于 15 mm 时采用 S2 型，当钢轨位置调整量大于 15 mm 时采用 S3 型。

调高垫板分为 WJ-8 轨下微调垫板和 WJ-8 铁垫板下调高垫板两类，分别设置于轨下垫板与铁垫板之间和 WJ-8 铁垫板下弹性垫板与轨枕或轨道板承轨面之间。WJ-8 轨下微调垫板分 1 mm、2 mm、5 mm、8 mm 厚四种规格，WJ-8 铁垫板下调高垫板分 10 mm 和 20 mm 厚两种规格，具体调整时可参照垫板配置表。WJ-8 铁垫板下调高垫板由两片组成，应成对使用。

钢轨高低位置调整:根据钢轨高低位置调整具体情况按钢轨高低位置调整垫板配置表中的要求加垫调高垫板。轨下微调垫板不得放在轨下垫板上,总厚度不得超过 10 mm。铁垫板下调高垫板只能单幅使用,不能摞叠使用。当调高量大于 15 mm 时,采用 S3 型螺旋道钉。

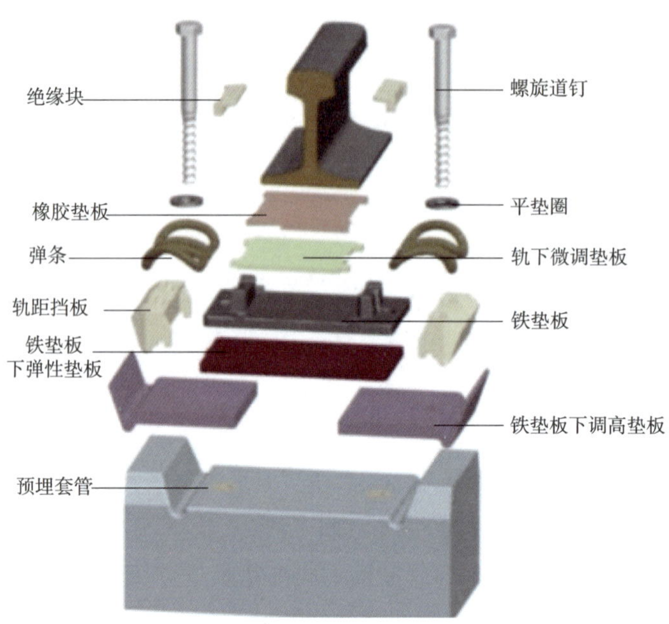

图 6-49　WJ-8 型扣件示意图

3. WJ-7 型大调量扣件系统

由于我国高速铁路无砟轨道所使用的扣件系统的调高量均不超过 30 mm,无法满足由于较大不均匀沉降所导致的轨面高低调整需求。因此,相关部门在 WJ-7 型扣件系统基础上采取改进措施设计了大调量扣件系统,增大了扣件对于钢轨高低的调整量,最大调高量可达 70 mm,如图 6-50 所示。

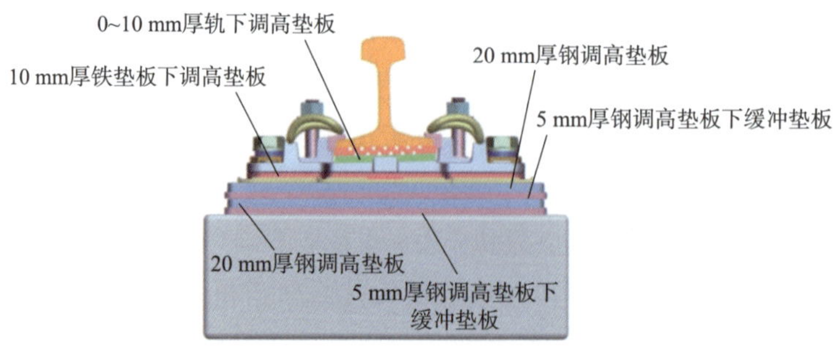

图 6-50　WJ-7 型大调量扣件系统示意图

研究和试验表明，在直线段采用大调高量的扣件系统，通过扣件系统调整无砟轨道几何形位，可明显改善线路不平顺，但在曲线段应用大调量扣件会导致钢轨轨头横向位移、轮重减载率和脱轨系数明显增大。因此，在地面沉降区直线段有条件时应尽量采用大调高量的扣件系统，而在曲线地段扣件调高量则不宜过大。

目前，运营期不均匀沉降段竖曲线调整主要有抬梁、抬道和扣件调高三种可行的措施，在实际工程应用中，可采用本书中 8.1、8.2、8.3 节运营期高铁线路纵断面综合调整方法，计算线路最佳调整量，将扣件调高与抬梁和抬道合理搭配，以达到工序时间最短、工作量最省的目的。

参 考 文 献

[1] 李国和，刘远锋，崔维孝. 高标准铁路软土地基处理方法适宜性探讨[J]. 路基工程，2002(5)：54-60.

[2] 李国和，张建民，许再良. 华北平原地面沉降对高速铁路桥梁工程的影响研究[J]. 岩土工程学报，2009，31(3)：346-352.

[3] 李国和，孙树礼，许再良. 地面沉降对高速铁路桥梁工程的影响及对策[J]，铁道工程学报，2008(4)：37-41，61.

[4] 苏伟. 京津城际轨道交通桥梁工程设计[J]. 铁道标准设计，2007(2)：8-11.

[5] 徐伟昌，李振廷，王永华，等. WJ-7 型大调量扣件地段轨道动力响应测试及分析[J]. 铁道标准设计，2014(10)：26-29.

第7章 高速铁路沿线地面沉降综合防控

地面沉降通常会对城镇建设、交通、农田水利及防洪工程产生直接影响并造成很大的经济损失，是市政、交通和水利等多部门共同面对的地质灾害防治难题，需要多部门协同联动才能达到有效的综合防控效果。高速铁路沿线地面沉降综合防控措施主要包括建立地面沉降监测网络，划定地下水禁采区、限采区和控采区，回灌地下水和寻找替代型水资源等。通过对高速铁路沿线地面沉降的有效监控，实施地下水禁采、限采、控采、含水层恢复和重点区段水资源优化配置等措施，从而使高速铁路沿线地面沉降恶化趋势得到有效控制。

7.1 高速铁路沿线地面沉降综合防控原则、对策

高速铁路沿线地面沉降防治是一项艰巨、复杂、漫长的工作，高速铁路作为重大生命线工程，要在全国地面沉降防治规划框架下，结合工程自身特点和要求，针对性地确定工程沿线地面沉降防治原则、目标、任务和相关措施。

7.1.1 综合防控原则

高速铁路沿线地面沉降综合防控应遵循如下原则：

(1)预防为主、防治结合。地面沉降是一种缓变性、累进性、隐蔽性的地质灾害，应重视地面沉降区前期的选线工作，以最优的方案、最小的代价通过地面沉降区，规避地面沉降影响严重的区段。

(2)统筹规划、因地制宜。依据铁路沿线地层岩性结构和压缩性能、地面沉降防治现状及铁路变形控制要求，近期防控和远期防控相结合，因地制宜，合理确定防控目标和防治任务。

(3)突出重点、注重实效。以控制地面沉降速率和不均匀变形程度为主要约束指标，重点控制沉降严重地区，重点压减地层地下水开采量，加强基础地质调查与地面沉降监测监控，加大线路两侧地下水禁采、限采治理力度，尽快减缓并最终避免地面沉降对工程的影响。

(4)依靠科技、综合防控。加强地面沉降成灾机理和防治技术方法研究，推广应用新技

术、新方法，依靠科技进步，提高高速铁路沿线地面沉降防治能力和水平。建立综合防治地面沉降的长效机制，完善地面沉降灾害评估制度，建立地面沉降防治监测预警系统，采取禁采、限采与扩源、自然修复与人工回灌、工程治理等多种措施，综合防治地面沉降。

(5)协调联动、依法防治。健全完善高速铁路沿线地面沉降防治管理体系，遵循“谁建设、谁监控，谁开采、谁负责”的原则，构建工程沿线地面沉降重点防范区地面沉降监测、预警和应急处置体系。工程建设管理部门和运营单位应把地面沉降防治工作纳入铁路建设管理和运营规划，建立政府主导、部门协同、区域联动的工作体系。

7.1.2 主要对策

(1)掌握高速铁路沿线地面沉降灾害分布状况和演化规律，开展高速铁路沿线地面沉降灾害风险评估和综合防控区划。

(2)构建高速铁路沿线重大工程地面沉降专项监测网，形成地面沉降智能化监测控制网络。

(3)对受地面沉降影响严重的高速铁路干线包括京沪、京津城际、津秦、京郑等高速铁路重大生命线工程进行地面沉降减灾专门规划，并加以实施。

(4)对威胁高速铁路运行安全的地面沉降严重区段应严格控制地下水开采，并实施以控制地面沉降为目标的含水层修复等减灾工程。

(5)加强综合减灾能力建设，根据工程区段不同层次的受灾对象，建立并逐步完善多部门联合、跨地域协同的地面沉降综合减灾防灾体系。

7.2 高速铁路沿线地面沉降监测预警

对受地面沉降影响严重的高速铁路有必要建设地面沉降专项监测网，其主要包括区域地面沉降 InSAR 监测、地面控制点沉降监测、地基分层沉降监测、地下水位变化监测等四个方面。此外，还应包括用于工程形变的轨道设标网，监测轨道设施的形变信息。

7.2.1 高速铁路沿线地面沉降专项监测网络构建

1. 重大工程地面沉降专项监测网构成

高速铁路区域地面沉降监测应包括两大部分内容：一部分为地面沉降监测，另一部分为地下水动态监测。当前的地面沉降测量方法可分为两种：一种是传统的测量方法，包括水准测量、基岩标测量；另一种是现代监测方法，主要是 GPS、北斗技术和 InSAR 技术，如图 7-1 和图 7-2 所示。

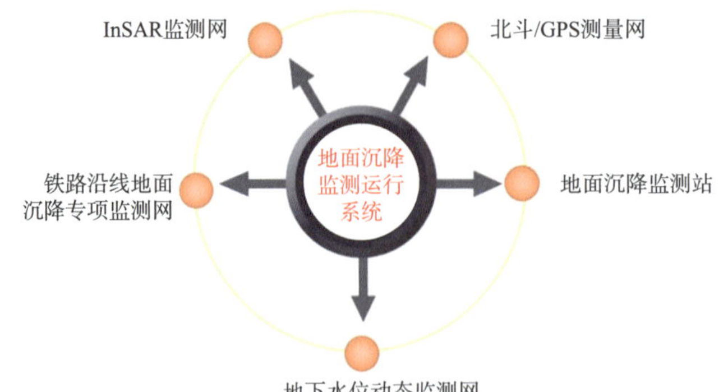

图 7-1　地面沉降监测网构成

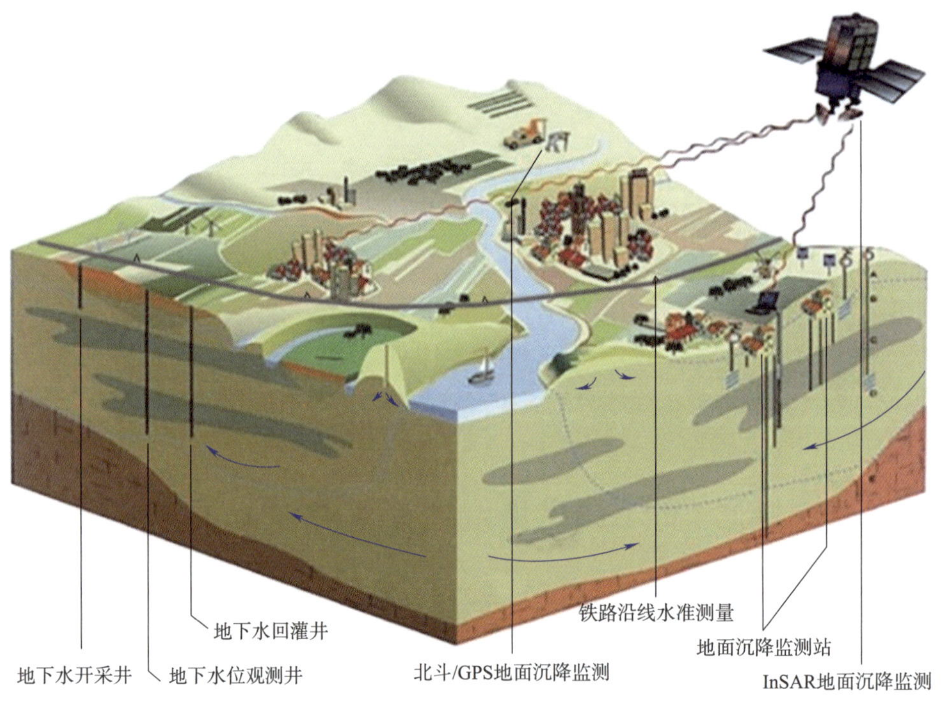

图 7-2　地面沉降监测体系构成

在监测区内先布设北斗地基增强系统和北斗高精度监测点，提供地面高精度的三维坐标，同时选择重点区段，联动建立地面沉降监测站（基岩标、分层标）用于区域地层内部垂向软弱地层的位移变化监测，辅以地下水动态监测网，共同组成高速铁路沿线地面沉降监测体系。图 7-3 为地面沉降监测体系关键技术手段。监测体系构成及要素见表 7-1。

(a)雷达遥感(InSAR)

(b)北斗地面沉降监测标

(c)地下水监测系统

(d)空地连接人工角反射镜

(e)GPS 地面沉降监测标

(f)分层沉降监测标组

图 7-3　地面沉降监测体系关键技术手段

表 7-1　监测体系构成及要素

监测内容	监测方法	布设要求	技术特点	主要用途
地面沉降监测	InSAR 监测	区域控制	精度高、自动化程度高	一定时段内区域地面沉降监测
	北斗/GPS 测量	在重点地区补充测量	全天候、自动化监测,人为影响程度高	地面沉降区关键点及关键部位沉降连续监测
	水准测量	区域均匀分布,重点加密	精确度高、经济、费时	地面沉降观测点沉降定期测量
土层分层沉降监测	分层沉降监测标组	在沉降危害大区域少量布置	可获取分层沉降数据,造价高	掌握地面沉降严重区域土层分层沉降变化,用于机理研究
地下水位监测	地下水监测系统	在重点地区布置,掌握局部变化	分层、自动化	掌握开采层位含水层的地下水位动态变化
水量监测	管道水流量监测	在重点抽水井、回灌井及试验井连接管道布设流量监测表	简易,可获取通过管道的水流量	用于定量计算开采量和回灌量

2. 技术流程

根据高速铁路沿线地面沉降现状,选择适宜地点,联动建立沉降监测站(基岩标和分层标)、北斗地基增强系统、北斗卫星高精度定位地面沉降监测网,辅以地下水动态监测网进行综合监测,实时获取观测数据。建立地面沉降监测数据库和管理系统,通过空间分析功能,服务于高速铁路沿线地面沉降监测工作,并为地面沉降评估、防治及管理提供决策依据。

7.2.2 地面沉降 InSAR 监测

InSAR 监测又称为合成孔径雷达差分干涉，具有形变测量精度高、不受天气制约、自动化程度高和成本投入低等优点，是基于面监测的形变监测技术，可以提供非常灵敏和精确的地形信息。

1. InSAR 基本原理

InSAR 技术是 20 世纪后期发展起来的一种新的测量方法，能够实现全天时、全天候的对地监测。InSAR 技术以同一地区的两张 SAR 图像为基本处理数据，通过求取两幅 SAR 图像的相位差，获取干涉图像，经相位解缠从干涉条纹中获取地形高程数据。InSAR 技术的研究为区域性地面沉降高精度快速准确监测提供了新的手段。

2. InSAR 沉降监测内容

采用 InSAR 技术对高速铁路沿线区域地面沉降进行监测，具体内容包括：

(1)沉降速率计算，沉降速率图、沉降速率等值线图制作；

(2)沿线位沉降速率纵断面图制作；

(3)沉降区域划分、沉降漏斗的范围、沉降漏斗中心位置的判断，以及沉降漏斗的沉降量、沉降速率分析。

3. InSAR 沉降监测数据源及处理方法

(1)数据源选取

可用数据源包括 TerraSAR-X，Cos mo-sky med，ALos-PalSAR、ALOS-2，Radarsat-2，Sentinel-1A/1B，Envisat-ASAR 等，通过相关查询和分析，综合考虑数据成本和数据质量，选取在特定时间段内可覆盖检测范围的有效数据，并满足大范围的缓慢地面沉降监测要求。

(2)数据处理方法

区域沉降以缓慢地面沉降为主，要求覆盖监测区域的监测数据量要足够，满足时间序列 InSAR 分析的要求，同时所用数据时空基线分布良好，一般采用 PS-InSAR 的方法进行形变信息提取。PS-InSAR 方法的数据处理流程如图 7-4 所示，其中 SAR 数据处理采用美国普渡大学开发的商业地表形变检测处理系统 SARProz，数据处理过程中外部 DEM 数据使用 90 m 分辨率的 SRTM 数据。

(3)沉降监测结果制图与分析方法

①成果预处理方法

对于 PS-InSAR 方法，软件处理结果中包含部分粗差点，需要结合 ArcGIS 对数据进行滤波处理。大范围地面沉降监测中还需要将小块区域处理的沉降结果进行拼接处理。成果拼接完成后，形成监测区完整沉降结果，该结果为相对测区内某参考点的相对沉降量。当有外业水准实测数据时，可以采用中国铁设自主开发的 TSDI_InSARpro 软件，将相对沉降量

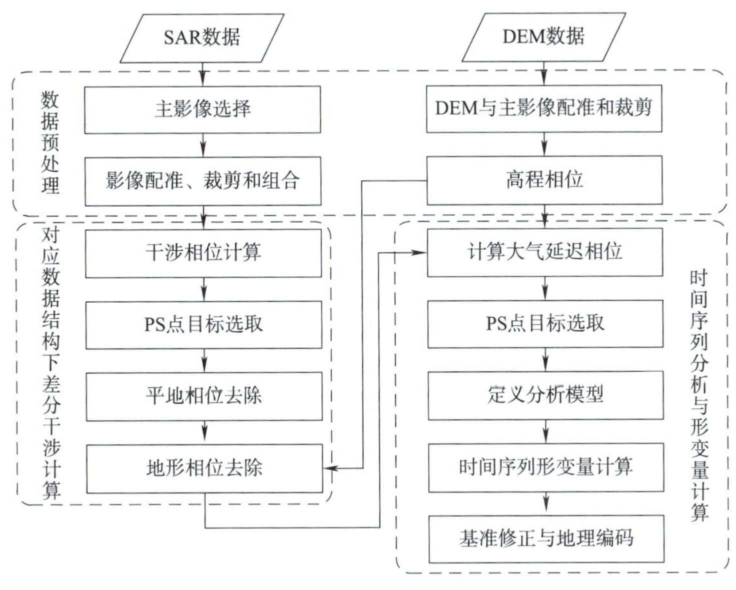

图 7-4　PS-InSAR 数据处理流程图

结果校正为绝对沉降量,并评价 InSAR 结果的精度。没有水准实测数据时,即采用相对测区内某参考点的相对沉降量为最后结果。

②制图处理方法

对预处理后的沉降监测结果采用克里金插值算法,生成沉降速率或者累积沉降量栅格图;采用 ArcGIS 空间分析模块计算沉降等值线。按照专题制图要求,基于 ArcGIS 和 PhotoShop 软件将沉降速率图、等值线图、铁路线位、相关地理信息以及区域监测信息进行标准化综合制图。

③成果分析方法

利用中国铁设开发的 SAR 数据处理成果分析软件,划定沉降漏斗范围、漏斗中心沉降等指标,撰写监测分析报告等。

在监测地面变形方面,InSAR 和 GNSS 具有很强的互补性,它们的融合既可以改正 InSAR 数据本身难以消除的误差,又可以实现 GNSS 技术高时间分辨率和高平面位置精度与 InSAR 技术高空间分辨率和高高程变形监测精度的有效统一。因此,GNSS/InSAR 融合技术发展前景广阔。

7.2.3　GPS/北斗地面沉降监测网

GPS 具有全天候、自动化监测等特点,其大地高的精度可达到毫米级。GPS 测量工作量较精密水准测量相对较小,但获得的是离散监测点的数据,空间密度低,只能从宏观上掌握地面沉降的特征,而且人为控制的测量方法、解译程序等因素对测量精度影响极大。

中国北斗测量系统逐步上线应用后会逐渐替代 GPS。根据中国铁设应用经验，近期可采用 GPS/北斗双模系统，参照对比条件下可提高测量精度，远期可结合铁路运营和工程监测要求，逐步建设完善的高速铁路沿线北斗测量系统。

1. 北斗地基增强系统建设

北斗地基增强系统，是由国家统一规划建设的以北斗卫星高精度系统为主，兼容其他 GNSS(全球导航卫星系统)的地基增强系统。设计覆盖高速铁路沿线地面沉降监测的北斗地基增强系统网络，建成高铁沿线范围区域加密网基准站网络，以实现实时、可连续、可分析的北斗＋地面沉降监测技术体系。

(1)系统整体结构设计。构建铁路带状稀疏北斗地基增强系统，包括北斗数据采集系统、数据处理系统、用户应用系统、数据通信系统。在高速铁路沿线建设基准站(基岩基准站、土层基准站)，站间距约 30 km，服务于高速铁路沿线地面沉降监测。

(2)北斗基准站网数据处理。将北斗连续运行基准站网与国际 IGS(国际 GNSS 服务)跟踪站进行联合基线解算，确定基准站在全球框架中的位置变化、基准站之间的相对位置变化，构建基准站点日解、周解、月解、年解自动化解算和三维平差新模式，实现北斗基准动态维持及区域沉降监测。

2. 北斗卫星定位地面沉降监测点建设

为实时掌控岩土体的变形发展趋势，在地质灾害高危点建立观测墩，在墩上安放 GNSS 设备，24 小时连续监测位置信息。通过多点 GNSS 高精度解算技术来解算 GNSS 观测点的坐标，达到实时监测表面位移(如位移方向、位移速率、累计位移等)的目的。采用该方式对表面位移监测精度可达到：水平±2.5 mm，高程±3 mm，最小巡视采样周期为 3 min，可满足区域沉降监测的要求。

3. 地面沉降在线监测平台建设

系统软件由监测数据采集模块、数据查询模块和系统管理模块等组成，具备信息共享及各项监测参数分析等功能。系统软件操作人性化，智能化程度高，实时性强，工作效率高，可以根据用户实际需求进行深度定制，适合各类在线监测，保证安全。

7.2.4 高速铁路沿线地面控制点沉降监测网

地面控制点沉降监测网布设应利用高速铁路既有精测网、高程控制网资料。为获取线路两侧的地面沉降监测数据，除了将沿线已布设完的精测网水准点、国家二等水准点纳入观测网范围统一观测外，在沉降严重地段还需专门增设地面沉降观测水准点。增设水准点位于线路的中心及两侧，中心水准点按照 1 000 m 一个布置，左右侧水准点按照距线路中心线 500～800 m 交错、单侧间距 1 000 m 一个布置。

1. 选点作业要求

(1)按技术设计进行踏勘,在实地按要求选定点位,点位确定后,办理委托保管手续。

(2)选定点位的地面基础应稳定,易于长期保存,并应有利于安全作业。

(3)实地绘制点之记,内容要求在现场详细记录,不得追记。

(4)利用原有旧点时,点名不得更改,检查旧点稳定性、完好性,符合要求方可利用。

(5)需与水准联测的基准点,应实地踏勘水准路线,选择联测水准点,并绘制联测线图。

(6)点位周围有高于 100 m 的障碍物时,应绘制点的环视图。

(7)提交基准点选点工作总结。

2. 埋石

(1)标石应设有中心标志,中心标志应用铜或不锈钢制作,标志中心应刻有清晰、精细的十字线或嵌入不同颜色金属制作的直径小于 0.5 mm 的中心点。

(2)标石应在现场浇灌混凝土制作。埋设的标石应使各层标志中心严格在同一铅垂线上,偏差不应大于 2 mm。

(3)标石埋设所占土地,应经土地使用者或管理部门同意,并办理相关手续。

7.2.5　地基分层沉降监测孔布设方案

利用基岩标和分层标监测可以获得不同深度土层的变形情况,监测精度可达到 0.001 mm。通过分层变形监测,可以定量分析地下水位变化和土层变形的动态规律,确定影响沉降的主控因素及其权重,提出具体的防治方案。因分层监测造价极高,所以应慎重采用分层监测,分层监测主要用于沉降严重区、可能的沉降中心、典型地质条件区域,重点用于研究沉降机理。

1. 钻孔设计

原则上各主要黏土层均应建立分层标。为了准确划分地层岩性,确定地层岩性的物理力学性质指标,应选取一个深的分层标孔兼作工程地质孔,先进行工程地质钻探。

为了监测地基土中不同深度位置的沉降变形情况,根据沉降变形严重程度、地层结构特征、沿线地下水开发利用情况以及工程设置等原则,在工程沿线典型地段设置代表性的分层沉降监测孔。

2. 分层标结构设计

分层标的结构采用保护管带伸缩管的结构形式。保护管与伸缩管及保护管、伸缩管与标杆之间安装密封装置,使之相互之间既可以滑动,又能密封、不漏水。通过硬连接方式将监测目的地层标底、标杆及测量标头相连接,以此将该地层的沉降量传至地表。图 7-5 和图 7-6 为分层标结构图。

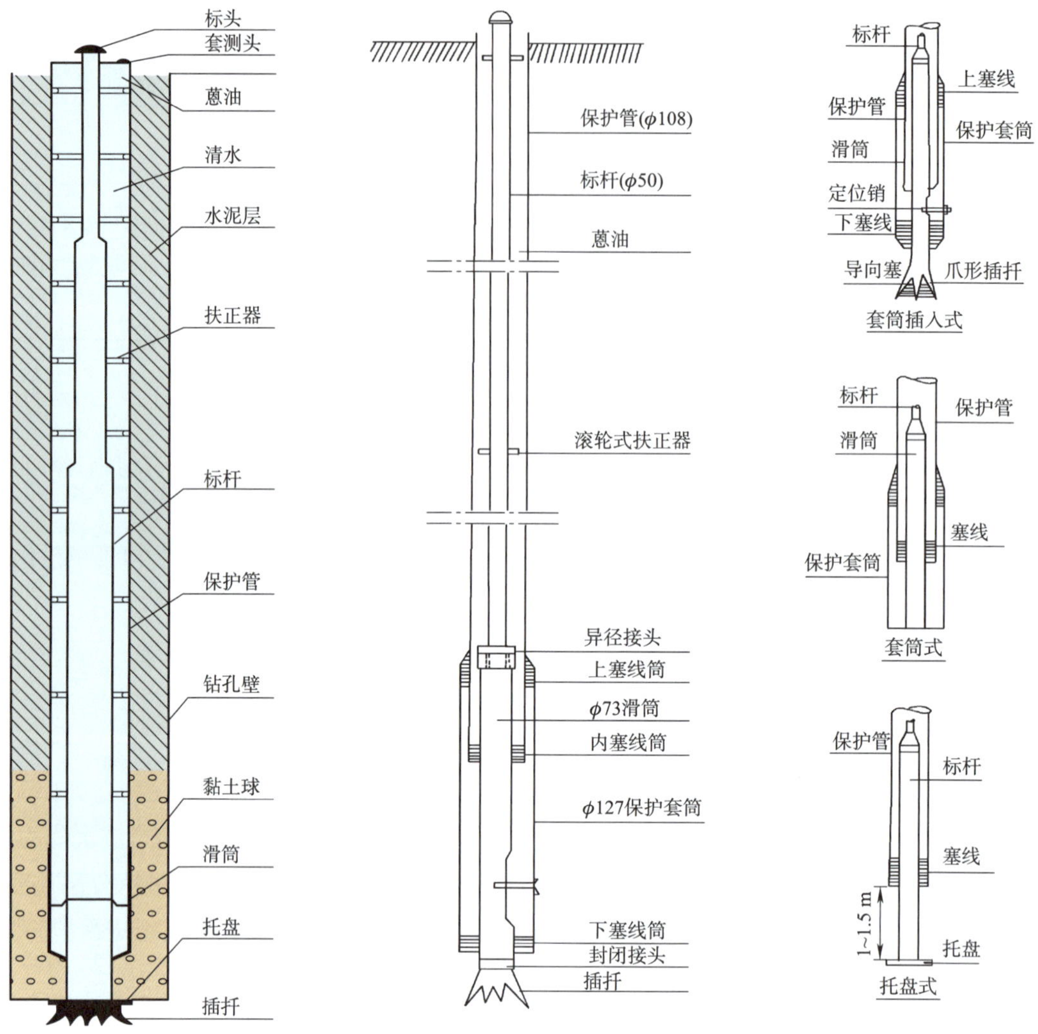

图 7-5　分层标标型结构图

图 7-6　分层标标底结构图

分层标位置、设计孔深、标杆型号及水泥固井位置见表 7-2，具体设计深度根据钻探取样划分地层后适当调整，水泥固井位置以下填优质黏土球。

表 7-2　分层标保护管、标杆型号、配置长度及固井位置

孔号	分层标位置/m	孔深/m	保护管 φ140/mm	标杆 φ60/mm	水泥固井位置/m
1-1	线路左(或右)20～100	浅层主要黏土层底	与孔深一致	与孔深一致	0～10
1-2	线路左(或右)20～100	中层主要黏土层底	与孔深一致	与孔深一致	0～50
1-3	线路左(或右)20～100	深层主要黏土层底	与孔深一致	与孔深一致	0～50

3. 钻探施工技术要求

通过孔内土样的采集、室内试验，详细进行地层分层，划分含水岩组和地层时代，选择分层标布置层位。具体技术要求如下：

(1)终孔口径：所有安装分层沉降标的监测孔终孔口径均为 374 mm。

(2)钻探设备及钻具组合：采用油压取芯钻机，钻具组合由（自上而下）外肋骨钻头＋岩芯管＋钻杆＋主动钻杆组成。

(3)钻进方法：采用回转泥浆循环主轴加压取芯钻进工艺。

(4)回次进尺控制：以能准确划分地层为原则，严禁超岩芯管钻进，控制回次进尺，减少循环液对岩芯消耗，回次进尺控制在 2～3 m。

(5)取样技术要求：取样在工程地质钻探孔中进行。除砂性土层采取扰动土样外，其余均为原状土样。厚层土取样间隔：孔深 100 m 以内间距 2～3 m，孔深超过 100 m 后，取样间距 4～5 m，采用双层岩芯管取原状样。取样规格 ϕ90 mm×200 mm，样品编号并做好上下标记，及时蜡封，完整保存。

(6)孔深误差：小于 1‰，要求每钻进 50 m 及终孔时校正孔深一次，发现误差超标及时找出原因并纠正。

(7)孔斜：每钻进 100 m 及终孔时均测孔斜一次，孔斜超标及时纠正，孔斜每 100 m 不超过 0.5°，300 m 终孔孔斜不超过 1°。

(8)地质编录要求：由专业技术人员承担，记录真实及时，按钻进回次记录，不能将若干回次合并记录，不允许事后追记。野外记录描述规范、形象，以观察、手触等方法为主。清晰表示钻孔成果，应将钻孔记录整理绘制成钻孔柱状图表。

4. 分层标埋设

(1)下标前对标底装置尤其塞线及各部分进行检查、丈量，确定埋标尺寸，同时校正孔深，丈量下入孔内的保护管、标杆等，要求精确无误。

(2)标底上边接 ϕ140 mm 保护管，接好后入孔底，丝扣要用厚漆密封。

(3)边下保护管，边向管内注入清水，以平衡内外压力，严防管外泥浆渗入管内。

(4)标底到孔底后（进入黏土层顶板 1 m 左右），下入压标钻具，将标底插钎压入地层 200 mm。

(5)压住标杆，提起保护管 800～900 mm，然后用夹板固定在孔口，用优质黏土球进行回填至固定位置，封隔目的层以上各含水层段，以防各含水层之间相互连通。

(6)调整保护管和标杆高度，修整孔口，加焊标头及井口装置。

5. 分层标埋设注意事项

(1)做到孔内泥浆逐步稀释，不可直接注入清水，以防止砂粒沉淀而导致标底下不到实位。

(2)终孔深度、管材长度、标底配合尺寸必须准确。为此，在下标前，应反复丈量、校核，以免因尺寸弄错而造成返工。

(3)分层标埋设部位要准确，因此，终孔前应进行一个回次进尺取芯，以校正变层位置。

6. 土工试验

对所取土样进行物理力学性质试验，作为工程地质分层及定量评价的依据。试验项目包括容重、液塑限、颗粒分析、含水率、颗粒密度、相对密度等，第四系土层加做压缩系数及压缩模量（固结试验的加荷等级：0～20 m 为 400 kPa，20～80 m 为 1 600 kPa，80 m 以下 3 200 kPa），第三系土层加做无侧限抗压强度、前期固结压力。

7.2.6 地下水水位监测孔布设

地下水动态监测点分为长期和统测监测两类。抽取地下水引起的区域地面沉降与水位降低密切相关，与分层沉降监测孔相对应，应设置地下水位长期监测孔，及时、准确监控沉降区各层的地下水动态变化，测量频度为每隔 5～10 d 观测一次，多采用自动化监测，用于监测局部和分层地下水动态变化。

1. 钻孔设计

配合分层标布设地下水位监测孔，分层标相应含水层设滤水管。观测孔深度、孔径、滤水管埋设位置与分层标组匹配。

2. 水文物探

为保证水位监测孔成孔质量，终孔时应进行水文物探测孔，取得视电阻率、自然电位、电阻率梯度三条曲线。

3. 钻孔施工及技术要求

(1)钻探方法：采用泥浆正循环回转减压钻进工艺、小打大扩的方法进行施工。

(2)孔深及孔斜检测：每 50 m 及终孔后应校正孔深、测量孔斜一次，终孔孔斜不超过 1°，孔深误差小于 1‰。

(3)成井工艺

①结合测井曲线，根据分层，正确配置 ϕ140 mm 井管、滤水管，滤水管外包 60～80 目尼龙网。

②下管前必须丈量孔深，保证孔内无泥沙及岩屑沉淀，逐步调整泥浆性能，以保证洗孔及成孔后的出水效果。

③滤水管外回填砾料。砾料为规格 1～3 mm 的优质石英砂，填砾厚度须按地质要求高于含水层顶板 5 m 左右，动水投砾以防止半路堵塞，砾料投完待其完全沉淀后，在砾料上部采用优质黏土球止水，回填优质黏土至地表，并随时测量回填高度。最后用优质黏土球回填封孔。

④投料封孔后，进行目的层段的拉活塞洗井，达到含水层与滤水管间水力联系完全畅通后用压风机或潜水泵进行抽水洗孔，洗孔至水清砂净，含砂量小于 1/2 万。

4. 抽水试验

水位观测孔洗孔结束后，每孔各进行 1 次最大降深的稳定流抽水试验，具体抽水深度根据钻探取样划分地层后进行适当调整。

抽水试验可参照《供水水文地质勘察规范》(GB 50027)要求执行。

7.2.7 轨道设标网

在沉降没有超过最大调整容限的情况下，高速铁路可通过调高支座方式调整梁面高程，用于补偿沉降所引起的高程损失。为了准确获取高速铁路轨面高程调整量值，须掌握精确的桥梁折角损失信息，而这些信息依赖于单个桥桩上测量的形变量。为此，可以布设精密水准与轨道设标网相结合的专用于监测轨道变形信息的监测网络。

7.2.8 沉降变形观测

1. 监测技术方法

地面沉降观测点、分层沉降观测标等项目采用水准仪进行水准测量。地下水位监测分别采用传统人工监测和自动化监测两种手段平行进行：(1)人工监测，采用仪表式水位仪对各观测孔进行水位监测。(2)自动化监测，安装水位自动监测仪，实行地下水位的自动监测。

结合区域高程控制网，在沿线布设深埋水准点和普通水准点，组成统一的高程控制网。联测附近的国家水准点和高铁工程精密水准控制网水准点。

在高铁沿线地面沉降区，利用分层沉降观测标和国家水准点为基准进行监测。

2. 监测频次

地面沉降观测点、分层沉降观测标每年监测 4 次；水位监测于每年 2 月、4 月、6 月、8 月、10 月、12 月各监测 1 次。具体实施过程中，应根据当年实际降雨、线路周边抽水井点变化等情况调整监测时间或加密监测频次。

3. 测量精度要求

地面沉降观测点、分层沉降观测标等项目按照二等水准测量精度进行测量。二等水准测量技术要求应满足表 7-3 的要求。

表 7-3 水准测量精度要求 mm

水准测量等级	每千米水准测量偶然中误差 M_{Δ}	每千米水准测量全中误差 M_W	限差			
			检测已测段高差	往返测不符值 平原	附合路线或环线闭合差	左右路线高差不符值
二等	≤1.0	≤2.0	$6\sqrt{R_i}$	$4\sqrt{K}$	$4\sqrt{L}$	—

注：K 为测段水准路线长度，单位为 km；L 为水准路线长度，单位为 km；R_i 为检测测段长度，以 km 计。

4. 水准测量技术要求

(1)二等水准网按照国家二等水准测量标准施测，以联测的基岩点为起算点，进行整体严密平差计算。

(2)使用 Leica NA3003/Trimble Dini12 精密电子水准仪或同精度的其他电子水准仪，2 m 或 3 m 铟瓦条码水准尺，自动观测记录。采用单路线往返观测，一条路线的往返测必须使用同一类型仪器和转点尺垫，沿同一路线进行。观测成果的重测和取舍按《国家一、二等水准测量规范》(GB 12897—2006)有关要求执行。

(3) 联测。精密三角高程测量应尽量与线路附近可靠的一等水准点联测，构成附合路线，其长度不超过 300 km，高差闭合差不超出$\pm 4\sqrt{L}$ mm。或与二等水准点联测，以检查精密三角高程测量高程，高差不符值不超出$\pm 6\sqrt{L}$ mm。

7.2.9 技术成果报告

1. 观测数据分析报告

高速铁路施工期间每段每次将观测结果及时分析，确定地面沉降分布范围、发育规模和程度，并提交给建设单位和设计单位一份沿线地面沉降分析报告。施工结束后，对地面沉降发展趋势做出预测，初步评价地面沉降对高速铁路工程和运营安全所造成的影响及危害，并将所有测量成果移交运营管理部门，建议运营管理部门在此基础上继续进行监测，以保证高速铁路运营的安全。

2. 技术报告

技术成果报告分为年度报告和最终成果报告，应包括以下几方面内容：

(1)工程沿线地层岩性、水文地质条件、地面沉降现状。

(2)分时分段提出沿线地面沉降观测报告。

(3)根据沉降观测网观测数据和地方观测数据，预测沉降发展变化趋势，搜集各地区地下水开采和水位动态资料，分析可能影响高速铁路施工及运营存在的问题和地段，按年度提出专题报告。施工期间观测完成后，提出总报告。

(4)所附图件包括地质结构图、沿线地面沉降速率等值线图、地面沉降量等值线图、纵断面图、井点分布图和相关图件等。

7.3 高速铁路沿线地面沉降综合防治对策与措施

区域性地面沉降防治包括限制地下水开采量、调整地下水开采布局、调整开采层位等多种宏观性措施，涉及国土、水利、地方政府、用水企业及个人等方方面面，关乎国计民生。因此，需建立多部门的联动机制才能整体见效。图 7-7 为高速铁路沿线地面沉降综合防控体系及措施构成。

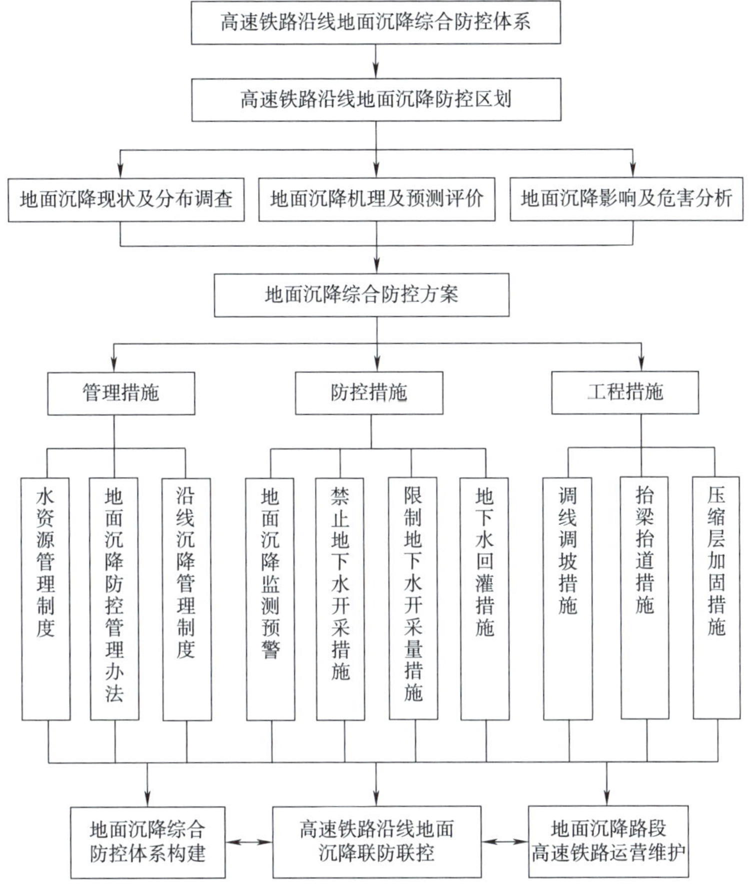

图 7-7　高速铁路沿线地面沉降综合防控体系及措施构成

7.3.1　高速铁路沿线地下水综合防控方案与三区划分

超采地下水是诱发区域地面沉降快速发展的重要因素，因此，须从禁采、限采及控采三方面去合理地制定沉降综合防控方案，禁止和限制高速铁路两侧一定范围内的地下水开采，控制外围地下水开采量。只有合理采用上述多重措施才能达到科学有效控制地下水开采造成的不均匀沉降问题。

根据监测和评估结果，分析高速铁路沿线地下水开采利用情况、地面沉降现状及趋势，进行横向分区、纵向分段，进而确定各区段具体的禁采、限采和控采方案，并综合考虑开采井抽水深度、变形影响范围及高速铁路工程的变形要求来确定地下水禁采、限采及控采范围。

1. 地下水禁止开采区

对于时速 300 km 以上的无砟轨道高速铁路，沿正线两侧各 200 m 范围内设置禁采区，对既有井点采取关停及封井措施，严格禁止新增地下水开采井。

如京津城际、京沪及京广高速铁路等，封井措施对有效控制高铁沿线的不均匀沉降起到了明显效果，但由于多种因素干扰，尚有一定数量的水井不能被关停，这对高速铁路的影响仍然存在。

沪宁城际铁路桥梁桩基设计为桩长 37 m 的摩擦桩，2010 年 1 月铺轨后 10 个月内沉降量最大增加了 47.72 mm，通过调查发现距线路 40 m 处的一家化工厂非法开采地下水，井深 50～60 m，在桩基持力层以下。通过对该工厂采取封井措施，该线路沉降变形已基本稳定。

2. 地下水限制开采区

禁采区之外，铁路沿线两侧 200～500 m 范围内设置限采区，在此范围内限制地下水开采量。尽量禁止新增深层地下水开采井；有计划地压缩深层地下水开采量，限制深层地下水大规模集中开采。在限采区内可以调整开采井位置，将其移至远离线路且地面沉降较小的地方，以缓解差异沉降对高铁线路的影响。

(1)限制和压缩地下水开采量

根据水资源条件，限制和压缩地下水开采量，防止地下水水位大幅度持续下降，控制地下水降落漏斗规模。

京广高速铁路高碑店东站在铺设无砟轨道后 9 个月内发生了超过 15 mm 的沉降，主要原因是线路附近分布多口 60～80 m 的农用灌溉水井，春播期间地下水开采造成了较大的水位下降。通过对铁路 200 m 外的区域采取限采措施，目前线路已趋于稳定。

(2)地下水人工回灌与含水层修复

在沉降中心处定期回灌地下水。地下水的年回灌量需根据当地的地表水富余量来确定，回灌的地下水需回灌到承压层，才会对地面沉降的防控起到作用。

上海市自 1966 年开始，实施了地下水开采回灌方案。从 1966 年至 2003 年，回灌总量达 6 亿 m^3，2019 年市区地下水回灌 20.2 亿 m^3。目前上海地区通过地下水回灌有效地恢复了地下水位，地面沉降已趋于稳定。

3. 地下水控制开采区

在铁路沿线两侧限采区之外至 2 000 m 范围内划定地下水控制开采区，在控采区内可维持现有地下水开采量和地下水开采模式。对已经批准和注册的开采单位，控制新增许可水量，控制新增井数量。在无地表水供水的区域内，控制耗水量大的建设项目。禁止新增地下水集中开采的水源地。控采区之外的深层地下水集中供水水源应尽量远离高铁工程。

(1)优化调整地下水开采层位

根据地下水资源分布情况，合理选择开采区，调整开采层和开采时间，避免开采区域、层位、时间过分集中。

为了控制地面沉降，很多地方采取了调整开采层位，根据具体水文地质条件选择低压缩性或补给迅速的含水层作为地下水开采层。如上海早期主要开采第 2 和第 3 承压含水层，从1968年开始，调整了地下水开采层位，加大对埋深150 m以下第4、第5承压含水层的开采。至2003年，埋深150 m以下地下水开采量已占开采总量的79%。相比之下，由于150 m以下土层相对致密，抽取同样的水量产生的沉降量要比埋深150 m以上小。

河北沧州自20世纪70年代开始大规模开采深层地下水，导致深层地下水位持续下降。当深层地下水位降至50 m埋深时，地面沉降开始明显产生；降至或超过70 m埋深时，地面则进入快速下降阶段。德州、天津沉降漏斗的地下水头下降曲线也具有该特点。据此确定华北平原深层地下水环境约束条件的临界界限值为水位埋深50 m，并将70 m埋深作为严格控制界限，以防止地面沉降的扩展和加剧。

(2)开发利用浅层地下水

在资源条件允许的情况下，尽量开采浅层的地下水。根据山东省德州市德城区的地下水存储状况，可以将浅层的地下水每年开采300万～400万 m^3 用于对水质要求不高的绿化、消防和工业用水等，然后尽量减少深层地下水的开采。陈崇希(2001)提出将地下水的开采层位上移，设置在浅部含水层组，如潜水层或二元结构(上细下粗)含水组的下部微承压水层，使其接近补给源和排泄区，以获得补给增量与排泄减量。

近年来，已在苏锡常地区进行了埋深50 m以上浅层水开发示范。目前苏锡常地区潜水水位埋深1.0～2.0 m，微承压水水位埋深1.5～3.0 m，除局部受到“三氮”的轻微污染外，大部分水质较好，区内孔隙潜水受“五项毒物”的污染程度极轻。受含水介质所处的原生沉积环境影响，造成部分地区铁、锰超标，水质基本满足一般生活供水的水质要求。增大过水断面的面积，可以提高单井涌水量，考虑了子母井和大口径井等方案。通过对苏州黄棣、同里，常州湖塘、龙虎塘等实施的子母井、大口井、串联井等示范工程，取得了良好的效果。含水层厚度10～20 m，涌水量可达160～500 m^3/d，比传统的小口径深井工艺优越。

(3)调整开采井和开采量的平面布局

为使开采井和开采量的调整更具经济性和可行性，可以在防控区内重点控制沉降中心处的开采井井间间距，封停部分开采井，使沉降中心处的开采井不要过于密集。同时，尽量对开采量进行调控，使开采量平均分布，减少沉降梯度。

(4)以替代水源逐步取代地下水开采

禁采深层地下水是迅速遏制地面沉降的有效措施。但是禁采后，远离城市供水管网的乡村地区，昂贵的管网铺设费用与居民实际使用情况(人数、水费承受能力)形成矛盾，亟待寻找新的供水水源，解决当地居民的饮水问题。必须从人地和谐发展的角度出发，在控制地面沉降的同时，确保当地社会经济可持续发展。

北京市从20世纪末开始封停城区地下水供水自备井，逐步置换为城市集中供水；调整用水结构，大量收集雨水及再生水；加强外调水；提高污水处理再利用率，替代新鲜水；控制工程施工降排水，严格水资源论证制度，水资源管理法治体系逐步建立。

天津市积极开展海水淡化工程以弥补淡水资源的不足，充分利用引滦入津和南北水调远距离调水资源，提高水资源利用率等。河北省采取多种措施实施农业节水，局部地区优化地下水开采布局和开采层位、加强微咸水利用，积极推进引黄入冀工程实施进度等。

7.3.2 高速铁路沿线地下水禁采、限采及控采范围

对于一个含水层与弱透水层相间的多层地基来说，地下水开采过程实际上是在抽水井某个特定深度段施加一个负压，使含水层的该井段与周围出现压力差，周围土层中的水在这种压力差的驱使下向井内运移。这样抽水首先在含水砂层中形成一个测压水头降落漏斗，随着抽水过程的持续，漏斗区的测压水头持续下降、影响范围持续扩大，相邻各弱透水层中的孔隙水将不断向含水砂层中释放，孔隙水压力降低，有效应力增加，因此含水层发生压密及临近弱透水层的固结，由此导致地面沉降。

1. 单井抽水引起地面沉降影响范围

根据 2.2.2 节集中抽水引起地基变形离心模型试验和 4.2 节数值模拟结果表明，在相同的抽水速率条件下，水井深度越深，抽水时间越长，其影响范围越大，最终稳定在一定范围之内。在一定的地下水允许开采量下，浅井抽水影响范围小，深井抽水影响范围较大，但一般不会超过 1 000 m。单井抽水引起的地面沉降影响范围计算可参见 6.1.2 节。

在高速铁路沿线地面沉降区段内，对于孤立分散井点禁采、限采及控采范围确定主要采用单井抽水引起地面沉降影响范围计算方法，综合考虑相应段落内水文地质条件、土层渗透系数、地下水开采量等参数来计算确定。

2. 群井抽水引起地面沉降影响范围

群井是指由多眼水井联合开采地下水的井组。群井开采地下水，水位下降是先快后缓，若开采量大于含水层的补给能力，则群井开采的影响范围将逐渐扩大。一般来讲，开采深度越深，含水层透水能力越好，水位降深范围就越大。目前对于群井开采影响范围理论和方法的研究很少，该影响范围是抽水系统对含水系统的环境影响程度，除了与水文地质条件、抽水工况、抽水时间关系密切外，还与地面沉降的特点及国家相关法律法规和技术标准有关。

在工程实践中，集中开采地下水一定时间后，群井附近水位达到(似)稳定流状态时，多以影响半径来界限影响范围，可以采用公式法、图解法和数值法进行估算。

(1)公式法

鉴于影响半径概念存在一定的缺陷，据此计算的 R 值只能是近似的数值，在实际中仅供参考。

①无界含水层群井开采影响半径估算

计算无界潜水含水层群井抽水初期的 R 值时，可选用公式：

$$R=2s\sqrt{hk} \tag{7-1}$$

计算无界承压含水层群井抽水初期的 R 值时，可选用公式：

$$R=10s\sqrt{k} \tag{7-2}$$

式中　s——水位下降值，m；

h——潜水(承压水)含水层厚度，m；

k——渗透系数，m/d。

②当含水层侧向有补给源，抽水后补给量与抽水量相平衡时，确能达到稳定状态，这时的影响半径为引用影响半径 R_0，L. Huisman 给出了不同边界情况下引用影响半径的计算公式如图 7-8 所示。

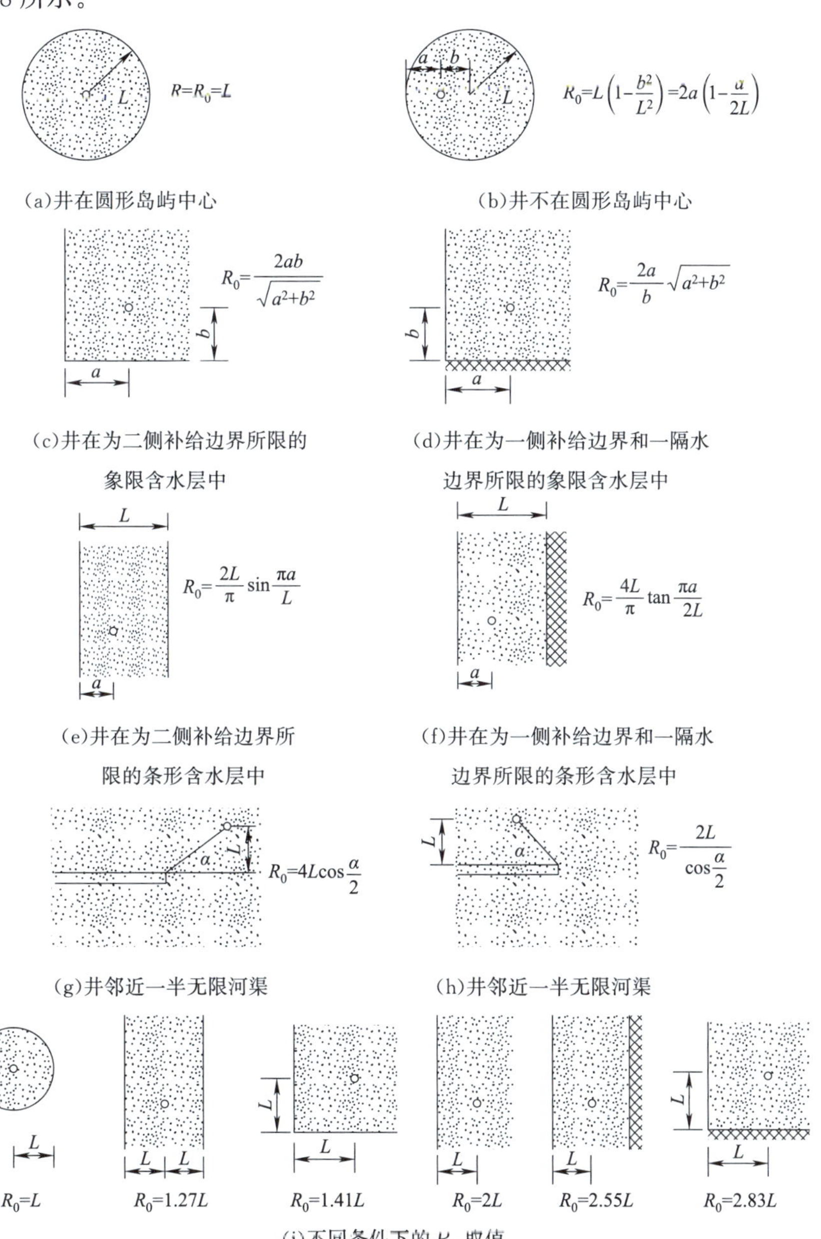

图 7-8　不同边界情况下引用影响半径 R_0 的值(据 L. Huisman)

(2)图解法

在直角坐标上,将抽水孔与分布在同一条直线上的各观测孔的同一时刻所测得的水位连接起来,沿曲线趋势延长,与抽水前的静止水位线相交,该交点至抽水孔的距离即为影响半径,如图7-9所示。在观测孔较多时,用图解法确定影响半径值最为精确。

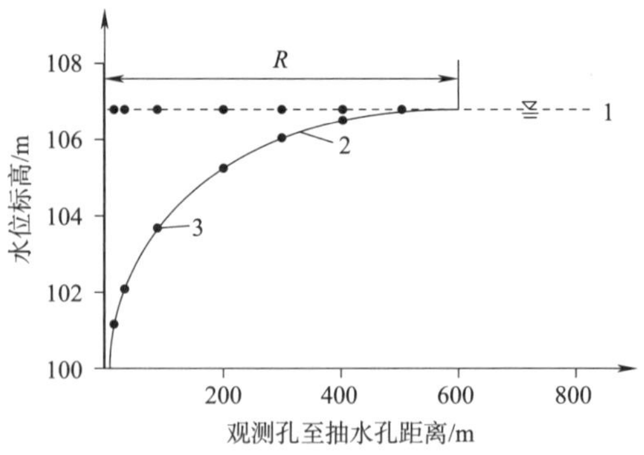

图7-9 图解法确定影响半径示意图

1—静止水位;2—动水位;3—观测孔水位

(3)数值法

在没有补给条件下,非稳定流抽水时得不到稳定的影响半径,但可以根据环境影响要求,把大于某一规定的较小降深所对应的地下水位降落漏斗范围作为影响范围,把此漏斗范围对应的半径定义为环境影响半径。假设某工程对地下水开采引起降深的承受能力为$[s]$,可以定义群井开采影响范围如下:

$$s(x,y,t)|_D \geqslant [s] \quad (x,y)\in D,\text{且“=”仅当}(x,y)\in \Gamma\text{成立} \tag{7-3}$$

式中 D——群井开采影响范围;

$[s]$——环境承压能力所允许降深;

Γ——D的边界线。

对于群井抽水,其影响范围需采用地下水渗流计算软件进行专门计算。根据群井试验获得的各井流量和水位观测数据,应用三维渗流模拟软件,模拟开采层地下水位随时间的变化,进而反演得到水文地质参数,在此基础上,获得群井开采的影响范围。下面以距某铁路500 m待用水源地(铁路东侧)开采为例,示意应用数值法估算群井开采影响范围的过程。

模型概况:本次模拟区平面上围绕待用水源地四周都外延12~19 km,东西宽约41 km,南北宽约34 km。将模拟区水文地质结构概化为三层,从上到下含水层厚度分别为170 m、225 m、35 m。地下水位埋深约为27.66 m,各含水层水平渗透系数分别取2 m/d、3.14 m/d、0.1 m/d,由于各含水层在垂向上多与弱含水层呈不等厚相间叠置,垂向渗透系数取水平渗透系数的1/10。在待用水源地单井开采量为1 563 m^3/d(共32口井),每日总开采量为50 000 m^3的情况下,就如下两种工况对水源地影响范围进行模拟计算。

工况1:降水入渗补给量为多年平均降水入渗补给量(66.6 mm/a);

工况2:降水入渗补给量为枯水年降水入渗补给量(30 mm/a)。

长期开采稳定后,待用水源地平面及横断面水位降深模拟结果分别见图7-10~图7-13。从图可以看出,工况1下,待用水源地开采10年后影响半径约为3 km,工况2下,待用水源地开采10年后影响半径约为5 km。

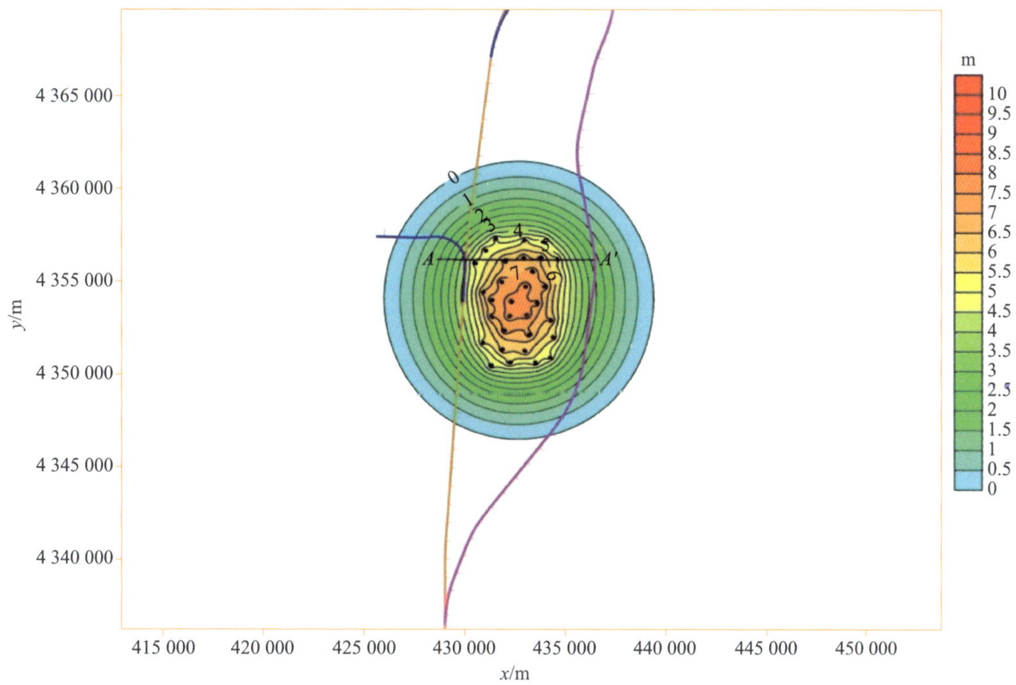

图 7-10　工况 1 待用水源地开采 10 年后水位降深分布图

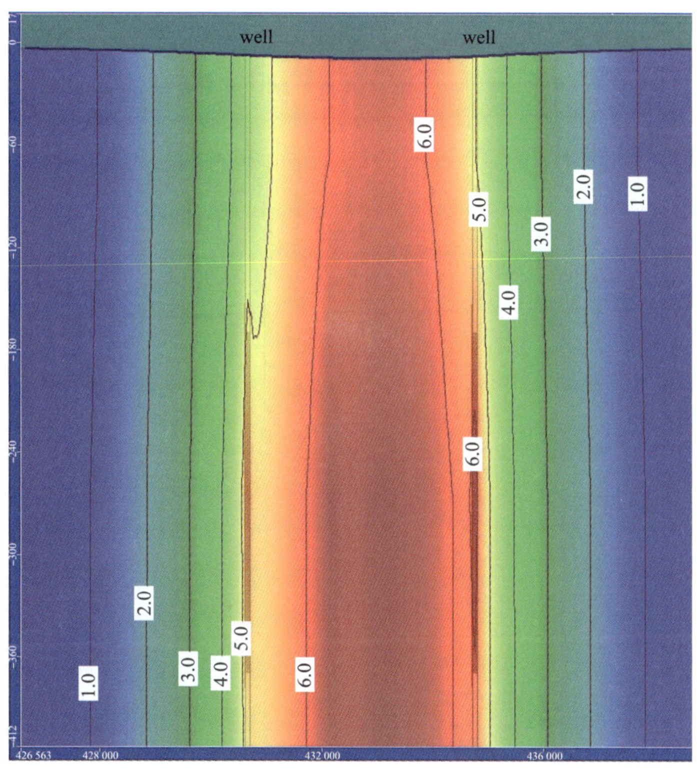

图 7-11　工况 1 待用水源地开采 10 年后横断面 A－A′水位降深分布图

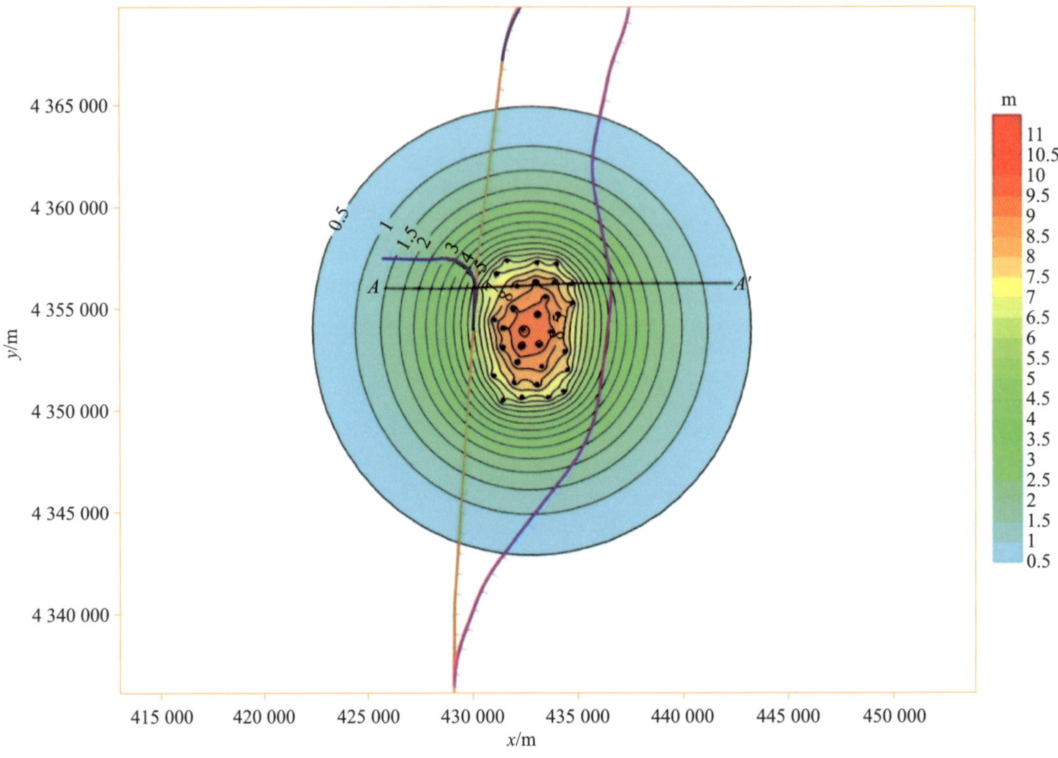

图 7-12 工况 2 待用水源地开采 10 年后水位降深分布图

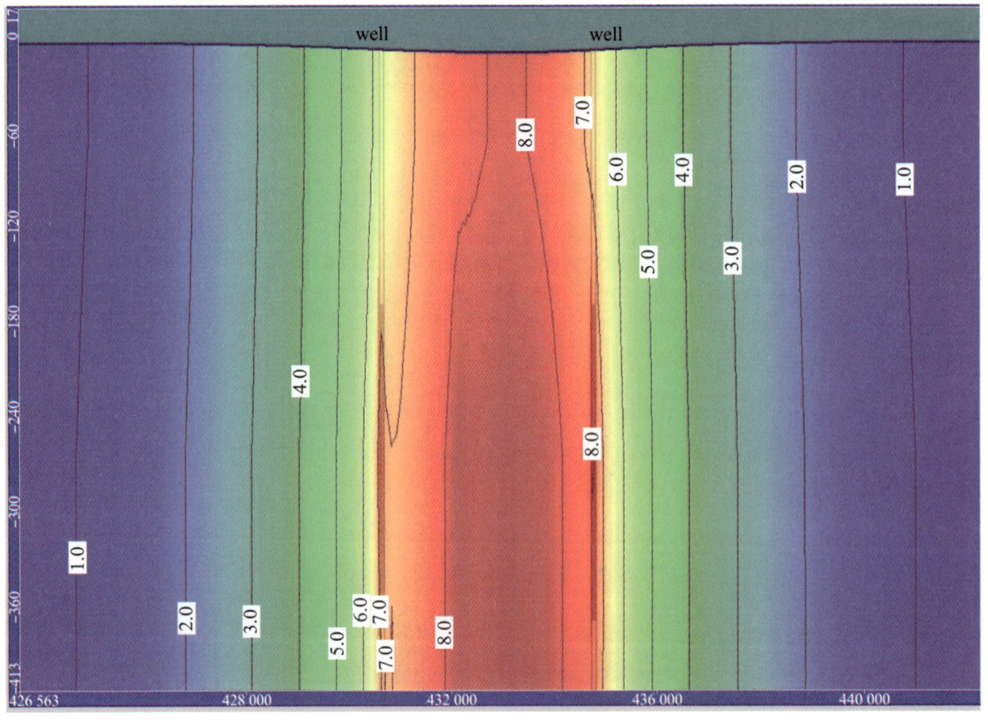

图 7-13 工况 2 待用水源地开采 10 年后横断面 A－A′水位降深分布图

群井抽水情况主要发生在农田灌溉区和集中供水水源地，开采井集中分布，间距较小，彼此形成干扰，地下水降落互相叠加，造成较大范围的降落漏斗。通过对京津、大张、济青等高铁沿线多个水源地开采引发沉降的研究，群井开采引发沉降的影响范围至少在 3.0 km 以上，其范围随着抽水井数量、开采强度、开采深度的增加而有所增加。不均匀沉降在靠近开采井分布边界较为明显，向外围逐渐减缓。如济青高铁某水源地在正常开采条件下地面沉降影响范围达 3.0 km，超采条件下地面沉降范围可达 5.0 km。

3. 线路两侧地下水禁采、限采及控采范围确定

试验及模拟结果表明，在地下水开采过程中，井点周围的地基出现明显的不均匀分布变形，随着远离抽水井位置，变形逐渐减小。抽水初期变形发展迅速，随着排水次数增加变形有逐渐减弱的趋势。

浅层抽水引起的地基沉降影响的范围虽小，但造成的不均匀沉降较强烈，而深层抽水引起的地基沉降相对较平缓，但影响范围相对较大。

(1)地下水禁采区划定标准

高速铁路沿线地面沉降区段内禁采区范围划定首先遵照《铁路安全管理条例》(国务院令第 639 号)第三十五条规定，“高速铁路线路路堤坡脚、路堑坡顶或者铁路桥梁外侧起向外各 200 米范围内禁止抽取地下水。”《高速铁路安全防护管理办法》第十九条也提出同样要求。

目前，华北平原地面沉降区内，京津城际、京沪、京郑、津秦等高速铁路均按线路两侧工程界线外侧 200 m 宽度设定禁采区，并协调地方陆续关停禁采区内的抽水井。新建高速铁路禁采区划定标准也是按照工程外侧 200 m 宽度范围来执行，如京雄高铁。

在执行过程中，对于地面沉降相对严重的地段宜适当外扩。如鲁南高速铁路菏曲段 K230＋014～K295＋023 段、K340＋233～K366＋532 段，线路路堤坡脚、路堑坡顶或铁路桥梁外侧起向外左、右两侧各 300 m 范围内为地下水禁止开采区；菏兰铁路山东段 K407＋711～K416＋611 段，线路路堤坡脚、路堑坡顶或铁路桥梁外侧起向外左、右两侧各 400 米范围内为地下水禁止开采区。

(2)地下水限采区划定标准

在 200 m 范围外，抽取地下水危及高速铁路安全时，应当设置地下水限制开采区。

在禁采区外侧划定地下水限制开采区，控制抽取地下水，如鲁南高速铁路菏曲段、菏兰铁路山东段线路路堤坡脚、路堑坡顶或铁路桥梁外侧起向外左、右两侧各 1 000 m 范围内，除划为地下水禁止开采区的，全部划为地下水限制开采区。在地下水限制开采区，如必须新增深井(井深超过 100 m)、机井群(井数大于 9 口，井间距小于 200 m 的密集分布的群井)时，在具有取水许可审批权限的主管部门审批前，应当征求铁路运输企业的意见。

(3)相关地下水开采管理规定

①在地下水禁采区内，不得开凿新的取水井，不得新增地下水取水量。

②在地下水限采区内，一般不得开凿新的取水井，但生活用水更新井除外。严格控制地下水开采量，包括控制井位、井径、井数和出水量。

因抢险救灾、应急供水开凿的取水井，用完后应当及时封存，不得作为长期井使用。

对当地社会发展和群众生活有重大影响的重点建设项目确需取用地下水的，应按照用1减2的比例以及先减后加的原则，同步削减其他取水单位的地下水开采量，且不得深层、浅层地下水相互替代。

③在地下水限采区，地下水取水许可实行分级审批：年取用地下水量在20万 m^3 及以下的由市有关行政主管部门审批，在20万 m^3 以上的由省有关行政主管部门审批。

7.3.3 地下水限采及控采参量标准

地面沉降量和沉降速率是反映和衡量地面沉降发育程度最为直接的指标，据此可初步划分地面沉降灾害危险性等级区段。结合高铁沿线沉降监测资料可计算出一定年限内的沉降差异，划分不均匀沉降区段，为分区段地面沉降综合防控和地下水限采、控采工作确定目标。

地下水资源管理主要采用地下水开采量和水位双控模式，开采量和水位为最为重要的限采和控采参量标准。地下水开采量控制包括宏观控制和微观控制两种管理模式，而地下水位控制包括区域地下水位控制和局部地下水位控制两种模式。由于高速铁路工程沉降变形控制中更注重不均匀沉降的影响，因此在高速铁路沿线地面沉降限采区和控采区内地下水开采量管理工作中要加强微观控制，在地下水位管理工作中要以局部地下水位控制管理为主，重点加强对沉降敏感区段地下水位控制，为高速铁路沿线地面沉降防治工作提供技术支撑。

1. 累计地面沉降量、地面沉降速率与差异沉降率

地面沉降传统的评价指标包括累计地面沉降量和地面沉降速率。对于高速铁路等线性工程而言，沿途可能穿越不同的地面沉降区域，仅依靠上述两个指标不能真正全面地反映地面沉降对线性工程的影响和危害。为与地面沉降危险性评估指标沉降速率相一致，而且地面沉降对线性工程的影响主要表现在不均匀沉降对工程的破坏，因此引入差异沉降率这一指标来表征不均匀沉降程度。

(1)累计地面沉降量

累计地面沉降量是指地面沉降区域内某地点一段时期地面下沉的累计总量，是反映地面沉降严重程度的主要指标。累计地面沉降量主要受地面沉降速率大小和地面沉降活动时间长短控制。

铁路沿线应结合精密控制测量网，建立地面沉降监测系统，监测地面沉降动态变化。结合地下水开采情况和压缩层特征，预测地面沉降的发展趋势并估算沉降量，绘制地面沉降预测累计沉降量等值线图。

(2)地面沉降速率

地面沉降速率是指单位时间内地面下沉的幅度,一般以年单位,也称年平均地面沉降量,是反映一段时期内地面沉降活动程度的主要指标,主要随地下水开采强度及地下水位下降幅度而变化。

在地面沉降速率等值线图中,等值线疏密程度反映了不均匀沉降的严重程度,等值线越密集表明该处的沉降差异越大,而由其对轨道交通工程产生的危害也就越大。

(3)差异沉降率

不均匀地面沉降持续发生会改变线路原始坡度。由于漏斗中心与漏斗边缘存在沉降速率的空间差异,在宏观上表现出坡度的变化。在一定年限内在两点间造成的地面沉降漏斗坡度变化可按下式计算:

$$i=\frac{\Delta h}{L}\times 1\ 000‰=\frac{n(v_2-v_1)}{L}\times 1\ 000‰ \tag{7-4}$$

式中　Δh——地面两点间沉降差,m;

n——沉降年限;

v_1, v_2——两点的沉降速率,m/a;

L——地面两点直线距离,m。

差异沉降率是指沿线任意两点的沉降速率差值与这两点间的距离之比,表征两点间单位距离内的年均沉降差异,可由下式表达:

$$\nu=\frac{v_2-v_1}{L}\times 1\ 000‰ \tag{7-5}$$

式中　ν——差异沉降率。

从地面沉降速率等值线图中,可以较方便地计算任意两点的差异沉降率。

(4)地面沉降危险性评价标准

地面沉降地质灾害危险性评估方法常用累计地面沉降量和沉降速率两个指标,按照其中单一指标所达到的危险性等级进行评估级别确定。《地质灾害危险性评估规范》(GB/T 40112—2011)中以地质灾害危险性分级表(表 7-4)来确定该区地质灾害的危险程度。

表 7-4　地面沉降发育分级表

发育程度	发育特征	
	近 5 年平均沉降速率/(mm·a^{-1})	累计沉降量/mm
强发育	≥30	≥800
中等发育	10～30	300～800
弱发育	≤10	≤300

注:上述两项因素满足一项即可,并按照强至弱顺序确定。

根据北京市地方标准《地质灾害危险性评估技术规范》(DB11/T 893—2021),在北京市地质灾害危险性评估工作中,按表 7-5 确定地面沉降现状发育程度。

表 7-5　地面沉降发育程度判别表

分　级	因　素	
	累计地面沉降量/mm	沉降速率/(mm・a^{-1})
强	>1 000	>50
中	500～1 000	30～50
弱	<500	<30

注:(1)累计地面沉降量指自 1955 年至最近政府公布数据;
(2)地面沉降速率指近 3 年的平均年沉降量;
(3)上述两项因素满足一项即可,并按照强至弱顺序确定。

采用调高支座进行轨面调高的地段,在 110 m 范围内不应发生大于 6 cm 的差异沉降。将此值换算成坡度,即不应出现大于 0.545 5‰的坡度变化。而要求无砟轨道高速铁路相邻墩台沉降量之差≤5 mm 时,按 32 m 桥梁跨度计算,不应出现大于 0.156 25‰的坡度变化;有砟轨道高速铁路相邻墩台沉降量之差≤15 mm 时,按 32 m 桥梁跨度计算,不应出现大于 0.468 75‰的坡度变化。换算为不同时间段内的差异沉降,见表 7-6。

表 7-6　不均匀沉降控制条件下的差异沉降

计算年限/a	110 m 范围内差异沉降≤6 cm	无砟轨道相邻墩台沉降量之差≤5 mm	有砟轨道相邻墩台沉降量之差≤15 mm	备　注
10	54.55	15.63	46.88	
20	27.28	7.81	23.44	
30	18.18	5.21	15.63	
50	10.91	3.13	9.38	
100	5.46	1.56	4.69	

高速铁路工程对沉降量控制十分严格,在高速铁路沿线地面沉降危险性评估中,选用累计地面沉降量、地面沉降速率、差异沉降率三个指标,根据对不同工程、规模、重要性的影响程度,对各个指标进行量化,建立相应的评价标准并赋以相应的权重,评价指标见表 7-7。

表 7-7　高速铁路沿线地面沉降单因素评估指标

危险性分级	单　因　素			
	累计沉降量 s/mm	近 5 年平均沉降速率 v/(mm・a^{-1})	差异沉降率(时速>300 km 的无砟轨道) v_a/(mm・a^{-1}・km^{-1})	差异沉降率(时速>200 km 的有砟轨道) v_a/(mm・a^{-1}・km^{-1})
危险性大	≥800	≥30	≥5‰	≥15.5‰
危险性中等	300～800	10～30	1.5‰～5‰	4.5‰～11‰
危险性小	≤300	≤10	≤1.5‰	≤4.5‰

在地面沉降区段，利用长期观测站网系统及定期水准测量成果，计算地面沉降量、沉降速率和差异沉降率，分析和划分地面沉降发育程度及危险性等级分区，以指导采取针对性的综合防控措施。

2. 地下水开采量控制

宏观地下水开采量控制，主要针对行政区域（包括省、市、县、乡镇等）地下水开采量的控制。具体工作措施包括区域地下水开采量年度指标制定、开采量监测统计、开采指标控制达标情况的监督考核等几方面。通常宏观的地下水开采量控制除了区分浅层地下水和深层承压水以外，一般不考虑水文地质条件分区，而只按行政区进行统计与管控。

微观地下水开采量控制是针对用水户地下水开采量的控制。具体管控措施包括用水户取水申请、水源论证、取水许可审批、计量及监督等工作。微观的地下水开采量控制是基于区域水资源配置及水文地质条件等基础进行的。当前对于需要办取水许可证的用水户，基本上具备完善的取用地下水管理政策措施和科学的管控技术手段，而对于分散的农村饮水、农业灌溉等地下水用水户，管理手段还相对单一和薄弱。

3. 地下水位控制

限采区和控采区内的地下水位控制，可基于区域内多年地下水水位监测数据、开采量和降雨量等基础资料，利用水文学和统计学方法进行计算确定。

华北平原地面沉降研究结果表明，对于压缩层为超固结黏性土层地区，可采用临界水位进行控制。地面沉降发展过程受压缩层变形过程制约，而弱透水层固结变形在地面沉降中占较大比例。对于超固结土，当地下水位下降导致土层颗粒的有效应力达到前期固结压力时，弱透水层就产生显著的压缩变形，此时所对应的地下水位就是临界水位。

一般认为，临界水位指的是当地面沉降速度由缓慢向迅速发展过渡时对应的水位。其理论依据是地下水位下降导致土层颗粒的有效应力达到前期固结应力时，含水层发生显著压密，介质颗粒的结构进行重新调整。因此，只有处于超固结的地层区才存在临界水位的说法。

地面沉降发展与地下水位变化的相关性可采用有效应力原理来进行直观的解释，即当地下水开采引起地下水位下降，孔隙水压力降低使有效应力增加，从而导致含水层颗粒骨架进行一定程度的压缩。在砂类土比例相对较大的地区这个原理是有效的，如北京地区，压缩层变形与地下水位线性相关明显，并反映出一定的弹性特征。此时，最终沉降量的计算可表达式为

$$s_{\infty}=\frac{\Delta p \cdot h}{E} \tag{7-6}$$

式中　s_{∞}——土层最终沉降量，mm；

Δp——由于地下水位变化施加于土层上的平均压力，MPa；

h——计算土层的厚度，m；

E——土层的压缩模量，MPa。

式(7-6)中地面沉降量与地下水位下降引起的附加应力变化线性相关，适用于含水层压缩变形及压缩层中砂类土比例相对较大的情况。如在北京地区，地面沉降量与地下水位变化呈线性相关，则不存在明显的临界水位。

根据近年来的研究结果，地面沉降主要由弱透水层的变形引起，而对弱透水层固结效应的研究就变得更加重要。土层固结原理可解释为随着黏性土边界水头压力的降低，破坏了土体内孔隙水压力的平衡状态，这时土中产生了水力梯度，黏性土层各点水分便向下排出，土体即固结压缩。由于黏性土的弱透水性，固结变形将随时间的延续缓慢进行。对于黏性土固结计算要相对复杂一些，沉降计算一般采用 e-lg p 曲线计算，对于正常固结、欠固结土层：

$$s_c=\frac{\Delta h}{1+e_0}\cdot C_c\cdot \lg\left(\frac{p_0+\Delta p}{p_c}\right) \tag{7-7}$$

式中 C_c——土层的压缩指数；

p_0——各分层中点自重应力；

p_c——前期固结压力，正常固结时 $p_c=p_0$；

Δp——地下水位下降引起的附加应力。

对于超固结土层，一般分成两种情况：

$$s_c=s'_c+s''_c \tag{7-8}$$

当 $\Delta p>p_c-p_0$ 时，

$$s'=\frac{\Delta h}{1+e_0}\cdot\left[C_s\cdot \lg\left(\frac{p_c}{p_0}\right)+C_c\cdot \lg\left(\frac{p_0+\Delta p}{p_c}\right)\right] \tag{7-9}$$

当 $\Delta p\leqslant p_c-p_0$ 时，

$$s''_c=\frac{\Delta h}{1+e_0}\cdot\left[C_s\cdot \lg\left(\frac{p_0+\Delta p}{p_0}\right)\right] \tag{7-10}$$

式中 C_s——回弹指数；

e-lg p 曲线可以考虑地基土前期压力的影响，在小压力段孔隙比和应力 p 之间呈现平缓弧线关系，在前期压力之后即大压力段则呈现近线性关系。

在实际沉降过程中也分为两个阶段，当附加应力 $\Delta p<p_c-p_1$ 时，沉降缓慢；而当附加应力 $\Delta p>p_c-p_1$ 时，沉降会明显加剧。因此，附加应力 $\Delta p=p_c-p_1$ 是我们需重视的一个转折点。由于在地下水位下降过程中，在含水层中或弱透水层排水面附近有效应力增加与地下水位下降引起的孔压降低是等效的，即相当于对含水层及弱透水层施加了附加应力。因此，理论上 $\Delta p=p_c-p_1$ 对应的地下水位即我们所说的临界水位。在这两个阶段的沉降过程中，只有当地下水位下降导致有效应力增加到前期固结压力时，压缩层才开始发生显著压缩变形。因此，只有处于超固结地层区才存在临界水位，临界水位可利用含水层变形特征的变化来精确求得。

动态监测资料进一步表明，在随地下水位下降土层压缩呈非线性增大过程中，存在着季节性高水位期土层回弹逐渐减小并向土层持续性压缩发展的突变点，这个突变点所对应的年度最低水位就是上层变形的临界水位。但由于土体的物理力学性质复杂，更多情况下临界水位表现为一定幅度的地下水位变化区间。

根据天津市西青区分层标组工程中工程地质孔的试验数据，0～5 m 为超固结或正常固结，5～15 m 为欠固结，15～160 m 为正常固结，160～330 m 基本上为超固结，330 m 以下是超固结与正常固结(或微超固结)相间出现，个别地段甚至出现欠固结，如图 7-14 所示。

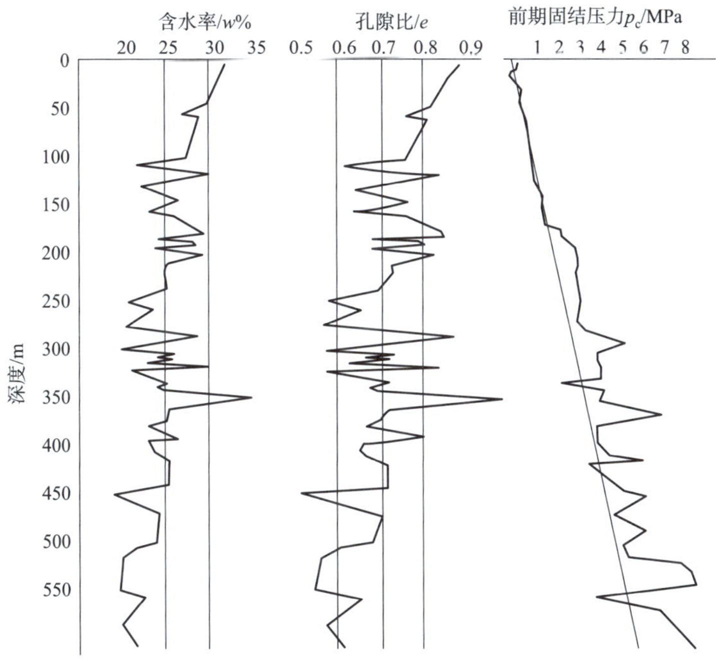

图 7-14　西青区分层标组工程地质孔含水率、孔隙比、前期固结压力随深度分布

地层超固结深度 160～330 m 恰是天津市以往的主采层位第 2 含水组和第 3 含水组的分布深度，330 m 以下的第 4 含水组近年来开采强度也在逐渐加大。这就客观决定了临界水位的存在。

对比分析黏土(塑性指数大于 17)的含水率 w、孔隙比 e、前期固结压力 p_c 随深度的变化，从 100 m 至 500 m，地层的含水率和孔隙比没有明显减小的趋势，w 基本在 25%左右摆动，e 基本在 0.7 左右摆动。其中 300～400 m 间的孔隙比及含水率比 200～280 m 间的孔隙比及含水率总体相比还要大。因此，超量开采 300 m 以下的地下水所带来的地面沉降后果不会亚于 300 以上的第 2 含水组和第 3 含水组。

根据京沪高速铁路沿线钻探取样进行的高压固结试验，华北平原中东部除浅层受人类活动影响较大的土层具超固结特征外，在 70 m 钻探深度内土层固结以正常固结和微超固结为主。因此，北京段及廊坊段以南的浅层地下水开采段均不会出现明显的临界水位，一旦地下水位下降就会引发地面沉降发生。而廊坊南的深层地下水开采部位的地层大部分处于超固结状态，并且从统计数据看，地面沉降第一阶段到第二阶段的拐点也客观存在，并且不同地区的水位并不一致，大致分布在 40～70 m 之间。

7.3.4 防护和避灾措施

1. 防护措施

地面沉降会引起工程建筑不均匀沉降、地面标高降低，积洪滞涝、海水入侵等次生灾害。针对这些次生灾害，采取的主要防护措施是修建或加高加固防洪堤、防潮堤、防潮墙、防洪闸、防潮闸以及疏导河道、兴建排洪排涝工程，垫高建设场地，适当增加地下管网强度等。地面沉降治理及工程防护措施见表 7-8。

表 7-8 地面沉降治理及工程防护措施

危害类别		治理目标	治理措施
直接危害	建筑变形破坏	修复被损工程	修补受损的建筑物，如地面设施、地下水设施
间接危害	潮水侵袭	抵御潮水登陆	沿海建造加高加固防潮墙、防潮堤，在主要潮汐河入海口建筑桥闸

2. 避灾措施

(1)工程项目规划

搞好前期规划，规划项目尽量避开地面沉降区和潜在的地面沉降隐患地带。

(2)地面沉降区铁路选线

对于经过地面沉降易发区的高速铁路需综合考虑地面沉降影响进行铁路选线，在条件许可的情况下线路应尽可能绕避漏斗中心区、不均匀变形严重区段、新建水源地、群井集中开采区及含水层、压缩层横向变化较大地段。在确定线路走向及工程布置时，应综合考虑地面沉降分布规律及地面沉降不均匀程度，线路尽量沿地面沉降量及沉降速率等值线分布舒缓、均匀的地段进行布置。

参考文献

[1] DAITO K, MIZUNO M, UESHITA K. Control of groundwater with drawal for preventing land subsidence in the Owari Plain, Japan[C]//Proceedings of the Fourth international Symposium on Land Subsidence, IAHS Publ, Houston, USA, 1991.

[2] 侯艳声，郑铣鑫，应玉飞. 中国沿海地区可持续发展战略与地面沉降系统防治[J]. 中国地质灾害与防治学报，2000，11(2)：30-33.

[3] 牛修俊. 地层的固结特性与地面沉降临界水位控沉[J]. 中国地质灾害与防治学报，1998，9(2)：68-74.

[4] 王家兵,李平.天津平原地面沉降条件下的深层地下水资源组成[J].水文地质工程地质,2004(5):35-37.

[5] 王家兵,王亚斌,张海涛.控制地面沉降条件下天津深层地下水资源持续利用[J].水文地质工程地质,2007,34(4):74-78.

[6] 王若柏,周伟,李风林,等,天津地区构造沉降及控沉远景问题[J].水文地质工程地质,2003(5):12-17.

[7] 吴铁钧,崔小东,牛修俊,等.天津市地面沉降研究及综合治[J].水文地质工程地质,1998,25(5):17-20.

[8] 邢忠信,李和学,张熟,等.沧州市地面沉降研究及防治对策[J].地质调查与研究,2004,27(3):157-163.

[9] 许乃政,姜月华,王敬东,等.我国东南沿海地面沉降类型及其特点[J].灾害学,2005,20(4):67-71.

[10] 阎世骏,刘长礼.城市地面沉降研究现状与展望[J].地学前缘,1996,3(1):93-97.

[11] 易立新,侯建伟,要根明.廊坊市地面沉降灾害与城市可持续发展对策[J].工程地质学报,2005,13(增刊):30-33.

[12] 张阿根,魏子新.中国地面沉降[M].上海:上海科学技术出版社,2005.

[13] 张景康.德州市地面沉降现状及防治对策[J].科技信息(科学教研),2007,17:202.

[14] 张熟,刘增寿,田小伟,等.沧州市降落漏斗、地面沉降发展演化规律及防治对策[J].工程地质学报,2005,13(增刊):24-29.

[15] 张云.苏南地区地面沉降概述[J].地质灾害与环境保护,1999,10(3):66-71.

[16] 张云.一维地面沉降模型及其求解[J].工程地质学报,2002,10(4):434-437.

[17] 赵文涛,李亮.苏锡常地区地面沉降机理及防治措施[J].中国地质灾害与防治学报,2009,20(1):88-93.

[18] 霍思远,靳孟贵.不同降水及灌溉条件下的地下水入渗补给规律[J].水文地质工程地质,2015,42(5):6-13,21.

[19] 王军辉,王峰.论抽水的降落漏斗范围、影响半径与环境影响范围[J].水利学报,2020,51(7):827-834.

第8章 地面沉降整治及工程修复

高速铁路在设计时通常会预留变形调整空间，通过轨道扣件调整、桥梁支座调整、调坡调整、拟合竖曲线调整以及几种方法相结合的方式进行调整，可以在一定的沉降范围内保证轨道结构正常工作性能及线路平顺性。

对于开通运营的高速铁路，随着时间的推移，地面沉降的影响已经日趋严重，如京津城际亦庄和武清等地面沉降区段，自 2008 年 8 月 1 日开通运营以来，地面沉降不断累积，差异沉降超限问题已经十分严重，自 2013 年起，不得不采取一定的工程结构调整措施，主要包括调高轨道扣件、调高桥梁支座和轨道整体抬升，经过调整后的轨道平顺性得到很大的改善，但随着地面沉降的持续加剧，新的不均匀沉降问题仍然会重复发生，如何采取进一步的整治措施是目前亟须解决的技术难题。

8.1 运营期高速铁路线路纵断面综合调整方法

随着地面沉降的不断发展，一些地段差异沉降也随之不断累积，使原线路纵断面设计轨面高程与现场实测值不符，同时使纵断面坡度产生变化，在差异沉降较大的地段产生起伏频繁、坡段长非常短的线路纵断面，对轨道平顺性及铁路平稳运营造成很大的影响。因此，为保证高速铁路列车安全平稳运行的轨道平顺性要求，需对线路纵断面进行评估并重新调整，差异沉降小的地段，首先通过扣件进行调整，对于差异沉降超过扣件调整极限的段落，需要抬梁或抬升轨道板来进行调整。

8.1.1 高速铁路线路不均匀沉降评估因子

图 8-1 所示为发生沉降的高速铁路线路区段，与起始点相邻的区段坡度为 k_s，与终止点相邻的区段坡度为 k_e，除起始点和终止点为固定点外，区段中共有 $n-1$ 个待调整点，其中第 i 个点的里程为 l_i，高程为 h_i。

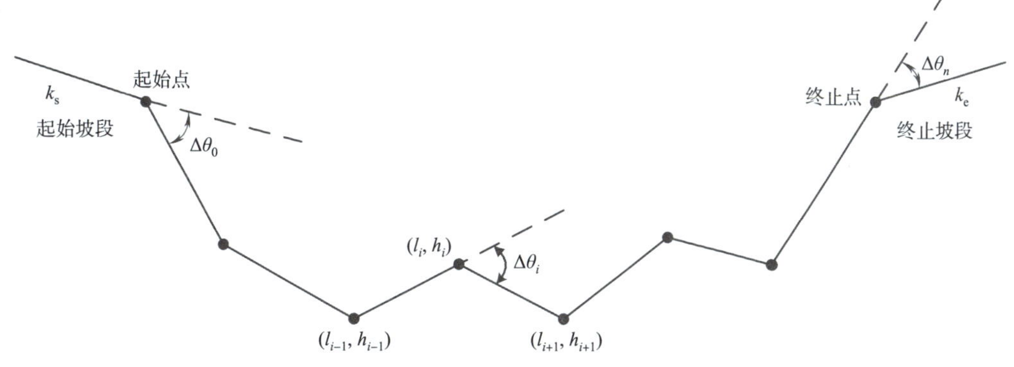

图 8-1　高速铁路沉降区段示意图

定义区段不均匀沉降度 λ 为高速铁路区段范围内不均匀沉降引发的线路折角的平方和，即

$$\lambda = \sum_{i=0}^{n} \omega_i \cdot (\Delta\theta_i)^2 \tag{8-1}$$

$$\Delta\theta_i = \arctan\left(\frac{k_i - k_{i-1}}{1 + k_i \cdot k_{i-1}}\right) \tag{8-2}$$

$$k_i = \begin{cases} \dfrac{h_{i+1} - h_i}{l_{i+1} - l_i} & \text{当 } 0 \leqslant i < n \\ k_e & \text{当 } i = n \end{cases}$$

$$k_{i-1} = \begin{cases} k_s & \text{当 } i = 0 \\ \dfrac{h_i - h_{i-1}}{l_i - l_{i-1}} & \text{当 } 0 < i \leqslant n \end{cases}$$

式中　ω_i——第 i 点的权重系数；

$\Delta\theta_i$——第 i 点处的折角；

h_i——第 i 点的高程；

l_i——第 i 点的里程。

8.1.2　线路优化调整模型

1. 模型函数

为提高高速铁路线路的平顺性，需通过调整各个点的高程，使线路不均匀沉降降至最低，因此将不均匀沉降确定为优化目标函数，即

$$\min f(\boldsymbol{h}) = \sum_{i=0}^{n} \omega_i (\Delta\theta_i)^2 \tag{8-3}$$

式中　$\boldsymbol{h} = (h_1, h_2, \cdots, h_{n-1})$。

根据《高速铁路设计规范》，相邻点间的差异沉降和转角需满足一定的限值，同时由于桥

梁支座、轨道扣件等可调高量是有限的,因此线路调整时需满足如下约束条件:

(1)差异沉降$|h_{i+1}-h_i|\leqslant\delta_m$,$0\leqslant i<n$,$\delta_m$为最大差异沉降值。

(2)可调高限制$\delta_l\leqslant h_i-h_{i0}\leqslant\delta_u$,$0<i<n$,$h_{i0}$为第$i$点调整前初始高程,$\delta_l$为最小调整量,$\delta_u$为最大调整量。

(3)转角限制$|\Delta\theta_i|\leqslant\theta_m$,$0\leqslant i\leqslant n$,$\theta_m$为最大转角限值。

上述目标函数和约束条件构成线路优化调整模型,通过优化求解可获得最终各点处所需的调整量。

2. 优化模型求解

线路优化调整模型为在约束条件下的非线性优化问题,可采用内点法进行迭代求解。

将约束条件转化为标准形式:

$$g_i^{(1)}(\boldsymbol{h})=(h_{i+1}-h_i)^2-\delta_m^2\leqslant 0,\ 0\leqslant i<n$$

$$g_i^{(2)}(\boldsymbol{h})=(h_i-h_{i0}-\delta_u)(h_i-h_{i0}-\delta_l)\leqslant 0,0<i<n$$

$$g_i^{(3)}(\boldsymbol{h})=(\Delta\theta_i)^2-(\theta_m)^2\leqslant 0,\ 0\leqslant i\leqslant n$$

由于约束条件均为不等式约束,因此构造罚函数的表达式为

$$\varphi(\boldsymbol{h},r)=f(\boldsymbol{h})-r\left\{\sum_{i=0}^{n-1}\ln[-g_i^{(1)}(\boldsymbol{h})]+\sum_{i=1}^{n-1}\ln[-g_i^{(2)}(\boldsymbol{h})]+\sum_{i=0}^{n}\ln[-g_i^{(3)}(\boldsymbol{h})]\right\}$$

式中 r——罚函数参数。

随着r取值变小,罚函数的近似精度逐渐增加。

此时原约束优化问题转化为无约束优化问题,可采用序列无约束极小化技术(SUMT)进行求解,即针对一系列逐渐减小的r值,采用Newton法联合回溯直线搜索法求解罚函数的最优解。求解步骤如下:

(1)设定初始可行点$\boldsymbol{h}_0$,$r=r_0>0$,$\mu>1$,误差阈值$\varepsilon>0$;

(2)按Newton法联合回溯直线搜索法求解罚函数的最优解为$\boldsymbol{h}^*(r)$;

(3)如果$3nr<\varepsilon$,则完成优化计算;

(4)更新优化模型,令$\boldsymbol{h}=\boldsymbol{h}^*(r)$,$r=r/\mu$,重复计算步骤(2)。

在上述步骤(2)中,Newton法联合回溯直线搜索法可采用如下计算步骤:

(1)设定初始点$\boldsymbol{h}=\boldsymbol{h}_0$,误差阈值$\varepsilon>0$;

(2)计算罚函数的梯度和Hessian矩阵,分别为

$$\nabla\varphi(\boldsymbol{h},r)=\nabla f(\boldsymbol{h})-r\left[\sum_{i=0}^{n-1}\frac{\nabla g_i^{(1)}(\boldsymbol{h})}{g_i^{(1)}(\boldsymbol{h})}+\sum_{i=1}^{n-1}\frac{\nabla g_i^{(2)}(\boldsymbol{h})}{g_i^{(2)}(\boldsymbol{h})}+\sum_{i=0}^{n}\frac{\nabla g_i^{(3)}(\boldsymbol{h})}{g_i^{(3)}(\boldsymbol{h})}\right]$$

$$\nabla^2\varphi(\boldsymbol{h},r)=\nabla^2 f(\boldsymbol{h})-r\left\{\sum_{i=0}^{n-1}\left[\frac{\nabla^2 g_i^{(1)}(\boldsymbol{h})}{g_i^{(1)}(\boldsymbol{h})}-\frac{\nabla g_i^{(1)}(\boldsymbol{h})\nabla g_i^{(1)}(\boldsymbol{h})^{\mathrm{T}}}{g_i^{(1)}(\boldsymbol{h})^2}\right]+\right.$$

$$\sum_{i=1}^{n-1}\left[\frac{\nabla^2 g_i^{(2)}(\boldsymbol{h})}{g_i^{(2)}(\boldsymbol{h})}-\frac{\nabla g_i^{(2)}(\boldsymbol{h})\nabla g_i^{(2)}(\boldsymbol{h})^{\mathrm{T}}}{g_i^{(2)}(\boldsymbol{h})^2}\right]+$$

$$\sum_{i=0}^{n}\left[\frac{\nabla^2 g_i^{(3)}(\boldsymbol{h})}{g_i^{(3)}(\boldsymbol{h})}-\frac{\nabla g_i^{(3)}(\boldsymbol{h})\nabla g_i^{(3)}(\boldsymbol{h})^{\mathrm{T}}}{g_i^{(3)}(\boldsymbol{h})^2}\right]\Bigg\}$$

(3)计算罚函数的 Newton 步径为 $\Delta\boldsymbol{h}=-[\nabla^2\varphi(\boldsymbol{h})]^{-1}\nabla\varphi(\boldsymbol{h})$，Newton 减量为 $\lambda^2=\nabla\varphi(\boldsymbol{h})^{\mathrm{T}}[\nabla^2\varphi(\boldsymbol{h})]^{-1}\nabla\varphi(\boldsymbol{h})$；

(4)如果 $\lambda^2/2<\varepsilon$，停止迭代计算；

(5)通过回溯直线搜索确定步长 t，更新计算点为 $\boldsymbol{h}=\boldsymbol{h}+t\cdot\Delta\boldsymbol{h}$，重复步骤(2)。

8.1.3　案例分析

某高速铁路由于超量开采地下水等人为活动，部分区段沿线发生了地面沉降。通过对铁路沿线精密工程控制测量网中高程基准网、轨道控制网的复测，确定某区段 J 发生了较严重的地面沉降。对轨道结构存在安全隐患，需采用抬梁方式消除。

根据《高速铁路设计规范》，设定差异沉降限制为 5 mm，桥梁转角限制为 1.5‰，根据优化理论计算高速铁路的最优调高量，包括工况如下：无调高限制、有最大调高限制、有最大和最小调高限制。

无调高限制时线路的调整如图 8-2 所示，区段内均为向上抬升调整，最大调高量为 0.12 mm，调整后线路满足差异沉降和转角限制要求，实现了较高的平顺性。

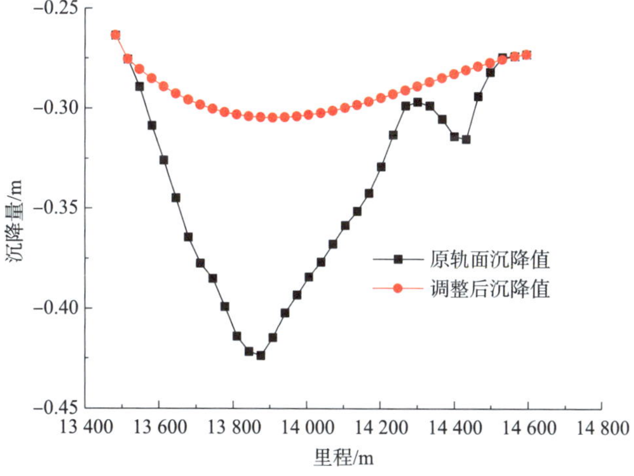

图 8-2　无调高限制时线路的调整

当最大调高限制为 60 mm 时线路的调整如图 8-3 所示，区段内部分为向上抬升调整，部分为向下降低调整，调整后线路满足转角限制要求，但 JJK13+548～JJK13+810 区段不满足差异沉降限制要求，线路平顺性较差。

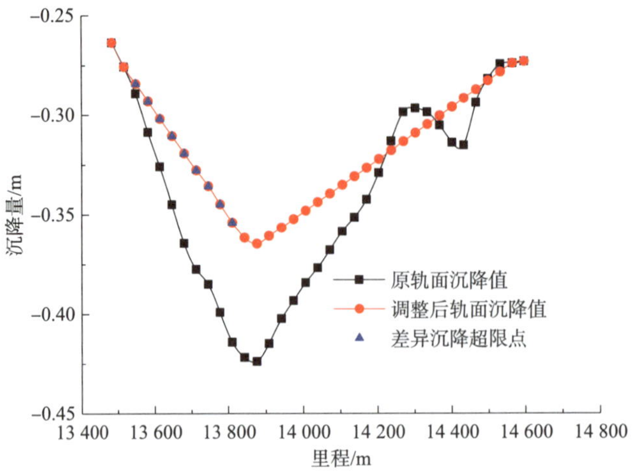

图 8-3　最大调高限制为 60 mm 时线路的调整

当只能向上抬升且最大调高限制为 60 mm 时线路的调整如图 8-4 所示，区段内均为向上抬升调整，调整后线路满足转角限制要求，但 JJK13＋548～JJK14＋236 大部分区段都不满足差异沉降限制要求，线路平顺性较差。

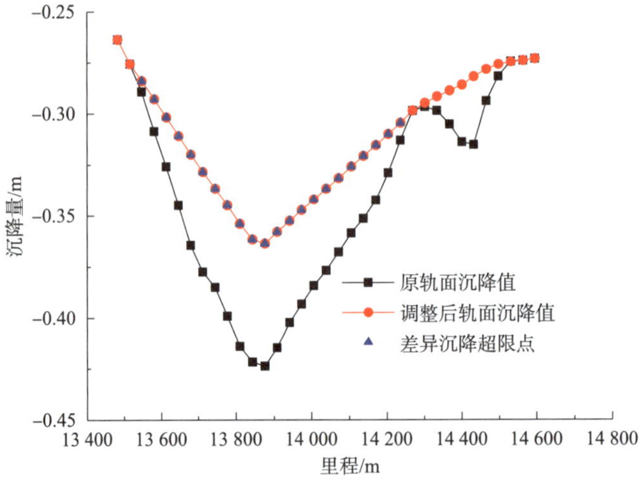

图 8-4　调高量∈[0，60 mm]时线路的调整

为满足差异沉降限制要求，将最大调高限制增大为 100 mm，如图 8-5 所示，当只能向上抬升且最大调高限制为 100 mm 时，区段内线路均为向上抬升调整，调整后线路满足差异沉降限制和转角限制要求，线路平顺性较好。

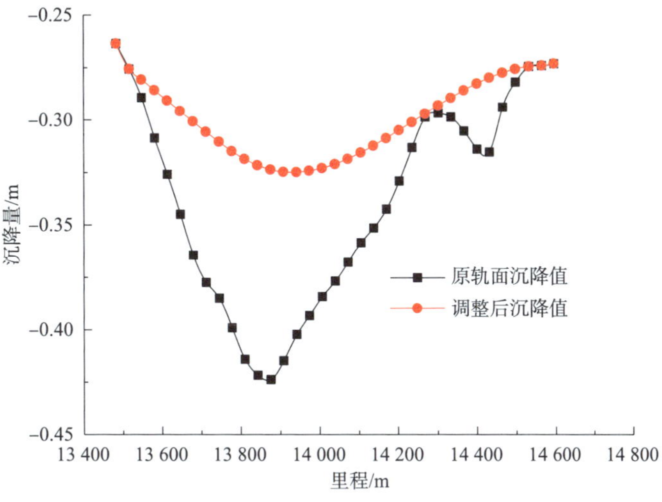

图8-5 调高量∈[0,100 mm]时线路的调整

8.2 地面沉降区桥梁段纵断面调整及抬梁技术

高速铁路以桥梁形式经过地面沉降区时，桥梁墩台会随之出现沉降。在不均匀沉降相对较严重地段，随着沉降不断积累，相邻墩台差异沉降会超过规范限值。差异沉降对桥梁上部无砟轨道也会产生较大影响，其中底座板和剪力齿槽承受纵向附加力，进而影响桥上纵连轨道结构的正常使用性能和耐久性，产生一系列结构安全问题。同时，差异沉降造成的轨道不平顺也会给高速铁路运营带来安全隐患。因此，需对线路纵断面进行评估并重新调整，对于差异沉降超过扣件调整极限的段落，需采用抬梁形式进行调整。

8.2.1 桥梁地段线路纵断面调整过程及控制标准

1. 纵断面调整过程及调整方法

(1)根据沿线水准点高程值变化，对梁面及轨面高程进行实际精密测量。桥面高程测量水准点采用引测的高程点或CPⅢ高程作为基准点，采用精密电子水准仪测量。水准路线采用CPⅢ高程控制点闭合检核。

(2)将实测高测数值与原设计高程进行对比分析，确定需要进行断面调整的路段。根据桥梁梁面高程测点精密测量数据，并参照原线路纵断面设计坡度进行坡度模拟，推算轨面高程值，并对原设计坡度进行调整，推算轨面高程。

(3)根据实测数据进行纵断面坡度模拟时，纵断面调整值按－15～60 mm进行控制，通过调整桥梁支座高度及扣件高度来实现纵断面调整。通过模拟坡度设计高程与实测高程之差进行分析比较，确定合理的模拟线路纵断面，最后确定每个桥墩支座的抬降值。

(4)调坡后需要对相关数据进行分析,基于抬梁高度及抬梁工作量最小的原则,经过对比及优化,重新调整线路纵断面坡度和轨面设计高程。若调整高度超过支座调高最大限值,要重新进行调整设计,直至调整高度不超过支座最大调高限值,且满足无砟轨道平顺性的标准要求。

2. 主要控制标准

(1)桥梁地段,尽量考虑大范围的平行调整,不改变原设计坡度或少量改动原设计坡度。调坡前后,原设计的变坡点里程及竖曲线半径不能变化。

(2)通过梁部抬升尽量消除两桥墩之间的不均匀沉降,有条件的情况下尽量使不均匀沉降控制在 5 mm 以内。

(3)梁部抬升高度应控制在 60 mm 以内(支座的最大调高量)。如梁部抬升量已达到 60 mm,但两墩之间的相邻沉降差仍然未满足 5 mm 以内的要求,不再加大抬升量。

8.2.2 抬梁技术方案设计

1. 抬梁技术方案

根据每个支座的调整量及支座尺寸加工调高用钢垫板(Q345 材质)。每块钢垫板厚度应与桥梁抬升值匹配。梁部抬升值超过 30 mm 的桥墩,加工调高钢垫板厚度需根据施组调整。

为防止在顶升过程中箱梁发生位移,需提前使用铁楔将梁缝封堵,前后各延伸 10 孔梁。对抬梁地段及前后 30 m 范围内扣件、胶垫进行全面检查,提前做好非标胶垫的标记。提前一个天窗点在相应控制截面的测点位置粘贴应变片,布设位移计,记录初始温度等。

为增加桥墩顶部空间,抬梁作业前,需拆除防落梁挡块、桥墩与梁底之间的接地连接线、预留爬梯、支座围板等附属设施。为增大作业空间,施工前建议搭建临时施工平台,可选用脚手架搭设或者加工吊篮。

千斤顶布置形式如图 8-6 和图 8-7 所示。

方案一:在抬梁桥墩每个支座对应防落梁挡块位置,顺桥向布置 2 台 400 t 千斤顶,每个桥墩布置 8 台,另备用 1 台,置于箱梁内。墩顶千斤顶顺桥向布置如图 8-6 所示。

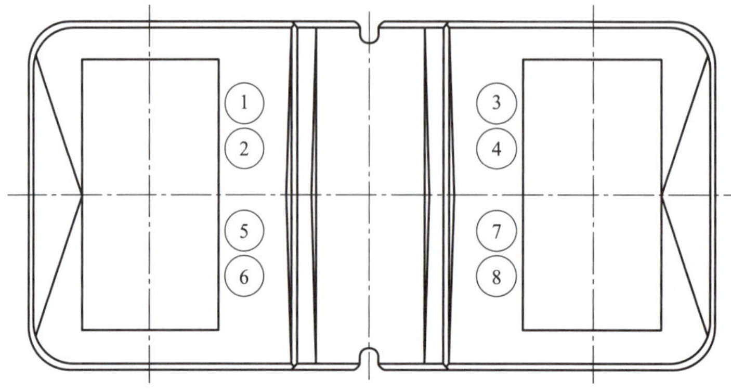

图 8-6 墩顶千斤顶顺桥向布置图

方案二：每个抬升梁部桥墩横桥向布置 2 个千斤顶，共 8 台千斤顶，另备用 1 台，置于箱梁内。墩顶千斤顶横桥向布置如图 8-7 所示。

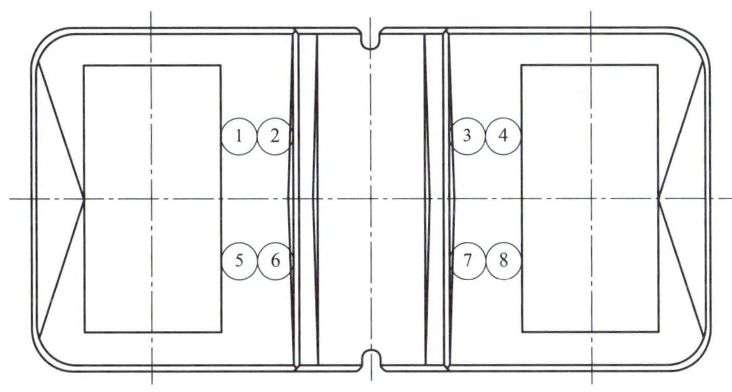

图 8-7　墩顶千斤顶横桥向布置图

建议采用方案一的顺桥向布置形式进行抬梁作业。

为防止在顶梁过程中千斤顶发生故障，梁急剧降落出现安全隐患。每一个桥墩需设置临时支撑，临时支撑设置在两垫石内侧，靠近千斤顶的位置，如图 8-8 所示。

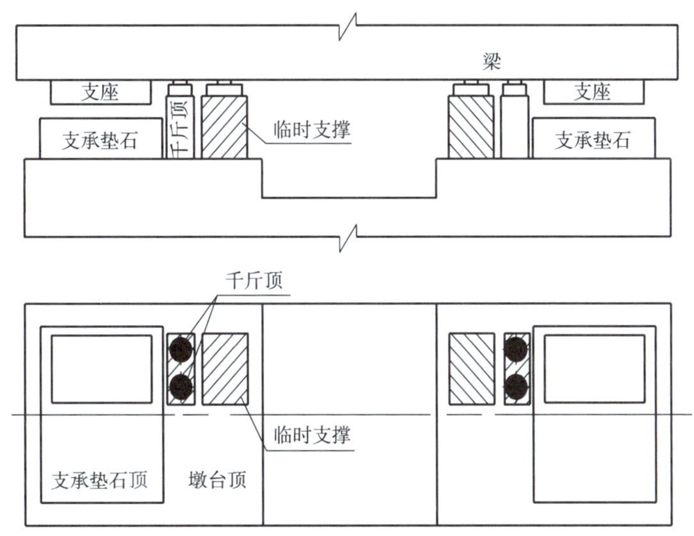

图 8-8　临时支撑布置图

利用支座连接钢板和连接螺栓将支座上底板和下底板连接牢固，保证在加垫钢板时，支座上下底板为一个整体，不发生移动、错位和变形。

为防止顶梁当天支座锚栓过紧影响顶升，需提前进场对螺栓逐个检查确认。

2. 技术要求

(1)确保梁体整体同步顶升。采用液压控制系统，确保控制同步顶升，采用千分表准确测量梁体顶升高度。

(2)顶升量控制。

顶升速度:顶升速度不大于 1 mm/min;

顶升高度:每 3 mm 为一个顶升循环(每顶升 3 mm 需暂停顶升作业,进行轨面实际抬高的观测并做好记录,进行钢轨、轨道板、底座板应力应变监测,分析梁部及轨道的安全性,确认结构安全后再进行下一个循环);

落梁就位:每落梁 3 mm 为一个循环,有利于缓解落梁对桥墩产生的冲击力。

(3)调整高度小于 10 mm 的墩台,建议采用调整轨道扣件方式来代替抬梁;抬梁高度大于 30 mm 小于或等于 60 mm 的桥墩,建议采用 2 个或 2 个以上天窗点完成,每个天窗点分别完成支座上、下板加垫钢板工作。每个天窗点完成加垫钢板后必须将支座复位,确保运营安全。相邻桥墩抬升工作应交叉完成。

(4)监测措施

①梁体顶升及降落过程中,轨道起落量需进行观测。

②顶梁过程中,采用裂缝观测仪测试结构裂缝宽度、长度及加载过程中裂缝变化,并随时注意观察是否有新裂缝出现,尤其是纵连底座板,同时对轨道板与底座板的整体状态进行观测。

③梁体顶升及降落过程中,在钢轨、轨道板、底座板上布设应力应变测试元件,仪器的安装、布置及监测需同步进行,确保安全。

④桥墩上的支座顶升高度使用千分表检测,在抬梁段内的桥墩上连续布设千分表,每个支座处设一个。

⑤梁体顶升过程中,桥面要对梁缝及相邻两孔梁横向错动进行观测,桥墩要对 4 个支座与梁体横向和纵向位移量进行观测。

⑥运营期间应结合动检情况加强沉降地段的监测,确保行车安全。

⑦为保证接触网的平顺性,确保弓网受流质量,需根据调整后的轨道高程对接触网进行调整,以满足接触网各项参数达到系统设计目标要求。

8.2.3 可调高支座调高工艺及要求

早期我国高速铁路桥梁建设在不均匀沉降地段主要采用盆式橡胶可调高支座,其调高方式主要有两种:垫板调高和自注顶升调高。根据京津城际及京沪高速铁路的抬梁经验,目前桥梁支座的主要调高方式为垫板调高。

1. 盆式橡胶支座调高工艺

目前,可调高盆式橡胶支座主要有 TGPZ、KTPZ 和 GATMTAL(主要用于连续梁)三种。TGPZ 系列支座通过在支座上支座板与梁底预埋钢板之间增加钢垫板来实现支座高度的增加,如图 8-9 所示。调高方式有机械式调高和自液压顶升调高两种。

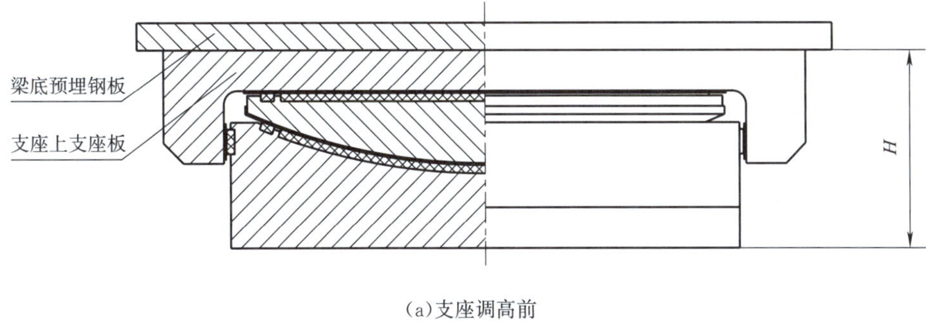

(a)支座调高前

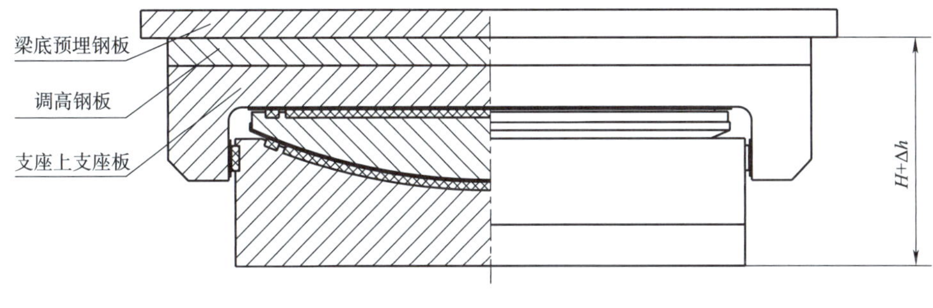

(b)支座调高后

图 8-9　可调高支座垫板调高图示

TGPZ-T 型调高支座结构如图 8-10 所示,支座材料见表 8-1。

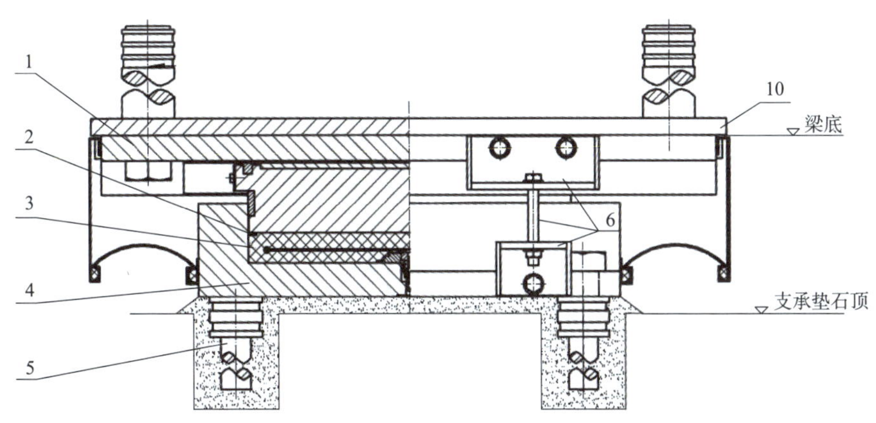

(a)顺桥向

图　8-10

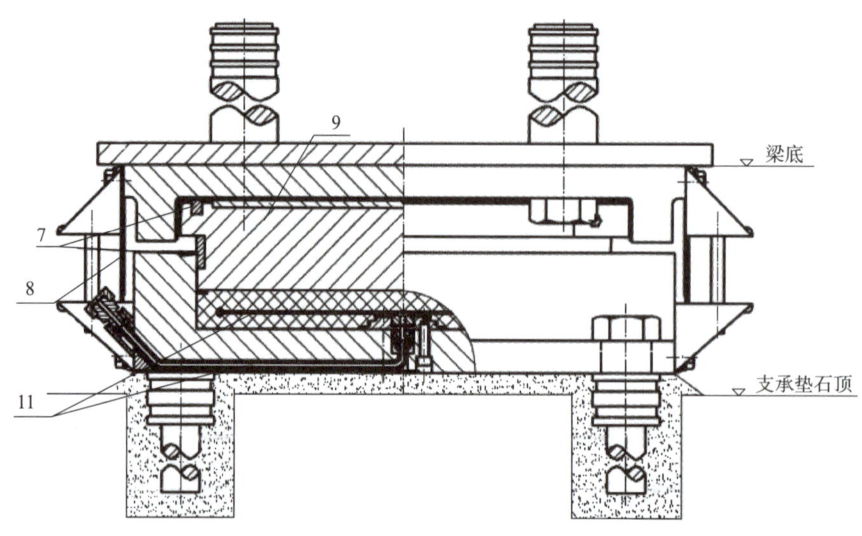

(b)横桥向

图 8-10 TGPZ-T 型调高支座结构图

表 8-1 TGPZ-T 型可调高支座材料表

编号	部件名称	材料	件数	备注
1	上支座板	ZG270-500	1	附 1Cr18Ni9Ti
2	紧箍圈	黄铜 H62	1	
3	承压橡胶板	氯丁橡胶或三元乙丙橡胶	1	
4	下支座板	ZG270-500	1	
5	地脚螺栓、套筒、螺杆	40Cr、45 号钢调质、Q235	4 套	
6	连接板、螺栓	Q235	4 套	
7	胶密封圈Ⅰ、Ⅱ	三元乙丙橡胶	1	
8	支座围板	不锈钢和橡胶等	1 套	
9	中间钢衬板	ZG270-500 或 Q345	1	附 SF-Ⅰ滑条
10	预埋钢板、套筒及螺栓	Q235、45 号钢调质、40Cr 调质	1 套	计入梁部数量
11	油管、堵块、护套	TP2 和 Q235	1 套	

1)TGPZ 型调高盆式橡胶支座

高速铁路常用跨度简支梁盆式橡胶支座(TGPZ 型)垫板调高一般是通过千斤顶将梁顶起,在支座上座板与梁底间增加钢垫板;或者通过向支座内注油实现自液压顶升取代千斤顶,然后在支座上座板与梁底间增加钢垫板。

(1)机械式调高

机械式调高以 TGPZ-P 型系列盆式橡胶支座为代表,需要借助千斤顶顶升,其调高工艺如下：

①在发生基础不均匀沉陷时，先经测量确定支座调高量，并制定调高时的顶梁千斤顶布置方案以及梁体允许起顶量。

②TGPZ-P 型系列支座采取加垫钢板的方式调高(可在上座板顶与梁底之间或下座板底与垫石之间加垫钢垫板，优先选择上座板顶与梁底之间加垫钢垫板)。

③根据支座尺寸和所需调高量，加工调高用钢垫板。

④在需要调高支座的墩台顶布设临时支撑(图 8-11)或测力千斤顶，并连接油路。

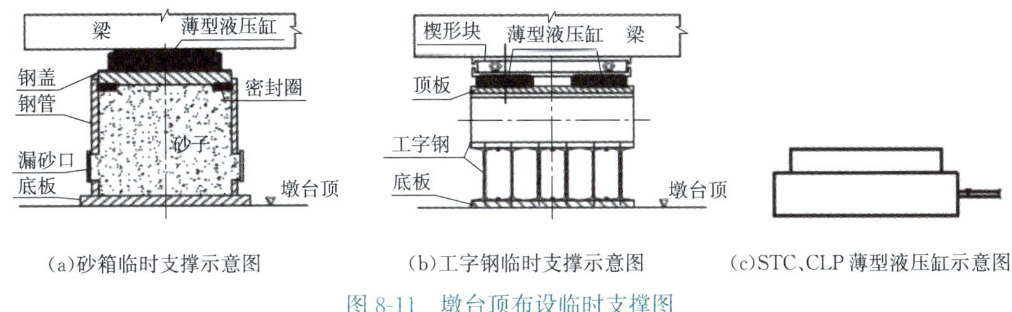

(a)砂箱临时支撑示意图　(b)工字钢临时支撑示意图　(c)STC、CLP 薄型液压缸示意图

图 8-11　墩台顶布设临时支撑图

⑤拧出支座上锚栓(在上座板顶与梁底之间加调高垫板时)或支座下锚栓(在下座板底与垫石顶之间加调高垫板时)。

⑥顶梁至高出所需调高量 1～3 mm 时，插入调高钢垫板(在支座下座板底与垫石顶之间加垫板时，需用支座连接钢板和连接螺栓提升下支座板)，拧上支座锚螺栓，但不拧紧。

⑦油泵回油，使支座承压，拧紧支座锚螺栓，拆除千斤顶，调高完成。

⑧检查支座就位状态，对支座与钢垫板之间的缝隙进行封堵，并用油漆进行防护。

上述调高过程中，薄型液压缸或测力千斤顶若采用手动加压，则同一梁端的两个支点的起顶反力差应控制在 5%以内，同一梁端的两个支点的薄型液压缸或测力千斤顶油路应连通。对于简支梁，梁体顺桥向两端不能同时起顶，以确保安全。

(2)自液压顶升调高

自顶升调高以 TGPZ-T 型系列可调高盆式橡胶支座为代表。TGPZ-T 型支座承压橡胶板中的油腔可取代千斤顶实现自顶升。当运营使用中发生基础不均匀沉降、需要对梁进行调高时，在通过维修检测确定调高量后，可按下述步骤进行调高：

①在需要调高的支座旁，将临时刚性支撑布置好，为减轻单件重量，可采用砂箱加楔形块或工字钢加楔形块的形式，如图 8-12 所示。

②将梁底螺栓(或地脚螺栓)旋出(锚栓螺纹段已预留调高长度)，可不抽出。

③将放在梁顶或桥下的油泵的油管与支座油腔的外露油嘴联通，如图 8-13 所示。

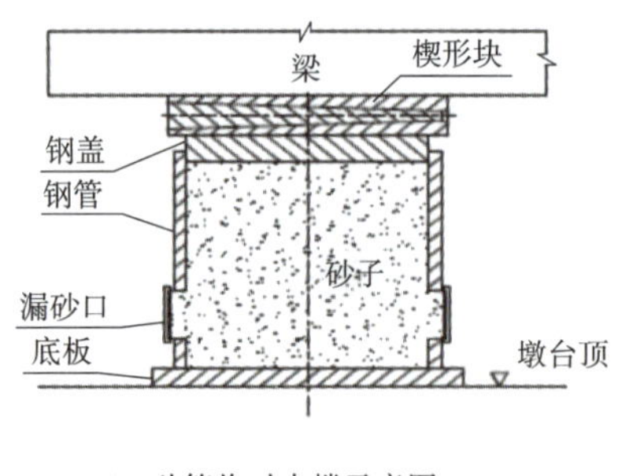

(a)砂箱临时支撑示意图

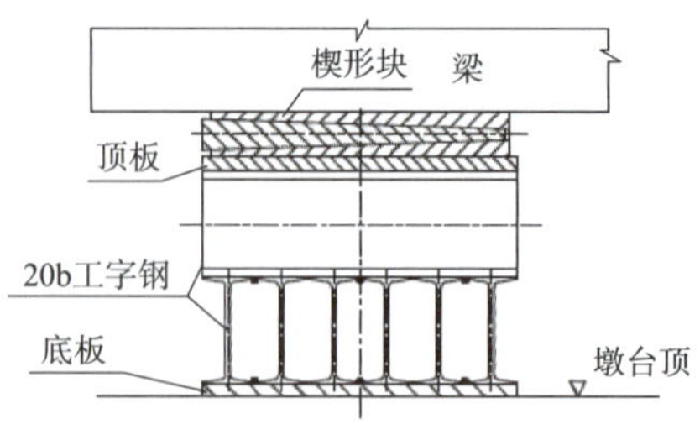

(b)工字钢临时支撑示意图

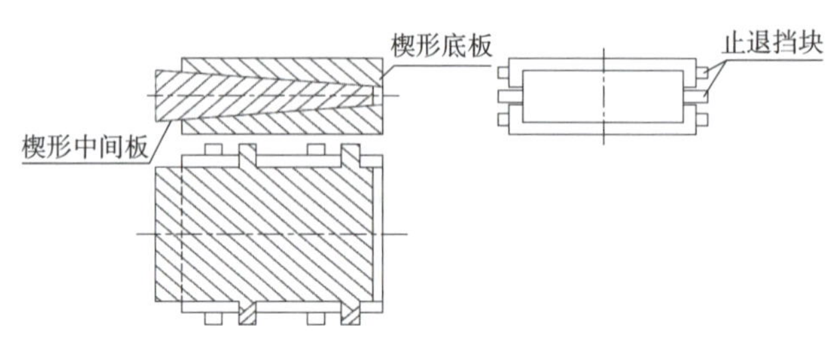

(c)楔形块临时支撑示意图

图 8-12　临时刚性支撑布置

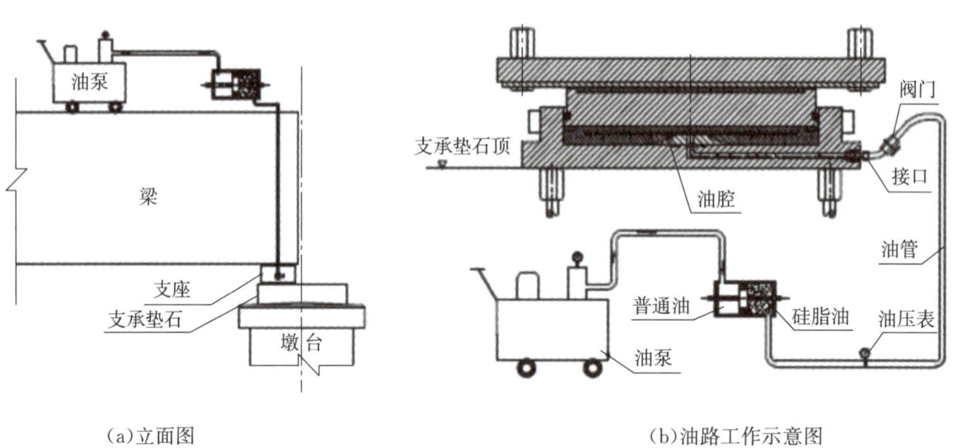

(a)立面图　　(b)油路工作示意图

图 8-13　支座调高时油路示意图

④通过油泵加压把油压入支座的油腔将支座顶起。

⑤当支座顶升到某一额定值(最大 8 mm)时,停止加压,调高临时刚性支撑将梁顶紧。

⑥油泵回油,拧紧支座上、下座板的连接螺栓将油腔内的硅脂油压出,用(或调换)临时钢垫板(平面上分 4 块均匀布置)插入上座板顶与梁底之间(或下座板底与垫石之间,优先选择在上支座板顶与梁底之间填塞钢板)的间隙,拧松支座连接螺栓。

⑦重复步骤④～⑥,直到顶升到需要调整的高度为止。

⑧最后用刚性支撑将梁临时撑住，拧紧支座上、下座板的连接螺栓将油腔内的硅脂油压出，用预先准备好的与支座调高量相同的永久钢垫板（为精确调高，厚度按照 1 mm 分级，见图 8-14）插入上座板顶与梁底之间（或下座板底与垫石之间），油泵再次加压，将梁稍稍顶起，拆除刚性临时支撑，油泵回油后，拧紧支座梁底螺栓（或地脚螺栓），即可达到支座调高的目的。

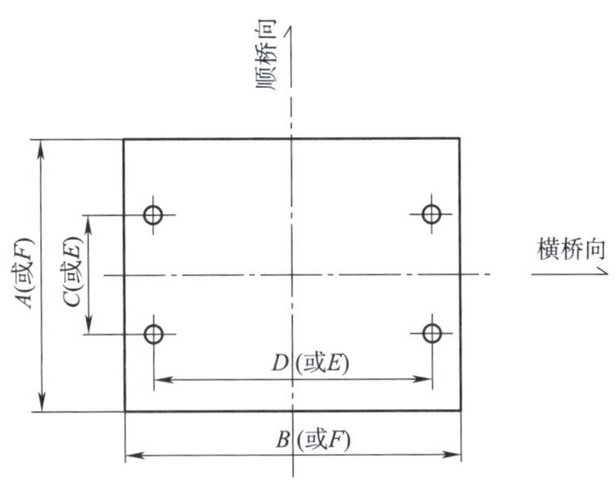

图 8-14　支座调高垫板示意图

2）KTPZ 型调高盆式橡胶支座

压注式盆式橡胶支座的调高可直接通过支座的注油孔压注钢化树脂材料，使其自顶升，待树脂材料凝固后拆除压注器械。其中，KTPZ-TG 系列调高盆式橡胶支座具有液压及机械双重调高功能，最大调高量为 70 mm。图 8-15 为压注式调高示意图。

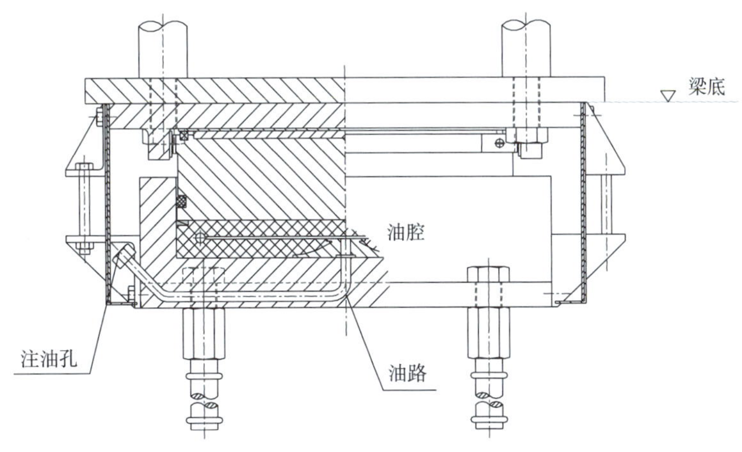

图 8-15　压注式调高示意图

KTPZ-TG 系列支座可以通过在上座板与梁底直接加垫钢板的方式（需要使用千斤顶顶梁）进行调高，可增加 10 mm 的调高量。在更换支座螺栓的情况下，则可再增加 30 mm

的调高量。总机械调高量可达 40 mm。

KTPZ-TG 系列调高盆式橡胶支座使用的填充材料为聚氨酯橡胶，通过填充聚氨酯橡胶可实现最大 30 mm 的无级调高。

有关技术要求：聚氨酯橡胶预聚体中含有异氰酸酯基，必须储存在充分干燥的密封桶内，不允许水分进入，在施工过程中也要尽量避免水汽的侵入。支座调高功能使用时，尽量先使用机械调高功能，后使用压注调高功能。

压注式调高要通过液压泵设备向支座底盆内压注特殊的钢化树脂材料，实现多次无级调高，ALGA 公司为京津城际提供的支座预留了 3 个压注孔，压注孔道不能反复使用，每个孔道可完成不超过 20 mm 的调高量。KTPZ-TG 则有 4 个注油孔。

压注式调高工艺、工序如下：

①检查支座实际工作状态，并根据桥上轨道标高调整及墩身不均匀沉降差要求，会同桥梁设计单位，确定拟调高各支座的预计调高量(在调高预留量范围之内)。

②根据支座钢盆直径，确定所需快速钢化树脂材料(ALGA 独家产品)数量，在实施支座高度调整前备出足够数量的快速钢化树脂材料。

③压注施工操作开始前，检查支座调高所用液压设备(油泵、油管、阀门、液压表等)性能及工作状态的可靠性。

④压注操作过程中，随时检查同一墩台上相邻支座调高过程的同步性，避免产生过大的高差，以免对相应梁体造成不利影响。

⑤支座高度调整完成后，检查支座标高及支座反力是否符合设计要求。其后关闭压注孔阀门，防止钢化树脂材料固化前于预留孔处流出。

⑥支座调高完成后，及时拆除液压设备，并用溶剂清洗设备管道和阀门，防止设备孔道发生堵塞。

调高操作技术要求：

①支座反力的测量。可在支座调高的同时进行，将压力传感器安装在压注孔阀门处，利用液压原理对支座的反力进行测定。

②压注施工的设备及材料。高压泵设备最大输出压力为 30 MPa；压注用钢化树脂材料，现场进行调配，固化时间根据需要确定。

③施工操作组织。全部调高施工操作，应在专业技术人员的指导下完成。

2. 简支梁球形支座调高工艺

简支梁球型支座调高采用在支座顶部加垫钢板的方式进行调高，支座调高范围为 0～60 mm。支座调高时，施工单位应针对不同轨道类型桥梁，制定相应的施工工艺。支座调高钢板应采用与支座上顶板一致的材料，采用相同涂装体系，保证耐久性。

(1)测量梁体标高确定各支座所需调高量，根据各支座类型及反力，加工调高用钢板，支座的实际调高量不应大于设计调高量。

(2)在需要调高的支座处及两侧邻跨的墩台顶顶梁位置布设千斤顶,千斤顶的最大顶升力应根据支座的设计荷载确定。

(3)根据设计要求放松相邻区段轨道的扣压力,并拆除支座与梁体的连接锚栓。

(4)千斤顶起顶,顶梁位置应满足梁体设计要求。同一墩台上的支座应同步顶升,支座的顶升高差应小于 1.0 mm。顶梁高度高出最终设计标高 3～5 mm 后锁定千斤顶,并安装临时支撑,然后将加工好的调高钢板插入梁体与预置调高钢板之间,拧上上支座板与梁体的连接锚栓,但不拧紧。

(5)顶梁千斤顶缓慢回油,使支座承压,安装上支座板连接锚栓,拆除临时支撑和千斤顶。

(6)调整轨道扣件的扣压力至设计值,并检查轨道状态。

3. 连续梁球形支座调高工艺

连续梁支座调高、支座更换应做专项设计。

(1)支座进行调高前应先测量梁体标高,确定支座调高量,根据支座类型及外形尺寸加工调高钢板,支座的实际调高量应不大于设计调高量。设计调高量及超顶量应根据梁体设计检算及必要的检定确定,避免梁部因超顶而开裂。

(2)在需要调高的支座处布置顶梁用千斤顶,千斤顶的最大顶升力应根据支座的设计荷载确定。

(3)根据设计要求放松相邻区段轨道的扣压力,并拆除支座与梁体的连接螺栓。

(4)千斤顶起顶,顶梁位置应满足梁体设计要求,同一墩台上的支座应同步顶升。超顶高度高出设计标高 2～3 mm 后锁定千斤顶,并安装临时支撑,然后将预先备好的调高垫板插入梁体与支座之间的缝隙,调整好位置后安装支座与梁体的连接螺栓,但不拧紧。

(5)落梁顺序满足设计要求。同时,千斤顶缓慢回油落梁使支座承压,梁体就位后拧紧支座与梁体的连接螺栓,拆除临时支撑和千斤顶。

(6)调整轨道扣件的扣压力至设计值,并检查轨道状态。

4. 球形支座更换

当支座需要更换时,在需要更换支座的墩台顶布置千斤顶,并连接油路,拧出支座上地脚螺栓和下地脚螺栓,采取梁体防侧倾措施后将梁顶高,先拆除上支座板,后拆除中间衬板和下支座板,拆除现有支座后,即可将新支座整体就位,拧紧支座上、下地脚螺栓即可。连续梁支座更换时,需考虑梁体允许顶梁点和允许相对顶梁高度差的要求。

为方便支座调高及更换,安装前应采取在上支座板顶面和下支座板底面加油漆涂层等可靠措施,以利于支座与混凝土脱离。更换螺栓时,须采用与原支座螺栓相同材质和规格的螺栓。

8.2.4 某高速铁路沉降区桥梁抬升实例

某高速铁路区域沉降范围JJK8+000～JJK24+500段大部分位于桥梁地段，简支梁相邻墩差异沉降较大，对轨道结构存在安全隐患，需采用抬梁方式消除。具体范围为该桥的231号墩～253号墩、254号墩～261号墩、366号墩～380号墩、393号墩～417号墩，该段桥梁位于直、曲线上，各段落原设计线路坡度分别为4‰、4‰、平坡、平坡，设计行车速度为350 km/h。

地面沉降区内简支梁段落均采用TGPZ型可调高盆式橡胶支座。支座安装图中所列该支座最大调高量60 mm为上、下最大可调高量之和，上、下各30 mm。梁部抬升高度大于30 mm小于或等于60 mm的桥墩，上座板顶与梁底之间及下座板底与垫石之间均需加垫钢垫板。

1. 沉降情况

结合对沉降段落轨道结构、梁部及桥墩的观测成果，确定了JJK8+000～JJK24+500范围内4段简支梁抬梁方案。针对抬梁范围进行了纵断面模拟工作、轨道结构安全性分析及抬梁计算工作。差异沉降分析见表8-2～表8-5。

表8-2 231号墩～253号墩差异沉降情况分析

里　程	墩号	实测轨面高程/mm	轨面设计高程/mm	实测与设计轨面高程差/mm	相邻墩台间差异变形量/mm	曲线半径/m	超高/mm	建议抬升量/mm	抬梁后相邻墩台间差异变形量/mm
JJK13+548.25	231	41 510.1	41 799.3	−289	−14	4 500	160	4	−10
JJK13+581.40	232	41 566.4	41 874.6	−308	−19	4 500	160	13	−10
JJK13+613.90	233	41 658.3	41 984.0	−326	−17	4 500	160	20	−10
JJK13+646.40	234	41 769.0	42 113.9	−345	−19	4 500	160	30	−9
JJK13+679.55	235	41 882.0	42 246.5	−365	−20	4 500	160	42	−8
JJK13+712.05	236	41 998.8	42 376.5	−378	−13	4 500	160	47	−8
JJK13+745.20	237	42 123.6	42 509.1	−385	−8	4 500	160	47	−8
JJK13+777.70	238	42 240.0	42 639.1	−399	−14	4 500	160	53	−8
JJK13+810.20	239	42 355.3	42 769.1	−414	−15	4 500	160	60	−8
JJK13+843.35	240	42 480.1	42 901.7	−422	−8	4 500	160	60	−8
JJK13+875.85	241	42 608.4	43 031.7	−423	−2	4 500	160	60	−2
JJK13+908.35	242	42 746.7	43 161.7	−415	8	4 500	160	57	5
JJK13+941.50	243	42 892.3	43 294.3	−402	13	4 500	160	49	5
JJK13+974.00	244	43 030.9	43 424.3	−393	9	4 500	160	45	5
JJK14+006.50	245	43 170.4	43 554.3	−384	9	4 500	160	41	5
JJK14+039.65	246	43 309.6	43 686.9	−377	7	4 500	160	39	5

续上表

里　程	墩号	实测轨面高程/mm	轨面设计高程/mm	实测与设计轨面高程差/mm	相邻墩台间差异变形量/mm	曲线半径/m	超高/mm	建议抬升量/mm	抬梁后相邻墩台间差异变形量/mm
JJK14+072.15	247	43 448.5	43 816.9	−368	9	4 500	160	35	5
JJK14+105.30	248	43 591.3	43 949.5	−358	10	4 500	160	30	5
JJK14+137.80	249	43 728.2	44 079.5	−351	7	4 500	160	28	5
JJK14+170.30	250	43 866.6	44 209.5	−343	8	4 500	160	25	5
JJK14+203.45	251	44 013.1	44 342.1	−329	14	4 500	160	16	5
JJK14+235.95	252	44 158.9	44 472.1	−313	16	4 500	160	7	7
JJK14+269.10	253	44 305.6	44 604.7	−299	14	4 500	160		7

表 8-3　254 号墩～261 号墩差异沉降情况分析

里　程	墩号	实测轨面高程/mm	轨面设计高程/mm	实测与设计轨面高程差/mm	相邻墩台间差异变形量/mm	曲线半径/m	超高/mm	建议抬升量/mm	抬梁后相邻墩台间差异变形量/mm
JJK14+301.60	254	44 437.6	44 734.7	−297	2	4 500	160	2	4
JJK14+334.10	255	44 565.6	44 864.7	−299	−2	4 500	160	8	4
JJK14+367.25	256	44 691.7	44 997.3	−306	−6	4 500	160	18	4
JJK14+400.40	257	44 816.4	45 129.9	−313	−8	4 500	160	29	3
JJK14+432.25	258	44 942.1	45 257.3	−315	−2	4 500	160	34	3
JJK14+465.40	259	45 095.6	45 389.9	−294	21	4 500	160	16	3
JJK14+497.90	260	45 238.4	45 519.9	−282	13	4 500	160	5	2
JJK14+531.05	261	45 378.3	45 652.5	−274	7	4 500	160		2

表 8-4　366 号墩～380 号墩差异沉降情况分析

里　程	墩号	实测轨面高程/mm	轨面设计高程/mm	实测与设计轨面高程差/mm	相邻墩台间差异变形量/mm	曲线半径/m	超高/mm	建议抬升量/mm	抬梁后相邻墩台间差异变形量/mm
JJK18+089.80	366	37 358.5	37 919.0	−561	−7	5 500	165	4	−3
JJK18+122.95	367	37 348.3	37 919.0	−571	−10	5 500	165	9	−5
JJK18+156.10	368	37 335.9	37 919.0	−583	−12	5 500	165	18	−3
JJK18+188.60	369	37 324.5	37 919.0	−595	−11	5 500	165	31	2
JJK18+221.10	370	37 313.8	37 919.0	−605	−11	5 500	165	45	3
JJK18+245.80	371	37 307.9	37 919.0	−611	−6	5 500	165	56	5
JJK18+278.95	372	37 308.9	37 919.0	−610	1	5 500	165	60	5
JJK18+311.45	373	37 314.3	37 919.0	−605	5	5 500	165	60	5
JJK18+343.95	374	37 328.0	37 919.0	−591	14	5 500	165	56	10
JJK18+377.10	375	37 346.5	37 919.0	−573	18	5 500	165	50	12

续上表

里　程	墩号	实测轨面高程/mm	轨面设计高程/mm	实测与设计轨面高程差/mm	相邻墩台间差异变形量/mm	曲线半径/m	超高/mm	建议抬升量/mm	抬梁后相邻墩台间差异变形量/mm
JJK18+410.25	376	37 370.3	37 919.0	−549	24	5 500	165	38	12
JJK18+443.40	377	37 395.2	37 919.0	−524	25	5 500	165	23	10
JJK18+475.25	378	37 415.4	37 919.0	−504	20	5 500	165	13	10
JJK18+507.75	379	37 432.9	37 919.0	−486	18	5 500	165	5	10
JJK18+540.90	380	37 450.6	37 919.0	−468	18	5 500	165		13

表 8-5　393 号墩～417 号墩差异沉降情况分析

里　程	墩号	实测轨面高程/mm	轨面设计高程/mm	实测与设计轨面高程差/mm	相邻墩台间差异变形量/mm	曲线半径/m	超高/mm	建议抬升量/mm	抬梁后相邻墩台间差异变形量/mm
JJK18+966.65	393	37 489.8	37 919.0	−429	−10	5 500	165	2	−8
JJK18+999.15	394	37 469.9	37 919.0	−449	−20	5 500	165	14	−8
JJK19+032.30	395	37 442.7	37 919.0	−476	−27	5 500	165	33	−8
JJK19+064.80	396	37 422.4	37 919.0	−497	−20	5 500	165	45	−8
JJK19+097.95	397	37 404.7	37 919.0	−514	−18	5 500	165	55	−8
JJK19+130.45	398	37 392.1	37 919.0	−527	−13	5 500	165	60	−8
JJK19+162.95	399	37 386.5	37 919.0	−533	−6	5 500	165	60	−6
JJK19+196.10	400	37 386.6	37 919.0	−532	0	5 500	165	55	−5
JJK19+220.80	401	37 386.6	37 919.0	−532	0	5 500	165	50	−5
JJK19+241.60	402	37 387.3	37 919.0	−532	1	5 500	165	44	−5
JJK19+266.95	403	37 386.1	37 919.0	−533	−1	5 500	165	40	−5
JJK19+298.80	404	37 384.5	37 919.0	−534	−2	5 500	165	37	−5
JJK19+331.95	405	37 382.1	37 919.0	−537	−2	5 500	165	34	−5
JJK19+364.45	406	37 374.3	37 919.0	−545	−8	5 500	165	38	−4
JJK19+396.95	407	37 366.2	37 919.0	−553	−8	5 500	165	43	−3
JJK19+430.10	408	37 356.8	37 919.0	−562	−9	5 500	165	50	−2
JJK19+462.60	409	37 348.4	37 919.0	−571	−8	5 500	165	57	−1
JJK19+495.75	410	37 345.5	37 919.0	−573	−3	5 500	165	60	0
JJK19+528.25	411	37 345.4	37 919.0	−574	0	5 500	165	60	0
JJK19+560.75	412	37 353.2	37 919.0	−566	8	5 500	165	57	5
JJK19+593.90	413	37 365.2	37 919.0	−554	12	5 500	165	50	5
JJK19+626.40	414	37 379.1	37 919.0	−540	14	5 500	165	41	5
JJK19+659.55	415	37 396.8	37 919.0	−522	18	5 500	165	28	5
JJK19+692.05	416	37 414.9	37 919.0	−504	18	5 500	165	15	5
JJK19+724.55	417	37 434.1	37 919.0	−485	19	5 500	165	5	9

2. 抬梁计算

(1)顶升过程桥梁受力分析

顶升对桥梁结构的影响分析。对于简支梁来说,其受力明确,桥梁顶升并不改变其受力状态,只是支点高程发生了变化。对于桥墩来说,没有附加荷载增加。对基础没有产生附加力,故此,桥墩基础在顶梁过程中不会出现附加受力和附加沉降,桥梁结构安全。

(2)抬升量计算

根据规范要求,通过梁部抬升尽量消除两桥墩之间的不均匀沉降,有条件的情况下尽量使不均匀沉降控制在 5 mm 以内。同时考虑到支座的最大调高量(60 mm),梁部抬升高度应控制在 60 mm 以内。如梁部抬升量已达到 60 mm,但两墩之间的相邻沉降差仍然未满足 5 mm 以内的要求,不再加大抬升量。

根据实测轨面分析计算,对 JJK8+000～JJK24+500 段 4 段简支梁进行了抬梁设计。231 号墩～253 号墩梁部抬升值见表 8-6。254 号墩～261 号墩梁部抬升值见表 8-7。

表 8-6　抬梁地段梁部抬升调整(第 1 段)

序号	墩号	运营里程	梁　型	实测轨面高程/m	梁部抬升值/mm	抬升前差异沉降/mm	抬升后差异沉降/mm	抬梁后轨面高程/m
1	231	JJK13+548.25	简支梁	41.510	4	−14	−10	41.514
2	232	JJK13+581.40	简支梁	41.566	13	−19	−10	41.579
3	233	JJK13+613.90	简支梁	41.658	20	−17	−10	41.678
4	234	JJK13+646.40	简支梁	41.769	30	−19	−9	41.799
5	235	JJK13+679.55	简支梁	41.882	42	−20	−8	41.924
6	236	JJK13+712.05	简支梁	41.999	47	−13	−8	42.046
7	237	JJK13+745.20	简支梁	42.124	47	−8	−8	42.171
8	238	JJK13+777.70	简支梁	42.240	53	−14	−8	42.293
9	239	JJK13+810.20	简支梁	42.355	60	−15	−8	42.415
10	240	JJK13+843.35	简支梁	42.480	60	−8	−8	42.540
11	241	JJK13+875.85	简支梁	42.608	60	−2	−2	42.668
12	242	JJK13+908.35	简支梁	42.747	57	8	5	42.804
13	243	JJK13+941.50	简支梁	42.892	49	13	5	42.941
14	244	JJK13+974.00	简支梁	43.031	45	9	5	43.076
15	245	JJK14+006.50	简支梁	43.170	41	9	5	43.211
16	246	JJK14+039.65	简支梁	43.310	39	7	5	43.349
17	247	JJK14+072.15	简支梁	43.449	35	9	5	43.484
18	248	JJK14+105.30	简支梁	43.591	30	10	5	43.621
19	249	JJK14+137.80	简支梁	43.728	28	7	5	43.756

续上表

序号	墩号	运营里程	梁　型	实测轨面高程/m	梁部抬升值/mm	抬升前差异沉降/mm	抬升后差异沉降/mm	抬梁后轨面高程/m
20	250	JJK14+170.30	简支梁	43.867	25	8	5	43.892
21	251	JJK14+203.45	简支梁	44.013	16	14	5	44.029
22	252	JJK14+235.95	简支梁	44.159	7	16	7	44.166
23	253	JJK14+269.10	简支梁	44.306	0	14	7	44.306

注:(1)231 号墩可采用调整扣件方式代替梁部抬升。
(2)每段简支梁顶梁后,需重新精测,然后进行轨道扣件精调,与段落范围两侧轨面顺接。

表 8-7　抬梁地段梁部抬升调整(第 2 段)

序号	墩号	运营里程	梁　型	实测轨面高程/m	梁部抬升值/mm	抬升前差异沉降/mm	抬升后差异沉降/mm	抬梁后轨面高程/m
1	254	JJK14+301.60	简支梁	44.438	2	2	4	44.440
2	255	JJK14+334.10	简支梁	44.566	8	−2	4	44.574
3	256	JJK14+367.25	简支梁	44.692	18	−6	4	44.710
4	257	JJK14+400.40	简支梁	44.816	29	−8	3	44.845
5	258	JJK14+432.25	简支梁	44.942	34	−2	3	44.976
6	259	JJK14+465.40	简支梁	45.096	16	21	3	45.112
7	260	JJK14+497.90	简支梁	45.238	5	13	2	45.243
8	261	JJK14+531.05	简支梁	45.378	0	7	2	45.378

注:(1)254、260 号墩可采用调整扣件方式代替梁部抬升。
(2)每段简支梁顶梁后,需重新精测,然后进行轨道扣件精调,与段落范围两侧轨面顺接。

232 号墩~253 号墩、254 号墩~261 号墩抬梁后轨面平顺度有所改变,抬梁后轨面与原轨面对比情况如图 8-16 所示(蓝色线为抬升后轨面,红色线为原轨面)。

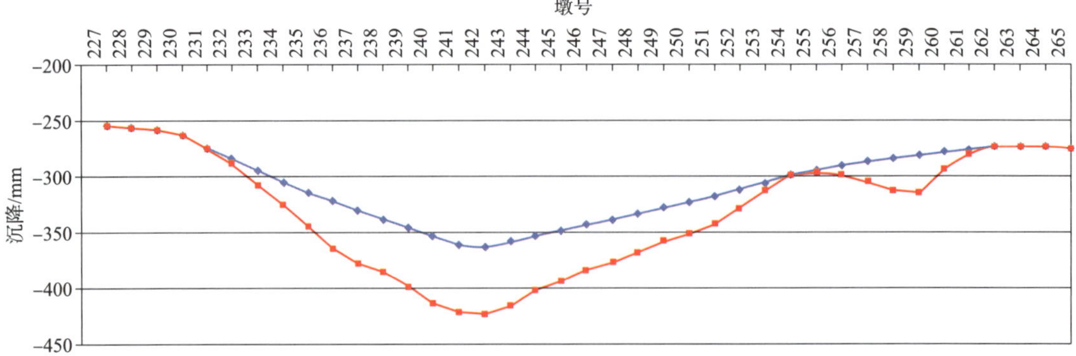

图 8-16　第 1 段及第 2 段抬梁后轨面与原轨面对比

366 号墩~380 号墩梁部抬升值见表 8-8,393 号墩~417 号墩梁部抬升值见表 8-9。

表 8-8　抬梁地段梁部抬升调整(第3段)

序号	墩号	运营里程	梁　型	实测轨面高程/m	梁部抬升值/mm	抬升前差异沉降/mm	抬升后差异沉降/mm	抬梁后轨面高程/m
1	366	JJK18+089.80	简支梁	37.358	4	−7	−3	37.362
2	367	JJK18+122.95	简支梁	37.348	9	−10	−5	37.357
3	368	JJK18+156.10	简支梁	37.336	18	−12	−3	37.354
4	369	JJK18+188.60	简支梁	37.324	31	−11	2	37.355
5	370	JJK18+221.10	简支梁	37.314	45	−11	3	37.359
6	371	JJK18+245.80	简支梁	37.308	56	−6	5	37.364
7	372	JJK18+278.95	简支梁	37.309	60	1	5	37.369
8	373	JJK18+311.45	简支梁	37.314	60	5	5	37.374
9	374	JJK18+343.95	简支梁	37.328	56	14	10	37.384
10	375	JJK18+377.10	简支梁	37.346	50	18	12	37.396
11	376	JJK18+410.25	简支梁	37.370	38	24	12	37.408
12	377	JJK18+443.40	简支梁	37.395	23	25	10	37.418
13	378	JJK18+475.25	简支梁	37.415	13	20	10	37.428
14	379	JJK18+507.75	简支梁	37.433	5	18	10	37.438
15	380	JJK18+540.90	简支梁	37.451		18	13	37.451

注:(1)366、379号墩可采用调整扣件方式代替梁部抬升。

(2)每段简支梁顶梁后,需重新精测,然后进行轨道扣件精调,与段落范围两侧轨面顺接。

表 8-9　抬梁地段梁部抬升调整(第4段)

序号	墩号	运营里程	梁　型	实测轨面高程/m	梁部抬升值/mm	抬升前差异沉降/mm	抬升后差异沉降/mm	抬梁后轨面高程/m
1	393	JJK18+966.65	简支梁	37.490	2	−10	−8	37.492
2	394	JJK18+999.15	简支梁	37.470	14	−20	−8	37.484
3	395	JJK19+032.30	简支梁	37.443	33	−27	−8	37.476
4	396	JJK19+064.80	简支梁	37.422	45	−20	−8	37.467
5	397	JJK19+097.95	简支梁	37.405	55	−18	−8	37.460
6	398	JJK19+130.45	简支梁	37.392	60	−13	−8	37.452
7	399	JJK19+162.95	简支梁	37.386	60	−6	−6	37.446
8	400	JJK19+196.10	简支梁	37.387	55	0	−5	37.442
9	401	JJK19+220.80	简支梁	37.387	50	0	−5	37.437
10	402	JJK19+241.60	简支梁	37.387	44	1	−5	37.431
11	403	JJK19+266.95	简支梁	37.386	40	−1	−5	37.426

续上表

序号	墩号	运营里程	梁　型	实测轨面高程/m	梁部抬升值/mm	抬升前差异沉降/mm	抬升后差异沉降/mm	抬梁后轨面高程/m
12	404	JJK19+298.80	简支梁	37.385	37	−2	−5	37.422
13	405	JJK19+331.95	简支梁	37.382	34	−2	−5	37.416
14	406	JJK19+364.45	简支梁	37.374	38	−8	−4	37.412
15	407	JJK19+396.95	简支梁	37.366	43	−8	−3	37.409
16	408	JJK19+430.10	简支梁	37.357	50	−9	−2	37.407
17	409	JJK19+462.60	简支梁	37.348	57	−8	−1	37.405
18	410	JJK19+495.75	简支梁	37.346	60	−3	0	37.406
19	411	JJK19+528.25	简支梁	37.345	60	0	0	37.405
20	412	JJK19+560.75	简支梁	37.353	57	8	5	37.410
21	413	JJK19+593.90	简支梁	37.365	50	12	5	37.415
22	414	JJK19+626.40	简支梁	37.379	41	14	5	37.420
23	415	JJK19+659.55	简支梁	37.397	28	18	5	37.425
24	416	JJK19+692.05	简支梁	37.415	15	18	5	37.430
25	417	JJK19+724.55	简支梁	37.434	5	19	9	37.439

注:(1)393、417 号墩可采用调整扣件方式代替梁部抬升。
(2)每段简支梁顶梁后,需重新精测,然后进行轨道扣件精调,与段落范围两侧轨面顺接。

366 号墩～380 号墩、393 号墩～417 号墩抬梁后轨面平顺度有所改变,抬梁后轨面与原轨面对比情况如图 8-17 所示(蓝色线为抬升后轨面,红色线为原轨面)。

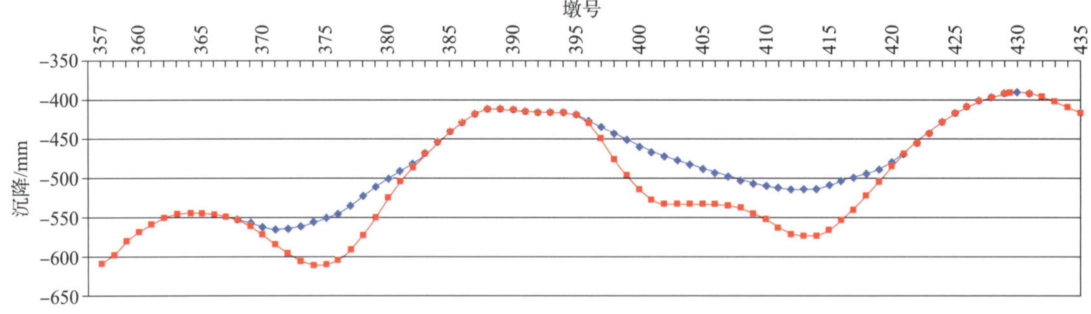

图 8-17　第 3 段及第 4 段抬梁后轨面与原轨面对比

该高速铁路沿线沉降区抬梁地段经过抬梁调坡后,轨道平顺性得到很大改善,保证了高速铁路的安全运营。但根据近期的监测数据,抬梁地段仍在持续下沉,一些桥墩支座的抬高量已经用足到 60 mm,因此,当这些段落差异沉降再次超标时,部分桥墩支座已无法进行调高。对于这些地段除进一步优化拟合纵断面曲线外,应着手研究快速更换支座、加高支撑垫石等措施的工艺、方法及相关材料和设备。

8.3　地面沉降区路基段轨道抬升措施

根据前述研究和分析，地面沉降对高速铁路路基本体造成的影响相对较小，但其造成的高程损失及线路坡度变化，反映到上部轨道，就能造成轨道的不平顺，严重时造成轨道板结构的损伤及破坏。另据监测资料，在路桥过渡段及涵洞两侧出现差异沉降超标的现象，是否与地面沉降相关还没有直接的证据。路基段落内上述两种问题是运营期路基治理的重点。目前，路基段纵断面调整及轨道平顺性的恢复还不能在路基本体内采取措施，主要采用底座板下注胶及抬升轨道板治理。

8.3.1　路基地段线路纵断面坡度拟合调整过程及方法

(1)路基高程测量标准和拟合调整措施同桥梁地段。

(2)根据路基面的高程及路桥过渡段、路涵过渡段的测量数值进行模拟分析。

(3)路基与桥梁相接地段应以桥梁地段为主进行调整，路基地段与桥梁地段协调一致进行调整。桥梁相接地段及相接的路基局部地段模拟调整原则与桥梁地段相同。

(4)全部路基地段，在满足与桥梁相接地段要求的前提下，可进行局部调整，调整措施为抬升轨道板及调整扣件高度，满足调整纵断面后的高程要求。

(5)调坡后需要对相关数据进行分析，路基地段按照调整的设计坡度确定轨道板及扣件高度的调整值，满足无砟轨道规范要求。

8.3.2　无砟轨道抬升措施

1. 无砟轨道修复阶段及抬升方式

国内外无砟轨道的维修或调整分三个阶段。第一阶段，当轨道变形较小时，可用钢轨扣件进行调整；第二阶段，轨道变形较大仅利用扣件难以调整时，可在轨道板与砂浆垫层之间灌注充填材料进行调整；第三阶段，轨道变形显著导致无砟轨道部件失效，严重影响运营时，则需要更换轨道部件，进行彻底整治。

目前，国内外对无砟轨道结构维修的研究与应用主要集中在第二阶段，我国也开展了诸多针对第二阶段工况维修的研究与应用，如抬板注浆充填法。第三阶段的轨道部件更换，属于无砟轨道大修范畴。对于地面沉降区的工程整治措施主要针对第一阶段和第二阶段。当扣件调高量用足以后，就不得不采取第二阶段的措施。而对处于地面沉降区内的路基段主要采取抬板注浆充填法。

2. 抬升量的确定

(1)测量沉降区域轨面高程

抬板前须提前使用水准仪对抬板地段进行高程测量,为确定抬升地段的起终点位置和抬升量提供基础资料。测量范围应涵盖整个不均匀沉降区域,并尽可能放大,遇到连续变坡点时,测量要覆盖前后变坡点范围。

(2)确定沉降区域纵断面线形和轨面高程调高量

一般情况下沉降区域的轨面高程应恢复到原设计高程位置。在困难条件下,应根据行车动力学理论,结合设计资料、沉降路段长度和沉降量,确定沉降区域调整后的纵断面线形。线形确定后,结合沉降区域的轨面高程即可确定出轨面高程调整量。

(3)确定抬板地段起终点和抬升量

当确定好沉降区域纵断面线形后,结合扣件调整量,确定抬板地段的起终点和抬升量。在其他条件允许的情况下,应坚持最大限度利用轨道板抬升量调整轨面高程,以保证扣件系统具有较大的富余调整量供后续养护维修使用。

3. 抬升顺序的选择

轨道板抬板顺序主要有两种方式:一是从最小抬升量往最大抬升量顺序抬升,二是从最大抬升量往最小抬升量抬升。通过两种抬板顺序对比分析,考虑到抬板工作量不可能在一个施工点内完成,建议采用从最小抬升量往最大抬升量顺序抬升,此顺序有利于减少抬板后线路顺撬工作量,而且即使抬板中存在中途中断的不利情况,恢复线路工作量及开通线路的安全性等都优于后者。

4. 充填材料要求

地面沉降区内的轨道修复不是一劳永逸的,在持续的不均匀沉降作用下往往会出现二次伤损。要求采用“可维修”的维修材料,对维修后出现的二次伤损能够进行返修,或将受损的维修材料从结构病害处彻底剔除,新加维修材料必须粘结良好。

无砟轨道修复材料的选择必须考虑到 4 h 天窗内固化,以保证通车和与原砂浆层匹配这两大因素,且符合《高速铁路无砟轨道线路维修规则》中的各项指标要求,见表 8-10 和表 8-11。

表 8-10 砂浆离缝伤损修补材料性能要求

序　号	检测项目	指标要求
1	凝胶时间/min	≤40
2	拉伸强度(7 d)/MPa	≥20,≥6(2 h)
3	抗压强度/MPa	≥20(24 h),≥30(7 d)
4	弹性模量(7 d)/MPa	100～300
5	断裂伸长率(7 d)/%	≥2
6	收缩率/%	≤8

续上表

序　号	检测项目	指标要求
7	干粘结强度(7 d)/MPa	≥2
8	潮湿基面粘结强度/MPa	≥1.5

表 8-11　砂浆层缺损掉块修补材料性能要求

序　号	检测项目	指标要求
1	树脂凝胶时间/min	≤30
2	抗压强度/MPa	≥2(2 h),≥3(24 h)
3	弹性模量(28 d)/MPa	100～300
4	收缩率(28 d)/%	≤0.2
5	粘结强度(28 d)/MPa	≥1.5

(1)无机修复材料

国内用于无砟轨道快速维修的材料主要为无机材料,分别是快干水泥砂浆和水泥乳化沥青材料。快干水泥砂浆价格便宜,凝结硬化快,具有良好的密实性和抗渗性,且抗蚀性能良好,在低温条件下仍能发挥比较高的小时强度。水泥乳化沥青砂浆作为修补材料,从与原砂浆层匹配的角度来看是很好的选择,主要用于修补砂浆层,曾被日本大量应用于新干线的无砟轨道结构砂浆层维修。

但以上无机材料存在一些缺陷:快干水泥的粘结强度较低,自身强度不高,一旦在受力部位使用,容易造成二次伤损。水泥乳化沥青砂浆的耐腐蚀性和耐冻融性差,维修后 3～5 年会出现不同程度的二次伤损。

(2)有机修复材料

近年来有机材料逐渐被大量用于无砟轨道的快速维修,目前主要有环氧树脂、乙烯基树脂、异丁烯树脂和有机硅材料等。这些有机材料均具有良好的"可二次"维修性,可以直接在旧材料上进行维修。

但是这些高分子材料也存在着固有的缺陷,例如老化问题、施工条件复杂及成本昂贵等。因此,针对无砟轨道的快速修复,开发一种快凝高强、同时具备良好粘结强度和"可二次"维修性的无机修复材料迫在眉睫。

8.4　工程修复有待解决的问题

由于地面沉降影响,我国已建成的多条高速铁路出现了沉降量超标状况,已影响到高速铁路的安全平稳运行,目前虽然已对多条线路进行了沿线的沉降监测,但对区域沉降发展并不完全掌握,因此,有必要将高速铁路沿线地面沉降监测与地方的地面沉降监测网进行融合，实现数据共享，从更大范围来系统分析、评价地面沉降的特征及影响。同时，实现工程沉降监测与地面沉降监测同网同精度控制。对地面沉降严重区段应加密监测，有必要采用实时自动的监测措施，全面及时地获取高速铁路沿线沉降数据，以便更准确地分析、评估地面沉降的影响，指导高速铁路的沉降治理和工程修复工作。

我国较早期开通运营的京津城际、京沪、津秦等高速铁路经过京津冀平原地面沉降区，地面沉降的影响已经逐步显现，至今已经有多处进行抬梁和抬道等修复工作，随着沉降的不断积累，会出现越来越多的段落和桥墩支座抬升量达到 6 cm 的极限。目前的工程性调整措施主要是根据高速铁路沉降监测结果对轨道系统进行抬升，对于一些不均匀沉降变形超标的路段目前主要采取调整扣件高度来应对，但由于扣件高度调整十分有限，不适应用来整治沉降差较大的不均匀变形地段。抬梁仅在个别地段采用，对短期内的差异沉降能起到一定的效果，但由于其工序复杂，不能广泛采用，且不适于长期持续累积的差异沉降地段。轨道板注浆抬升适于路基地段，其效果如何以及对于主要以桥梁形式通过的地面沉降路段是否适用仍有待于进一步验证。调高桥梁支座工序复杂，耗费较高，尚未在地面沉降路段大规模采用可调高支座。因此，对于工程性调整措施仍需深化研究，针对不同的沉降路段在监测预测评估成果基础上采取相应的工程措施。对于新型调高支座及抬梁、抬道工艺的研究已势在必行。同时，有必要开展桥梁支座快速更换、支撑垫石快速加高等技术及工艺的研究。

参考文献

[1] 胡华洁，范诗建，夏松林，等. 高铁无砟轨道结构病害与维修技术探讨[J]. 低温建筑技术，2014(11)：149-151.

[2] 中华人民共和国铁道部. 高速铁路无砟轨道不平顺谱：TB/T 3352—2014[S]. 北京：中国铁道出版社，2014.

高速铁路基础研究与技术创新丛书

第一期(16 册)

(一)基础理论与基础技术系列

高速铁路散体道床宏细观力学行为　　赵春发　翟婉明　张　徐　著

ISBN 978-7-113-28857-0

高速铁路线路系统动力学　　龙许友　时　瑾　王英杰　编著

ISBN 978-7-113-28997-3

高速铁路弓网关系研究　　韩通新　著

ISBN 978-7-113-28941-6

(二)动车组系列

高速列车轻量化设计　　李　明　伊召锋　米莉艳　等编著

ISBN 978-7-113-28972-0

(三)供电系列

高速铁路受电弓　　韩通新　编著

ISBN 978-7-113-28975-1

高速铁路接触网检测技术　　韩通新　著

ISBN 978-7-113-28961-4

(四)工程设计系列

高速铁路桥梁抗震设计　　陈兴冲　张永亮　编著

ISBN 978-7-113-28964-5

高速铁路轨道工程 BIM 正向设计软件开发及实践　　姚　力　刘大园　董凤翔　等编著

ISBN 978-7-113-28934-8

(五)工程施工与组织系列

高速铁路桥梁 BIM 技术研究与实践　　盛黎明　苏　伟　刘延宏　宋树峰　编著

ISBN 978-7-113-28938-6

高速铁路岩溶路基边坡变形与稳定　　白明洲　师　海　田　岗　等编著

ISBN 978-7-113-28880-8

高速铁路工程地质灾害超前预报图形判别和解译　李　忠　郝娜娜　等编著

ISBN 978-7-113-28935-5

(六)通信与列控系列

高速铁路宽带无线信道测量与建模技术　周　涛　何睿斯　艾　渤　编著

ISBN 978-7-113-28930-0

(七)测量与检测系列

(八)高铁运营与经济系列

高速铁路社会效益研究——基于时空经济分析　李红昌　夏璇璇　著

ISBN 978-7-113-28942-3

(九)现代信息技术系列

高速铁路物联网技术　史天运　孙　鹏　张惟皎　陈瑞凤　编著

ISBN 978-7-113-29029-0

(十)安全·健康·维护系列

高速铁路道砟飞溅机理及防治　高　亮　石顺伟　殷　浩　著

ISBN 978-7-113-28906-5

高速列车多目标均衡综合节能技术　张　雷　李　明　司志强　等编著

ISBN 978-7-113-28976-8

第二期(23 册)

(一)基础理论与基础技术系列

高速列车空气动力学数值模拟——基于 STAR-CCM+软件

李　明　李　田　戴志远　等编著

ISBN 978-7-113-30059-3

高速铁路沿线地面沉降研究与防治　李国和　黄大中　尚海敏　王少林　编著

ISBN 978-7-113-30176-7

高速铁路路基智能填筑技术　王同军　闫宏业　杨　斌　尧俊凯　等著

ISBN 978-7-113-30047-0

季冻区高速铁路路基服役性能与孕灾风险研究

叶阳升　蔡德钩　毕宗琦　李善珍　等著

ISBN 978-7-113-29934-7

高速铁路隧道内附属设施气动效应及安全性研究

彭立敏　杨伟超　施成华　雷明锋　著

ISBN 978-7-113-30104-0

高速铁路钢轨打磨理论与技术　王文健　郭　俊　周　坤　著

ISBN 978-7-113-30061-6

高速列车动态性能正向设计　周劲松　宫　岛　孙文静　著

ISBN 978-7-113-30050-0

高速列车自动驾驶控制理论　宿　帅　李开成　唐　涛　袁　磊　等编著

ISBN 978 7 113 30147-7

高速铁路行车调度与控制一体化　唐　涛　宿　帅　孟令云　阴佳腾　编著

ISBN 978-7-113-30112-5

高速铁路无砟轨道结构水泥基材料理论与技术

龙广成　曾晓辉　马昆林　谢友均　著

ISBN 978-7-113-30056-2

（二）动车组系列

高速列车空气动力学设计技术　丁叁叁　著

ISBN 978-7-113-30055-5

（三）供电系列

高速铁路电力牵引供电工程智能建造技术

胡志华　陈建明　奚金柱　吴命利　等编著

ISBN 978-7-113-30205-4

（四）工程设计系列

现代铁路枢纽规划设计　许佑顶　高丰农　吴学全　李传勇　等编著

ISBN 978-7-113-27468-9

高速铁路隧道底部结构动力响应特性及设计方法

彭立敏　施成华　黄　娟　丁祖德　著

ISBN 978-7-113-30133-0

（五）工程施工与组织系列

高速铁路工程勘察技术创新与实践　陈则连　著

ISBN 978-7-113-30189-7

高速铁路工程质量系统管理(第2版)　　卢春房　等著

ISBN 978-7-113-30108-8

高速铁路路基沉降分析与控制技术　　宋绪国　郭帅杰　编著

ISBN 978-7-113-30154-5

深埋高速铁路地下车站施工关键技术　　杨新安　马明杰　李路恒　罗　驰　编著

ISBN 978-7-113-30001-2

高速铁路施工组织创新与实践　　魏　强　编著

ISBN 978-7-113-30136-1

高速铁路路基沥青混凝土防水封闭结构　　蔡德钩　闫宏业　楼梁伟　石越峰　等著

ISBN 978-7-113-30033-3

(六)通信与列控系列

高速铁路信号系统雷电防护技术研究　　向念文　徐宗奇　阳　晋　编著

ISBN 978-7-113-30135-4

(七)测量与检测系列

(八)高铁运营与经济系列

(九)现代信息技术系列

智能高速铁路图像大数据分析技术及应用　　李　平　李　瑞　赵　冰　编著

ISBN 978-7-113-30134-7

(十)安全·健康·维护系列

高速列车横风效应及气动安全控制动力学　　毛　军　柳润东　郗艳红　著

ISBN 978-7-113-30028-9